STRAUSSENBUCH NR. 16

Straußwirtschaften und Gutsschänken

in Rheinhessen, Pfalz, Rheingau,
an der Hess. Bergstraße, an Mittelrhein, Nahe,
Mosel, Saar, Ruwer und Ahr

Ausgabe 2009

Trinken und Essen beim Winzer

ISBN 978-3-929426-20-5

© 2008 Wetterhuhn Verlag Brigitte Jacobi
Reisweg 74
74348 Lauffen am Neckar
Tel. 07133-20 67 90 Fax 07133-20 67 91
info@wetterhuhnverlag.de
www.wetterhuhn-verlag.de

Druckerei und Verlag Steinmeier GmbH
86738 Deiningen

Abdruck – auch auszugsweise- nur mit
Genehmigung des Verlags.
Die Rechte für die Zeichnungen liegen beim Verlag.

INHALTSVERZEICHNIS

- **Vorwort**
- **Gebietsübersicht**
- **Straußenkalender**
- **Hoffeste**
- **Piktogramm-Erklärung**
- **Wirte 1-543**
- **Namensverzeichnis**
- **Ortsverzeichnis**
- **Bestellformular**

Liebe Weinfreundinnen und -freunde,

ich hätte es nicht geglaubt – aber es gab heftige Reaktionen Ihrerseits auf das Fehlen des Besenkalenders. Tenor: Lieber das Buch verteuern, aber dafür mit Kalender. Die gute Nachricht: Das neue **Straußenbuch** kommt mit neuem – und wie ich finde – übersichtlicherem Straußenkalender daher, die schlechte Nachricht: Wir mussten etwas teurer werden.

Das erste **Straußenbuch** erschien 1992, das erste **Besenbuch** bereits 1983, es enthielt nur 60 Adressen von Besenwirtschaften zwischen Stuttgart und Heilbronn. Heute sind es **565 Adressen**, die im neuen **Besenbuch** verzeichnet sind, das **neue Straußenbuch** für die Gebiete Hessische Bergstraße, Pfalz, Rheinhessen, Rheingau, Mittelrhein, Nahe, Mosel-Saar-Ruwer und Ahr weist Ihnen den Weg zu **543 Wirten**.

Straußwirtschaften haben eine lange Tradition, es gibt sie in allen deutschsprachigen Weinbaugebieten. Um 800 erließ Karl der Große das ‚capitulare de villis vel curtis imperii', in dem er nach herrschender Meinung den Weinbauern erlaubte, einen Teil des eigenen Weins im Haus auszuschenken. Dies zeigten die Bauern an, indem sie einen Strauß, Besen, Buschen, Kranz oder Rad vors Haus hängten. Das war damals im Winter, denn der Fasswein war nicht lange haltbar. Das hat sich geändert, heute finden Sie geöffnete Besen- und Straußwirtschaften übers ganze Jahr.

Wichtig: Bei weiteren Anfahrtswegen unbedingt anrufen, ob die Zeiten noch stimmen, es sind meist Familienbetriebe, Krankheit oder anderes kann eine Verlegung der Öffnungszeiten nötig machen.

Echte Straußwirtschaften sind Beschränkungen unterworfen: Nur 40 Sitzplätze, 16 Wochen Öffnungszeit im Jahr mit nur einer Unterbrechung, ausschließlich eigener Wein, einfache Speisen … Dafür zahlen sie weniger Steuern als Wirtschaften mit Konzession. Zunehmend haben die bei uns verzeichneten Wirtschaften Konzession, macht sie das doch unabhängig von den Vorschriften, erlaubt flexiblere Öffnungszeiten und ein anspruchsvolleres Speisenangebot. Auf vielfachen Wunsch unserer Kunden sind auch diese Weinwirtschaften aufgeführt.

Eines haben sie gemeinsam: Es sind **selbst vermarktende** Betriebe.

Platzreservierung ist in dieser Art Wirtschaft eher unüblich, normal ist, dass zusammengerückt wird. Kommunikation – das wird hier erwartet, wer Wert auf Stille legt, ist fehl am Platz.

In manchen Gegenden sind Straußwirtschaften unter der Woche vorwiegend erst gegen Abend geöffnet, denn tagsüber ist Feldarbeit angesagt oder, wenn der Weinbau nur im Nebenerwerb betrieben wird, muss im Hauptberuf gearbeitet werden.

Rauchfreie Wirtschaften sind seit Sommer 2008 eigentlich selbstverständlich. Da aber noch einige Gerichtsentscheidungen anstehen, ob es nicht doch Ausnahmen geben wird, haben wir die Information "rauchfrei" bei den Straußwirtschaften und Gutsschänken, die schon vorher rauchfrei waren, im Text belassen.

Der Eintrag in unsere Bücher ist für die Wirte kostenlos, unsere Beschreibungen fußen auf eigenen Eindrücken und auf den Angaben der Wirte.

Zwei Bitten: Sagen Sie dem Winzer, dass Sie durch unser Buch den Weg zu ihm gefunden haben. Das erleichtert uns die Arbeit bei der Neuausgabe, denn wenn die Winzer merken, wie häufig das Straußenbuch von den Kunden genutzt wird, nehmen sie sich eher die Zeit, uns mit Informationen zu versorgen. Und wenn Sie meinen, Angaben seien unzutreffend, teilen Sie uns das bitte mit.

Viele schöne Stunden in Straußwirtschaften und Gutsschänken
wünscht Ihnen Ihr

Wetterhuhn Verlag

GEBIETSÜBERSICHT

Wirtsnummern

Hessische Bergstraße	1-5
Weinstraße Nord (bis Neustadt/W.)	6-37
Weinstraße Süd	38-83
Rheinhessen	84-202
Nahe	203-240
Rheingau	241-374
Mittelrhein	375-396
Untermosel (Zell bis Koblenz)	397-435
Mittelmosel (Longuich bis Briedel)	436-515
Obermosel (Perl bis Trier)	516-522
Saar	523-524
Ruwer	525-530
Ahr	531-543

Stichtag 1. September

Am 1. September 2009 erscheinen

BESENBUCH und STRAUSSENBUCH

2010

Sie können telefonisch, schriftlich und über Internet bestellen oder die Bücher im Buchhandel kaufen.

Wetterhuhn Verlag
Reisweg 74
74348 Lauffen
TEL. 07133-20 67 90 Fax 07133-20 67 91
www.wetterhuhn-verlag.de

Der neue Straußenkalender

Mit dem neuen Straußenkalender ist Ihre Suche nach einer geöffneten Straußwirtschaft viel einfacher.

Die Monate September 08 bis August 09 sind auf der Seite oben vermerkt. Links am Rand stehen die Namen der Wirtschaften mit den Nummern, mit denen sie auch im Buch gekennzeichnet sind.

Ist ein Kreuz in dem entsprechenden Monat, so hat diese Wirtschaft entweder einige Tage oder sogar den ganzen Monat geöffnet. Die genaue Information finden Sie auf der Wirtsseite im Buch.

Beispiel: **Nr. 1**, Dingeldey an der Hessischen Bergstraße hat September, November, Aprl und Mai geöffnet. Die genauen Öffnungszeiten sind Mitte September ca. 14 Tage, 7. bis 16. November, 17. bis 29. April und 20. bis 29. Mai.

Und nun viel Spaß beim Suchen nach Ihrer geöffneten Besen- oder Straußwirtschaft.

STRAUSSENKALENDER

		Sep	Okt	Nov	Dez	Jan	Feb	Mär	Apr	Mai	Jun	Jul	Aug
HESSISCHE BERGSTRASSE													
1	Dingeldey	x		x						x	x		
2	Franke		x	x		x	x						
3	Schuster							x					
4	Emmerich	x	x	x						x	x	x	x
5	Gärtner	x	x	x	x	x	x	x	x	x	x	x	x
WEINSTRASSE NORD													
6	Frey	x	x	x	x	x	x	x	x	x	x	x	x
7	Lang	x								x	x		x
8	Rösener	x	x	x				x	x	x	x	x	x
9	Gießen	x	x	x	x	x	x	x	x	x	x	x	x
10	Otte										x	x	x
11	Bengel	x	x	x	x					x	x	x	
12	Hubach		x	x						x	x	x	
13	Oberholz		x	x				x	x	x			
14	Eymann	x	x	x	x	x	x	x	x	x	x	x	x
15	Kuntz	x	x	x	x	x	x	x	x	x	x	x	x
16	Ehrlich	x	x	x	x	x			x	x	x	x	x
17	Henninger	x	x	x									
18	Karst	x	x	x	x	x	x	x	x	x	x	x	x
19	Stauch	x	x	x	x	x	x	x	x	x	x	x	x
20	Unckrich	x	x	x									
21	Weisenborn	x	x	x	x			x	x	x	x		
22	Mißkam	x	x	x	x	x	x	x	x	x	x	x	x
23	Steuer		x	x			x	x					
24	Hauser	x	x	x	x	x	x	x	x	x	x	x	x
25	Nicolai	x	x	x	x	x	x	x	x	x	x	x	x
26	Hafen	x	x	x	x	x	x	x	x	x	x	x	x
27	Ingensand & Müller	x	x	x	x	x	x	x	x	x	x	x	x
28	Ohler	x	x	x					x	x	x	x	x
29	Abel	x	x	x	x	x	x	x	x	x	x	x	x
30	Müller	x	x										
31	Weiß	x	x	x	x	x	x	x	x	x	x	x	x
32	Weik	x	x	x	x	x	x	x	x	x	x	x	x
33	Deimel		x			x					x		
34	Keller	x	x	x	x	x	x	x	x	x	x	x	x
35	Köhr	x	x										x

STRAUSSENKALENDER

		Sep	Okt	Nov	Dez	Jan	Feb	Mär	Apr	Mai	Jun	Jul	Aug
36	Manz GbR	x	x										x
37	Bernhard												
WEINSTRASSE SÜD													
38	Litty	x	x	x		x	x	x	x				
39	Gander	x	x	x	x	x	x	x	x	x	x	x	x
40	Schneiderfritz	x	x	x	x		x	x	x	x	x	x	x
41	Dyck	x	x	x	x	x	x	x	x	x	x	x	x
42	Doll	x	x							x			
43	Wehrheim	x											x
44	Pfaffmann	x	x	x				x	x				
45	Fleischbein	x	x	x	x	x	x	x	x	x	x	x	x
46	Geiger	x	x	x	x			x	x	x	x	x	x
47	Rapp	x	x	x			x	x	x	x	x	x	x
48	Anselmann	x	x	x								x	x
49	Anselmann	x								x	x	x	x
50	Schwarz	x	x	x			x	x	x	x			
51	Wolf	x	x	x	x	x	x	x	x	x	x	x	x
52	Brunken	x	x	x	x	x	x	x	x	x	x	x	x
53	Herty	x	x	x	x	x	x	x	x	x	x	x	x
54	Müller	x	x	x									
55	Struppler	x	x	x									x
56	Kost	x	x	x			x	x	x	x	x	x	x
57	Koch	x	x	x	x	x	x	x	x	x	x	x	x
58	Jung & Sohn	x	x									x	x
59	Arnold	x	x								x	x	x
60	Kaufmann	x	x	x						x	x		
61	Bolz	x	x	x	x	x	x	x	x	x	x	x	x
62	Hoffmann	x	x	x	x	x	x	x	x	x	x	x	x
63	Wendel	x	x	x	x	x	x	x	x	x	x	x	x
64	Kuhn & Söhne	x	x	x									x
65	Stübinger	x	x	x	x	x	x	x	x	x	x	x	x
66	Stübinger	x	x										
67	Bendel	x	x							x	x		
68	Ernst	x	x							x	x	x	x
69	Kiefer	x	x	x	x			x	x	x	x	x	x
70	Schreieck	x	x	x									
71	Schwaab	x	x	x						x	x		x
72	Heintz												

STRAUSSENKALENDER

		Sep	Okt	Nov	Dez	Jan	Feb	Mär	Apr	Mai	Jun	Jul	Aug
73	Wilker	x	x	x					x	x	x	x	x
74	Krieger	x	x	x				x	x	x			
75	Nichterlein	x	x							x	x		
76	Jülg	x	x	x	x		x	x	x	x	x	x	x
77	Scheu	x	x	x									
78	Fischer	x	x	x	x	x	x	x	x	x	x	x	x
79	Christmann	x	x	x	x	x	x	x	x	x	x	x	x
80	Gernert	x	x									x	x
81	Kiefer	x	x										
82	Moll	x	x	x					x	x	x		
83	Hund	x	x	x									
RHEINHESSEN													
84	Stock	x	x	x	x		x	x	x	x	x	x	x
85	Mayer	x	x	x	x		x	x	x	x	x	x	x
86	Eberle-Runkel	x								x	x	x	x
87	Gres						x	x	x	x			
88	Drück	x	x	x	x	x	x	x	x	x	x		
89	Diel										x	x	x
90	Emrich	x	x	x		x	x	x	x			x	x
91	Grünewald	x	x	x	x	x	x	x	x	x		x	x
92	Grünewald			x	x	x	x	x					
93	Bungert		x	x			x	x	x	x			
94	Krick	x	x	x					x	x	x		
95	Becker	x	x	x	x	x	x	x	x	x	x	x	x
96	Gruber	x	x	x	x	x	x	x	x	x	x	x	x
97	Kern	x	x							x	x	x	x
98	Kern	x								x	x	x	x
99	Kerz	x	x	x	x	x	x	x	x	x	x	x	x
100	Kerz	x	x	x					x	x	x	x	x
101	Kirch	x								x	x	x	x
102	Leber	x	x	x	x	x	x			x	x	x	x
103	Riebel	x	x				x	x	x	x	x		
104	Schornstheimer	x	x	x					x	x	x	x	x
105	Blödel	x	x	x					x	x	x	x	
106	Weyell	x	x	x	x	x	x	x	x	x	x		x
107	Günther	x								x	x	x	x
108	Strub	x	x	x	x	x	x	x	x	x	x	x	x
109	Becker			x	x			x	x				

STRAUSSENKALENDER

		Sep	Okt	Nov	Dez	Jan	Feb	Mär	Apr	Mai	Jun	Jul	Aug
110	Blodt		x	x	x		x	x	x	x			x
111	Wagner	x								x	x	x	
112	Schmitt	x	x	x	x		x	x	x	x	x		x
113	Hemb		x	x			x	x					
114	Dengler	x	x	x	x	x	x	x	x	x	x	x	x
115	Dickenscheid	x	x	x	x			x	x	x	x		
116	Hattemer	x	x							x	x	x	
117	Kronenberger											x	x
118	Lich		x	x				x	x	x			
119	Sterk		x	x				x	x	x	x	x	x
120	Schnabel	x	x							x			
121	Boos	x	x	x	x	x	x	x	x	x	x	x	x
122	Hess	x	x	x	x	x	x	x	x	x	x	x	x
123	Preiß			x	x	x	x	x					
124	Schleif	x					x	x	x				x
125	Knewitz		x	x					x	x	x		
126	Schmahl	x	x	x	x	x	x	x	x	x	x	x	
127	Frey	x	x				x	x	x	x			
128	Janß	x	x	x	x	x	x	x	x	x	x	x	x
129	Schima	x		x			x	x	x	x	x	x	x
130	Binzel	x	x	x	x	x	x	x	x	x	x	x	x
131	Held	x	x	x	x		x	x	x	x	x	x	x
132	Ackermann	x	x					x	x				x
133	Reßler	x	x	x	x	x	x	x	x	x	x	x	x
134	Gaul	x	x	x				x	x	x			
135	Hilgert		x	x	x		x	x	x	x			
136	Breidscheid	x	x						x	x	x	x	x
137	Bettenheimer	x	x	x				x	x	x	x	x	
138	Pitzer	x					x	x					x
139	Weitzel	x			x	x	x	x	x	x	x	x	x
140	Dietz		x	x	x					x			
141	Hammen		x	x	x						x	x	x
142	Haub	x	x										
143	Kerzel	x									x	x	x	x
144	Scheidemantel	x	x	x	x	x	x	x	x	x	x	x	x
145	Holzky										x	x	x
146	Worf	x	x							x	x	x	
147	Leber	x								x			

STRAUSSENKALENDER

		Sep	Okt	Nov	Dez	Jan	Feb	Mär	Apr	Mai	Jun	Jul	Aug
148	Oberle	x								x	x	x	x
149	Stauder	x	x	x	x	x	x	x	x	x	x	x	x
150	Möhn	x								x	x		x
151	Bernard	x								x	x	x	x
152	Binz	x							x	x	x	x	x
153	Lorch	x							x	x	x	x	
154	Becker		x	x									
155	Franzen	x	x	x	x	x	x	x	x	x	x	x	x
156	Buhl	x	x	x	x	x	x	x	x	x	x	x	x
157	Heise	x	x					x	x	x	x	x	x
158	Klein	x	x					x	x	x	x	x	x
159	Messmer	x	x	x	x	x	x	x	x	x	x	x	x
160	Schwibinger	x	x	x	x			x	x	x	x	x	x
161	Staiger	x	x	x	x	x	x	x	x	x	x	x	x
162	Strub	x	x							x	x	x	
163	Strub	x	x	x				x	x	x			
164	Wernher	x	x							x	x	x	x
165	Bär	x	x	x				x	x	x	x		
166	Wollstädter	x	x	x			x	x	x				
167	Feser	x						x	x	x	x		
168	Blümel	x	x	x	x	x	x	x	x	x	x	x	x
169	Adam	x	x	x	x	x	x	x	x	x			x
170	Molz		x	x	x								
171	Oehler	x	x	x			x	x	x	x			
172	Walldorf-Dexheimer	x	x	x	x		x	x	x	x			
173	Kröhl			x	x	x	x			x	x	x	x
174	Renth	x	x										
175	Schenkel	x									x		
176	Binzel + Mohr	x	x	x					x	x	x	x	
177	Büttel	x	x	x	x				x	x	x	x	x
178	Moebus							x	x	x	x		
179	Seyberth			x						x	x	x	x
180	Zimmermann									x	x	x	x
181	Huth	x	x	x	x	x	x	x	x	x	x	x	x
182	Mohr	x	x	x	x	x	x	x	x	x	x	x	x
183	Bernhart					x				x	x	x	x
184	Bernhart		x	x				x	x	x	x		

STRAUSSENKALENDER

		Sep	Okt	Nov	Dez	Jan	Feb	Mär	Apr	Mai	Jun	Jul	Aug
185	Boller-Klonek	x	x	x				x	x				
186	Hees		x	x	x					x	x	x	x
187	Mengel-Eppelmann	x	x	x	x	x	x	x	x	x	x	x	x
188	Zaun		x	x	x		x	x					
189	Naab	x	x	x	x	x	x	x	x	x	x	x	x
190	Beiser	x	x				x	x	x	x			x
191	Janson	x	x	x						x	x		
192	Köngeter	x	x	x	x	x	x	x	x	x	x	x	x
193	Schnorrenberger	x	x	x	x	x	x	x	x	x	x	x	x
194	Balz	x	x	x	x	x	x	x	x	x	x	x	x
195	Stabel				x					x	x	x	x
196	Dettweiler		x							x	x		x
197	Bernhard	x	x	x	x	x	x	x	x	x			
198	Schmitt	x	x							x	x	x	x
199	Wirth	x	x						x	x	x	x	x
200	Müsel	x											
201	Ullmer	x	x	x	x	x	x	x	x	x	x	x	x
202	Becker-Schittler	x	x	x	x	x	x	x	x	x			
NAHE													
203	Korz	x	x	x		x	x	x	x	x	x	x	x
204	Euler			x						x	x	x	x
205	Deibert	x	x	x			x	x	x	x	x	x	x
206	Feldmann	x	x	x	x	x	x	x	x	x	x	x	
207	Gattung	x	x							x	x	x	x
208	Schlich	x	x	x				x	x	x	x	x	x
209	Meurer	x	x					x	x				
210	Höfer	x	x	x						x	x		x
211	Erbach	x	x	x	x	x	x	x	x	x	x	x	x
212	Blumenröder	x	x	x	x	x	x	x	x	x	x	x	x
213	Klöckner	x	x	x				x	x	x	x	x	
214	Mieck	x	x							x	x	x	x
215	Sitzius	x	x	x					x	x	x	x	x
216	Derscheid			x	x		x	x	x				
217	Bamberger	x	x	x				x	x	x			
218	Klein	x	x	x						x	x	x	
219	Jaeger	x	x	x					x	x	x		x
220	Schramm	x	x	x	x	x	x	x	x	x	x	x	x

STRAUSSENKALENDER

		Sep	Okt	Nov	Dez	Jan	Feb	Mär	Apr	Mai	Jun	Jul	Aug
221	Göttelmann-Blessing	x	x	x	x		x	x	x	x	x	x	x
222	Schmitt		x			x	x	x	x	x	x	x	x
223	Gebhard	x	x	x	x	x	x	x	x	x	x	x	x
224	Christmann-Faller	x	x							x	x	x	x
225	Grossarth		x							x	x	x	
226	Heil		x								x	x	x
227	Merz									x	x	x	
228	Bäder	x	x	x					x	x			
229	Herrmann		x	x				x	x	x			
230	Härter	x	x	x			x	x	x	x	x	x	x
231	Klein	x	x							x	x		
232	Barth	x	x	x					x	x	x	x	
233	Eckes	x	x	x			x	x	x	x	x		
234	Schnell			x	x	x	x	x		x	x	x	x
235	Paulus	x	x			x	x	x					x
236	Eckes	x	x	x			x	x	x	x		x	x
237	Eckes					x	x	x	x	x			x
238	Steinberger	x	x				x	x	x			x	
239	Lauf	x	x	x					x	x	x		
240	Reichardt	x	x	x	x	x	x	x	x	x	x	x	x
RHEINGAU													
241	Haase			x					x	x	x		
242	Zahn	x	x	x	x	x	x	x	x	x	x	x	x
243	Jung	x					x						
244	Jung	x		x					x	x			
245	Koch			x		x	x	x	x				
246	Martin	x	x	x	x	x	x		x	x	x	x	x
247	Nägler										x		
248	Nikolai								x	x			
249	Nikolai		x	x				x	x				
250	Schrofler	x	x				x	x					
251	Gerhard	x							x	x			
252	Kopp	x	x	x	x	x	x	x	x	x	x	x	
253	Ohm	x							x	x	x	x	x
254	Rohm-Mayer					x	x	x					
255	Statzner									x	x	x	
256	Weinprobierstand	x	x						x	x	x	x	x

STRAUSSENKALENDER

		Sep	Okt	Nov	Dez	Jan	Feb	Mär	Apr	Mai	Jun	Jul	Aug
	Hattenheim												
257	Wolf	x								x	x		
258	Diefenhardt	x	x	x	x			x	x	x	x	x	x
259	Engelmann	x	x	x				x	x	x	x	x	x
260	Fassbinder-Barbeler	x	x	x	x	x	x	x	x	x	x	x	x
261	Gebhardt		x	x	x								
262	Keßler	x	x	x	x			x	x	x	x	x	
263	Klein		x	x	x			x	x	x	x		
264	11te Generation												
265	Klein	x	x	x		x	x	x					
266	Russler	x	x	x	x	x	x	x	x	x	x	x	x
267	Werner	x	x	x	x			x	x	x	x	x	x
268	Allendorff		x	x	x	x	x	x			x	x	x
269	Flick	x								x	x	x	x
270	Schnabel		x	x	x	x	x	x	x				
271	Storz	x	x	x	x	x	x	x	x	x	x	x	x
272	Venino	x	x	x	x	x	x	x	x	x	x	x	x
273	Venino	x								x	x	x	x
274	Weilbächer											x	x
275	Wollstädter	x	x						x	x			x
276	Müller	x	x	x				x	x	x			
277	Sohns	x							x	x			x
278	Werthmann	x	x	x	x	x	x	x	x	x	x	x	x
279	Groß	x	x					x	x	x	x	x	x
280	Hanka		x	x		x	x	x					
281	Klein	x								x	x		x
282	Odernheimer		x	x	x			x	x	x	x		
283	Stiegler	x	x	x	x	x	x	x	x	x	x	x	x
284	Trenz	x	x	x	x	x	x	x	x	x	x	x	x
285	Brunk	x	x					x	x	x	x	x	x
286	Daniel	x	x							x	x	x	x
287	Freimuth			x	x				x	x	x		
288	Ober	x									x	x	x
289	Preuhs	x	x	x	x			x	x	x	x	x	x
290	Bunk-Hirschmann	x	x	x	x			x	x	x	x	x	x
291	Dienst	x	x	x			x	x	x	x			
292	Mitter-Velten	x	x	x	x	x	x	x	x	x	x	x	x

STRAUSSENKALENDER

		Sep	Okt	Nov	Dez	Jan	Feb	Mär	Apr	Mai	Jun	Jul	Aug
293	Petry	x	x	x			x	x	x	x	x		
294	Preis	x	x	x	x		x	x	x	x	x	x	x
295	Weilbächer	x	x	x	x	x	x	x	x	x	x	x	x
296	Kahl	x	x	x			x	x	x	x	x	x	x
297	Bibo						x	x		x	x		
298	Bibo	x	x	x	x	x	x	x	x	x	x	x	x
299	Jörg	x							x	x	x	x	x
300	Müller	x	x	x	x	x	x	x	x	x	x	x	x
301	Schäfer	x	x	x	x	x	x	x	x	x	x	x	x
302	Schönberger		x	x				x	x				
303	Sohlbach			x	x		x		x	x	x	x	x
304	Stassen	x					x	x	x	x	x	x	
305	Steinmacher	x	x	x	x		x	x	x	x	x	x	
306	Witte	x	x	x	x	x	x	x	x	x	x	x	x
307	Breuer	x	x	x	x			x	x	x	x		x
308	Germersheimer	x	x	x					x	x			
309	Neher		x	x					x	x	x		
310	Ottes	x	x				x	x	x	x		x	x
311	Perabo	x	x					x	x	x			
312	Rößler	x								x	x	x	x
313	Schweizer	x											x
314	Sulek	x	x	x				x	x	x	x	x	x
315	König												
316	Nies Söhne		x									x	
317	Burkl	x	x	x	x		x	x	x	x	x	x	x
318	Prodöhl	x	x	x	x	x	x	x	x	x	x	x	x
319	Scherbaum	x	x	x	x	x	x	x	x	x	x	x	x
320	Schilling			x	x			x	x	x			
321	Wann	x	x	x	x	x	x	x	x	x	x	x	x
322	Allendorf	x	x						x	x	x		
323	Breitenbach	x							x	x	x	x	
324	Eiser	x	x	x	x	x	x	x	x	x	x	x	x
325	Eser	x							x	x			
326	Eysell-Herke	x	x						x	x	x	x	
327	Hamm	x	x	x	x		x	x	x				
328	Kühn	x	x						x	x	x	x	
329	Kunz	x	x	x				x	x	x	x		x
330	Schäfer	x	x	x	x	x	x	x	x	x	x	x	x

STRAUSSENKALENDER

		Sep	Okt	Nov	Dez	Jan	Feb	Mär	Apr	Mai	Jun	Jul	Aug
331	Spreitzer								x	x			
332	Thomas	x	x	x				x	x	x	x	x	x
333	Bug	x	x					x	x				
334	Bug			x	x	x	x	x	x				
335	Kreis	x	x						x	x			
336	Rappenecker									x	x	x	x
337	Stettler	x	x	x	x	x	x	x	x	x	x	x	x
338	Corvers	x	x						x	x	x	x	x
339	Mack				x					x	x	x	x
340	Haas			x	x		x	x	x	x	x	x	x
341	Kunger		x	x	x	x	x						
342	Lill	x	x	x					x	x			
343	Philipp	x	x			x			x	x	x	x	x
344	Prasser		x					x	x	x			
345	Scholl		x	x	x			x	x	x	x		
346	Schön	x			x					x	x	x	x
347	Bauer	x	x	x	x	x	x	x	x	x	x	x	x
348	König	x								x	x		
349	Altenkirch	x	x	x	x	x	x	x	x	x	x	x	x
350	Strieth	x	x							x	x	x	x
351	Wassermann	x	x	x	x	x	x	x	x	x	x	x	x
352	Blaes	x	x	x	x	x	x	x	x	x	x	x	x
353	Ketzer	x	x	x	x	x	x	x	x	x	x	x	x
354	Vollmer	x	x	x									x
355	Vollmer			x	x				x	x	x		
356	Oharek									x	x		
357	Becker	x	x		x	x	x	x		x	x	x	x
358	Bonnet	x	x	x	x	x	x	x	x	x	x	x	x
359	Bug	x	x	x	x	x	x	x	x	x	x	x	x
360	Gasche, geb. Bug	x	x	x	x	x	x	x	x	x	x	x	x
361	Kiefer	x	x			x	x	x	x	x			
362	Klee	x		x	x	x	x			x	x	x	x
363	Mehl	x	x	x	x	x	x	x	x	x	x		
364	Ullrich	x	x	x	x	x	x	x	x	x		x	x
365	Arnet			x	x	x	x	x	x	x			
366	Arnet	x		x	x	x	x	x	x	x	x	x	x
367	Markloff	x	x	x	x	x	x	x	x	x	x	x	x
368	Russler	x								x	x		x

STRAUSSENKALENDER

		Sep	Okt	Nov	Dez	Jan	Feb	Mär	Apr	Mai	Jun	Jul	Aug
369	Scherer	x	x	x	x	x	x	x	x	x	x	x	x
370	Schneider				x	x	x	x					
371	Ott	x	x					x	x	x	x	x	x
372	Ott	x	x					x	x	x	x	x	x
373	WG Frauenstein	x	x								x	x	x
374	Meilinger	x					x	x	x				x
MITTELRHEIN													
375	Bastian	x	x	x	x			x	x	x	x	x	x
376	Heidrich	x	x	x						x	x	x	x
377	Heidrich	x	x	x				x	x	x	x	x	x
378	Federhen	x	x	x					x	x	x		
379	Engels-Weiler GbR	x	x	x							x	x	x
380	Höffling	x	x	x	x	x	x	x	x	x	x	x	x
381	Nickenig	x	x	x	x	x	x	x	x	x	x	x	x
382	Schneider	x	x	x	x	x	x	x	x	x	x	x	x
383	Sisterhenn	x	x							x	x	x	x
384	Wieghardt	x	x	x	x	x	x	x	x	x	x	x	x
385	Loos	x	x	x							x	x	x
386	Wagner	x	x	x	x		x	x	x	x	x	x	x
387	Pieper	x	x	x	x	x	x	x	x	x	x	x	x
388	Gerolstein	x	x	x					x	x	x		
389	Ockenfels	x	x	x					x	x	x		
390	Stassen	x	x	x	x				x	x	x	x	x
391	Massengeil-Beck	x	x	x	x				x	x	x	x	x
392	Hoffmann			x					x	x	x	x	x
393	Lambrich	x	x	x	x	x	x	x	x	x	x	x	x
394	Lambrich	x	x	x	x				x	x	x	x	x
395	Philipps-Mühle	x	x							x	x	x	x
396	Scherer	x	x	x	x	x	x	x	x	x	x	x	x
UNTERMOSEL (ZELL BIS KOBLENZ)													
397	Rindsfüßer	x	x						x	x	x		x
398	Wegrzynowski	x	x								x	x	x
399	Görgen	x	x	x					x	x	x	x	x
400	Otto	x	x	x							x		x
401	Anker	x	x							x	x		x
402	Lenz	x	x								x	x	x
403	Pargen	x	x								x	x	x

STRAUSSENKALENDER

		Sep	Okt	Nov	Dez	Jan	Feb	Mär	Apr	Mai	Jun	Jul	Aug
404	Schardt	x	x	x					x	x	x	x	x
405	Stein	x	x							x	x	x	x
406	Haupts	x	x	x						x	x		x
407	Theisen-Hundertmark	x	x						x	x	x	x	x
408	Zenz	x	x						x	x	x	x	x
409	Schinnen	x	x							x	x	x	x
410	Schinnen	x	x							x	x	x	x
411	Hausmann-Theisen	x	x	x					x	x	x	x	x
412	Dieterichs	x	x									x	x
413	Dax	x	x							x	x	x	x
414	Göbel	x	x							x			x
415	Hommes	x	x							x	x	x	x
416	Dippel	x	x							x	x	x	x
417	Gietzen	x	x						x	x	x	x	x
418	Ibald	x								x	x	x	x
419	Nickenig	x	x	x	x	x	x	x	x	x	x	x	x
420	Zenzen	x	x							x		x	x
421	Knipp	x	x	x						x	x		x
422	Nelius	x	x							x			x
423	Künster	x									x	x	x
424	Schweisthal	x	x	x						x	x	x	x
425	Schneiders	x	x							x	x		x
426	Zenzen	x	x									x	x
427	Boos	x	x							x		x	x
428	Castor	x	x	x	x	x	x	x	x	x	x	x	x
429	Castor	x	x							x	x		
430	Knaup	x	x	x	x				x	x	x	x	x
431	Horch-Göbel	x	x							x	x		x
432	Knebel	x	x	x	x			x	x	x	x	x	x
433	Pohl	x					x	x	x	x	x	x	x
434	Day	x	x	x						x	x	x	x
435	Haas	x	x							x		x	x
MITTELMOSEL (LONGUICH BIS BRIEDEL)													
436	Dillinger	x	x							x	x	x	x
437	Caspari	x	x						x	x	x		x
438	Friedrich	x	x							x		x	x

STRAUSSENKALENDER

		Sep	Okt	Nov	Dez	Jan	Feb	Mär	Apr	Mai	Jun	Jul	Aug
439	Pohl GbR	x	x						x	x	x	x	x
440	Heil	x	x	x								x	x
441	Karp	x	x							x			x
442	Daun	x	x						x	x	x	x	x
443	Nummer	x								x	x		x
444	Kalbfuß	x	x	x									
445	Wagner	x	x	x						x	x	x	x
446	Willwert	x	x							x	x		x
447	Schwaab	x	x						x	x	x	x	x
448	Bernard	x	x									x	x
449	Philipps-Eckstein	x	x						x	x	x	x	x
450	Jüngling	x	x	x	x			x	x	x	x	x	x
451	Esseln	x	x							x	x	x	x
452	Pohl	x	x							x			x
453	Thul	x	x							x			x
454	Beth	x	x							x		x	x
455	Christoffel	x	x							x		x	x
456	Klein	x	x						x	x	x	x	x
457	Luft	x	x						x	x	x	x	x
458	Müllers	x	x						x	x	x	x	x
459	Müllers-Stein	x	x	x					x	x	x	x	x
460	Christoffel	x	x							x			x
461	Berweiler	x	x									x	x
462	Junk-Hoffmann	x	x	x				x	x	x	x	x	x
463	Dahmen	x	x							x	x	x	x
464	Longen	x	x	x	x				x	x	x	x	x
465	Schmitt	x	x		x			x	x	x	x	x	x
466	Thul	x	x							x	x	x	x
467	Kiebel	x	x	x					x	x	x	x	x
468	Schmitt	x	x								x		x
469	Hoffranzen	x	x	x	x	x	x	x	x	x	x	x	x
470	Schmitt	x	x								x	x	x
471	Dixius	x	x	x	x			x	x	x	x	x	x
472	Thielen	x	x							x			x
473	Thielen	x	x							x		x	x
474	Bottler	x	x									x	x
475	Mauch	x	x	x	x	x	x	x	x	x	x	x	x
476	Zimmermann	x	x								x	x	x

STRAUSSENKALENDER

	Name	Sep	Okt	Nov	Dez	Jan	Feb	Mär	Apr	Mai	Jun	Jul	Aug
477	Jüngling	x	x	x					x	x			x
478	Krebs	x	x							x	x	x	x
479	Schwarz	x	x							x	x		
480	Marmann	x	x									x	x
481	Pauly	x	x							x	x		x
482	Kettern	x	x							x	x	x	x
483	Lehnert	x									x	x	x
484	Veit	x	x	x								x	x
485	Welter	x	x							x	x	x	x
486	Neukirch	x	x							x		x	x
487	Schömann	x	x						x	x	x		x
488	Dahm	x	x							x		x	x
489	Dahm	x	x							x		x	x
490	Barzen	x	x							x	x		x
491	Schuh-Sausen	x	x						x	x	x	x	x
492	Schmitz												
493	Weich	x	x							x	x	x	x
494	Linden	x	x							x	x	x	x
495	Thul	x	x							x	x	x	x
496	Caspari	x	x						x	x	x	x	x
497	Schmidt	x	x						x	x	x	x	x
498	Britz	x	x									x	x
499	Loosen	x	x	x						x			x
500	Mies	x	x							x			x
501	Schmitz	x	x									x	x
502	Clemens	x	x									x	x
503	Gorges	x	x							x	x	x	x
504	Gorges-Müller	x								x			
505	Kilburg	x	x							x	x	x	x
506	Linden	x	x	x	x	x	x	x	x	x	x	x	x
507	Quint	x	x										
508	Schaefer	x	x									x	x
509	Schneider	x	x							x	x		x
510	Wendland	x	x							x	x	x	x
511	Becker	x	x	x									x
512	Morbach	x	x								x	x	x
513	Haubs-Ehses	x	x									x	x
514	Kappes	x	x	x						x			x

STRAUSSENKALENDER

		Sep	Okt	Nov	Dez	Jan	Feb	Mär	Apr	Mai	Jun	Jul	Aug
515	Werland	x	x									x	x
OBERMOSEL (PERL BIS TRIER)													
516	Apel	x	x	x	x			x	x	x	x	x	x
517	Frieden	x	x	x	x				x	x	x	x	x
518	Greif	x	x						x	x	x	x	x
519	Wietor		x	x	x				x	x	x		
520	Boesen	x	x									x	x
521	Neusius	x	x										x
522	Welter	x	x							x	x	x	x
SAAR													
523	Britten	x	x	x					x	x			
524	Schmitt	x	x	x					x	x	x		
RUWER													
525	Neuerburg												
526	Longen	x	x							x			x
527	Bales									x			
528	Dawen	x	x				x		x	x			x
529	Mertes	x								x			x
530	Steffes	x	x							x			x
AHR													
531	Sermann	x	x	x	x	x	x	x	x	x	x	x	x
532	Görres-Linden	x	x										
533	Schneider GbR	x	x						x	x			
534	Schäfer	x	x	x	x			x	x	x	x	x	x
535	Kreuzberg	x	x							x	x		
536	Kreuzberg	x	x	x						x	x		
537	Kreuzberg	x	x								x	x	x
538	Riske	x	x	x						x	x		
539	Hostert	x	x	x	x								
540	Schatz	x	x									x	x
541	Schreier	x	x							x	x		
542	Schreiner	x	x	x	x					x			
543	Becker	x	x	x						x	x		x

HOFFESTE

Einige der Wirte veranstalten eigene Wein- und Hoffeste. Damit Sie keines dieser Feste verpassen, haben wir diesen Kalender gemacht.

Die Nummern in den Kästchen entsprechen den Wirtsnummern, die die Wirte in diesem Buch haben (oben auf der jeweiligen Seite). Im Text über die Wirtschaft sind diese Feste durch Fettdruck hervorgehoben.

HOFFESTE-KALENDER

Sep	Okt	Nov	Dez	Jan	Feb	Mär	Apr	Mai	Jun	Jul	Aug
11	73	30	205	205	188		516	30	33	30	35
48	167	188						156	36	41	36
51	248	235						210	42	79	58
72	257	293						252	58	109	63
96	264							292	69	134	92
123	310							385	195	137	126
142	335							389	201	138	127
159	351							448	210	139	131
163	396							458	298	188	139
167	410							463	440	191	156
187	461							468	448	192	176
200	465							469	468	222	179
213	470							475	469	232	180
224	519							481	493	293	185
226	523							482	502	379	194
234								493	503	385	205
251								503	507	418	211
292								507	513	423	224
293								513	514	465	228
297								514		503	258
319								518		507	286
391								519		520	289
428								520			329
438								522			375
439								529			376
464											381
470											387
474											417
475											453
494											466
495											476
505											482
524											483
											485
											487
											526
											528

Weinfeste gibt es in den deutschen Weinbaugebieten in sehr großer Zahl. An den Wochenenden im Frühling, Sommer und Herbst (oft von Freitag bis Montag und besonders gehäuft um Feiertage) wird munter gefeiert.

Leider werden die Termine für das nächste Jahr meist erst im Winter festgelegt, also lange nach Redaktionsschluss. Deshalb verzichten wir auf eine nur ungenaue Zusammenstellung und teilen Ihnen lieber mit, wo Sie die Verzeichnisse der regionalen Weinfeste ab Januar **meist kostenlos** bestellen können.

Weinbauverband Hess. Bergstraße e.V.
Kettelerstr. 29
64646 Heppenheim
Tel. 06252-75654 Fax 06252-788256
www.bergstraesser-wein.de

Pfalzwein e.V.
Martin-Luther-Str. 69
67433 Neustadt/Wstr.
Tel. 06321-912328 Fax 06321-12881
www.pfalzwein.de

Rheinhessen-Touristik GmbH
Wilhelm-Leuschner-Str. 44, 55218 Ingelheim
Tel. 06132-44170 Fax 06132-441744
www.rheinhessen.de

Weinland Nahe e.V.
Dessauerstr. 6, 55545 Bad Kreuznach
Tel. 0671-834050 Fax 0671-8340525
www.weinland.nahe.de

Rheingau-Taunus Kultur und Tourismus GmbH
An der Basilika 11 A, 65375 Oestrich-Winkel
Tel. 067232-99550 Fax 06723-995555
www.rheingau-taunus-info.de

Mittelrhein Wein e.V.
Am Hafen 2, 56329 St. Goar
Tel. 06741-7712 Fax 06741-7723
www.mittelrhein-wein.com

Moselwein e.V.
Gartenfeldstr. 12 a, 54295 Trier
www.msr-wein.de

Tourismus & Service GmbH
Felix-Rütten-Str. 2, 53474 Bad Neuenahr-Ahrweiler
Tel. 02641-97730 Fax 02641-977373
www.wohlsein365.de

ZEICHENERKLÄRUNG

Hier wird das Brot selbst gebacken.

Hier wird selbst geschlachtet.

Dieser Winzer verkauft Flaschenwein.

Dieser Winzer führt Sie auch außerhalb der Öffnungszeiten durch Weinproben (z.T. mit Essen verbunden).

Hier wird Dosenwurst verkauft.

Diese Wirtschaft ist nach Ansicht des Winzers rollstuhlgeeignet, d.h. sie hat einen stufenlosen Eingang und Toiletten mit entspr. Maßen.

Hier können Kinder draußen spielen. Mitunter ist auch Spielzeug vorhanden.

(Alle Angaben stammen von den Winzern)

**STRAUSSWIRTSCHAFT
ELKE DINGELDEY**
MÄRKERWALDSTR. 124
64625 BENSHEIM-
    GRONAU
TEL.+ FAX 06251-69246
www.weinbau-dingeldey.de

öffnet Mitte September ca. 14 Tage
7. bis 16. November, 17. bis 29. April
und 20. bis 29. Mai
täglich von 16 bis 23 Uhr, sonn- und feiertags ab 11 Uhr

Hier werden Riesling, Rivaner, Dornfelder, Spätburgunder und Rotling ab 2,- € ausgeschenkt. Hausgemacht sind Leber,- Speck- und Spinatknödel, Kochkäse und Spundekäs'. Auch Bratwürste, Blut- und Leberwürste, Schnitzel, Schinken, überbackener Schafskäse, Flammkuchen und Handkäse fehlen nicht auf der Karte, die mit einem Tagesgericht bereichert wurde. An Sonn- und Feiertagen kommen hausgemachte Braten mit Beilagen und Kartoffelsalat auf den Teller. Und damit alles gut verdaut wird, gibt es im Holzfass gereiften Hefe- oder Weinbrand, Trauben- brand und Schlehenlikör. Bewirtet wird im neuen Schankraum und im überdachten Freisitz sowie im rustikalen **Nichtraucher-** Kuhstall. Bensheimer Winzerfest ist am 1. Wochenende im September. Für zuhause: Auch Traubenbrand und Hefe.

Anfahrt: Von Bensheim 5 km. In der Mitte von Gronau, Parken im Ort. 4 x täglich Busverbindung. Um Gronau gibt es schöne Wanderwege am vorderen Odenwald.

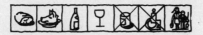

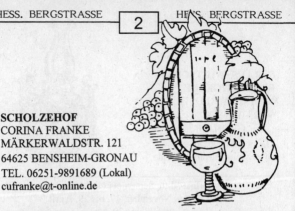

SCHOLZEHOF
CORINA FRANKE
MÄRKERWALDSTR. 121
64625 BENSHEIM-GRONAU
TEL. 06251-9891689 (Lokal)
cufranke@t-online.de

öffnet von Ende Oktober bis Ende November
und Ende Januar bis Ende Februar (Termine telef. anfragen)
freitags u. samstags von 17 bis 23, sonntags ab 10.30 Uhr

Riesling, Grauer Burgunder und Portugieser Weißherbst werden ins Glas gefüllt, auch Apfelwein und –saft sind aus eigenem Obst. Im Lokal mit max. 60 Sitzplätzen und auf der Terrasse werden Sie mit verschiedenen Schnitzeln, Bratwurst, Wurstsalat, Hacksteak sowie Salaten oder Hand- und Kochkäse verwöhnt. Dazu kommen verschiedene Gerichte aus der Schweinelende, saisonale Gerichte wie z.B. Spargel und Wild. Sonntags gibt's hausgemachten Kuchen. Zum Abschluss passt dann einer der verschiedenen Hausbrände. **Übernachtung**: Im eigenen Gästehaus. Zum Parkplatz „Naturpark Bergstraße/Odenwald" ist es nur 1 km. Von dort gibt es schöne Rundwege.
Anfahrt: BAB 5 und 67, Ausf. Bensheim Richtung Bensheim-Zell/Gronau. In der Ortsmitte, 20 Parkplätze (auch Platz für Wohnmobile) im Hof. Oder vom Bahnhof Bensheim mit dem Bus oder Ruftaxi -77777.

**STRAUSSWIRTSCHAFT
SIEGFRIED SCHUSTER**
HAMBACHER STR. 3
64625 BENSHEIM-
  GRONAU
TEL.+ FAX 06251-68826

öffnet voraussichtlich Mitte März für 2 Wochen (bitte anrufen)
täglich ab 16 Uhr, sonntags (zum Frühschoppen) ab 10 Uhr,
feiertags ab 11 Uhr

Warm ist's vom Holzofen, wenn Sie zu Schusters in die Straußwirtschaft kommen. Es werden trockener Rivaner und Riesling ausgeschenkt, das 0,25 l Glas für 1,80 €. Dazu gibt's Schinken und geräucherte Bratwurst, Bratwurstscheiben mit Zwiebelsoße oder Speck oder Blutwurst mit Eiern. Der hausgemachte Kochkäse ist täglich frisch zubereitet. Auf den Gast großen Hunger wartet die Holzfällerplatte. „Nooch dem gure Esse noch woas gures zur Verdauung" empfiehlt der Wirt und schenkt vom „Häiweschnaps" aus. Sollte das Wetter mitspielen, so gibt es auch Plätze im Freien. **Übernachtung**: Gasthof Auf der Au, Tel. -2989. Für zuhause: Von Häiweschnaps, Kochkäse und Schinken.

Anfahrt: BAB 5 und 67, Ausfahrt Bensheim, in Richtung Bensheim-Zell/Gronau. Direkt in der Ortsmitte, 1 Minute von der Kirche. Vom Bahnhof Bensheim mit Bus oder Ruftaxi (06251-65777). Θ von Bus und Taxi 1 Minute von der Wirtschaft.

**WEINBAU
GITTA EMMERICH**
ENTENGASSE 6
64823 GROSS-UMSTADT
TEL. 06078 -2832
FAX   -912046

öffnet noch bis 2. November
und vom 23. April bis 7. Juni
jeweils donnerstags bis sonntags ab 19 Uhr

Weinbau hat in Groß-Umstadt eine lange Tradition. Seit 1000 Jahren ist er urkundlich belegt. Bei Familie Emmerich können Sie von den spritzigen Weinen der „Odenwälder Weininsel" verkosten. In weiß und rot kommen sie ins Glas, dazu auch Perlwein und Brände. Brote, belegt mit ‚Preßkopp' und Leber- und Blutwurst, werden zum Wein serviert. Direkt am historischen Marktplatz gelegen, empfiehlt sich bei Ihrem Besuch auch ein Blick auf das Renaissance-Rathaus mit reich geschmückten Giebeln. Die evangelische Stadtkirche am Markt stammt aus dem 15. Jahrhundert. Auch die Fachwerkhäuser rund um den Markt lohnen die Zeit, die Sie für den Rundgang verwenden.

Anfahrt: Auf der B 45 nach Groß-Umstadt. Direkt am Marktplatz.

HESS. BERGSTRASSE   5   HESS. BERGSTRASSE

**WEINGUT & WEINSCHÄNKE
REBENHOF**
BERNHARD GÄRTNER GmbH
RIESLINGSTR. 12
64673 ZWINGENBERG
TEL. 06251-76368
FAX   -704092
www.weinschaenke-rebenhof.de

öffnet donnerstags bis samstags ab 17 Uhr,
sonn- u. feiertags ab 12 Uhr

Bernhards Schoppen kommt nur im Bembel auf den Tisch (ab 0,5 l f. 3,60 €), die zahlreichen anderen Weiß- und Rotweine gibt es im Viertelliterglas, fruchtig, rassig, lieblich oder mild – die Auswahl ist groß. Spezialitäten des Weinguts sind alte Sorten wie z.B. Morio-Muskat. In der Weinschänke und im angrenzenden Wein- und Blumengarten werden dazu Schnitzel in versch. Variationen, Saumagen, Bratwurst, (auch luftgetrocknet), Hack- und Winzersteak, Hausmacher Wurst, Kochkäse und Odenwälder Handkäse mit Musik serviert. Festtage werden mit Extra-Gerichten gefeiert, dazu kommt ein buntes Programm wie Weihnachtspräsentation, Fastnacht-Kräppel-Kaffee, Mama-Verwöhn-Wochenende am Muttertag und gerechterweise „alles, was Papas so mögen" am Vatertag. Der Weinladen ist tägl. von 14.30 bis 19 Uhr geöffnet, Sa 10-14.30 Uhr und So 14-19 Uhr.

Anfahrt: BAB 5, in Zwingenberg beim Steinfurter Falltor neben dem Bahnhof. Parken direkt vorm Haus. Stündlich Züge von Heidelberg oder Frankfurt, Entfernung 200 m (5 Min. zu Fuß). Direkt am Radweg R17+R8.

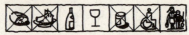

Alexanderhof

ALEXANDERHOF
SIEGRUN FREY
MICHELSBERGSTR. 5
67098 BAD DÜRKHEIM
TEL. 06322-4151

öffnet täglich ab 17 Uhr, samstags ab 15 Uhr,
sonn- und feiertags ab 12 Uhr, donnerstags Ruhetag

Schonend wird der Wein an- und ausgebaut, vom Tafelwein bis zur Beerenauslese steht er in der Weinstube für Sie bereit. Neben Riesling und M.-Th. gibt es auch Gr. Burgunder, Ortega und Gewürztraminer, die roten Sorten sind Dornfelder, Portugieser, Spätburgunder und Heroldrebe, letztere auch als Weißherbst. Preis WW ab 2,50 €, bei RW ab 2,80 €. Rumpsteak gibt es mit Zwiebeln, Knoblauch oder Pfeffer und verschiedene Schnitzel. Dazu kommen wechselnde Menuangebote. Bewirtet wird in der Gaststube und im Gutshof des Alexanderhofs (Den Namen hat er nach dem erstgeb. Enkel). Bei Gruppen ab 10 Personen Platzreservierung, Gesellschaften: 10 bis 50 Personen. Weinwanderungen ab 10 Personen. Ausgangspunkt für große/kleine Waldwanderungen. Für zuhause: selbstgezogene Pflänzchen von Frau Frey z.B. Liguster, Lorbeer, Buchs …

Anfahrt: In Bad Dürkheim am Großen Fass Richtung Leistadt, nach 300 m rechts. Großer Parkplatz, öffentl. Platz für 150 Wohnmobile direkt am Weingut. Oder vom Bahnhof ca. 1 km.

STRAUSSWIRTSCHAFT KURT LANG
WEINSTR. NORD 61
67098 BAD DÜRKHEIM
TEL. 06322 -7455
FAX -955372

öffnet Anfang August bis Ende September
und vom 1. April bis Ende Mai
täglich von 15 bis 23 Uhr, sonntags ab 10 Uhr,
freitags Ruhetag

Neben den Weinbergen des Michelsbergs werden Sie im Hof und drinnen (je nach Wetterlage) zu Weiß- und Rotweinen empfangen. Bei den Weißen haben Sie die Auswahl unter 12 Sorten, Preis ab 1,80 €, die roten Sorten Dornfelder, Portugieser und Spätburgunder beginnen mit 2,20 €. Spätburgunder gibt es auch als Weißherbst. Die Küche bietet kalte Vesper, u.a. Hausmacher Wurst und Handkäs, als warme Speisen Leberknödel, Bratwurst und Saumagen. Am Wochenende bereichern Steaks das Angebot. **Übernachtung**: Eine Ferienwohnung. Für zuhause: Hefebrand.

Anfahrt: In Bad Dürkheim direkt an der Deutschen Weinstraße gegenüber der Saline (Gradierbau). Für Radfahrer: Radweg Nr. 7. Zum Bahnhof und zur Rhein-Haardt-Bahn je 500 m. Zwei Wohnmobilstellplätze. Busse können auf dem Gelände des Wurstmarkts parken.

KUHSTALL
FAM. RÖSENER
WEINSTR. 46
67278 BOCKENHEIM
TEL. 06359-4301
FAX   -40010

öffnet vom 1. März bis 30. November
freitags bis sonntags ab 17 Uhr

Das alte Gebäude stammt aus den Anfängen des 19. Jahrhunderts, seit 1904 ist es im Besitz von Familie Rösener. 1986 wurde die ehemalige Stallung zur Weinstube umgebaut, die Wand- und Deckensteine sind noch original. Ausgeschenkt werden vorwiegend Weißweine, doch gibt es auch Dornfelder, Spätburgunder und einen Portugieser Weißherbst zu verkosten. Ab September wird Federweißer ins Glas gefüllt. Die Küche bietet die typischen Pfälzer Spezialitäten wie Leberknödel (auch in der Suppe), Saumagen, Bratwurst, Weißen Käse und Handkäse, auch Straßburger Wurstsalat und Rindfleischsalat, Rumpsteak oder Wiener Schnitzel sind zu haben. An warmen Tagen wird draußen im Hof (25 Plätze) bedient. Platzreservierung ist in dem von vier Sandsteinsäulen gestützten ehemaligen Kuhstall möglich, Gesellschaften: bis 50 Personen. Weinkerwe ist Ende August, Weinfest Mitte Oktober.

Anfahrt: BAB 6, Ausfahrt Grünstadt. In Bockenheim gegenüber der Kirche. Bahnhof 1 km, stündlicher Anschluß.

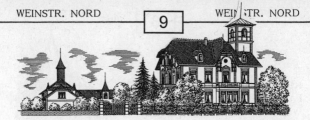

GUTSAUSSCHANK IM WEINGUT H. GIESSEN ERBEN
HERBERT GIESSEN WEINSTR. 3
67146 DEIDESHEIM TEL. 06326-391 FAX -962177

öffnet ganzjährig zur Weinprobe für Gruppen nach Anmeldung am 2./3. Augustwochenende u. Ende August am "Erlebnistag" tägl. von 17 bis 23 Uhr, sonn- u. feiertags von 11 bis 24 Uhr

Aus kontrolliert umweltschonendem Anbau wird Ihnen vor allem Riesling ins Glas gefüllt; den Fasswein gibt es trocken, halbtrocken und lieblich ab 2,50 €. Spätburgunder gibt es trocken, als Weißherbst ist er mild. Als echt „Pälzer Speis" wird Grumbeersupp mit Quetschekuche serviert, der Rieslingschinken schmeckt in der alten Scheune ebenso gut wie auf der Gartenterrasse, im geschützten Hof oder in der überdachten Wagenhalle. Seit fast 30 Jahren öffnet Familie Gießen nun schon den Gutsausschank, seit 7 Generationen betreibt sie Weinbau. Platzreservierung. Gesellschaften: Ab 20 bis 120 Personen. Historische Weinprobe in Englisch, Französisch und Russisch. **Übernachtung**: Bis zu 5 Wohnmobilstellplätze vorhanden. Verkehrsamt: -9677-0

Anfahrt: B 271 (Dt. Weinstraße), von Bad Dürkheim kommend das 2. Anwesen links. Zum Bahnhof sind es 5 Minuten, auch am Wochenende ½ stündlich Anschluss.

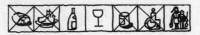

GUTSAUSSCHANK MEHLING
ANNE MEHLING-OTTE u. BERND OTTE
WEINSTR. 55
67146 DEIDESHEIM
TEL. 06326 -274
FAX   -7473
www.weingut-mehling.de

öffnet Pfingsten incl. Pfingstdienstag (Geißbockfest)
samstags ab 17 Uhr, sonntags bis dienstags ab 11 Uhr
und vom 2. bis 3. Wochenende im August
freitags, samstags, montags, dienstags 17 Uhr, sonntags 11 Uhr

Seit 200 Jahren wird in der Familie Mehling Weinbau betrieben, jetzt arbeitet man nach den Kriterien des kontrolliert umweltschonenden Weinbaus (KUW). Fünf offene Weißweine und je ein Rotwein und ein Weißherbst können verkostet werden, alle trocken ausgebaut, doch gibt es auch Qualitäten bis zur Auslese. Riesling und Burgunderweine sind die Spezialität des Weinguts. Bewirtet wird im Gutshof - 100 Weinfreunde finden hier Platz – mit typischen Pfälzer Gerichten wie Saumagen oder „Fleeschknepp" mit Meerrettichsoße (je 5,50 €) oder Spießbraten zu 7,50 €. Weinlehrpfad und Künstlerrundweg locken Spaziergänger, Kulturinteressierte wenden sich ins Museum für Fototechnik oder Weinkultur.

Anfahrt: BAB 61 bis Kreuz Ludwigshafen, Abfahrt Bad Dürkheim, über die B 271 nach Deidesheim. Im Zentrum. Von Bahn oder Bus ca. 10 Minuten Fußweg.

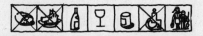

WEINSTUBE BENGEL
GABRIELE BENGEL
HEPPENHEIMERWEG 12
67246 DIRMSTEIN
TEL. 06238 -3800
FAX   -3899

öffnet vom 2. Wochenende im Sept. bis 3. Wochenende im Dez.
und von Donnerstag nach Ostern bis zum 4. Juliwochenende

täglich von 17 bis 24 Uhr, sonn- und feiertags ab 12 Uhr,
montags, dienstags, mittwochs Ruhetage

Familie Bengel gehört zu den alteingesessenen Winzern in Dirmstein, Weinbau wird seit mehreren Generationen betrieben. 10 ha Weinberge gehören zum Betrieb, unverfälschter, sortentypischer Ausbau der Rebsorten ist das Ziel. Im Ausschank sind Riesling, Dornfelder und Portugieser Weißherbst. Zur Herbstzeit wird Federweißer ausgeschenkt, Traubensaft gibt es rot und weiß. Der Pfälzer Wurstteller bietet Bratwurst, Saumagen und Leberknödel, beim „Schiefen Sack" fehlt der Saumagen. Zum Weißen Käse gibt es Bratkartoffeln, zum Rumpsteak oder Schnitzel Pommes. Zur Spargelzeit gibt's Spargelgerichte. Bewirtet wird in der ehemaligen Scheune, an warmen Tagen gibt es 50 Plätze auf der überdachten Terrasse. Platzreservierung. Gesellschaften: 25 bis 45 Personen. Kinderspielplatz. Zum **Weinfest** erwartet Sie Familie Bengel am 2. Wochenende im September. **Übernachtung**: Spormühle -790, u. Kempf -9840-0. Für zuhause: versch. Liköre, Weinbrände, Hefebrand und Sekt.

Anfahrt: BAB 61, Ausf. Worms oder BAB 6, Ausf. Frankenthal. Außerhalb in den Weinbergen. 2 Wohnmobilstellplätze. Nächster Bahnhof: Grünstadt (6 km), zum Bus sind es 500 m.

Schönes Schwaben

- Die farbige Monatszeitschrift zu Kultur, Geschichte, Landeskunde.
- Informativ und unterhaltsam, aktuell und zeitlos.
- Traumhaft schöne Fotos, interessante Artikel von kompetenten Autoren.
- Das ideale Geschenk für alle Freunde schwäbischer Landeskultur

Informationen erhalten Sie bei:

Silberburg-Verlag

Schönbuchstraße 48
72074 Tübingen
Tel. (0 70 71) 68 85-0
Fax (0 70 71) 68 85-20
e-Mail: info@silberburg.de
www.silberburg.de

**STRAUSSWIRTSCHAFT
HUBACH**
BAHNHOFSTR. 64
67167 ERPOLZHEIM
TEL. 06353 -8141
FAX   -3676

öffnet Anfang Oktober bis Ende November
und Ende April bis Ende Juni
freitags ab 17, samstags ab 16, sonn- und feiertags ab 12 Uhr

Bei Familie Hubach werden ausschließlich Flaschenweine ausgeschenkt; von trocken bis lieblich, Preis ab 2,50 €, Rebsorten Portugieser, Spätburgunder, Dornfelder, Merlot, Weiß- und Grauburgunder und Chardonnay, z.T. im Barrique ausgebaut. Bis zu Trockenbeerenauslesen reicht die Palette. Im Herbst wird Federweißer ausgeschenkt. Saisonales wie Spargel oder Wild bereichern die Speisekarte mit vorwiegend Pfälzer Gerichten. An schönen Tagen wird im Winzerhof mit der rebenbewachsenen Pergola inmitten der Weinberge bewirtet. Gesellschaften: Ab 20 bis 40 Personen. Für zuhause: Neben Wein auch Sekte, Destillate.

Anfahrt: Von Ludwigshafen Richtung Bad Dürkheim bis zum Autobahnende, dann nach Erpolzheim. Der Strauß hängt am Ortsende Richtung Ungstein. Der Bahnhof ist 5 Minuten entfernt, stündlich Verbindungen.

STRAUSSWIRTSCHAFT
KARL OBERHOLZ
AM ZWINGER 3

67251 FREINSHEIM

TEL. 06353-1739
FAX   -959001
weingutoberholz.de

öffnet Oktober bis November und März bis Mai

täglich ab 16 Uhr, montags und dienstags Ruhetage

Müller-Thurgau gibt es schon für 1,40 €, Portugieser ab 2,- € und Rosé 10 Cent preiswerter. Der Traubensaft ist Eigenerzeugnis. Neben den typischen Pfälzer Gerichten wie Eisbein, Hausmacher Wurst und Saumagen, selbst gemachten Leberknödeln, Schwartenmagensalat, weißem Käse und Handkäse werden auch Carpaccio, ein Toast Williams oder der Mümmelteller als wechselndes Wochenessen serviert. Vor dem Besuch der Strauß-wirtschaft lohnt ein Spaziergang durch das mittelalterliche Freinsheim. Auch die Winzerwirtschaft von Familie Oberholz ist in einem alten Winzerhaus. Für zuhause auch Winzersekt und Secco.

Anfahrt: An der Stadtmauer von Freinsheim gelegen. Parkplätze sind in der Nähe. Halbstündlicher Bahnanschluss.

WEINSTUBE EYMANN
FAMILIE EYMANN
LUDWIGSTR. 35
67161 GÖNNHEIM
TEL. 06322-2808
FAX   -68792
www.weinguteymann.de

öffnen donnerstags und freitags von 18 bis 24 Uhr,
samstags ab 17 Uhr

Hochwertige Weine, Weinstube, Weingarten, Weingeister – dies und mehr fällt Fam. Eymann ein, befragt nach ihrem Weingut. Und natürlich ein reichlich gedeckter Tisch. Die Küche bietet Erlesenes wie Zander, Lammfilet und Gemüsestrudel (auch kl. Portionen), doch fehlen auch nicht typische Pfälzer Gerichte und Desserts. Saisonale Speisen wie z.B. versch. Spargelgerichte ergänzen das Angebot. Dem ökologischen Weinbau verschrieben (Mitglied bei Naturland) sind auch die Weine besonders erlesen. Preis für WW ab 2,60, RW ab 3,50 €. Im Sommer wird der begrünte Innenhof bewirtschaftet. Platzreservierung. Gesellsch.: 20 bis 40 Personen. Zur **Jahrgangsverkostung** lädt das Weingut am zweiten Sonntag im Juni, zu kulinarischen Weinproben von Mitte Nov. bis Mitte Dez. (Fr + Sa). **Übernachtung**: Zum Lamm -95290 oder Pension Mechthild -5003 od. -8571. In der Nähe sind die Hardenburg, Wachtenburg und die Ruine Kloster Limburg.

Anfahrt: BAB 61 auf BAB 650 Rtg. Bad Dürkheim, Abf. Gönnhm./Friedelshm./Ellerstadt. Das WG liegt direkt gegenüber der Kirche, **P** im Hof. Vom Rhein-Haardt-Bhf 15 Min. zu Fuß.

GUTSAUSSCHANK PETRI
MARGRIT KUNTZ
WEINSTR. 79
67273 HERXHEIM A. BERG
TEL. 06353-2092
FAX   -4181
www.weingut-petri.de

öffnet täglich von 12-14 und ab 17 Uhr, sonn-
und feiertags ab 12 Uhr, montags Ruhetag
Anfang Januar geschlossen

Die Weißweine gibt es ab 2,40 €, die Rotweine ab 3,20 €. Alle sind Qualitätsweine, die Palette reicht vom einfachen QbA bis zu Auslesen. Ebenso reichlich wie die Weinkarte ist auch das Angebot an Speisen. Von der Tomatencremesuppe über Petersiliensülze mit Bratkartoffeln bis zu Lamm- oder Filetsteak können Sie kosten, dazu gibt es noch eine Extrakarte mit diversen Salaten. Platzreservierung sowohl drinnen als auch bei schönem Wetter im Freien. Gesellschaften: bis 30 Personen. Weinkerwe in Herxheim: Anfang August. **Übernachtung**: Eigene Fewo.
Anfahrt: BAB 6, Ausfahrt Grünstadt. Der Gutsausschank liegt in den Weinbergen außerhalb des Ortes. Gute Parkmöglichkeiten. Zum Bahnhof ist es ca. ein Kilometer.

WEINSTR. NORD | 16 | WEINSTR. NORD

SAUMAGENKELLER
DIPL. ING. PETER EHRLICH
WEINSTR. 53
67169 KALLSTADT
TEL. 06322-4783
FAX   -8504
www.weinstube-saumagenkeller.de

öffnet vom 1. September bis 1. Januar und
vom 7. März bis 31. August

samstags, sonn- und feiertags ab 12 Uhr,
in den Monaten Juni-August und Nov. Sa ab 16 Uhr,
freitags nur im Sept./Okt. ab 16 Uhr

Saumagen im Glas und auf dem Teller – das können Sie hier in dem über 300 Jahre alten Gewölbekeller und bei gutem Wetter im Innenhof des Weinguts genießen. Auch fehlen nicht die anderen typischen Pfälzer Spezialitäten auf der Speisekarte. Zahlreiche Veranstaltungen an Fest- und Feiertagen wie Ostern, Muttertag, Advent (z.T. mit Anmeldung) …, dazu noch ganzjährig Kunstausstellungen in der alten Scheune. Kulinarische Weinproben. Platzreservierung. Gesellschaften ganzjährig ab 10 bis 90 Personen. 5.-8. September Saumagenkerwe (nostalgisches Hoffest mit nostalgischen Preisen) freitags Rumpsteakessen, sonntags Frühschoppen mit einem Viertel Saumagen Riesling Kabinett für 1,- €. Zum „Fest der 100 Weine" erwartet Sie Kallstadt um den 1. Mai. **Nichtraucher-Lokal**. **Übernachtung**: In unmittelbarer Umgebung für jeden Geldbeutel.

Anfahrt: Von Bad Dürkheim über Ungstein nach Kallstadt. Nach ca. 300 m links in die Hebengasse. Nach ca. 120 m rechts in die Backhausgasse, nach ca. 80 m ist der Parkplatz. Nächster Bahnhof: Frejnsheim. Vom Bus 5 Min.

**WEINGUT
WALTER HENNINGER**
WEINSTR. 2
67169 KALLSTADT
TEL. 06322 -1335
FAX   -980793
www.weingut-henninger.de

öffnet Mitte September bis 1. November
täglich von 10 bis 21 Uhr

Zur Herbstzeit wird hier täglich frischer Bitzler, Federweißer und Traubensaft geboten. Dazu gibt es selbstgemachten Zwiebelkuchen, Flammkuchen, O'bazda, sowie Handkäse mit Musik und weitere Spezialitäten, an den Wochenenden Saumagen, Bratwurst und „Gequellte mit weißem Käs" sowie Kaffee und selbst gemachten Kuchen. Probiert werden können alle Flaschenweine – 30 Weiße, 3 Weißherbste, 17 Rotweine, Sekte, Secco sowie Traubensaft in weiß und rot stehen zur Auswahl. In der Weinprobierstube haben 20 Weinfreunde Platz, doch wird auch im Hof bewirtet. Gesellschaften ganzjährig: bis 20 Personen.

Anfahrt: BAB 61, Ausfahrt Bad Dürkheim. Von dort kommend das 1. Haus rechts in Kallstadt. Großer Parkplatz direkt beim Haus. 6 Stellplätze für Wohnmobile. Stündlich Busverbindung, ca. 200 m entfernt. Nächster Bahnhof: Bad Dürkheim.

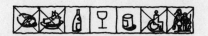

**GUTSAUSSCHANK
SAUMAGENSTUBE**
FAM. KARST
HEBENGASSE 8
67169 KALLSTADT
TEL. 06322-8929

öffnet täglich ab 17 Uhr, sonn- u. feiertags ab 11.30 Uhr,
montags und dienstags Ruhetage
Weihnachten, Neujahr u. 2 Wochen im Sommer geschlossen

Beim Weißwein wird hier vorwiegend Riesling, beim Rotwein Burgunder und Portugieser ausgeschenkt; das Gut ist auf Prädikatsweine spezialisiert. (Preise: WW ab 1,90, RW ab 2,60 €). Im Herbst gibt's Federweißen, Traubensaft immer. Pfälzer Spezialitäten wie Saumagen werden dazu gereicht, aber auch Speisen von Rind, Kalb, Schwein und Fisch und Vegetarisches. Ende Oktober bis Weihnachten: Gänseessen auf Bestellung, zur Spargelzeit Spargelgerichte, im Herbst können Sie Äpfel mitnehmen. Bei warmem Wetter Außenbewirtung auf der Gartenterrasse. Platzreservierung. Gesellschaften: 20 bis 40 Gäste. Um den 1. Mai feiert Kallstadt das Fest der 100 Weine.

Anfahrt: Über BAB 6 oder B 271 bis Grünstadt, dann Richtung Bad Dürkheim. Parken in der Hebengasse. Das Anwesen grenzt direkt an die Weinberge mit beschilderten Wegen.

SEKT- UND WEINGUT STAUCH
FAMILIE STAUCH
WEINSTR. 130
67169 KALLSTADT
TEL. 06322 -63927
FAX   -66046
www.weinelite.de

öffnet ganzjährig
freitags bis sonntags ab 17 Uhr

Seit 1721 wird bei Stauchs Weinbau betrieben. Das WG gehört laut Wein Gourmet 2005 zu den besten WG Deutschlands. Ausgeschenkt werden vielerlei Rebsorten, weiß, rot und rosé, vom einfachen QbA bis zur Trockenbeerenauslese. Während der Lese gibt es Federweißen. Zum Wein schmecken die Pfälzer Spezialitäten wie Saumagen oder Kallstadter Weinsuppe. Die Wildgerichte sind aus dem eigenen Revier. Und die Desserts! Platzreservierung. Gesellschaften zur Öffnungszeit nach Vereinbarung, sonst 40 bis 100. Bei schönem Wetter Bewirtung im Garten mit 70 verschiedenen Kamelien, die oft schon im Februar blühen. Weinwanderung mit Weinprobe, kulinarische Weinproben. Zum „Fest der 100 Weine" um den 1. Mai erwartet man Sie in Kallstadt ebenso wie zur Saumagenkerwe am 1. WoE im September. Für zuhause: Auch Sekt, Secco, Gelee, Wildschinken. **Übernachtung**: Eigenes Gästehaus.

Anfahrt: Von Bad Dürkheim kommend am Ortsausgang (Weinstraße).

WEINGUT UNCKRICH
HUBERT und KLAUS UNCKRICH
LEISTADTER STR. 13
67169 KALLSTADT
TEL. 06322 -64636
FAX   -8494
Weingut.Unckrich@t-online.de

öffnet Anfang September bis 1. November
täglich von 10 bis 21 Uhr

Seit 9 Generationen ist dieses Weingut in Familienbesitz, bis 1935 wurde es unter dem Namen Christ geführt. So bekannte Weinlagen wie Saumagen, Kobnert, Kronen- und Annaberg werden Ihnen hier kredenzt, das Glas ab 2,- €. Absolutes Muss sind hier Most und Bitzler. Dazu gibt's Lauch- und Zwiebelkuchen, Liptauerbrot und Weinkäse mit Musik. Montag bis Freitag werden Pellkartoffeln mit weißem Käse oder Hausmacher Wurst geboten. Bewirtet wird in Pergola, Garage und Zelt. Das „Fest der 100 Weine" ist um den 1. Mai, die „Saumagenkerwe" am 1. Wochenende im September.

Anfahrt: BAB 6, Ausfahrt Grünstadt, Richtung Bad Dürkheim, in Kallstadt an der Kirche Richtung Leistadt, das zweitletzte Haus links ist Ihr Ziel. Parkplätze rechts und links vom Hof. Stündlich Busverbindung, ☉ 50 m. Nächster Bahnhof: Bad Dürkheim.

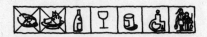

WEINGUT H. u. B. WEISENBORN

WEINGUT
H. u. B. WEISENBORN
FREINSHEIMER STR. 41
67169 KALLSTADT
TEL. 06322 -8930
FAX   -982596
weingut-weisenborn@t-online.de

WEINGUT · STRAUSSWIRTSCHAFT

öffnen Ende September bis Anfang Dezember
und Ende März bis Anfang Juni

täglich ab 15 Uhr, am Wochenende und feiertags ab 12 Uhr,
montags und dienstags Ruhetage

Im alten Winzerhaus mit Sandsteinfassade (innen mit alten Holzfußböden) oder bei schönem Wetter draußen werden Sie zu Kallstadter Wein geladen. Die Auswahl an QbA-Weinen bis zur Trockenbeerenauslese ist groß; von trocken bis lieblich, weiß, rot und rosé, verschiedene Rebsorten, darunter Weiß- und Spätburgunder, Chardonnay und Dunkelfelder. Das Glas Weißwein gibt es ab 1,70 €. Im Herbst wird Federweißer eingeschenkt. Umfangreich wie das Weinangebot sind auch die Speisen. Typische Pfälzer Gerichte finden Sie hier ebenso wie gegrillten Schafskäse, Kammsteak oder kaltes Bratenbrot. Gesellschaften: Bis 25 Personen. Um den 1. Mai lädt Kallstadt zum „Fest der 100 Weine", „Saumagenkerwe" mit entsprechendem Essen ist am 1. WoE im September. **Übernachtung**: VVN, -68938. Für zuhause: Auch Hefeschnaps, Sekt, Weinbrand.

Anfahrt: In Kallstadt Richtung Freinsheim. Nächste Bahnhöfe: Bad Dürkheim und Freinsheim. Zum Bus ca. 500 m.

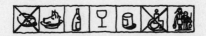

ZWITSCHERSTUBB
HILTRUD MISSKAM
JAHNSTR. 3
67245 LAMBSHEIM
TEL. + Fax 06233-50721
www.weingut-misskam.de

öffnet täglich von 18 bis 24 Uhr, sonn- und feiertags ab 17 Uhr,
dienstags und mittwochs Ruhetage,
nach dem 4. Advent bis zum 2. WoE im Januar
und das letzte WoE im Juli geschlossen

Schon seit 1753 gibt es diesen Erzeugerbetrieb, wie viele Schoppen in der Zeit wohl 'gezwitschert' wurden? Den Müller-Thurgau können Sie ab 1,90 € verkosten, Portugieser Weißherbst ab 2,20 € und Portugieser Rotwein ab 2,50 €, die Qualitäten reichen bis zu Auslesen. Dazu werden typische Pfälzer Gerichte serviert: Bratwurst, Saumagen, Leberknödel, Hausmacher Wurstplatte und Pfälzer Rumpsteak von Fleisch aus der Region. Bewirtet wird im alten Pferdestall oder an warmen Tagen auf der überdachten Terrasse. Platzreservierung. Gesellschaften außerhalb der Öffnungszeiten: ab 20 Personen, während der Öffnung bis 40 + 40 auf der Terrasse. **Übernachtung**: Landgasthof Silberdistel – 54403. Für zuhause: Likör, Brände.

Anfahrt: BAB 6, Ausf. Frankenthal, Umgehung Nord, Einmündung Lambsheim BAB 61, Ausfahrt Ruchheim, Richtung Maxdorf nach Lambsheim. Am alten Rathaus, Parken am Haus oder Kerweplatz. Anschluss mit öffentl. Verkehrsmitteln alle 20 Min.

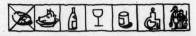

**STRAUSSWIRTSCHAFT
P R O F F E R T**
GUNTER STEUER
FREINSHEIMER STR. 8
67245 LAMBSHEIM
TEL. 06233 -352511
FAX   -352513

öffnet Oktober bis November und Februar bis März
freitags, samstags und montags ab 17 Uhr,
sonn- und feiertags ab 16 Uhr

In dieser **echten** Straußwirtschaft werden Sie in der Kutscher- und Winzerstube empfangen. Weiß- und Rotweine und auch der Rosé sind sortenrein ausgebaut. An Rebsorten gibt es neben den typischen Hauptrebsorten Chardonnay und Burgunderweine. Der Kutscher-Teller bietet Hausmacher Wurst, Käse und Schinken; Schwartenmagensalat wird mit Bratkartoffeln serviert. Zum Wochenende gibt es Extra-Speisen. Gesellschaften: Ab 20 bis 50 Personen. Für zuhause: Neben Wein auch diverse Apfelsorten.
Anfahrt: BAB 6, Ausfahrt Frankenthal, Umgehung Nord, Einmündung Lambsheim oder BAB 61, Ausfahrt Ruchheim Richtung Maxdorf, dann nach Lambsheim. In der Nähe des alten Wehrturms zu finden, eigener Parkplatz. Oder mit dem Rad auf dem Landesradweg R 7. Zum Bahnhof sind es 5 Minuten, Busanschluß alle 30 Minuten.

WEINSTUBE HÄRTEL
ANDREA HAUSER (geb. Härtel)
HAUPTSTR. 23
67149 MECKENHEIM
TEL. 06326-5287
FAX   -980407
www.weinstube-haertel.de

ganzjährig geöffnet (Urlaub auf Anfrage)
freitags ab 19, samstags + sonntags ab 18, feiertags ab 12 Uhr
im Sept./Okt. Tägl. Neuer Wein, Flamm- und Zwiebelkuchen
im Hofladen, im Herbst (während der Saison, Sept. – Dez.)
sonntags durchgehend warme Küche

Seit 1997 ist die Weinstube unter der Leitung der Tochter des Weinguts. Die Auswahl an Weinen ist groß: Riesling, Chardonnay, Weiß- und Spätburgunder, sowie Schwarzriesling und St. Laurent sind einige der Rebsorten. In Gaststube und bei schönem Wetter im Hof schmecken dazu Rumpsteak, Saumagen, Leberknödel und kleine Gerichte zum Wein, Sekt und Secco. Sonntags, und nur im Herbst, gibt's Rollbraten mit Semmelknödeln und hausgemachte Kuchen mit Kaffee. Platzreservierung. Gesellschaften übers ganze Jahr bis 35 Personen. Für zuhause: Obstbrände, Marmeladen, Gelees, Äpfel und Kartoffeln.

Anfahrt: BAB 65, Ausfahrt Haßloch. An der Hauptstraße von Meckenheim an der Ampel. Parken im Hof. Nächste Bahnhöfe: Deidesheim und Haßloch. Busse stündlich, Θ 50 m entfernt.

**WEINGUT
STRAUSSWIRTSCHAFT
CARL LAMOUR ERBEN**
K.H. NICOLAI
GARTENSTR. 8
67433 NEUSTADT/W.
TEL. 06321-80400

öffnet täglich ab 16 Uhr

'Neustadts älteste Straußwirtschaft' samt Weingut wird nun schon in der 4. Generation betrieben. Nur 3 Minuten vom Bahnhof entfernt, werden Sie hier mit Weinen, die z. T. unterhalb des Hambacher Schlosses reiften, bewirtet. Das Glas vom Weißwein gibt es ab 2,- €. Zur Herbstzeit wird Federweißer ausgeschenkt, dann ist auch der Kelterhausbetrieb live zu beobachten. Der Traubensaft ist aus eigenem Anbau. Aus der Küche kommen typische Pfälzer Gerichte. Wildgerichte sind von der eigenen Jagd. In Keller und Weinstube gibt es zusammen über 200 Plätze, im von Reben überwachsenen Hof können 30 Gäste „Worscht un Woi" genießen. Im historischen Sandsteingewölbekeller ist noch ein Ausschankbaum zu bewundern. Platzreservierung. Verkauf von Weingelee, Marmeladen und Konfitüren, Zwetschgen und Mirabellen. **Übernachtung**: Ramada-Hotel, direkt gegenüber vom Bahnhof. Weinfest: Anf. Okt., dann ist schon ab 11 Uhr geöffnet.
Anfahrt: BAB 65. Nur 300 m vom Bahnhof, öffentl. Parkplatz für ca. 15 Autos.

WEINSTR. NORD | 26 | WEINSTR. NORD

WEINSTUBE SCHÖNHOF

STEFAN u. HANNELORE HAFEN WEINSTR. 600
67434 NEUSTADT-DIEDESFELD TEL. 06321-86198
www.weingut-schoenhof.de FAX   -86823

öffnen ganzjährig
freitags bis dienstags ab 17 Uhr

Blumig, süffig oder elegant – das „Mütterle" hat hier verschiedene Erscheinungsformen. Ab 2,30 € wird Ihnen Wein dieser Lage ins Glas gefüllt, Rotwein und Rosé gibt es ab 2,70/2,20 €. Auch Sekte gibt es in weiß, rot und rosé, Safttrinkern wird weißer Traubensaft eingeschenkt. Ebbes zu esse? Hier sind Spezialitäten vom Rebknorzengrill die wohlschmeckende Antwort. Eingelegter Handkäs' passt dann noch obendrauf. Montags und dienstags gibt es Gerichte aus Oma Gretels Küche (alte Pfälzer Gerichte). Bei schönem Wetter Ausschank auf der Gartenterrasse. Platzreservierung. Gruppen ab 15 bis 35 Personen auf Anfrage. Der Winzer lädt zu Wochenendseminaren „Rund um den Wein und Sekt". Am „Erlebnistag der Dt. Weinstraße" am letzen Sonntag im August nimmt Familie Hafen ebenfalls teil.
Übernachtung: im eigenen Gästehaus ‚Rebstöckel' aus dem 17. Jh., das liebevoll renoviert wurde.

Anfahrt: BAB 65, Ausfahrt Neustadt Süd, B 39 Richtung Neustadt, L 516 Richtung Landau bis Abfahrt Diedesfeld.

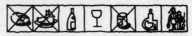

WEINSTR. NORD — 27 — WEINSTR. NORD

ZETER BERGHAUS
INGENSAND & MÜLLER GdBR
WETTERKREUZBERG
67439 NEUSTADT
     DIEDESFELD
TEL. 06321-88438
FAX   -9375661
www.zeter-berghaus.de

> öffnet April bis Oktober mittwochs bis sonntags und
> November bis März mittwochs und am Wochenende
> täglich ab 12 Uhr, sonntags ab 11 Uhr bis abends

1929 wurde das Berghaus als Schutzhütte gebaut, der heutige Gastraum entstand erst nach 1945. 1959 erwarb das Weingut Zeter das Haus mit den umliegenden Weinbergen und es wird seit den 70er Jahren als Gutsausschank genutzt. Auf 11 ha Rebfläche gedeihen Gewürztraminer, Spätburgunder, Dornfelder und Kerner. Drinnen mit Kachelofen und Panoramablick (45 Plätze) und im Freien (200) werden Ihnen Qualitätsweine (ab 2,20 €) bis hin zu Spätlesen kredenzt, dazu gibt's typische Pfälzer Gerichte wie Leberknödel, Saumagen und Bratwurst. Für seine Rumpsteakvariationen ist das Zeter Berghaus bekannt. An Feiertagen gibt es ein Extra-Speiseangebot. Platzreservierung. Gesellschaften: ab 15 bis 200 Personen.

Anfahrt: Zum Parkplatz des Hambacher Schlosses und im Klausental. Wem der Rückweg zu beschwerlich ist, für den wird gern ein Taxi gerufen.

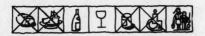

MITTELHAARDT | 28 | WEINSTR. NORD

STRAUSSWIRTSCHAFT
GÜNTER OHLER
HOLZMÜHLSTR. 18

67435 NEUSTADT-
   GIMMELDINGEN

TEL. 06321-6322

öffnet Anfang März bis Ende November
jeden Sonntag ab 15.30 Uhr

Seit 1963 gibt es nun schon die Straußwirtschaft von Familie Ohler. Immer sonntags öffnet sie die Türen, an warmen Tagen wird auch im überdachten Hof bewirtet. Weine der Lagen Gimmeldinger Meerspinne, Königsbacher Ölberg und Mußbacher Eselshaut werden ausgeschenkt, Rebsorten vor allem Riesling, Spätburgunder und Portugieser. In Gimmeldingen wird das erste Blütenfest in Deutschland gefeiert, klimatisch besonders begünstigt, ist das schon im März (Mandelblütenfest). Zum Herbstfest lädt man Sie im September.

Anfahrt: Auf der B 38. Oder mit dem Bahnbus von Neustadt nach Gimmeldingen (stündlich). Oder zu Fuß über die Weinberge, von Neustadt dauert das ungefähr eine Dreiviertelstunde. Bahnverbindung von Mußbach (1 km).

WEINSCHENKE
HANS ABEL
WEINSTR. 103
67434 NEUSTADT-HAMBACH
TEL. 06321 -86895
FAX   -92333
hans.abel@gmx.net

öffnet ganzjährig
(vom 31. Juli bis 29. August geschlossen)
täglich ab 17 Uhr, sonn- und feiertags ab 11 Uhr,
donnerstags Ruhetag

Ab 2,10 € werden Ihnen hier Weißweine von trocken bis lieblich eingeschenkt, Rotwein und Weißherbst gibt es ab 2,30 €, alles Qualitäts- und Prädikatsweine. Im Herbst wird Federweißer ausgeschenkt, der Traubensaft ist Eigenerzeugnis. Die Küche bietet typische Pfälzer Gerichte, darunter „Worschtgrumbere" mit Salat oder Saumagen, „Doppel-Moppel" (weißer Käse und Handkäse), Schwartenmagensalat oder Pfälzer Kartoffelsuppe. An Feiertagen erwarten Sie in Scheune (80 Plätze), Wohnung (43) oder auf der Terrasse (36) zusätzliche Essen. Platzreservierung. Gesellschaften: Bis 80 Personen.

Anfahrt: BAB 65, Ausfahrt NW-Süd. Parkplätze am Haus. Auch Platz für Wohnmobile. Der Linienbus hält direkt vorm Haus, stündlich Anschluss.

WEIN- und SEKTGUT REBENHOF
BRUNO MÜLLER
ANDERGASSE 93
67434 NEUSTADT-HAMBACH
TEL. 06321 -30993
      0171-3038704
FAX   -480743
www.wein-sektgut-rebenhof.de

öffnet Anfang September bis Ende Oktober
täglich ab 11 Uhr

Der Rebenhof in Hambach ist das südlichste Weingut der Mittelhaardt am Wanderweg „Deutsche Weinstraße" unterhalb des Hambacher Schlosses. Das umgebaute Kelterhaus, die Scheune und der rebenbewachsene überdachte Vorhof laden zum Verweilen ein. Sie wählen zwischen sortentypischen, spritzigen Weißweinen von Müller-Thurgau (1,80 €), Riesling, Weißburgunder.... Bei den Rotweinen gibt es Dornfelder, Portugieser, Schwarzriesling, Spätburgunder und Regent. Auch Weißherbst ist im Angebot. Ob trocken oder mild, mit und ohne Prädikat – jeder findet sein Tröpfchen. Eigener Traubensaft, Sekte, Schnäpse und Liköre vervollständigen das Angebot. Im Herbst gibt es roten und weißen Federweißen. Vesper gibt es immer, Spieß- und Rollbraten, Winzersteak und Saumagen nur auf Bestellung. Gesellschaften: 8-60 Personen. Weinfeste: **1. Mai** u. **1. Mai-WoE, 2. WoE im Juli, 2.WoE im November**.

Anfahrt: BAB 65, Ausfahrt NW-Süd; in Hambach 1. Straße links, nächste rechts bis Ende, links bis Andergasse. Vorletztes Haus links. ⊖ Diedesfeld ½ stdl. Bus. Bahnhof: Neustadt. Platz für Wohnmobil.

THOMASS WEISS
67434 NEUSTADT-HAMBACH
www.andergasser-stubb.de

ANDERGASSE 94
TEL. 06321-86670
Fax 06321-929581

öffnet mittwochs, samstags und sonntags ab 12 Uhr

In der 'Andergasser Stubb' wird Wein vom Weingut des Bruders Carl Disson ausgeschenkt. Von den Eltern übernommen, führt Familie Weiß die Weinstube seit 1989. Ab 1,90 € wird Weißwein ausgeschenkt, Rotwein und Weißherbst 2,-/2,20 €. Die Rebsorten sind u.a. Riesling, Portugieser, Morio, Gewürztraminer, Scheurebe. Der Traubensaft ist Eigenerzeugnis. Dazu gibt's Pfälzer Spezialitäten wie: Saumagen, Leberknödel, Bratwurst oder "G'fildde Grumbeerdäschelscher im Salatnescht" und an Festtagen aus eigener Schlachtung Braten, Filets, Fleischklöße, Spezialpfännchen ... Platzreservierung. Gesellschaften: 20 bis 40 Personen außerhalb der Öffnungszeiten. **Übernachtung:** 7 DZ (36.-/56,- €) u. 2 Appartm. Das Andergasser Fest steigt am 1. Maiwochenende. Für zuhause: Schnäpse.

Anfahrt: BAB 65, Ausf. Neustadt-Süd, in Hambach 1. Straße links, sofort wieder rechts (Winzerstraße), am Ende links in die Andergasse. Am Wanderweg 'Deutsche Weinstraße'. Oder von Neustadt mit dem Bus, letzte Haltestelle von Hambach oder Diedesfeld-Alter Sportplatz. Zu Fuß des Hambacher Schloßbergs (Wanderzeit zum Schloss ca. 30 Minuten). Beim Weingut Disson Stellplätze für Wohnmobile.

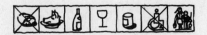

WEIKS VINOTHEK u. RESTAURANT
MARTINA WEIK
AN DER ESELSHAUT 53
67435 NEUSTADT/WSTR.-
  MUSSBACH
TEL. 06321-670365
FAX   -679126
www.weiks-vinothek.de

öffnet montags bis samstags ab 17 Uhr
und sonntags ab 11.30 Uhr, donnerstags Ruhetag

Das Weingut besteht seit 1954 und ist Mitglied beim KUW. Spezialisiert hat es sich auf Riesling und Sauvignon blanc, eine nur wenig verbreitete Sorte. Die Rotweine werden im Holzfass, z.T. im Barrique, ausgebaut. Von Weißwein und Rotwein können Sie ab 3,- € verkosten. Flammkuchen, Worschtgrumbeere und ein kreatives Speisenangebot nach Saison empfehlen sich zum Wein, der auch von anderen Spitzenwinzern aus der ganzen Welt angeboten wird. Der Innenhof verbreitet südländisches Flair, drinnen stehen mehrere Räume für die Gäste bereit. Gesellschaften: bis 70 Personen, außerhalb der Öffnungszeiten ab 40 Personen. Von Januar bis November gibt es **Aktionswochen** wie "Muscheln und Meer", "Frühlingserwachen", "Küche rund ums Mittelmeer" u.a. (bitte anrufen). **Übernachtung**: im eigenen Haus möglich.

Anfahrt: BAB 65, Ausfahrt Neustadt/Lambrecht. Der Beschilderung Mußbach bis zur Ampel folgen, da geradeaus, nach 200 m auf der rechten Seite. Am Radweg 'Deutsche Weinstraße' gelegen.

WEIN- und SEKTGUT
MANFRED DEIMEL
SAARSTR. 14

67150 NIEDERKIRCHEN

TEL. 06326 -1393
FAX   -5024
www.weingut-deimel.de

öffnet den ganzen Oktober donnerstags bis sonntags ab 16 Uhr,
6. Januar (Glühweinfest) und 22. bis 26. Juni (Weinfest)
und Pfingsten Fr-Mo

Hier trinkt man von Riesling, Silvaner und Grauem Burgunder ab 2,- €, Portugieser und Spätburgunder gibt es auch als Weißherbst, den Dornfelder nur als Roten, Preis ab 2,50 €. Alles sind QbA-Weine. Zur Herbstzeit gibt's Federweißen, der Traubensaft ist Eigenerzeugnis. Neben Woiknorze, Flamm- und Zwiebelkuchen, Saumagen, Salat mit Putenbrust, Zwiebelfleisch, gegrillter Schafskäse, Bratwurst, Hausmacher Wurstspezialitäten und gebackener Griebenwurst und selbstgebackenem Kuchen schmeckt Do Mathilde-Toast, Fr Lachsfilet, Sa Grillrostbraten und So deftiges Rindersteak in der hübschen Gaststube oder an warmen Tagen im Palmenhof. An Feiertagen erwartet Sie ein Festessen. Platzreservierung. Gesell-schaften: 25 bis 50, während der Öffnungszeit bis 20 Pers. Zum kleinen, gemütlichen **Weinfest** erwartet Sie Familie Deimel Ende Juni. **Übernachtung**: Heil, Tel. –8776 und Buscher, Tel. - 8053. Für zuhause: Auch Gelee, Essig, Weinpräsente.

Anfahrt: B 271, Abfahrt Niederkirchen. Im Zentrum. Parken beim Winzerverein oder auf der Straße. Am Sportplatz (5 min. Gehweg) mehrere Wohnmobilstellplätze. Taxi: -980144.

WEINSTR. NORD | 34 | WEINSTR. NORD

KELLER's KELLER
KARIN KELLER
OBERGASSE 10-16
67152 RUPPERTSBERG
TEL. 06326-8728
FAX   -6312

Keller's Keller

öffnet freitags von 18 bis 24 Uhr,
am Wochenende und feiertags ab 12 Uhr
und am Tag vor dem Feiertag ab 18 Uhr, ansonsten auf Reserv.

Die Weine sind aus teilbiologischem Anbau, der Traubensaft kalt steril abgefüllt. Trockene Rieslinge, Burgunder Spezialitäten sowie Gewürztraminer Spätlesen werden im 0,25 l-Glas ausgeschenkt, Preis ab 1,90 € bis 4,90 €. An warmen Tagen sitzen die Gäste in der Weinlaube umgeben von Reben, an kühlen Tagen in Weinstube/Gewölberestaurant. Der beheizte überdachte Gutshof ist ideal für Feiern aller Art (50 bis 200 Pers.). Salatspezialitäten: Im Frühjahr Löwenzahn-, im Juni Traubenblattsalat, im Sommer Wildkräuter- und ab Herbst Feldsalat. Platzreserv. **Übernachtung**: Gästeappartment „Kutscherstube", auch für eine Nacht. Für Zuhause: Trauben- u. Weingelee.

Anfahrt: Ruppertsberg liegt direkt neben Deidesheim. Den Gutsausschank finden Sie am Ortsrand Richtung Deidesheim. Wohnmobilstellplätze, nur für Gäste. Neu: 24 Parkplätze nebenan in der Hoheburg.

**GUTSAUSSCHANK
JOSEF KÖHR**
HAUPTSTR. 68
67152 RUPPERTSBERG

TEL. 06326 -8909
FAX   -8775
www.weingut-koehr.de

öffnet Mitte August bis Ende Oktober
täglich von 11 bis 23 Uhr

Seit mehr als 300 Jahren widmet man sich in der Familie Köhr dem Weinbau, sie bewirtschaftet 18 ha in den Gemeinden Ruppertsberg und Deidesheim. Seit März 2007 Auszeichnung „gastfreundlichster Winzerhof in Rheinland Pfalz". Ausgeschenkt werden je vier weiße und rote trockene Weine, der Schoppen für 1,90 €, auch zwei halbtrockene Weißherbste und zwei Cuvées sind im Angebot. Spezialisiert ist das Weingut auf Barrique-Weine. Im Herbst gibt's Federweißen, der weiße Traubensaft ist Eigenerzeugnis. Bewirtet wird in Scheune, Gaststube, und im überdachten Gutshof mit südländischem Flair. Bratwürste und Saumagen gibt es mit Kraut, zum Matjes gibt es Pellkartoffeln. Der Bacchusteller bietet deftige Wurst, die „Grumbeersupp" schmeckt Suppenfreunden, Flammkuchen kommt scharf oder mit Dörrfleisch auf den Teller. Zum Wochenende Extra-Essen. Gesellschaften 10 bis 55 Pers. **Übernachtung**: „Porta Vinea" ****Ferienapp. Zum **Hoffest** mit Band erwartet man Sie am letzten WoE im August. Für zuhause: Auch Weingelee und Sekt; eine Boutique mit Geschenken rund um den Wein.

Anfahrt: BAB 65, Ausfahrt Haßloch. Am Ortseingang auf der linken Seite. Gegenüber Parkplatz für ca. 25 Autos. Nächster Bahnhof: Deidesheim, ½ stdl. Busverbindung.

**ALTSTADTSTUBE
u. ALTSTADTRESIDENZ**
FAMILIE MANZ
WEINSTR. 34
67157 WACHENHEIM
TEL. 06322 -2001
FAX   -67839
www.weingut-manz.de
www.altstadt-residenz.de

öffnet Anfang August bis Ende Oktober
freitags ab 18 Uhr, samstags ab 16 Uhr, sonntags ab 15 Uhr

Im Herzen der Mittelhaardt liegt der Weinort Wachenheim mit 2000jähriger Weinbautradition. Nicht ganz so lange, aber immerhin über 100 Jahre widmet sich Familie Manz dem Weinbau. In der Weinstube und bei schönem Wetter im Hof haben Sie hier die Wahl unter ca. 20 Sorten Wein aller Qualitätsstufen bis hin zu Eiswein, trocken oder lieblich, weiß, rot oder rosé sowie Sekte und Secco. Im Herbst wird Federweißer ausgeschenkt, auch Most steht auf der Karte. Zusätzlich zu Hausmacher Spezialitäten und Flammkuchen gibt es jede Woche lt. Aushang ein Zusatzessen. Platzreservierung bei Gruppen. Am 2. und 3. WoE im Juni **Burg- und Weinfest**, täglich Live-Musik im Hof, am letzten Sonntag im August Weinstraßentag und **Hoffest**. Verkauf von Schnaps, Winzersekt und Weingelee. **Übernachtung**: Neues Gästehaus mit 3 Nichtraucherzimmern, 1 Studio, 1 Appartment.

Anfahrt: B 271, Abfahrt Wachenheim. In der Ortsmitte am Marktplatz. Parkplätze im Hof und hinter der Kirche. Vom Bahnhof ca. 800 m.

WEINGUT JANSON BERNHARD KG
CHRISTINE und ALICE BERNHARD
HAUPTSTR. 5
67308 ZELLERTAL-HARXHEIM
TEL. 06355 -1781
FAX   -3725
www.jansonbernhard.de

öffnet von April bis Dezember
zu Veranstaltungen mit Kunst, Kultur u. besonderen
Weinproben (Anmeldung u. Eintritt)

Das Weingut gibt es seit 1739, es ist Mitglied bei Ecovin. Weine und auch Speisen sind aus **ökologischem** Anbau. Ausgeschenkt werden überwiegend trockene Kabinettweine, das Glas Weißwein ab 2,50 €, im Holzfass gereiften Portugieser gibt es für 3,- €. Bewirtet wird im Kreuzgewölbe und im Innenhof mit saisonalen Speisen und vielen frischen Kräutern aus Weinberg und Garten. Platzreservierung für Gruppen. Gesellsch. nach Anm. Umfangreiches Seminar- und Kulturprogramm mit Musikabenden, Lesungen. Am 4. WoE im August traditionell **„Theater im Park"**. **Übernachtung**: Liste über das Weingut. Neugestalteter Weinwanderweg, Kneipp-Wanderweg, gutes Fahrradwegenetz, Infos: DTV 06352-1712. Für zuhause: Regionale Spezialitäten aus der Gutsküche wie Holunderblütenessenz, Walnusspesto, Cumberlandsoße, Öle, Essig.

Anfahrt: Das Zellertal liegt im Städtedreieck Mainz-Worms-Kaiserslautern. B 47, an der Kreuzung nach Zell bei der großen Fußgängerbrücke nach Harxheim. Nach der Pfrimmtalbrücke der 1. Hof links. Sonn- und feiertags fährt die Zellertalbahn (alle 2 Std.). Nächster Bhf.: Monsheim. Ruf-Taxi 06352-710192.

WEINSTR. SÜD | 38 | WEINSTR. SÜD 15/40

**STRAUSSWIRTSCHAFT
HORST LITTY**
HAUPTSTR. 39
67482 ALTDORF
TEL. 06327 -2907
FAX   -960522
www.gaestehausvinetum.de

öffnet September bis November
und Januar bis April
täglich ab 17 Uhr, sonntags ab 16 Uhr,
montags und dienstags Ruhetage

Vier Generationen der Winzerfamilie sind in dem rund 300 Jahre alten Winzerhaus damit beschäftigt, Ihren Aufenthalt so angenehm wie möglich zu machen. Rebenpflege und Wein obliegen dem Urgroßvater und Sohn Horst, Küche und Weinstube Frau Ruth und der ältesten Tochter. Weißwein gibt es ab 2,- €, Rotwein und Rosé beginnen mit 2,50 €. Bis hin zu TBA ist zu verkosten. Der ausgeschenkte Apfelsaft ist vom eigenen Obst. An warmen Tagen wird im überdachten Innenhof bewirtet, da schmecken Saumagen, Leberknödel und Rumpsteak noch mal so gut. Für den kleineren Hunger wird Flammkuchen geboten. Zur Kirchweih gibt es Extra-Speisen. Platzreservierung. Gesellschaften während der Öffnungszeit: Ab 10 bis 30 Personen. **Übernachten**: Gästehaus mit 7 DZ, Preis 31,- € pro Person (auch Halbpension). Am 3. WoE im September ist Weinkerwe. Für zuhause: Auch selbstgebrannte Edelschnäpse und Liköre.

Anfahrt: BAB 65, Ausf. Edenkoben, dann B 38 Rtg. Speyer. Zentral im Ort an der Hauptstraße, **P** (auch für Wohnmobile) vor u. hinter dem Anwesen. Für Radfahrer spez. Wegweiser. Nächster Bhf: Edenkoben. Schlechte Verb. m. öffentl. Verkehrsmitteln.

ZUR REBLAUS
GISELA GANDER
KÖNIGSTR. 62
76887 BAD BERGZABERN
TEL. 06343-7605

öffnet täglich von 17 bis 22 Uhr,
sonntags Ruhetag
vom 23. Dezember bis
Mitte Januar geschlossen

Im 300 Jahre alten Fachwerkhaus ist hier die Weinstube eingerichtet. An Weinen gibt es reichlich Auswahl, Morio-Muskat, Riesling, Grauer Burgunder, Kerner u. Gewürztraminer sind nur einige der Sorten. Beim Weißwein zahlen Sie für das preisgünstigste Viertel 1,80 €, die Rotweine beginnen bei 2,50 €. Die Speisekarte bietet typische Pfälzer Gerichte: Leberknödel, Saumagen, Rieslingschinken, Wurstsalat, Winzersteak oder Camembert, es findet sich für jeden etwas. Zur Sommerszeit sitzen Sie hier auch im Freien in der gemütlichen Pergola. Im Juni feiert Bad Bergzabern das Altstadtfest und im Juli findet das alljährliche Böhämmerfest statt. **Übernachtung:** 1 Ferienwohnung.

Anfahrt: BAB 65, Karlsruhe-Landau, Abfahrt Kandel-Nord nach Bad Bergzabern. Oder mit dem Zug Karlsruhe-Winden-Bad Bergzabern.

WEINSTR. SÜD   40   WEINSTR. SÜD

**WEINGUT-WEINSTUBE
SCHNEIDERFRITZ**
MARKTSTR. 9
76831 BILLIGHEIM-INGENHEIM
TEL. 06349 -6416
FAX   -1359
www.schneiderfritz.de

öffnet ganzjährig (Januar Betriebsferien)
freitags ab 17 Uhr, am Wochenende und feiertags
ab 11 Uhr

Hier sitzen Sie in einer klassischen Dorfwirtschaft mit 50 Plätzen, der Hof ist überdacht und hat südliches Flair. Auch hier sind's 50 Sitzgelegenheiten, doch können die Plätze bis auf 150 erweitert werden. Weißwein gibt es von trocken bis mild in großer Auswahl, auch Portugieser, Dornfelder und Spätburgunder werden geboten wie auch weißer Traubensaft. Für's leibliche Wohl sorgt Frau Schneiderfritz mit Pfälzischem wie Leberknödel, Saumagen oder gebratener Hausmacher Wurst nach Omas Rezept. Ständig wechselt die Tageskarte, die Saisonales wie Spargel und im November „viele, viele Gänse" bietet. Auch Vegetarier werden hier nicht vergessen. Platzreservierung. Gesellschaften: Bis 50 Personen. **Übernachtung**: 1 DZ 50,- €. Für zuhause: Auch Weinbrand, Trauben- und Pfirsichlikör, Williams Christ.

Anfahrt: BAB 65, Ausfahrt Nr. 19 (Rohrbach). Oder von Landau auf der B 38. Zentral im Ort. Nächster Bahnhof: Landau.

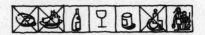

DYCK'S WEINSTUBE
MARGIT DYCK
OBERDORFSTR. 2
76831 BILLIGHEIM-INGENHEIM/
MÜHLHOFEN
TEL. 06349 -1241
FAX   -3322
www.weinstube-dyck.de

öffnet freitags bis sonntags ab 17 Uhr

Bald 30 Weine können hier verkostet werden, weiß oder rot, trocken oder lieblich, vom Landwein bis zum Eiswein, z.T. aus dem Barrique, auch je ein Rosé und ein Weißherbst sind dabei. Gut, dass Familie Dyck Ihnen gern den Prospekt mit **Übernachtungsgelegenheiten** zusendet. Traubensaft gibt es in weiß und rot. Bewirtet wird im begrünten Innenhof, im umgebauten Stall, in der umgebauten Scheune und im kleineren Nebenzimmer mit Margits Spezial-Toast, Schlemmer-Auflauf (mit Fisch) oder gegrilltem Schafskäse. Rumpsteak gibt es „Pfälzer Art". Auch fehlt nicht kaltes Vesper wie Hausmacher Platte, Wurstsalat, Handkäs' und Weißer Käse. Platzreservierung. Gesellschaften: Ab 20 bis 50 Personen. Das Mühlhofer Weinfest ist Ende Juli, dann **feiern** auch Dycks **mit Live-Musik**. Zur Burgruine Landeck sind es 5 km, wer wandern will, der geht am Klingbach entlang.

Anfahrt: BAB 65, Ausfahrt Rohrbach, durch R. Rtg. Billigheim. In B. links Rtg. Barbelroth. Nach ca. 500 m rechts nach Mühlhofen. In der Ortsmitte gegenüber der Kirche. 100 m entfernt großer Parkplatz. Oder bis Bahnhof Landau oder Bad Bergzabern, dann stdl. Busverbindung.

WEINGUT DICKER
ACHIM DOLL
HAUPTSTR. 35
76831 BIRKWEILER
TEL. 06345 -3220
FAX -5189
www.weingut-dicker-doll.de

öffnet vom 1. September - WoE bis Ende Oktober
und vom 1. bis 31. Mai
samstags ab 15.30, sonn- und feiertags ab 14 Uhr

Generationen beschäftigten sich schon mit dem Weinbau. Jetzt werden hier Qualitätsweine bis hin zum Eiswein erzeugt, der Ausbau erfolgt zum Teil im Barrique. Traubensaft gibt es in weiß und rot, im Herbst wird Federweißer ausgeschenkt. In der Probierstube (50) und im mediterranen Innenhof (Exotengarten!) mit 100 Plätzen schmecken dazu Woiknorze „naggisch", belegt oder überbacken, gegrillter Schafskäse, Leberknödel, Flammkuchen und Winzerbrot. Auch Kuchen fehlt nicht. Gesellschaften außerhalb der Öffnungszeiten: Bis 50 Personen. Ums alte Schulhaus feiert Birkweiler am letzten WoE im Juli, eigenes **Hoffest** ist am Fronleichnam-WoE von Do-So mit kulin. Leckerbissen und Kunstausstellung. Für zuhause: Auch Edelbrände aus eigener Destillerie. Ausflüge von hier nach Speyer oder zum Weintor in Schweigen.

Anfahrt: BAB 65, Ausfahrt Landau-Nord, B 10 Richtung Anweiler-Pirmasens. Abfahrt Birkweiler, dann Leitsystem Weingut-Straußwirtschaft Dicker. 2-3 Plätze für Wohnmobile. Nächster Bahnhof: Birkweiler-Siebeldingen. Zur ⊖ ca. 15 Min., stdl. Anschluss.

DR. HEINZ UND KARLHEINZ
WEHRHEIM
BIRKWEILER WEINSTRASSE

WEINSTR. 8
TEL. 06345-3542
FAX -3869

76831 BIRKWEILER
weingut-wehrheim.de

Weingut öffnet ganzjährig
Hoffeste: 3. u. 4. WoE im August und 1. WoE im Sept.
donnerstags bis samstags ab 17 Uhr, sonntags ab 11 Uhr

Klassisch-trockene Weine sind das Wahrzeichen dieses Weinguts. 40 % der Rebflächen gehören dem Riesling, 20 % sind mit Weißburgunder, 18 % mit Spätburgunder und St. Laurent (eine Spezialität von Birkweiler) bepflanzt. Die Weinberge werden nach den Richtlinien des KUW bewirtschaftet. Ausgeschenkt werden Weine der Lagen Mandelberg und Kastanienbusch. Die Küche bietet kleine, feine Spezialitäten. **Übernachtung**: FeWo für 2 und 4 P. (62,- €) oder Hotel Sonnenhof in Siebeldingen. Weinfest in Birkweiler ist am 4. Wochenende im Juli. Ausflüge: Burg Trifels, ideale Wanderwege rund um Birkweiler. Für zuhause: Auch Trester-, Mirabellen-, Weinbrand. Traubenkernöl.

Anfahrt: BAB 65, Ausfahrt Landau Nord, dann B 10 Richtung Pirmasens, Ausfahrt Birkweiler. Am nördlichen Ortsrand, ca. 100 m vom Bahnhof.

WEINGUT-STRAUSSWIRTSCHAFT
GERD u. JÜRGEN PFAFFMANN
HAUPTSTR. 43
67482 BÖBINGEN
TEL. 06327 -3663
FAX   -960101
www.weingutpfaffmann.de

öffnet Mitte September bis Mitte November
und Mitte März bis Ende Mai

freitags ab 17; samstags, sonn- u. feiertags ab 16 Uhr

Das Angebot umfasst vierzig Weine (bis zum Eiswein), darunter Rebsorten wie Chardonnay, Merlot und Cabernet Sauvignon, aber auch die pfalztypischen Sorten Müller-Thurgau, Riesling und Portugieser. Der Schoppen WW beginnt mit 1,60 €, für RW zahlen Sie 2,30 €. Den Rotweinen gilt das besondere Augenmerk des Weinguts, auch Barriqueweine sind im Angebot. Während der Lese wird Federweißer ausgeschenkt, der Traubensaft ist Eigenerzeugnis. Die Küche bietet Pfälzer Gerichte, Flammkuchen mit Lauch und Käse oder Schinken und Zwiebeln und Saisonales wie Spargelomelette. An Feiertagen Extra-Essen wie Martini Gans, Ostern Fisch. Bewirtet wird in Gaststube und Hof mit je 40 Plätzen. Platzreservierung. Gesellschaften: Bis 30 Personen. Planwagenfahrten, Weinproben mit Kellerführung und bei der Weinlese dabei sein. **Übernachtung**: DZ (22,- €), FeWo (17,50 € pro Pers.) Böbinger Weinkerwe ist am 3. Juli-WoE. (Kerwe-Ausschank bei Pfaffmanns). Für zuhause: Traubenkernöl und Traubenessig.

Anfahrt: BAB 65, Ausfahrt Edenkoben. Rtg. Speyer. An der Hauptstraße. Bhf.: Edenkoben, Bus☉ 200 m.

SCHLOSSBERGSTÜBCHEN
Von FLEISCHBEIN u. KIENLE
AM SCHLOSSBERG 1
76835 BURRWEILER
TEL. 06345 -2976 u. -949420
FAX   -5325
www.weinhotel-schlossberg.de

öffnet ganzjährig
donnerstags bis sonntags von 17 bis 23 Uhr,
im September und Oktober täglich außer montags

Die Weinbautradition der Familie von Fleischbein reicht bis ins Jahr 1559 zurück, seit 1991 heißt das Weingut von Fleischbein und Kienle. Drei Generationen arbeiten in dem Familienbetrieb zusammen, das Weinhotel wurde im Sommer 2000 eröffnet. Eine große Anzahl weißer Qualitätsweine bis hin zu Eiswein sowie erlesene Rotweine, z.T. im Barrique ausgebaut, werden Ihnen serviert, bei schönem Wetter auf der Terrasse mit Blick bis zum Odenwald. Traubensaft gibt es rot und weiß, im Herbst auch Federweißen mit Zwiebelkuchen. Die Küche bietet eine reichhaltige Speisekarte mit Salatbuffet und täglich wechselnder Karte. Platzreservierung ist erwünscht. **Übernachtung:** 12 DZ. Weinbergsführungen. Der Weinlehrpfad führt rund um den Schlossberg. Um den Ort führen Wanderwege.

Anfahrt: Mit dem Auto B 38 bis Edesheim, rechts über Hainfeld nach Burrweiler, 1. Haus auf der rechten Seite. Nächster Bahnhof: Edesheim. Bus L 501.

WEINSTUBE GEIGER
DIETER GEIGER
HAUPTSTR. 21
76889 DIERBACH
TEL. 06340 -412
FAX   -919456
www.familienweingut-geiger.de

öffnet von März bis einschließlich 3. Advent

samstags und sonntags ab 16 Uhr

Das Weingut gibt es seit 100 Jahren, die Weinstube seit 1989. Zum Weingut gehört eine Hausbrennerei. In der Gaststube mit Nebenzimmer und bei schönem Wetter im Hof oder Garten (mit Kinderspielplatz) werden die gängigsten Pfälzer Rot- und Weißweine in verschiedenen Geschmacksrichtungen angeboten. Preis: Ab 1,50 €/0,25 l, zusätzlich eigener Apfel- und Traubensaft. Dazu gibt's Pfälzer Spezialitäten mit wechselnder Tageskarte. Platzreservierung für Gruppen ab 10 Personen. Gaststube und Nebenzimmer rollstuhlgerecht. Gesellschaften: täglich nach Vereinbarung. **Übernachtung**: 5 DZ/Dusche/WC ab 20,- € pro Person. Weinfeste im Ort: In den Winzerhöfen 1. WoE im Oktober (an allen Tagen bei Geigers geöffnet). Für zuhause: Schnäpse und im Herbst verschiedene Sorten Äpfel.

Anfahrt: BAB 65, Ausf. Kandel Nord, Richtung Bad Bergzabern, nach Hergersweiler, im Kreisel Richtung Steinfeld, dann Rtg. Dierbach. Im Oberdorf in der Hauptstraße. Schöne Wanderung durch die Weinberge zum 3 km entfernten Bahnhof (Barbelroth oder Schaidt). Werktags stdl. Busse nach Bad Bergzabern oder Kandel. 4 Wohnmobilstellplätze in unmittelbarer Nähe.

**WEINSTUBE
ZUM WACHTHÄUSEL**
WILLHARD RAPP
HAUPTSTR. 81-83
76889 DÖRRENBACH
TEL. 06343-2240
FAX   -3475
www.rapp-wein-de

WEINGUT
RAPP

öffnet montags bis samstags ab 17 Uhr, RT Do+So
im Winter freitags/ samstags 17 Uhr, sonntags 10-14+ab 16 Uhr
im Dezember und Januar geschlossen

Ein gutes Preis-Genuss-Verhältnis verspricht Familie Rapp, bei Qualitätsweinen von M-Th, Morio, Huxel, Silvaner, Spätburgunder, Dornfelder u.a. können Sie sich davon überzeugen, das Glas WW ab 1,60 €, RW ab 2,- €. Spezialität des Weinguts mit dem Rappen im Emblem ist Eiswein. Im Herbst Most- und Feder-weißenausschank. Bratwurst und Saumagen fehlen nicht auf der Karte, Flammkuchen gibt es auch vegetarisch. Tagesessen wie Flääschknepp runden das Angebot, das auch kalte Vesper bietet, ab. Bewirtet wird im Fachwerkhaus und bei schönem Wetter im überdachten, beheizbaren Innenhof (40 bzw. 20 Plätze). Platzreservierung. Weinseminare, Weinbergs- und Kellerführungen. Für zuhause: Auch Äpfel, Schnäpse aus eigener Brennerei.

Anfahrt; Ortsumgehung Bad Bergzabern, Rtg. Weissenburg, Abfahrt Dörrenbach. In der Ortsmitte direkt neben der Wehrkirche aus dem 14. Jhdt., die einst bewacht wurde (daher der Name Wachthäusel). Eigene P u. Rathaus-P. Bus (stdl.) von Bad Bergzabern und Weissenburg. ☏ 150 m. Taxi Leischner -4763.

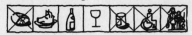

WEINSTR. SÜD 48 WEINSTR. SÜD

GUTSAUSSCHANK
PROVIS-ANSELMANN ERBEN
PETER ANSELMANN
RUPRECHTSTR. 16
67483 EDESHEIM
TEL. 06323 -3682
FAX   -980003

öffnet Ende Juli bis Anfang November
am Wochenende und feiertags von 12 bis 19 Uhr

Schon seit 1541 widmet sich Familie Anselmann dem Weinbau, beim Anblick des historischen Gutsgebäudes mit Hofgarten fühlt man sich in diese frühe Zeit versetzt. Die Auswahl an Weinen und Rebsorten ist groß; die Weine sind von trocken bis lieblich ausgebaut. Ab 1,50 € ist vom Weißwein (darunter Chardonnay und Weißer Burgunder) zu kosten, Portugieser und Spätburgunder gibt es auch als Weißherbst. Sekt (handgerüttelt) wird nach der traditionellen Flaschengärung erzeugt. Im Herbst gibt's Federweißen. Neben Flammkuchen (oft TK), Pfälzer Gerichten wie Saumagen und Leberknödel werden mitunter auch gebackener Camembert und Schafskäse serviert. Platzreservierung. Gesellschaften: Ab 10 bis 50 Personen. Am 1. WoE im September lädt Sie Familie Anselmann zum **Weinfest** (Fr+Mo ab 18 Uhr, Sa/So ab 12 Uhr). Für zuhause: Auch Edel-Obstbrände und Liköre.

Anfahrt: BAB 65, Ausfahrt Landau-Nord, links Richtung Edesheim. In der Nähe der Kirche; Parkplätze (auch für Wohnmobile) im Hof. Nächster Bahnhof: Edesheim, von da ca. 10 Minuten.

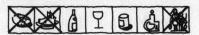

BRUNNENTERRASSE
FAM. ANSELMANN
STAATSSTR. 58-60
67483 EDESHEIM

TEL. 06323 -94120
FAX   -941219
www.weingut-anselmann.de

öffnet Mitte Mai bis Ende Sept.
täglich ab 11 Uhr,
sonn- und feiertags ab 10 Uhr
mit Frühstücksbuffet

Die Brunnenterrasse bietet den Besuchern durch üppige Begrünung mit Palmen mediterranes Flair. Sie befindet sich neben dem Weingut mit dem weithin sichtbaren Weinprobierstand. Die Gäste wählen zwischen Tischen im Freien oder unter der Rebenpergola. Neben dem vielfältigen Weinangebot (WW ab 1,50, RW ab 2,30 €) bietet die Küche Pfälzer Kost wie Saumagen, Leberknödel, Bratwürste, Winzersteaks, diverse Flammkuchen und Salate. Zur Kaffeezeit gibt es selbst gebackenen Kuchen, Waffeln oder Eis. Für zuhause: Sekte, Brände, Liköre und Weinpräsente (auch am WoE zu kaufen) und Weine, die z.T. bei nationalen und int.Wettbewerben ausgezeichnet wurden, einige Rotweine im Barrique gereift.

Anfahrt: Von Norden kommend BAB 65, Ausfahrt Edenkoben Rtg. Edenkoben, an der 1. Ampel links, geradeaus bis zum Ortseingang Edesheim. 100 m nach dem Ortsschild auf der rechten Seite. Parkplätze am Weingut.

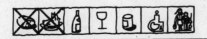

WEINGUT NORBERT SCHWARZ

EISENBAHNSTR. 23 67483 EDESHEIM
TEL. 06323-5903 FAX 06323-81501

öffnet vom 6. September bis 23. November (fr.-so. ab 16 Uhr)
und von 6. Februar bis 3. Mai (Ostermontag geöffnet)
samstags und sonntags ab 16 Uhr

Seit Generation lebt Familie Schwarz von und mit dem Weinbau. Qualität steht im Mittelpunkt. Classische, sortentypische Weine z.B. Riesling, Grauer Burgunder, Chardonnay und Weißburgunder und eine reiche Palette an Rotweinen (Spätburgunder, Schwarzriesling, Dornfelder, Portugieser) werden bis hin zu Eiswein angeboten. In der schönen Straußwirtschaft werden Sie mit frisch zubereiteten Gerichten in angenehmer Atmosphäre verwöhnt. Die Auswahl an Speisen ist groß: Herzhafter Vesperteller, Käsegerichte, Steaks, Saumagen, feine Toasts und Bratkartoffeln ... Bei schönem Wetter sitzt man von Blumen umgeben im Hof. Gesellschaften: Bis 60 Personen. **Übernachtung**: 1 FeWo. Für zuhause: Außer Wein und Sekt auch Edelobstbrände, Obst, Kartoffeln, während der Lese täglich.

Anfahrt: BAB 65, Ausfahrten Edenkoben oder Landau/Nord. Die B 38 führt direkt durch den Ort. Das Weingut liegt gegenüber dem Bahnhof, halbstündlich Zugverbindung. Parkplätze sind im Hof und gegenüber (großer Parkplatz, auch für Wohnmobile).

WEINSTUBE WOLF
CLAUDIA und HUBERT WOLF
RUPRECHTSTR. 20
67483 EDESHEIM
TEL. 06323 -6284
WGT.   -1859
FAX   -81637
www.wolf-weingut.de

öffnet ganzjährig freitags bis sonntags und feiertags
und im September und Oktober täglich ab 17 Uhr

Vom einfachen Tafelwein bis zur Auslese reicht das Repertoire der Weine. Der Traubensaft ist Eigenerzeugnis. Neben typischen Pfälzer Gerichten wie Saumagen, Bratwurst und Leberknödeln werden auch Flammkuchen und an Festtagen Kalbfleisch- und Fischspezialitäten geboten. An warmen Tagen wird im Freien bewirtet. Platzreserv. Gesellsch.: Bis 80 Personen. Besonderheit: Brennkurse mit Schnaps- und Likörverköstigung. Dies im Weingut Wolf in Venningen (3 km entfernt) in der Schafstraße 13 f. Gruppen n. Vereinb. mit Pfälzer Essen, Weinbergsführungen ... Am 1. WoE im Sept. lädt Familie Wolf zum **Weinfest**. Für zuhause: Natürlich Edelbrände, bes. Liköre wie Traubenblüten- u. Gänseblümchenlikör, Gelee, Geschenkkörbe, Präsente rund um den Wein. Ausflüge: Mit der Sesselbahn zur Rietburg oder zum Schloß Villa Ludwigshöhe.

Anfahrt: BAB 65, Ausfahrt Edenkoben Richtung Landau. Der nächste Ort ist Edesheim. Der Weg zur Weinstube ist beschildert. Zum Bahnhof sind's 10 Minuten, halbstündlich Anschluß. Ein Wohnmobilplatz bei der Weinstube, zwei in Venningen bei der Destillerie.

WEINSTR. SÜD 52

WEINSTUBE BRUNKEN
H. BRUNKEN
WEINSTR. 87
76831 ESCHBACH
TEL. 06345 -919513
FAX   -919514

öffnen freitags ab 18 Uhr,
samstags ab 16 Uhr und sonntags ab 11 Uhr
September und Oktober die ganze Woche ab 11 Uhr
mittwochs Ruhetag

Hier werden ausschließlich Qualitätsweine ausgeschenkt (trocken sowohl wie mild), bei den Weißweinen u.a. Chardonnay, Weißer und Grauer Burgunder und Riesling, das Viertele ab 2,30 €. Auch bei den Rotweinen ist die Auswahl groß (Portugieser, St. Laurent, Spätburgunder), Preis ab 2,30 €. Auch Weißherbste gehören zum Angebot. Umfangreich auch die Speisekarte mit 36 Gerichten, darunter Pfälzer Speisen wie Leberknödel und Saumagen, Steaks mit Beilagen und Saisonales wie im Herbst Kartoffeltaschen, Pfifferlinge, im Frühjahr Spargel. Bewirtet wird in der ehemaligen Scheune und bei schönem Wetter im Hof. Platzreservierung ist für größere Gruppen erwünscht. Gesellschaften ganzjährig 10 bis 70 Personen. **Übernachtung**: Kann vermittelt werden. Beim Weinstraßenfest am letzten WoE im August ist auch der Hof von Brunkens offen. Ausflug: Zur Ruine Madenburg. Für zuhause: Auch Äpfel.

Anfahrt: Von Landau Nord über Siebeldingen-Ranschbach nach Eschbach. Am Ortsausgang Rtg. Klingenmünster. Mit öffentlichen Verkehrsmitteln schwer zu erreichen. Parken im Hof.

WEINSTUBE ZECHPETER
SUSANNE und KARLHEINZ
HERTY
MAXSTR. 12
76835 FLEMLINGEN
TEL. 06323 -989373
FAX   -989374

öffnet mittwochs, freitags und samstags ab 16.30 Uhr

Ab 1,50 € (weiß), 2,- € (rosé) und 2,30 € (rot) bekommen Sie hier vom Qualitätswein bis zur Auslese Wein aller Geschmacksrichtungen aus verschiedenen Rebsorten eingeschenkt, auch Traubensaft (1,30 €) und im Herbst Federweißen, sowie Sekt (2.- €) und Secco (1,50 €). Verschiedene Pfälzer Spezialitäten (ab 4,20 €) stehen auf der Speisekarte. Auch Sekt und Hefeschnaps bekommen Sie in der seit über einem Vierteljahrhundert bestehenden Weinstube. Bei schönem Wetter sitzen Sie im Freien.

Anfahrt: BAB 65, Ausfahrten Edenkoben oder Landau-Nord, jeweils rund 5 km, Walsheim Richtung Böchingen, Flemlingen. Das Weingut liegt am Ortsrand, genügend Parkmöglichkeiten sind vorhanden, auch 20 Stellplätze für Wohnmobile. Stündlich Busverkehr der Weinstraßenlinie Neustadt – Landau, die Haltestelle ist ca. 200 m entfernt.

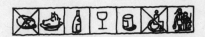

PROMILLESTUBB
FRITZ und TRUDEL MÜLLER
BERGBORNSTR. 17
76833 FRANKWEILER
TEL. 06345 -1707 FAX   -7654
www.weingut-m.de

öffnen vom 15. September bis 2. November
samstags bis dienstags ab 16 Uhr

In dieser **echten Straußwirtschaft** wird Weißwein in trocken und mild ab 1,50 € ausgeschenkt, Rot und Rosé werden trocken und halbtrocken ausgebaut. Rieslinge und Burgunderweine sind der Stolz des Winzers. In der gemütlichen „Promillestubb", bei schönem Wetter auch im romantischen Bauerngarten, wird auch Traubensaft und Federweißer geboten. Durstige Wanderer und Radfahrer dürfen auch außerhalb der Öffnungstage den „Notdienst" für ein oder zwei Schoppen und eine kleine Vesper in Anspruch nehmen. In der Küche brutzelt die Wirtin Steaks, die mit Kartoffelsalat serviert werden, und bereitet typische Pfälzer Gerichte sowie überbackene Kartoffeln. Ein **vegetarisches** Gericht steht immer auf der Karte. Bleibt genug Zeit, erfreut sie die Gäste mit Gedichten und Geschichten in Pfälzer Mundart. Gesellschaften außerhalb der Öffnungszeit: 8 bis 50 Personen. Für zuhause mehr, als Sie unterm Arm tragen können: Liköre, Schnäpse, Essig, Gelee.

Anfahrt: BAB 65, Ausfahrt Edenkoben, über Edesheim nach Frankweiler. Mitten im Ort, Parken vor dem Haus oder 200 m entfernt an der Kirche. Nächster Bahnhof: Landau; schlechte Busverbindung.

WINZERHALLE AM WEINBERG
DIRK STRUPPLER
HAUPTSTR. 14 A
67482 FREIMERSHEIM
TEL. 06347 -8274
FAX -919991
E-Mail: whawds@t-online.de

> öffnet Ende August bis 1. November
> sonn- und feiertags von 11 bis 21 Uhr

Zum **Flammkuchen-Fest mit Schaubacken** strömen die Weinfreunde herbei, in dieser Saison ist der Termin der 14. September. Doch neben Flammkuchen werden in der Winzerhalle auch Pfälzer Speisen geboten, und für Freunde süßer Speisen gibt es selbstgebackene Kuchen und Torten. Dazu steht eine große Auswahl an Qualitätsweinen bis hin zu Auslesen bereit. Zur Herbstzeit wird in der Kelterhalle und im Freien am Weinberg Federweißer ausgeschenkt, Apfel- und Traubensaft sind aus eigenem Lesegut. In den Öffnungsmonaten kann die Halle für Feste usw. genutzt werden; es kann auch Kuchen mitgebracht werden. Gesellschaften: 10 bis 100 Personen. Für zuhause: Auch Kartoffeln, Äpfel, Zwiebeln, Trauben, Honig, Weingelee, Sekt, Schnäpse ...

Anfahrt: BAB 65, Ausfahrt Edenkoben Richtung Speyer. Im Ort gegenüber vom Friedhof (Feldweg). Parken hinter der Halle, im Hof und an der Hauptstraße. Nächster Bahnhof: Landau (10 km), die Bushaltestelle ist vorm Haus. Zwei Plätze für Wohnmobile.

GUTSAUSSCHANK KOST
F.G. KOST
HAINBACHTALSTR. 3
76835 GLEISWEILER
TEL. 06345-3000
FAX   -1223
www.weingut-f-g-kost.de

öffnet mittwochs, freitags und am Wochenende
von 17 bis 22 Uhr
Dezember und Januar geschlossen

Der Wanderweg "Südliche Weinstraße" führt direkt am Haus vorbei. Doch gibt es gute Gründe, hier zu verweilen. Rotweine, Rosé und Weißweine werden hier bis hin zur Auslese ausgeschenkt (Preis ab 1,95 €). Hungrige Gäste bestellen sich zum Wein Pfälzer Rumpsteak oder Winzertoast vom Schweinelendchen, für den kleineren Appetit gibt es saisonfrische Salate. In der warmen Jahreszeit gibt es auch Sitzplätze im Freien. Platzreservierung. Gesellschaften außerhalb der Öffnungstage: 10 bis 50 Personen. Wer sich vorab informieren will: Der Winzer verschickt Prospekte fürs 'Wanderwochenende' und über 'Kulinarisches Weinvergnügen'. Das Weingut ist Mitglied beim Verband 'Kontrolliert umweltschonender Weinbau'. Singen mit der Wirtin: Pfälzer Lieder zum Akkordeon. **Übern**: Ferienwohnung.
Anfahrt: BAB 65, Ausfahrt Landau-Nord, am Ortsrand von Gleisweiler gelegen, Parkplatz für PKWs und Busse, auch 3 Stellplätze für Wohnmobile. ☉ Oberlandbahn Landau-Neustadt (stündlicher Verkehr) ist nur 50 m vom Haus entfernt.

**WEINGUT
BERNHARD KOCH**
WEINSTRASSE 1
76835 HAINFELD
TEL. 06323 -2728
FAX   -7577
www.weingut-bernhard-koch.de

öffnet vom 15. September bis 15. Oktober täglich außer Mo
in allen anderen Monaten Mi, Fr, Sa, So- und Feiertage
von 14 bis 22 Uhr

Fruchtige Weißweine sind die Spezialität des Hauses, von Riesling, Weiß- und Grauburgunder und Chardonnay können Sie sie verkosten. Ab 1,50 € gibt es sie vor allem trocken. Für Rotweinfreunde wird Dornfelder von trocken bis mild ausgeschenkt, Spätburgunder gibt es als Rosé, Portugieser als Weißherbst. Im Herbst wird Federweißer eingeschenkt, der weiße Traubensaft ist Eigenerzeugnis. Bevor Sie sich dem Essen zuwenden, empfiehlt sich ein Glas vom eigenen Sekt. Drinnen gibt es 60 Sitzplätze, im Garten noch mal 40, auf denen Ihnen der Flammkuchen schmeckt. 4 x im Jahr Weinwanderungen und Kellerbesichtigung. Zum Schloss Ludwigshöhe sind es nur 2 km, zur Rietburg 3 km.

Anfahrt: BAB 65, Ausfahrt Edenkoben, dann über Edesheim nach Hainfeld. Am Ortsausgang Richtung Burrweiler. Parken auf der Straßenseite gegenüber. Nächster Bahnhof: Edesheim. Buslinie Oberlandbahn.

JUNGHOF
EUGEN JUNG & SOHN
HAUPTSTR. 21

76831 HEUCHELHEIM-KLINGEN

TEL. 06349 -1881
FAX   -3247
www.weingut-junghof.de

öffnet vom 1. Juli bis 31. Oktober
täglich von 11 bis 19 Uhr, dienstags und donnerstags bis 23 Uhr

Alte Fachwerkhäuser aus dem 16. und 17. Jahrhundert erwarten Sie in Heuchelheim, das Rathaus ist aus dem Jahr 1592. Beim „Alten Fritz" gibt's Qualitätsweine bis hin zu Auslesen, das preiswerteste Glas vom Weißwein ab 1,60 €, der Rote kostet ab 1,80 €. Dezente Säure ist eines der Merkmale der Weine. Trauben- und Apfelsaft sind aus eigenem Anbau, zur Lese gibt es Süßmost und Federweißen. Pfälzer Saumagen wird mit Rieslingsauerkraut serviert, Fleischknödel und Riesling-Schinken sind ebenfalls zu haben. Bewirtet wird im alten Kuhstall und im überdachten Hof. Zum **Weinfest** lädt Familie Jung am letzten WoE im Juni, am 2. WoE feiert der ganze Ort. Das 2. WoE im August gehört dem **Sektfest**, Rotweinkerwe ist am 1. WoE im September (Sa/So). Jeden Samstag ab 12 Uhr gibt's Rebknorzenspieß, ein eingelegtes Fleisch, auf Rebenfeuer gebraten, dienstags und donnerstags ab 18 Uhr wird Flammkuchen serviert. Für zuhause: Auch Sekt, Liköre, Kartoffeln und Äpfel.

Anfahrt: BAB 65, Ausfahrt Landau-Süd, über Impflingen-Appenh., nach Heuchelh. rechts abbiegen. An der Hauptstraße. Parkplätze (auch für Wohnmobil) vor und hinterm Weingut. Nächster Bahnhof: Landau. Zum Bus 50 m. Wohnmobilstellplatz.

STRAUSSWIRTSCHAFT
DIRK ARNOLD
LINDENSTR. 57
76831 HEUCHELHEIM
-KLINGEN
TEL 06349-8861
FAX 06349-928546
www.weingut-arnold-klingen.de

öffnen vom 30. Juni bis 30. Oktober
nach Voranmeldung
für Gruppen ab 10 bis 65 Personen

Vom QbA-Wein bis zur Trockenbeerenauslese gilt es hier, Weiß- und Rotweine zu verkosten; das Glas vom Riesling Kabinett und Silvaner QbA trocken ab 1,80 € bis 2,10 €. Mehrfach für ihre Aromaäpfel ausgezeichnet (ca. 20 Sorten), darf man sich in diesem KUW-Weingut auch auf klaren u. naturtrüben Apfelsaft freuen; im Herbst gibt es frisch gepressten roten und weißen Traubensaft und Federweißen. Bewirtet wird im Fachwerkhaus und draußen im Hof (mit ca. 6 Schwalbennestern) mit „Fläschknepp", Rieslingschinken oder Kaltem Buffet. Am letzten Sonntag im April ist Apfelblüten- und Vogelstimmenwanderung (mit Anmeldung), am Erntedankfest (1. Sonntag im Oktober) Apfelprobiertag. Feste im Ort: 2. WoE im Juli und Rotweinkerwe 1. WoE im September. Für Zuhause: Secco, Brände, Liköre, Essig, Gelee, Trauben- u. Apfelsaft, Kürbisse, Süßkirschen, Äpfel und Birnen. **Übernachtung**: FeWo. Wanderwege nur 100 m entfernt.

Anfahrt: BAB 65, Ausf. Landau-Süd, über Impflingen, Ingenheim. In der Ortsmitte von Klingen. 3 Wohnmobilstellplätze.

WEINGUT-STRAUSSWIRTSCHAFT KAUFMANN

HANS G. KAUFMANN
HAUPTSTR. 13
76831 IMPFLINGEN
TEL. 06341-82440
www.weingutkaufmann.de

öffnet vom 5. September bis 2. November
und vom 1. Mai bis 28. Juni
freitags und samstags ab 17 Uhr, sonn- und feiertags ab 12 Uhr

Als Entrée ein Gläschen Sekt, danach widmen Sie sich den sortenreinen Weinen in weiß, rot oder rosé. Im Herbst gibt es Federweißen mit Zwiebelkuchen; der weiße und rote Traubensaft sind Eigenerzeugnisse. In der Weinstube und im teilweise überdachten Innenhof des Weinguts schmecken dazu Brot mit selbst gemachtem Schmalz, Hand- oder Spundekäse, Käse-Mix, Hausmacher- und Schinkenbrot, Forellenfilet und Bratwurst. „Schiefer Sack" (Bratwurst und Leberknödel), Fläschknepp oder Leberknödel mit Sauerkraut werden abwechselnd angeboten. Gesellschaften: 10 bis 20 Personen. Zum traditionellen Weinfest in den Winzerhöfen lädt Impflingen am 3. Wochenende im August. **Übernachtung**: Touristik & Wein, Tel.+ Fax -4822. Weinproben: Vom äußersten Norden bis südlichsten Punkt Deutschlands sind Kaufmanns unterwegs. Für zuhause: Auch Weingelee weiß und rot und eigener Glühwein in Flaschen.

Anfahrt: BAB 65 bis Landau/Bad Bergzabern. Richtung Bergzabern. Das Weingut liegt mitten im Ort an der Hauptstraße. Nächster Bahnhof: Landau. Zur BusΘ ca. 100 m.

WEINSTUBE
EICHENHOF
FRITZ BOLZ
EICHENHOF 2
76889 KAPELLEN-
      DRUSWEILER
TEL. 06343-1441
FAX   -938003

öffnet jeden Samstag ab 17 Uhr

Über zehn Jahre gibt es nun die Weinstube 'Eichenhof'. Immer samstags öffnet sie ihre Pforten, nach Absprache für Feiern ab 20 bis 80 Personen auch zu anderen Terminen. Der preiswerteste weiße Schoppen beginnt bei 1,30 €, doch reicht die Palette vom Landwein bis zur Trockenbeerenauslese. Rotweine ab 1,90 € und Weißherbst ab 1,80 € sind ebenfalls zu verkosten. Der Traubensaft ist aus eigenem Anbau. Ist's sommerlich warm, wird auch draußen auf der überdachten Terrasse bewirtet. Platzreservierung. **Übernachtung**: Fewo.

Anfahrt: Aus Karlsruhe BAB 65, Ausfahrt Kandel-Nord, dann B 427 bis Kapellen, im Ort links Richtung Deutschhof bis zum Wegweiser Eichenhof. Von Landau auf der B 38 bis Abfahrt Kaplaneihof (nach der Umgehung von Bad Bergzabern). Nach dem Deutschhof links.

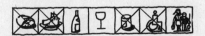

WEINSTR. SÜD   62   WEINSTR. SÜD

WEINSTUBE "BRUNNENHOF"
ERIKA HOFFMANN
OBERE HAUPTSTR. 29
76889 KAPELLEN-DRUSWEILER
TEL. 06343-3413
FAX   -938325

öffnet freitags und samstags von 17 bis 24 Uhr
sonn- und feiertags ab 16 Uhr
Mitte Dezember bis Mitte Januar geschlossen

Die Weinstube besteht seit 16 Jahren, aber Weinbau betreibt die Familie seit Generationen. Die Weinstube ist der ehemalige Pferde- und Schweinestall, in der Weinstube ist noch ein alter Brunnen erhalten. Sie müssen aber kein Wasser trinken, sondern vielleicht weißen und roten Traubensaft und naturtrüben Apfelsaft – und natürlich Weißwein, Rotwein und Rosé aus vielen Rebsorten: Weißer und Grauer Burgunder, Riesling, Kerner, Bacchus, Ortega, Dornfelder, Schwarzriesling oder Spätburgunder, in allen Ausbaustufen, ab 1,50 bzw. 2,10 € aufwärts bis zur Auslese. Dazu Pfälzer Spezialitäten sowie Winzer- oder Rumpsteak oder eingelegten Bauernhandkäse mit selbst gebackenem Holzofenbrot. Auch im Freien überdachte Sitzplätze. Gesellschaften: 10 bis 45 Personen. Am 1.August-WoE: Weinfeste in den Winzerhöfen. **Übernachtungsmöglichkeit** im Ort.

Anfahrt: BAB 65, Abfahrt Kandel-Nord, Richtung Bad Bergzabern B 427. Stündlich ein Zug Bad B.-Winden, vom Bahnhof Kapellen-Drusweiler 600 m. Einzige Weinstube in der Oberen Hauptstraße, leicht zu finden.

KLEINES LANDHAUS WENDEL
KLAUS WENDEL
OBERE HAUPTSTR. 8
76889 <u>KAPELLEN</u>-DRUSWEILER
TEL. 06343-8245
FAX   -939668
www.hopfestubb.de

öffnen donnerstags bis samstags ab 17 Uhr,
sonn- u. feiertags von 11-14 u. ab 17 Uhr

montags, dienstags, mittwochs RT,
im September und Oktober nur mittwochs RT

Ende des 18. Jahrhunderts brachten Mennoniten aus der Schweiz den Hopfen nach Kapellen, der Name der Weinstube ist dafür Zeugnis. Im jetzt 16. Jahr des Bestehens der 'Hopfestubb' werden Rot- und Weißweine (darunter Dornfelder und Portugieser und neu: Regent) aus eigenem Anbau ausgeschenkt. Die Küche ist abwechslungsreich und kreativ und bietet für den kleinen oder größeren Appetit reichlich Auswahl, z.B. Steaks von Rind, Kalb und Schwein, Fisch, Salate und Saisonales wie Bärlauch- oder Pfifferlinggerichte. Ab Sept. gibt es donnerstags und freitags frische Muscheln. Selbstverständlich gibt es auch Pfälzer Speisen. Spez. Senioren- und Kinderkarte. Seit August 2007 Landgasthaus mit Freiterrasse und Gästehaus. Platzreservierung. Gesellschaften: Bis 70 Personen. Am 1. WoE im August lädt das Weingut zum **Fest**.

Anfahrt: BAB 65, Ausfahrt Kandel-Nord, Rtg. Bad Bergzabern. In der Ortsmitte, 7 Parkplätze im Hof. Zum Bahnhof sind es 5 Min., stündlich Anschluss.

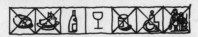

**WEINGUT & DESTILLERIE
WERNER KUHN & SÖHNE**
LETTGASSE 2
76889 KLINGENMÜNSTER
TEL. 06349-8718
FAX   -927875

> öffnet von Ende August bis Mitte November
> samstags, sonn- und feiertags ab 12 Uhr

Sie haben am Wochenende noch nichts vor? Dann machen Sie doch mal einen Ausflug in die **echte** Straußwirtschaft von Familie Kuhn. Ob Sie vom preiswerten weißen Hausschoppen (1,50 €) oder vom Dornfelder (2,- €) verkosten, zu allem schmecken die Flammkuchen aus dem Holzofen, die es in 5 Varianten gibt. Wer Deftiges bevorzugt, ist mit einer Pfälzer Vesperplatte für 5,80 € gut bedient. Bewirtet wird in der Scheune (80 Pl.) und im überdachten Hof (20 Pl.). Wen's nach Musik verlangt – Schlagzeug und Akkordeon stehen bereit. Platzreservierung. Gesellschaften nach Vereinbarung. Ausflüge zur Burg Landeck (bequem mit dem Auto oder zu Fuß) oder auf über 70 km markierten Wanderwegen in den Pfälzer Wald. Für zuhause: Essig, Gelee, Traubenkernöl, Schnaps, Likör und Sekt.

Anfahrt: BAB 65, Ausfahrt Landau Süd. Am Ortsausgang Richtung Landau. Eigener Parkplatz (auch 2-3 Wohnmobile). Nächster Bahnhof: Bad Bergzabern. Zur Bus-Haltestelle 200 m.

WEINSTUBE ZUM KIRCHHÖLZEL
GUNTER STÜBINGER
TRIFELSSTR. 8
76829 LEINSWEILER
TEL. 06345-2847
FAX   -2854
www.stuebinger.com

öffnet donnerstags, freitags und samstags ab 17 Uhr,
sonn- und feiertags ab 12 Uhr

Eigene Sektherstellung im Flaschengärverfahren, eigene Brennerei und neben Traubensaft auch eigener Apfelsaft – das bietet Winzer Stübinger außer seinen Weinen (Weißwein ¼ l ab 1,90 €, Rotwein und Rosé ab 2,60 €) und Speisen. Wein, Sekt, Likör, Branntwein, Saft und Äpfel können Sie nach Hause mitnehmen. Im alten Gewölbekeller erwartet Sie eine umfangreiche Speisekarte mit Vor- und Nachspeisen, unter Pfälzer Gerichten und auch besonderen Spezialitäten können Sie auswählen. Platzreservierung. Gesellschaften: Bis 50 Personen. **Übernachtung**: 2 ***Ferienwohnungen. Der Winzer ist Mitglied der Vereinigung Sektgüter Rheinpfalz.
Anfahrt: BAB 65, Abfahrt Landau-Nord, auf der B 10 Richtung Annweiler bis zur Abfahrt Birkweiler. Parkplätze im Garten.

WEIN- und SEKTGUT		**PETER STÜBINGER**
HAUPTSTR. 12		76829 LEINSWEILER
TEL. 06345-1572		FAX 06345-1000

www.weingut-stuebinger.de

öffnen September bis Ende Oktober
samstags ab 14 Uhr, sonntags ab 12 Uhr

Weinbau wird in der 3. Generation betrieben, drinnen in dem als „schönes Winzerhaus" prämierten Weingut haben ca. 140 Gäste Platz, im Hof ca. 20. Da ist es praktisch, sich die Schoppen (¼ oder ½ l) selbst zu holen. Preis für den trockenen und halbtrockenen Rot- und Weißwein beim halben Liter 3,- €. Lieblich ausgebaut sind Weißherbst, Bacchus und Kerner. Auch Federweißer wird ausgeschenkt. Apfel- und Traubensaft sind aus eigenem Anbau. Die Küche bietet Pfälzer Gerichte wie Saumagen und „Fläschknepp"; auch Flammkuchen, Handkäse u. Wurstsalat machen Appetit. Platzreservierung. **Übernachtung**: Eigene Fewo. Für zuhause: Auch Likör, Weinessig, Schnaps, Traubennudeln… Weinfeste im Ort: Mitte/Ende Juli und Mitte August. Immer mittwochs Weinlehrpfad-Führung mit einem Winzer.

Anfahrt: BAB 65, Ausfahrt Landau-Nord. Parken am Haus. Stündlich Busse von Landau, die Haltestelle ist vorm Haus.

WEINSTUBE REBSTOCK
ANDREA BENDEL
HARTMANNSTR. 14
67487 MAIKAMMER
TEL.+ FAX 06321-59539
www.weingut-bendel.de

öffnet September/Oktober mittwochs – sonntags ab 17 Uhr,
April/Mai mittwochs – sonntags erst ab 18 Uhr

Schon 1900 wurde hier im Gebäude eine Straußwirtschaft errichtet, 1906 wurde daraus eine Schankwirtschaft und seit 2002 gibt es die rustikale Weinstube von Familie Bendel in diesen traditionsreichen Räumen. Der Torbogen zum Hof trägt die Zahl 1590, heute stehen er und die Pietà im Hof unter Denkmalschutz. Die Weißweine von trocken bis lieblich sind ab 1,50 € zu verkosten, die roten Sorten und Rosé gibt es ab 2,- €. Auch der Traubensaft ist Eigenerzeugnis. Die Küche bietet die typischen Pfälzer Gerichte und Flammkuchen. Platzreservierung. Gesellschaften: ab 20 bis 60 Personen. Der Weinlehrpfad ‚Mandelhöhe' (nach der Großlage benannt) führt Sie auf einem ca. 2,5 km langen Spaziergang zu Rastplätzen und Aussichtspunkten und informiert Sie über alles Wissenswerte zum Thema Wein.

Anfahrt: BAB 65, Ausfahrten Neustadt-Süd oder Edenkoben. In der Ortsmitte, Nähe Kirche, Richtung Kalmit.

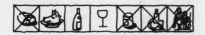

STRAUSSWIRTSCHAFT
WINZERHOF FRANZ ERNST
FRANZISKA ERNST
HOHLWEG 3
67487 MAIKAMMER
TEL. 06321-57234
www.winzerhof-ernst.de

öffnet noch bis 19. Oktober, ab 1. Mai - 16. Juni und ab 7. August
dienstags und freitags ab 18 Uhr,
am Wochenende und feiertags ab 17Uhr,
bei schönem Wetter im Mai, Sept., Okt. So-+ F ab 15 Uhr

Neben den traditionellen pfälzischen Weiß- und Rotweinen aller Qualitätsstufen bietet das Weingut auch neuere Rebsorten wie Dunkelfelder und Cabernet Mitos. Ein trockener spritziger Secco aus Rieslingtrauben rundet das Angebot ab, Preis für 0,25 l: ab 1,50,- €. Die Küche bietet typische Pfälzer Gerichte und Flammkuchen. Bewirtet wird bei schönem Wetter mitten im Weinberg mit Blick zum Hambacher Schloß, sonst in der Weinstube. Ab 9 bis 20 Uhr täglich öffnet der Weinstand im Weingarten. Bringen Sie hierfür Ihr Vesper mit und bedienen Sie sich selbst an der Weinquelle.

Anfahrt: Über BAB 65, Ausfahrt Edenkoben. Der Winzerhof liegt am Ortsrand (Seite Hambacher Schloß). Mit Bahn und Bus im Taktverkehr des Verkehrsverbundes Rhein-Neckar und des Karlsruher Verkehrsverbundes zu erreichen. Zum Bus 500 m, zum Bahnhof 1 km. Taxis: -961110 oder 969539.

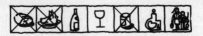

GÄSTEHAUS-WEINSTUBE KIEFER
ANITA KIEFER
FRIEDHOFSTR. 103
67487 MAIKAMMER
TEL. 06321 -5648
FAX   -57296
Gästehaus -59282
www.gaestehaus-weingut-kiefer.de

öffnet März bis
Ende Dezember
täglich ab 17 Uhr,
Di+Do Ruhetag

Vom Landwein bis zur Auslese reicht hier die Auswahl an Weinen. Trockener Dornfelder, lieblicher Portugieser Weißherbst, Kerner, Müller-Thurgau, Riesling, Silvaner und Ortega stehen auf der Weinkarte. Das Viertel Weißwein gibt es ab 1,70 €. Der Wahlspruch *„Fröhliche Gäste und edler Wein mögen bei uns oftmals zusammen sein"* vergisst die Speisekarte, die doch auch einiges zu bieten hat: Weiße Kees mit Brod, Damdnudle, Lewwerknedel oder Saladdeller. Bei schönem Wetter lockt die Gartenterrasse. Mitunter Platzreservierung. Gesellschaften bis 100 Personen. Am letzten Wochenende im Juni lädt Familie Kiefer zum **Brunnenfest**. **Übernachtung**: Im eigenen Gästehaus.

Anfahrt: Maikammer liegt zwischen Neustadt und Landau. Zum Bahnhof Maikammer/Kirrweiler sind es ca. 1,5 km.

WEIN- und SEKTHAUS
HEINZ SCHREIECK
HARTMANNSTR. 38
67487 MAIKAMMER
TEL. 06321 -5067
FAX   -58759
www.weingut-heinz-schreieck.de

öffnet die Weinlaube
Anfang September bis Ende Oktober

In den Gutshof des Wein- und Sekthauses lädt Familie Schreieck an den Wein- und Sektprobierstand bei Flammkuchen und Neuem Wein ein, weinfrohe Tage zu verbringen. Verschiedene Weine wie Riesling und Silvaner, aber auch neue Sorten wie Chardonnay, Merlot oder Cabernet Sauvignon warten darauf probiert zu werden. Bei einer Weingutsbesichtigung können Sie das Wein- und Sekthaus näher kennenlernen (Mo-Sa 9-18 Uhr, So 9-12 nur Weinverkauf) **Übernachtung:** das eigene Gästehaus „Rebenland" mit mediterranem Flair. Zum Maifest lädt Maikammer von Himmelfahrt bis zum Sonntag. Ausflüge: Kalmit, Totenkopf, Krobsburg, Hambacher Schloß oder ins Freizeitbad und Spiel- und Freizeitcenter.

Anfahrt: Der Bahnhof Maikammer-Kirrweiler ist ca. 1 km entfernt, die Bus-Θ 200 m.

STRAUSSWIRTSCHAFT
ADOLF SCHWAAB

WEINSTR. SÜD 5
67487 MAIKAMMER
TEL 06321-5417
FAX   -5421
www.weingutschwaab.de

öffnet Ende August bis November und April bis Mitte Mai
täglich von 18 bis 24 Uhr,
am Wochenende und feiertags von 16 bis 24 Uhr,
montags und donnerstags Ruhetage

Inmitten eines Rebenmeers liegt der Erholungsort Maikammer, eine der größten Weinbaugemeinden Deutschlands. Bei Winzer Schwaab können Sie vom Qualitätswein bis zu Trockenbeerauslesen kosten, den preiswertesten Viertelliter ab 1,60 €. Neben Pfälzer Spezialitäten gibt es so Leckeres wie Flammkuchen mit Speck, Schafskäse mit Bärlauch, Lachs oder Apfel-Zimt, Winzer- und Knoblauchsteak mit Röstkartoffeln und Salat oder Handkässuppe. Auch Käse gehört zum Speisenrepertoire. Als Digestif sind Obst- und Branntweine aus eigener Brennerei zu probieren. Platzreserv. Gesellschaften (auch an Ruhetagen) ab 20 bis 60 Pers. Von Himmelfahrt bis So feiert Maikammer Maifest.

Anfahrt: BAB 65, Ausfahrten Neustadt-Süd oder Edenkoben. In der Ortsmitte, ca. 50 m vom Marktplatz entfernt.

WEINGUT und WEINSTUBE
ARNO und OLIVER HEINTZ
REBENHOF
76872 MINFELD
TEL. 07275 -918555
FAX   -918566
www.heintz-weingut.de

öffnet nur auf Anmeldung für Gruppen von 15 bis 45 Personen

An warmen Tagen ist der Hof bewirtet, drinnen sitzen Sie in neuen Räumen unter einer Fassdaubendecke. Die Weinauswahl ist groß: Vom Qualitätswein bis zur Beerenauslese sind Weiß- und Rotweine und Weißherbste zu kosten. Der Apfelsaft ist aus eigenem Obst. Die Küche bietet warme und kalte Pfälzer Gerichte, Rumpsteaks und Flammkuchen. **Hoffest** ist Anfang September. Wein- und Sektverkauf mit Probe: Mo – Do von 13 bis 19 Uhr, Fr von 9 bis 19 Uhr und Sa von 9 bis 18 Uhr.

Anfahrt: von BAB 65 bis Kandel, von Kandel kommend die 1. Möglichkeit rechts, dann noch 50 m. Parken im Hof oder auf dem Feldweg. Am Bienwaldrand gelegen, gute Rad- und Wandermöglichkeiten. 2 Wohnmobilstellplätze.

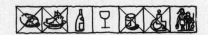

GUTSAUSSCHANK
W I L K E R
HAUPTSTR. 30
76889 PLEISWEILER-
 OBERHOFEN

TEL. 06343 -2202
FAX   –4379
www.wilker.de

Wilker
WEINGUT & LANDHAUS
***

öffnet von April - August u. November am 1. u. 3. Do ab 18 Uhr, im September u. Oktober jeden Donnerstag ab 17 Uhr

Hier ist Anmeldung ratsam, um an einem der Donnerstage an Wein, Flammkuchen und Pfälzer Gerichten teilzuhaben. An Weinen gibt es viele, weiß, rot und rosé, trocken und lieblich, von QbA bis Eiswein. Auch eigener Traubensaft, Sekt und zur Lese Federweißer werden ausgeschenkt. Für Ihren gemütlichen Aufenthalt sind der überdachte Innenhof und die Scheune bestimmt. Platzreservierung. Zum **Fest des Federweißen** am 2. WoE im Oktober hat der Gutsausschank ebenfalls geöffnet. Gesellschaften: Ab 30 bis 250 Personen übers ganze Jahr. **Übernachtung:** Das Hotel ‚Landhaus Wilker', Tel. – 700700, bietet auch ein gemütliches Ambiente für diverse Feste und Veranstaltungen. Dessen Weinstube „Alter Wilhelm" ist von Dienstag bis Sonntag und an Feiertagen ab 11.30 Uhr geöffnet.

Anfahrt: Nördl. von Bad Bergzabern in Pleisw., OT Oberhofen an der Hauptstraße. **P** ca. 50 m weiter. Bhf. Bad Bergzabern 2 km entfernt, stdl. Busse, zur ☉ 150 m.

GUTSAUSSCHANK KRIEGER
THORSTEN KRIEGER
THERESIENSTR. 71
76835 RHODT unter Rietburg
TEL. 06323 -704998
FAX   -938728
www.weingut-thorsten-krieger.de

öffnet vom 1. September bis 5. November
dienstags bis sonntags ab 12 Uhr
und vom 4. April bis 24. Mai
freitags ab 17 Uhr, samstags, sonn- und feiertags ab 12 Uhr

Weinbau ist in der Familie Krieger seit 1652 belegt, noch 51 Jahre älter ist der historische Gewölbekeller. Hier und im alten Kelterhaus werden Sie mit Qualitätsweinen aller Prädikatsstufen verwöhnt, im Holzfass und Barrique ausgebaut, vorwiegend trocken, aber auch halbtrocken und mild; rot, weiß oder rosé und auch verschiedene Sekte sind im Angebot. Preis: Ab 2,50 €. Dazu schmecken dann Saumagen, Bratwurst oder Leberknödel; Flammkuchen gibt es für 6,- €. Wechselnde Tagesgerichte erweitern die Speisekarte. Bei schönem Wetter wird auch im Hof bewirtet (20 Plätze). Platzreservierung. Besprochene Weinproben. Zum Federweißenfest erwartet man Sie in Rhodt am 15./16. Sept., Blütenfest ist über Pfingsten (Fr-Mo). Tourist-Info Edenkoben: Tel. 06323-959-222.

Anfahrt: BAB 65, Ausfahrt Edenkoben, Richtung Rhodt. Parkplätze vor dem Weingut. Stündlich Busanschluss, ⊖ 10 Min. Nächster Bahnhof: Edenkoben. Örtl. Taxi: -9492-0.

ZUM WEINSTICHER
JUTTA NICHTERLEIN
WEINGUT ANLAG-NICHTERLEIN
WEINSTR. 43/MÜHLGASSE 15
76835 RHODT unter Rietburg
TEL. 06323 -6975
FAX   -4559
www.ferienweingut-nichterlein.de

öffnet vom 1. September bis Ende Oktober nur
bei schönem Wetter täglich, bei Regen Ruhetag
und den ganzen Mai und Juni
freitags bis sonntags und feiertags ab 12 Uhr

Bereits 14 Generationen ist die Familie dem Weinbau verschrieben, der persönliche Kontakt zu den Gästen ist ihr besonderes Anliegen. Der läßt sich leicht herstellen bei allein 16 Weiß- und 7 Rotweinen, die es hier zu verkosten gilt. Auch Rosé und Weißherbst, eigener weißer Traubensaft, Sekt und Secco und im Herbst Federweißer stehen bereit. Preise: ab 1,40 € WW; RW ab 1,70 €). An sonnigen Tagen schmecken die Pfälzer Gerichte und verschiedene Käsevariationen im gemütlichen Innenhof. Platzreservierung. Für zuhause: Neben Wein und Sekt Edelbrände aus der eigenen Brennerei. Rhodt feiert das „Heimat- und Blütenfest" über Pfingsten, zum „Fest des Jungen Weins" werden Sie am 3. Wochenende im September erwartet.

Anfahrt: BAB 65, Ausfahrt Edenkoben. Im Zentrum, eigene Parkplätze in der Mühlgasse 15 (auch 3 Wohnmobilplätze). Busse stündlich von Landau oder Neustadt/W., Θ ist 50 m entfernt. Die **echte Straußwirtschaft** liegt unterhalb der Burgruine Rietburg (Sesselbahn). 3 Wohnmobilstellplätze.

STRAUSSWIRTSCHAFT JÜLG
HAUPTSTR. 1
76889 SCHWEIGEN-RECHTENBACH
TEL. 06342-919090
FAX -919091
www.weingut-juelg.de

öffnet täglich von 11 bis 22 Uhr, sonn- u. feiertags bis 21 Uhr
Ruhetage donnerstags und freitags
im Januar geschlossen

Kurz hinter dem Deutschen Weintor, nur einen Katzensprung von der französischen Grenze entfernt, finden Sie zum Gutsausschank Jülg. Mehr als 20 Sorten gibt es hier zu verkosten, darunter Weißburgunder, Gewürztraminer und Chardonnay und Auxerrois aus dem Elsass von des Sohnes Weingut. Trockene Weine sind die Spezialität des Weinguts. Der Rotwein wird im Holzfass ausgebaut. Im Herbst gibt es Federweißen. Die Küche versorgt Sie durchgehend mit warmen und kalten Pfälzer Gerichten. Bewirtet wird bei schönem Wetter auch draußen auf der Terrasse. Platzreservierung ist sinnvoll.

Anfahrt: Direkt an der B 38, vom Ort kommend auf der rechten Seite. Die Bushaltestelle ist eine Minute entfernt.

WEINGUT CUNTZ-SCHEU
AXEL SCHEU
LÄNGELSSTR. 36
76889 SCHWEIGEN-RECHTENBACH
TEL. 06342-7501
FAX   -6182
www.weingut-cuntz-scheu.de

öffnet vom 1. September bis 1. November
samstags, sonn- und feiertags von 10 bis 21 Uhr

Der Schweigener Weinbau ist einer der ältesten im deutschen Sprachraum und durch das Kloster Weißenburg seit über 1000 Jahren nachgewiesen. Nach dem Krieg baute Philipp Cuntz den zerstörten Winzerbetrieb wieder auf, der „Alte vom Sonnenberg" war u.a. Begründer des ersten deutschen Weinlehrpfads und der 1. Rebveredler in Deutschland. Fast die Hälfte der Rebflächen liegen im Elsass. Ausgeschenkt wird das komplette Pfälzer Weinprogramm, Auxerrois u. Gewürztraminer sind die Spezialitäten des Hauses. Zahlreiche Prämierungen. Dazu gibt es Pfälzer Hausmacher, weißen Käse und Flammkuchen. Bewirtet wird in der Scheune und auf dem Winzerhof. Auf Wunsch Lehrpfadführungen. Für zuhause: Balsamicoessig, Traubenkernöl, Weingelee, Schnaps, Likör, Marc aus Gewürztraminer und Honig.

Anfahrt: Direkt neben dem Deutschen Weintor. Mit dem Bus von Bad Bergzabern (Θ 150 m) oder mit der Bahn von Weißenburg. Platz für 3 Wohnmobile.

FISCHER'S WEINSTUBE
ALFRED U. STEFAN
F I S C H E R
KIRCHSTR. 2
76889 SCHWEIGHOFEN
TEL. 06342 -7197
FAX   -7645

öffnen samstags von 17 bis 23 Uhr,
sonn- und feiertags ab 16 Uhr
von Weihnachten bis Mitte Januar geschlossen

Kurz bevor Sie die französische Grenze bei Weißenburg erreichen, liegt Schweighofen. Dort finden Sie die Weinstube direkt neben der Kirche. Der neu renovierte Innenhof und die Weinstube laden zum Verweilen ein. Preiswert ausgeschenkt werden prämierte Weine und Schnäpse. Die Küche serviert Ihnen Pfälzer Spezialitäten. Im Herbst gibt es den bekannt guten Federweißen. **Übernachtungsmöglichkeiten** im Dorf. Und für zuhause: Äpfel, Birnen, Schnäpse, Liköre.

Anfahrt: BAB 65, Ausfahrt Wörth-Dorschberg Richtung Weißenburg. Im Ort direkt neben der Kirche, eigener Parkplatz. Bis zu 10 Wohnmobilplätze. Der Radweg führt entlang der Lauter nach Schweighofen. Mit der Bahn zu erreichen, zur Weinstube 1 km.

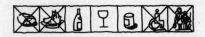

**GUTSAUSSCHANK KABINETT
im LANDHAUS CHRISTMANN**
CHRISTINE CHRISTMANN
RIEDWEG 1
67487 ST. MARTIN
TEL. 06323-94270
FAX   -942727
www.landhaus-christmann.de

öffnet donnerstags bis sonntags ab 18 Uhr

im Jan./Febr. und Juli/Aug. je 4 Wochen geschlossen

Das Wappen der Familie stammt aus dem Jahr 1616, die Antiquitäten, mit denen die Weinstube (Sonderpreis „originelle Weinstube u. empf. gastl. Haus") eingerichtet ist, sind vielleicht nicht ganz so alt, können aber erworben werden. Über 20 Weine (vom Landwein bis zur TBA) können hier und auf der Terrasse verkostet werden, alle sortenrein ausgebaut und von mild bis trocken. Auch roter/weißer Traubensaft, Brände und Federweißer werden eingeschenkt. Abwechslungsreich wie die Weine sind auch die Speisen, wöchentlich wechselt das Angebot je nach Saison. Pfälzer Gerichte gibt es immer und auch der Vegetarier ist hier mit Käseknödeln und Waldpilz-Teller nicht vergessen. Dazu kommen noch Spargel, Wild, Fisch, Gans und Lamm. Platzreservierung. Gesellschaften: Bis 60, außerhalb der Öffnungszeit ab 20 Personen. Kulin. Weinproben. Anfang Juli ist **Weinfest** auf der Pergola, vom 7.-11.11. Weinfest und Anfang August Kerwe. **Übernachtung:** 5 DZ/1 EZ u. 3 App.

Anfahrt: BAB 65, Ausf. Edenkoben, in St. Martin 2. Straße links, 1. Haus. Parken am Haus. Vom Bus 3 Min. (stdl.).

WEINGUT GERNERT
TH. GERNERT
MAIKAMMERERSTR. 39
67487 ST. MARTIN
TEL. 06323-2794
www.weingut-gernert.de

| öffnet vom 1. Juli bis 31. Oktober |
| täglich von 12 bis 22 Uhr |

Ab 2,20 € wird Ihnen von Qualitäts-Weißweinen eingeschenkt, die Rotweine beginnen mit 3,- €, Rosé mit 2,20 €. Bis hin zu Auslesen gilt es zu verkosten, der Traubensaft ist Eigenerzeugnis. Spezialität des Hauses ist Flammkuchen. Auch diverse kleine Speisen werden geboten. An warmen Tagen bietet der Garten 50 Weinfreunden Platz. St. Martin liegt landschaftlich besonders reizvoll. Wer hier länger verweilen will, kann sich bei Familie Gernert einmieten, es gibt **Doppelzimmer**.

Anfahrt: Über Neustadt/Wstr. und Maikammer nach St. Martin. Am Ortsanfang. Parkplätze im Gut. Nächster Bahnhof: Edenkoben. Stündlich Anbindung. Zur Θ 20 m.

| WEINSTR. SÜD | 81 | WEINSTR. SÜD |

STEPHAN KIEFER
JAHNSTR. 42
67487 ST. MARTIN
TEL. 06323 -4577 + 980901
FAX   -7876
www.weingut-stephanshof.de

Weingut Stephanshof

Bioland®
Betrieb A 40 182

öffnet von September bis Oktober
am Wochenende und feiertags ab 12 Uhr

Seit fast 30 Jahren wird im Weingut Stephanshof biologischer Weinbau betrieben, es ist Mitglied bei Bioland. Spezialisiert ist es auf weiße und rote Burgundersorten, vom einfachen Qualitätswein bis zur Auslese sind sie zu verkosten, Preise ab 3,- €. Auch Barriqueweine sind dabei. Im Herbst gibt's Federweißen (mit Zwiebelkuchen); eigener Traubensaft, Sekt und Perlwein stehen ebenfalls bereit. Flammkuchen wird süß, scharf, vegetarisch oder mit Speck und Zwiebeln serviert, auch Saumagen, Bratwürste und Leberknödel kommen auf den Tisch. Vegetarier haben die Auswahl zwischen Grünkern-Bratlingen, Pittataschen oder einem kleinen Salatteller. Käse und selbst gebackene Kuchen mit Kaffee und Getreidekaffee aus biologischem Anbau runden das Angebot ab. Bewirtet wird an warmen Tagen nicht nur im Fachwerkhaus, sondern auch im Hof. Platzreservierung. Gesellschaften: Bis 30 Personen. **Übernachtung:** Neue FeWo für 2-4 Personen ab 50,- €. Für zuhause: Auch Essig, Weingelee und Riesling-Senf.

Anfahrt: BAB 65, Ausfahrt Edenkoben. Am Ortsrand in der Nähe der Turnhalle. Parkplätze am Haus. Zur Bushaltestelle sind es 400 m.

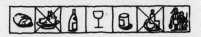

**STRAUSSWIRTSCHAFT
ZUR ZITADELLE**
ROBERT und JÜRGEN MOLL
TOTENKOPFSTR. 45
67487 ST. MARTIN
TEL. 06323 -81275
FAX   -6574
www.weingut-gilda-moll.de

Gilda Moll
WEINGUT

öffnen vom 6. September bis 9. November
und 25. April bis 14. Juni
samstags ab 12 Uhr,
sonn- und feiertags ab 11 Uhr

Weinbau betreibt Familie Moll ‚seit jeher', die Straußwirtschaft gibt es seit 1992. Ausgeschenkt werden Qualitätsweine, bei den Weißweinen Huxel- und Scheurebe, Grauburgunder, Ehrenfelser, Riesling und Kerner, bei den Rotweinen Dornfelder, St. Laurent und Spätburgunder, als Weißherbst gibt es Portugieser. Zur Lese gibt es Neuen Wein, der Traubensaft ist Eigenerzeugnis. Neben Pfälzer Gerichten werden Winzersteak vom Rind, Schnippelteller, Wurstsalat und Liptauer geboten, dazu noch ein wöchentlich wechselndes Zusatzessen. Der Jahreszeit entsprechend werden an Festtagen besondere Gerichte bereitet, z.B. zu Martini Gans mit Rotkraut und Knödeln, im Frühjahr Spargel. Ist's warm, gibt es neben Plätzen im Winzerhaus auch Sitzgelegenheiten im Freien (50 Plätze). Platzreservierung. Gesellschaften zur Weinprobe mit Vesper oder warmem Essen: 25 bis 45 Personen.
Übernachtung: FeWo. Das St. Martinus-Weinfest ist am 7.-11. November. Für zuhause: Auch Wein- und Traubengelee weiß und rot.

Anfahrt: BAB 65, Ausfahrten Neustadt oder Edenkoben. Parkplätze am Haus. 2 Plätze für Wohnmobile.

**STRAUSSWIRTSCHAFT
THOMAS HUND**
HAUPTSTR. 3
67482 VENNINGEN
TEL. 06323-3970
FAX   -981870

öffnet vom 1. September bis 15. November
täglich von 8 bis 20 Uhr

Hier gibt es Weiß- und Rotweine von trocken bis lieblich, das preiswerteste Glas vom Weißen ab 1,20 €, die roten Sorten beginnen mit 1,50 €, für den Rosé zahlen Sie 1,30 €. Die Qualitäten reichen bis zur Beerenauslese. Im Herbst wird Bitzler mit Zwiebelkuchen geboten, auch Süßmost und Apfel- und Traubensaft kommen ins Glas. Neben typischen Pfälzer Gerichten gibt es Liptauer, Handkäse mit Musik und Weinknorze als Vesper. Bewirtet wird in der alten Scheune und an warmen Herbsttagen im überdachten Hof. Am zweitletzten Wochenende im Juli feiert Venningen Weinfest. Für zuhause: Auch Sekt, Likör und eigene Äpfel.

Anfahrt: BAB 65, Ausfahrt Edenkoben/Venningen. Von Edenkoben kommend die 3. Straße rechts beim Kreisverkehr im Ort, dann das 2. Haus links. Parkplätze im Hof. Nächster Bahnhof: Edenkoben. Zum Bus sind's 50 m.

**GUTSSCHENKE
CHRISTA STOCK**
AM DAMM 20
55232 ALZEY

TEL. 06731 -1280
FAX   -549863
weingut.stock@t-online.de

öffnet ganzjährig
(im Januar und die ersten 3 Wochen im August geschlossen)
freitags und samstags ab 18 Uhr,
sonntags ab 17 Uhr

Fünfzehn Weißweine sind im Ausschank, darunter Spät- und Auslesen, das preiswerteste Glas für 1,60 €. Dornfelder gibt es trocken und mild, Spätburgunder als Weißherbst (ab 2,- €). Im Herbst wird Federweißer ausgeschenkt, dazu gibt's Zwiebelkuchen. Der Traubensaft ist Eigenerzeugnis. Die Küche bietet Deftiges: Bauernomelette, gebackene Blutwurst mit Ei oder Saumagen. Im Sommer wird im Hof bewirtet, da schmeckt der große Salatteller oder Spundekäs'. Drinnen ist es hell und freundlich, der Winzerhof ist begrünt. Platzreservierung. Gesellschaften: Fr-So bis 30, Mo-Do ca. 70 Personen. Zum Winzerfest lädt Alzey am 3. Wochenende im September, Weinbergshäuschenwanderung ist am 1. Sonntag im Sept. Für zuhause: Auch Liköre und Geschenkpackungen.

Anfahrt: BAB 61 oder 63 bis Alzey. In der Stadt Richtung Bahnhof. Die Bahnhofstraße Richtung DRK-Krankenhaus. Kurz nach der Shell-Tankstelle links. Im Hof bis zu 15 Stellplätze.

POPPENSCHENKE
W. MAYER
HAUPTSTR. 173
55232 ALZEY-
    WEINHEIM
TEL. 06731-43622
FAX 06733-8326
frank.meiser@weingut-meiser.de

öffnet freitags, samstags und montags ab 18 Uhr,
sonn- und feiertags schon ab 11 Uhr
vor Weihnachten bis Ende Januar geschlossen

An warmen, sonnigen Tagen empfängt man Sie in der "Poppenschenke" im Innenhof mit altem Baumbestand und altem Brunnen, bei kühlem und kaltem Wetter ist die gut 100 Jahre alte Weinstube für Sie geöffnet. Im Ausschank sind Qualitätsweine, das Glas Weißwein ab 1,40 €, Rotwein und Weißherbst ab 1,50 €. Dazu kommen aus der Küche Handkäse mit Musik, Schinken- und Wurstbrote und Hausmacher Wurstplatten. Platzreservierung. Zur Weinheimer Kerb am 1. Wochenende im September gibt es warme Speisen in der "Poppenschenke". Für Wanderer: Im 5 km entfernten Wald (Vorholz) oder in den umliegenden Weinbergen. Auch die Innenstadt von Alzey ist sehenswert.

Anfahrt: BAB 63, Ausfahrt Erbes-Büdesheim, nach Weinheim. Einzelgehöft Richtung Alzey auf der rechten Seite. Eigene Parkplätze. Gut per Fahrrad von Alzey zu erreichen (Radweg).

**STRAUSSWIRTSCHAFT
EBERLE-RUNKEL**
NIEDERGASSE 23
55437 APPENHEIM
TEL. 06725 -2810
FAX   -5273
www.weingut-eberle-runkel.de

öffnet Ende Mai bis Ende. September
freitags ab 18 Uhr, samstags ab 17 Uhr,
sonn- und feiertags ab 16 Uhr

Bei schönem Sommer- und Herbstwetter bietet Ihnen der gepflegte Innenhof mit rheinhessischem Flair gemütlichen Aufenthalt, bei ungünstiger Witterung wartet der alte Gewölbekeller auf Sie. Traubensaft, Sekt und kräftige Zechweine in weiß, rot und rosé sind schnell ins Glas gefüllt. Preis pro Glas: ab 1,30 €. Die Speisekarte reicht vom hausgemachten Griebenschmalz oder Spundekäs' über verschiedene Vesperteller mit Hausmacher Wurst bis hin zu Schlachtplatte und Winzersteak. Bei ca. 80 Sitzplätzen findet sich für jeden ein geselliger Platz, denn: Einsamkeit gibt es hier nicht, da spricht jeder mit jedem.

Anfahrt: In Appenheim in der Ortsmitte am Rathaus links in die Niedergasse, nach der evangelischen Kirche auf der rechten Seite. Parkmöglichkeiten vorhanden.

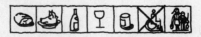

WEINSTUBE GRES
KLAUS und HANS-JÜRGEN GRES
INGELHEIMER STR. 6
55437 APPENHEIM
TEL. 06725 -3310
FAX   -5529
www.weingutgres.de

öffnet das Wochenende nach Fastnacht bis Pfingsten
freitags und samstags ab 17 Uhr, sonn- und feiertags ab 15 Uhr

Das für edle Weine, z.B. Chardonnay, Spät- und Frühburgunder, sowie Merlot und Blanc de Noir, bekannte Weingut (erwähnt in Feinschmecker und 1 Traube im Gault Millau) in die Weinstube mit 55 Plätzen. Die Rotweine lagern im Holzfass oder im Barrique im sehenswerten Barriquekeller. Für besondere Leistungen erhielt das Gut neben diversen Ehrenpreisen und Auszeichnungen bereits viele Staatsehrenpreise. Sekte, Brände und Liköre sind ebenfalls im Angebot. Hausmacher Schwartenmagen, Matjes, Zanderfilet, Spunde- oder Mainzer Handkäs' und wechselnde Gerichte von der Tageskarte werden Ihnen serviert. Außenbewirtung im Hof und um den Teich. Fr/Sa. Gesellschaften: 20-55 Personen. **Übernachtung:** 4 DZ (55,- €).

Anfahrt: BAB 60 von Mainz nach Bingen, Ausfahrt Ingelheim-West, auf der B 60 Richtung Bad Kreuznach nach Gau-Algesheim, links nach A. Im Ort die 2. Straße links. Oder Bahn bis Gau-Algesheim, dann Taxi (4 km) oder Bus (am WoE selten).

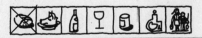

STRAUSSWIRTSCHAFT „ZUR KÜFERSCHÄNKE"

KÜFERMSTR. KLAUS DRÜCK
IM BONGARTEN 21
67595 BECHTHEIM
TEL. 06242 -2722
FAX   -60751
www.weinimrosengarten.de

öffnet immer samstags ab 18 Uhr,
sonn- und feiertags von 11.30 - 14 + 16-21 Uhr bis zum 3. Advent
Ruhemonate Juli und August (Verkauf geöffnet)

Zum Schlachtfestbuffet (jeden 1. Sa in den Monaten mit „r") bietet man Wellfleisch, Pfeffer, Kartoffel- u. Leberknödel, Blut-, Leber- und Bratwürstchen, alles zusammen für 7,70 €, Bratwurstfüllsel mit Zwiebel u. Brot aus dem Holzbrotbackofen gibt's für 4,10 €. Spezialitäten: angem. Limburger, auch Flammkuchen, Wildschweinschinken. Weißwein wird ab 1,50 € ausgeschenkt, Portugieser (auch als WH) ab 1,80 €. Im Holzfass ausgebaut, werden Weine bis zum Eiswein erzeugt. Im Herbst gibt's Federweißen. Bewirtet wird in der alten Küferwerkstatt und in Hof und Garten. Platzreserv. Gesellsch. außerhalb der Öffnungstage: Ab 12 bis 40 Pers. an offenen Tagen. Im Okt./Nov. Wild, ab 11.11. immer So Martinsgans (mit Anmeldung), im Mai Zanderfilet m. Spargel. So ab 16 Uhr selbstgeb. Kuchen. **Übernacht.:** 3 DZ + 1 FeWo. Nachtwanderungen durch das hist. Bechtheim.

Anfahrt: BAB 61, Ausfahrt Gundersheim Richtung Mainz. Am Sportplatz. Nächster Bhf: Osthofen, 4 bis 5 mal täglich Busse. 2 Wohnmobilplätze.

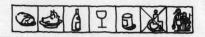

STRAUSSWIRTSCHAFT
SCHLUPFWINKEL

UDO DIEL
HAUPTSTR. 10
55234 BIEBELNHEIM
TEL. 06733 -960053
FAX   -960055
www.weingut-diel.de

Schlupfwinkel

öffnet Mitte Juni bis Mitte August
samstags ab 18 Uhr, sonntags ab 17 Uhr

Biebelnheim liegt mitten in Rheinhessen, an einen der „tausend Hügel", den Petersberg, gekuschelt. Das Weingut liegt im Ortskern gegenüber dem Rathaus. Zur klassischen fränkischen Hofreite mit mächtigem Gutshaus gehören das Stallgebäude und eine Scheune aus dem (Hunger-)Jahr 1806. Diese umrahmen einen idyllisch begrünten Gutshof. Selbst der berüchtigte Räuberhauptmann „Schinderhannes" soll in unmittelbarer Nähe Zuflucht gefunden haben, weshalb die Straußwirtschaft auch „Schlupfwinkel" genannt wurde. Alle Sanierungsmaßnahmen des Gutshofes wurden als „Dorferneuerungsprojekt" gefördert. Die Vinothek zählt mit ihrem preußischen Kappengewölbe zum schönsten Platz im Weingut. Verkosten können Sie Weiß- und Grauburgunder, Riesling, Chardonnay und Gewürztraminer (ab 2,- €) oder auch die Rotweine Dornfelder, Spätburgunder, Saint Laurent, Regent und Cabernet Sauvignon (ab 2,20 €). Die Küche bietet Deftiges wie Schinderhannes-Steaks mit selbstgemachtem Kartoffelsalat, den Schlupfwinkel-Schmaus und kleine Gerichte wie Spundekäs, gebackener Schafskäse und Wurstsalat. Der Hof bietet 60, die Weinstube 30 Personen Platz.

Anfahrt: BAB 63, Ausfahrt Biebelnheim, in der Ortsmitte.

GUTSAUSSCHANK EMRICH
CHRISTIANE EMRICH
HAUPTSTR. 14
55546 BIEBELSHEIM
TEL. 06701-7233
FAX   -3182
www.weingut-emrich.de

öffnet Mitte Januar bis Ende April,
Anfang Juni bis zum 1. Septemberwochenende
und Mitte Oktober bis 2. Advent
donnerstags bis samstags ab 17 Uhr

In gemütlicher, **rauchfreier** Atmosphäre werden Ihnen zwölf Weißweine angeboten. Dazu noch Auslesen, Rotweine und Weißherbst, Secco und auch Brände sind bei Familie Emrich zu verkosten, das preiswerteste Glas vom Weißwein ab 1,70 €. An kalten Speisen bietet die Küche Winzerbrötchen, Braten-Schinken-Käse-Teller oder belegtes Brot. Warm zu verspeisen sind Hausmacher Bratwurst mit Bratkartoffeln, Weinbratwurst mit Rösti und Salat oder Winzersteak. Platzreservierung: Ab 12 Personen. Gesellschaften: 25 bis 60, gern auch mit Gerichten, die nicht auf der Karte stehen. An warmen Tagen wird auch im Freien serviert. **Übernachtung**: Appart-Hotel Blessing, 06701-93010. Gutes Fahrradwegenetz um Biebelsheim; mit dem Auto sind Sie in 15 Minuten bei den Rhein-Sehenswürdigkeiten.

Anfahrt: BAB 61 bis Ausfahrt Bad Kreuznach (Nr. 51), Richt. Bad Kreuznach, nächste Abfahrt Gensingen/Sprendlingen, links auf B50 Richtung Sprendlingen, nach ca. 1 km rechts nach Biebelsheim. Parken rund um das Weingut, 2 Wohnmobil-Stellplätze, Busparkplätze sind in der Nähe.

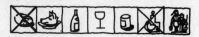

GUTSAUSSCHANK
HILDEGARDISHOF
FAM. GRÜNEWALD
OCKENHEIMER CHAUSSEE 12
55411 BINGEN-
      BÜDESHEIM
TEL. 06721 -45672
FAX   -47403
www.weingut-hildegardishof.de

öffnet täglich ab 17 Uhr, sonn- und feiertags ab 11.30 Uhr, mittwochs Ruhetag

1964 eröffneten Heinrich und Hildegard Grünewald eine Straußwirtschaft, um die selbst erzeugten Weine zu vermarkten. Im heutigen Gutsausschank werden harmonisch zum Wein schmeckende kalte und warme Speisen angeboten. Das Angebot reicht von kalten Speisen über Fisch, Fleisch- bis zu vegetarischen Speisen. Eine große Auswahl an Menü- und Buffetvorschlägen kann den Gästen bei Feierlichkeiten angeboten werden. Weißweine gibt es ab 1,60 €, Rotweine ab 2,20 € je Glas zu kosten. Im Sommer kann der Gast im mit Palmen bestückten Innenhof Platz nehmen. Sehenswert: der Holzfasskeller mit seinen geschnitzten Holzfassböden.

Anfahrt: BAB 60, bzw. 61 oder B 9, Ausf. Bingen-Bingerbrück, Bingen-Büdesheim - Richtung Sportzentrum, im Kreisel 2. Ausfahrt herausfahren, am Sportzentrum vorbei bis Vorfahrtstraße, diese halbrechts überqueren, dem Wegweiser Ockenheim folgen. Von Bingen mit dem Stadtbus nach Büdesheim.

**WEINGUT
BERNHARD GRÜNEWALD**
PFARRER-MICHEL-STR. 9
55411 BINGEN-BÜDESHEIM
TEL. 06721 -41188 + -498467
FAX   -47913
www.weingut-gruenewald.de
priv. Burgstr. 87

**Weinhaus
Bernhard Grünewald**

öffnet Anfang November bis Anfang März
täglich von 16.30 bis ca. 24 Uhr,
sonn- und feiertags ab 15 Uhr, montags Ruhetag

Ab 1,70 € bekommen Sie Weißweine der verschiedensten Rebsorten, bei den Rotweinen gibt es Spätburgunder, Dornfelder, St. Laurent und Portugieser. Die Qualitätsstufen (trocken, halbtrocken und lieblich ausgebaut) reichen bis zur Trockenbeerenauslese. Aus der Küche kommen Weißbrot mit Kräuterbutter und frischem Knoblauch, Steak vom Grill, Zwiebelfleischkäse, Kartoffelsalat und Bratkartoffeln und …, wer da nichts findet, dem ist nicht zu helfen. Platzreservierung. Gesellschaften: Ab 20 bis 80 Personen. Am 1. August-Woe feiert das Weingut **Weinfest**.

Anfahrt: BAB 60 bzw. 61 oder B 9, Ausfahrt Bingen, an der ARAL-Tankstelle rechts in die Hitchinstraße. Am Straßenende links in die Saarlandstraße, 2. rechts (Burgstr.) bis zum Ende (vor der kath. Kirche). Oder mit dem Zug bis Bingen, dann mit dem Bus Richtung Büdesheim.

STRAUSSWIRTSCHAFT
JOSEF BUNGERT
BORNSTR. 35
55411 BINGEN-KEMPTEN
TEL. 06721 -12902
FAX   -12412
www.weingut-bungert.de

öffnet Mitte Oktober bis Mitte November
und Mitte Februar bis Mitte Mai

täglich ab 18 Uhr, sonn- und feiertags ab 15 Uhr,
montags (außer an Feiertagen) Ruhetag

Je vier trockene, halbtrockene und milde Weine können hier verkostet werden, außerdem auch Rotweine von Dornfelder, Spätburgunder und Portugieser sowie Weißherbste von Spätburgunder und Portugieser; Preise ab 1,60 €. Im Oktober wird Federweißer ausgeschenkt. Die Küche bietet allerlei: Jägerhackbraten, Nierengulasch, Schweinesteak ... und an Festtagen zusätzliche Speisen. 75 Weinfreunde können drinnen bewirtet werden, bei schönem Wetter bietet der Hof reichlich Plätze. Reservierung. Busweinproben bis 75 Personen. **Übernachtung**: 1 FeWo für max. 4 Personen. Die Kempter Kerb ist 14 Tage nach Ostern.

Anfahrt: BAB 61, Ausfahrt Bingen Richtung Autofähre Rüdesheim. Im Ort die 3. Straße links, dann 200 m. Busverbindung wochentags alle 20 Minuten, sonn- und feiertags stdl. (200 m zur Θ). Örtliches Taxi, Tel. -14500. Großer Parkplatz auch für Wohnmobile (bis 4 Plätze mit Stromanschluss).

DREIKÖNIGSHOF
FAMILIE PETER KRICK
DREIKÖNIGSSTR. 5
55411 BINGEN-KEMPTEN
TEL. 06721 -14009
FAX   -14946
Wg.dreikoenigshof@aol.com

öffnet Mitte September bis Mitte November
und Anfang März bis Anfang Mai

täglich ab 17 Uhr,
sonn- und feiertags ab 15 Uhr, dienstags Ruhetag

Über ein Vierteljahrhundert besteht die Straußwirtschaft, weit länger noch wird in der Familie Weinbau betrieben (seit 1635). Die Weinkarte ist umfangreich und bietet 17 Wahlmöglichkeiten in weiß, rot und rosé, von trocken bis mild. Den Hofschoppen weiß gibt es bereits ab 1,40 €. Neu: Krisecco, der zum Gourmet-Teller mit Räucherlachs, Forelle und Krabben besonders mundet. Die Küche bietet kalte und warme Speisen wie Winzersteak und Winzerschmaus, Weinkäse oder Vespermett. Als kleine Gaumenfreude werden diverse Laugenbrezelvariationen geboten. Bei schönem Wetter wird im Hof bewirtet. Gesellschaften: Zur Öffnungszeit bis 80, sonst bis 100 Personen. **Übernachtung**: 1 FeWo für 2-5 und ein Appartment für 2 Personen.

Anfahrt: BAB 61, Ausfahrt Bingen-Ost, über die B 9 Richtung Stadtmitte. Oder mit dem Stadtbus von Bingen Richtung Gaulsheim, von der Θ in den Ortskern Richtung Kirche. Links neben der Kirche ist das Weingut, große Schilder weisen darauf hin. Parken an der Kirche oder im Hof. Örtl. Taxi: -14500. Busanschluss alle 20 Minuten, zur Θ 6 Minuten.

WEINSTUBE "ZUR VRONI"
VERONIKA BECKER
STEINSTR. 5
55294 BODENHEIM
TEL. 06135 -3164
FAX   -8765
www.zur-vroni.de

öffnet täglich ab 16 Uhr,
samstags Ruhetag (da gehn'se selbst fort)

Weißweine fast aller Rebsorten werden Ihnen hier seit 30 Jahren eingeschenkt, mit ihrem Silvaner heimst Gutschefin Vroni Becker Anerkennung und Preise ein. Als Rotwein wird ein Dornfelder serviert. Spezialitäten des Hauses sind Leberklöße und Schlachtplatte sowie frisch zubereitete Leckereien; die Roggenstange gibt es in acht Variationen. Bei schönem Wetter sitzen Sie im freundlichen Sonnenhof. **Übernachtung**: 7 DZ und 1 EZ bietet die hauseigene Pension. Am ersten Wochenende im Juni begeht Bodenheim das St. Albans-Fest. Ein Rundgang durch den historischen Ortskern mit seinen mittelalterlichen Fachwerkbauten ist empfehlenswert.

Anfahrt: Im Ort Richtung Kirche; eigener Parkplatz.

**GUTSAUSSCHANK
ROLF GRUBER**
IN DER HÜTTSTÄDT 8
55294 BODENHEIM
TEL. 06135 -2371
FAX   -2379
www.weingutgruber.com

öffnet freitags und samstags ab 17 Uhr,
sonn- und feiertags ab 15 Uhr

Inmitten der Weinberge gelegen, lassen sich Weiß- und Rotwein und Rosé hier auch im Freien genießen. Es werden auch Spätlesen kredenzt, im Oktober Federweißer – und zu altem und Neuem Wein kommen rustikale Speisen auf den Tisch: Wurstplatten, Schinkenspeck, Schnitzel, Rumpsteak, verschiedene Salate, Bratwurst mit Bratkartoffeln, Kartoffelsalat, dazu noch wechselnde Speisenangebote. Weinproben zelebriert der Chef persönlich. **Jazzfrühschoppen** im Weingut ist am 7. September. **Übernachtung**: 4 DZ. Platzreservierung. Zum Wandern laden befestigte Spazier- und Wanderwege in den umliegenden Weinbergen.

Anfahrt: Von Mainz-Laubenheim; in Bodenheim Richtung Gau-Bischofsheim, am Ortsausgang in den Weinbergen. Parkplätze reichlich vorhanden.

**WEIN- und SPARGELHOF
STRAUSSWIRTSCHAFT
HEINI u. RAINER KERN**
LANGGASSE 5
55294 BODENHEIM
TEL. 06135-3237
FAX   -702784
Rainer.Kern-Bodenheim@gmx.de

öffnet Mitte August bis Mitte Oktober
und Ende April bis Ende Juni

freitags und samstags ab 15, sonn- und feiertags ab 13 Uhr

Frische, spritzige Weine bietet Ihnen Winzer Vater Heini und Sohn Rainer Kern, deren Straußwirtschaft seit 1928 besteht. Als Spargelwein zum eigenen Spargel empfiehlt er einen Riesling trocken. Bei schönem Wetter im Winzerhof mit Rebendach, sonst drinnen, wird Ihnen ab 1,30 € weißer Schoppenwein serviert; Spätburgunder, Dornfelder (2,- €) und Portugieser (auch als Rosé) gibt's ebenfalls. Hausmacher Bratwurst (4,90 €) ist das Markenzeichen der Küche, „Albansteller" oder Wingertsknorze schmecken ebenfalls zum Wein. Gesellschaften ganzjährig: Ab 30 bis 100 Pers. „Bodenheimer Kerb" ist am 3. und 4. Wochenende im September, St. Albans-Fest am 1. Juniwochenende. Während der Spargelsaison ist der Hofladen täglich geöffnet. Außer Spargel und Wein gibt es Sekt, Traubensaft, Eier, Kartoffeln, Marmelade…

Anfahrt: In Bodenheim Richtung Nieder-Olm. Nach der Ampel links, 3. Haus. Parken am Feuerwehrhaus (250 m). Radfahrer kommen von Mainz durch die Weinberge.

ZUM TIEFEN KELLER
WEINGUT JOSEF KERN
LANGGASSE 19
55294 BODENHEIM
TEL 06135-2051
FAX   -704288
kern-bodenheim@t-online.de

öffnet noch bis 28. September
und vom 30. April bis 4. August
täglich von 16.45 bis 24 Uhr, samstags ab 16 Uhr,
sonn- und feiertags ab 15 Uhr, montags und dienstags Ruhetage

Schon ab 1,20 € wird Ihnen in der 30 Jahre bestehenden Straußwirtschaft von Silvaner, Burgunder, Scheurebe oder Riesling eingeschenkt, Weißherbst vom Blauen Portugieser und Rotwein gibt es ab 1,80 €. Im Herbst ist roter Rauscher im Ausschank, der Traubensaft ist Eigenerzeugnis. Dazu schmecken dann Roggenstange, Winzerteller, Handkäs' und vieles mehr, donnerstags kommt Spießbraten auf den Teller. An warmen Tagen mit Außenbewirtung. Platzreservierung. St. Albans-Fest feiert Bodenheim am 1. Wochenende im Juni von Freitag bis Montag. Bei der Suche nach **Übernachtungsmöglichkeiten** ist Familie Kern gern behilflich.

Anfahrt: Mit dem Mainzer Stadtbus bis Mainz-Laubenheim, dann 20 Minuten durch die Weinberge. In der Ortsmitte. Parkplätze am Dollesplatz (Feuerwehr).

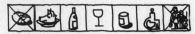

**WEINSTUBE
ST. ALBANSHOF**
ERWIN KERZ
LAUBENHEIMER STR. 35
55294 BODENHEIM

TEL. 06135-6151
FAX   -9334983
www.sankt-albanshof.de

öffnet ganzjährig

freitags und samstags ab 16 Uhr, sonntags ab 15 Uhr
(Mitte Sept. bis Mitte Okt. u. Mitte Dez. bis Anf. Jan. geschl.)

Seit 3 Generationen betreibt Familie Kerz Weinbau, spezialisiert ist sie auf die Rebsorten Riesling, Grauer Burgunder und Dornfelder. Es gibt eine große Auswahl an Weißweinen von trocken bis mild ab 1,50 €, Dornfelder und Portugieser gibt es trocken und mild ab 2,- €, Merlot und Cabernet Sauvignon für 2,40 €. Die Qualitäten reichen bis zu Beerenauslesen. Der Traubensaft ist Eigenerzeugnis. Die Küche bietet vielerlei Toasts, hausgemachten Spundekäse, Spießbraten und Rumpsteaks. Bewirtet wird auf der Terrasse und in mit Eiche gestalteten Räumen. Tipp: Eine Wanderung auf dem begehbaren Weinberggelände (50 km) in und um Bodenheim mit Fernsicht zum Taunus und nach Frankfurt.

Anfahrt: Von Mainz-Laubenheim an der Ortseinfahrt gleich nach dem Kreisel links. 45 Parkplätze im Hof, auch für 1 bis 2 Wohnmobile. Örtliches Taxi: 06131-910910.

**WEINSTUBE
ZUR ANGELA
GÄSTEHAUS**
MICHAEL KERZ
LANGGASSE 18
55294 BODENHEIM
TEL. 06135-2652
FAX   -8512
kerz-bodenheim@t-online.de
mobil 01707140674

öffnet vom 1. März bis Mitte November
tägl. ab 17.30, Sa ab 16 Uhr, So+F ab 12 Uhr, Mi u. Do RT

Das Gehöft dieser Weinstube stammt aus dem 17. und 18. Jahrhundert. Ob drinnen oder im Freien (Hof, Terrasse, Weinberg mit 90 Plätzen) – hier stehen 35 Sorten zum Verkosten bereit, gut, dass es hier 5 Doppelzimmer und ein Mehrbettzimmer zum **Übernachten** und Wohnmobilstellplätze gibt. Spezialität des Weinguts, das Mitglied im Verband Rheinhessenwein ist, sind die Burgundersorten. Zur Kirchweih am 3. und 4. WoE im Sept. wird Musik gemacht, Albansfest feiert man hier 1. WoE im Juni von Fr bis Mo. Kul. Weinproben, -wanderungen u.a. nach Abspr. Tipps für Ausflüge usw. über die Tourist-Information.

Anfahrt: Von der B 9 in den alten Ortskern von Bodenheim, dann auf die Kreisstraße nach Nieder-Olm abbiegen; nach 900 m links. Parken am Haus. Oder mit der Bahn bis Bodenheim.

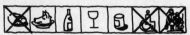

ZUR GUTEN STUBE
H. KIRCH
SCHREIBERWEG 2
55294 BODENHEIM
TEL. 06135-6538
weingutkirch@web.de

öffnet noch bis Ende September, vom 1. Mai bis 15. Juli und wieder Anfang August

mittwochs bis samstags ab 16 Uhr, sonntags ab 15 Uhr

Burgunder- und Rotweine sind die Spezialität dieses Weinguts, vom Weißen, Grauen und Spätburgunder können Sie im Ausschank verkosten, auch Riesling, Silvaner, Dornfelder, Portugieser und Schwarzriesling sind vertreten. Ab 1,40 € wird das preiswerteste Glas Weißwein kredenzt, doch gibt es Qualitätsweine bis zur Beerenauslese. Rotwein und Rosé kosten ab 1,90 €. Im Herbst wird Federweißer ausgeschenkt, eigenen Traubensaft gibt es in weiß und rot. In dieser **echten Strauß-wirtschaft** wird in der „Guten Stube" mit Sülze, Spießbraten, Rumpsteak und Brotzeit bewirtet (Preise von 1,90 € bis 10,80 €). An warmen Tagen steht auch der Garten am Weinberg den Gästen offen. **Übernachtung:** 8 DZ, 1 EZ. Zum Westrumfest erwartet Sie Bodenheim im September, St. Albansfest ist immer am 1. Wochenende im Juni.

Anfahrt: Am Ortsausgang von Bodenheim Richtung Gau-Bischofsheim. Eigener Parkplatz. Stündlich Züge, zum Bahnhof sind es 20 Minuten zu Fuß. Ein Wohnmobilstellplatz.

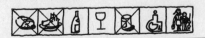

Gutsausschank Weingut Johannisstiftshof

**GUTSAUSSCHANK
JOHANNISSTIFTSHOF
FAMILIE LEBER
GAUSTRASSE 19
55294 BODENHEIM
TEL. 06135-3764
FAX   -951792
www.weingut.johannisstiftshof.de**

öffnet täglich von 17 bis 24 Uhr, samstags ab 16 Uhr,
sonn- und feiertags ab 12 Uhr

In allen Geschmacksrichtungen und vom QbA bis zur Auslese lassen sich hier 13 Weiß- und 4 Rotweine trinken. Das preiswerteste Glas vom Weißwein ab 1,30 €, der Rote kostet ab 2,10 €. Hinter der 'Fuhre Mist' verbergen sich Bratkartoffeln mit Hausmacher Wurst; Rumpsteak und Quark sind mit Knoblauch gewürzt. Auch wechselnde Wildgerichte stehen auf der Speisekarte. Ist's Wetter gut genug, sitzen Sie hier auch im Freien. Platzreservierung. Gesellschaften nach Absprache. **Übernachtungen** können vermittelt werden.

Anfahrt: Der Gutsausschank ist circa 10 Minuten vom Bahnhof entfernt (Eilzughaltestelle auf der Strecke Mainz-Worms).

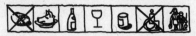

GUTSSCHÄNKE KLOSTERHOF
WINZERMSTR. MARKUS RIEBEL
MAINZER STR. 18
55294 BODENHEIM
TEL. 06135 -2232
FAX -2066
www.klosterhof-bodenheim.de

öffnet Mitte September bis Ende Oktober
und ab 1. WoE im Februar bis Ende Juni
freitags und samstags ab 17 Uhr, sonn- und feiertags ab 14 Uhr

1297 erstmals erwähnt, war hier ein von Nonnen betriebener landwirtschaftlicher Betrieb. Heute wird über dem Kelterhaus (75 Pl.) und im von Lauben überdachten Hof (80 Pl.) bewirtet. Vom Landwein ab 1,30 € bis zur Beerenauslese wollen 19 Weißweine, 6 rote und 3 Weißherbste/Rosés probiert werden. Gut, wer da die gute Bahnanbindung von Mainz, Wiesbaden oder Worms nutzt. Alle Wein- und Safterzeugnisse sind aus eigenem Anbau. Je nach Saison gibt es Spargel-, Grill- und Pilzgerichte, selbstverständlich auch Federweißen und selbstgebackenen Zwiebelkuchen. Von Bauernpizza über Flammbaguette und Winzervesper bis Zwiebelschnitzel reicht das Angebot, das durch eine wechselnde Wochenendkarte bereichert wird. Gesellschaften: 30 bis 70 Pers. nach Voranmeldung. Für Wanderer: 30 km betonierte Wege durch die Weinberge, der Weinlehrpfad ist 2,5 km lang.

Anfahrt: Von Mainz-Laubenheim auf der L 413 nach Bodenheim, 3. Straße rechts, nach ca. 150 m auf der linken Seite.

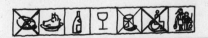

Fam. Heribert Schornstheimer
Kirchbergstraße 3-5 55294 Bodenheim
Tel: 0 61 35 - 53 91
e-mail: rebstock.bo@t-online.de

von März bis November
Mittwoch - Samstag ab 17.00 Uhr
Sonn- und Feiertage ab 15.00 Uhr
Montag und Dienstag Ruhetag

Schoppenweine sind trockener Müller-Thurgau und milder Morio Muskat für 1,30 €, doch weist die Karte elf weitere offene Weine auf, auch Kerner und Chardonnay Spätlesen, Riesling Kabinett und Heroldrebe Weißherbst. Sekt gibt es von Riesling und Morio-Muskat im 0,1 l-Glas. Mohn-, Weinstange und Baguette werden mit Käse oder Wurst belegt, das „Rosabrot" bietet „von jedem e bissje". Wöchentlich wechselnd werden saisonale Gerichte geboten. An warmen Tagen Außenbewirtung. Platzreservierung. Gesellschaften außerhalb der Öffnungszeiten: 25 bis 100 Personen (auch für Feiern). Zusätzliche Veranstaltungen: Fastnacht (4 tolle Tage), Heringsessen zu Aschermittwoch, Tanz in den Mai, Sommerfest Anfang Juli, Kerb im September, dazu mit Anmeldung im Herbst Dippehaas, Martinsgans u. Wildbuffet. Für zuhause: Tresterbranntwein, roter Traubensaft, Rheinknie Creme.
Übernachtung: Gemeindeverw.:, Tel. 06135-72-0. Die Karte „Radtouren zwischen Rhein und Reben" bei Rheinhessen-Info in Ingelheim, Tel. 06132-7875-65 oder –66.

Anfahrt: In Bodenheim im Ortskern mit eigenem Parkplatz. Vom „Rebstock" zum Bahnhof sind es 5 Minuten.

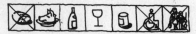

WEINGUT HISTORIC

WEINGUT HISTORIC
GERHARD BLÖDEL
ZÖLLERSTR. 6
55278 DEXHEIM
TEL. 06133-5099050
FAX   -5099052
www.weingut-historic.de

öffnet vom 12. September bis 9. November,
weitere Termine im Internet
freitags und samstags ab 18 Uhr, sonn- u. feiertags ab 15 Uhr

---

Die Liebe zum Wein ist eine der Leidenschaften von Winzer Blödel, die andere gehört der Archäologie. In der historischen Kuhkappele mit Kreuzgewölbe werden Ihnen überwiegend Spätlesen im trockenen und halbtrockenen Bereich kredenzt, Fundstücke aus der Kelten-, Römer- und Frankenzeit schmücken den Raum der **echten Straußwirtschaft**. Nicht nur Winzerplatte, Schinkenbrot oder geräucherte Bratwurst erwarten Sie hier, auch römisches Moretum mit Feldkräutern (Ricotta angemacht) und warme römische Globi (Mohnknödel) zieren die Speisekarte. Dazu gibt es auch Most, Federweißen oder Traubensaft. Bei schönem Wetter Bewirtung im Garten und in der Vinothek. Platzreservierung. Gesellschaften zur Öffnungszeit bis 20 Pers.

Anfahrt: Von Nierstein auf der B 9 Richtung Oppenheim, noch vor O. auf der B 420 Richtung Wörrstadt, links nach Dexheim. In der Ortsmitte, Parkplätze im Hof. Nächster Bahnhof: Nierstein.

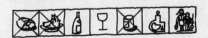

ZUM ALTEN KELTERHAUS
WOLFGANG WEYELL
BORNSTR. 15
55278 DEXHEIM
TEL. 06133 -507700
FAX   -507701
www.kulturaufdemhof.de

öffnet sonn- und feiertags von 11 bis 22.30 Uhr
(Weihnachten, Neujahr, Karfreitag, Ostersonntag geschl.)

Das ehemalige Kelterhaus wurde zu einer gemütlichen Weinstube mit ca. 50 Plätzen ausgebaut, die gleiche Anzahl von Gästen kann bei schönem Wetter im Winzerhof Platz nehmen. Hier werden sie mit Silvaner, Riesling, Bacchus, Huxel, Portugieser Weißherbst und zwei Rotweinen von Portugieser und Dornfelder (ab 1,30 € in weiß, 2,- € rot) bewirtet, auch eine Beerenauslese und Sekt sind im Angebot. Der weiße Traubensaft ist Eigenerzeugnis. Rheinhessisches Eisbein wird mit frischem Brot serviert, Schwartenmagen mit Frühlingszwiebeln und Parmesan. Omelett, Schnitzel, Rumpsteak oder ofenfrischer Flammkuchen – das Vanilleeis mit heißen Himbeeren oder Schokoladenstreusel ist ein schöner Abschluß. An Festtagen spezielle Menüs mit Wildschweingulasch, Gänsekeule ... Platzreservierung. Übers Jahr ca. 20 kulturelle Veranstaltungen von Gospel über Kabarett bis hin zu Musicals. Am 3. WoE im Juni Fr-So **Veranstaltungen**.

Anfahrt: Von Nierstein auf der B 9 Richtung Oppenheim; noch vor O. rechts ab nach Dexheim. Im Ort links einbiegen.

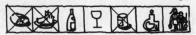

**STRAUSSWIRTSCHAFT
RAINER GÜNTHER**
SANDHOF 15
67575 EICH-SANDHOF
TEL. 06246-7470

öffnet vom 1. Mai bis zum 1. Septemberwochenende
täglich ab 18 Uhr, samstags ab 16 Uhr,
sonn- und feiertags ab 10.30 Uhr

Familie Günther bietet Ihnen Rieslinge trocken und lieblich, als Kabinett halbtrocken und trocken, Müller-Thurgau, Scheurebe und Kerner, Preise ab 1,70 € für das ¼ l-Glas. Auch Rotwein und Rosé sind zu verkosten (ab 2,30 €). Sonn- und feiertags wird das Wochenspeiseangebot von Fleischkäse, Forellenfilet und Bratwurst durch Schnitzel, Braten, Schweinemedaillon und Cordonbleu ergänzt. Auch Kaffee und Kuchen sind dann im Programm. Bei schönem Wetter Außenbewirtung. Platzreservierung. Gesellschaften ganzjährig ab 10 bis 40 Personen.

Anfahrt: Von der B 9 Abfahrt Eich. Für Radfahrer: Die Karte „Radtouren zwischen Rhein und Reben", herausgegeben von der Rheinhessen-Information in Ingelheim, Tel. 06132-7875-65 oder -66, Fax -787560. Von der Verbandsgemeinde wurde die Straußwirtschaft als „hervorragender Radfahrertreff" ausgezeichnet. Wohnmobilstellplatz.

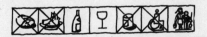

**GUTSSCHÄNKE
AM RÖMERBERG**
GUNTHER STRUB
AN DER KIRCHPFORTE 10
55270 ENGELSTADT
TEL. 06130-597
FAX   -8133
www.weingut-strub.de

öffnet freitags und am Tag vor einem Feiertag ab 17 Uhr,
samstags ab 16 Uhr, sonn- und feiertags ab 11 Uhr

Über dreißig verschiedene Weine bietet Ihnen der Weinkeller von Winzer Strub, bis hin zu Trockenbeerenauslesen sind sie zu verkosten. Preise: Weißwein ab 1,50 €, Rotwein ab 1,90 € und Rosé ab 1,80 €. Champignons kommen gefüllt auf den Tisch, die Gulaschsuppe wird im Brottopf bereitet. Auch saftige Rumpsteaks schmecken zu den Weinen, wer nur wenig Hunger hat, ist vielleicht mit einer Brezel zufrieden. Abgetrenntes Raucherzimmer mit 2 Rauchfilteranlagen (für gem. Gruppen geeignet). Bei schönem Wetter wird im Weingarten mit Bachlauf, Teich und Kinderspielplatz (Platz für 80 Personen) bewirtet, im Herbst auch mit Federweißem. Platzreservierung innen. Gesellschaften: 30 bis 70 Personen. **Übernachtung**: 1 DZ für Selbstversorger.

Anfahrt: BAB 60, Ausfahrt Ingelheim-West oder BAB 63, Ausfahrt Nieder-Olm über Stadecken-Elsheim und Jugenheim nach Engelstadt. Oder zu Fuß von Elsheim an der alten Mühle vorbei in die Gutsschänke. Platz für Wohnmobile.

**S'TRAUWEMIELSCHE
WEINGUT ROSENHOF**
KARL-HEINZ u. MATTHIAS
B E C K E R
HERRGASSE 9
55232 ENSHEIM
TEL. 06732 -7895
FAX   -961940
mkbrosenhof@t-online.de

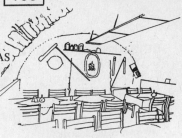

öffnen November und Dezember und März bis April
samstags ab 18 Uhr, sonn- und feiertags ab 17 Uhr

Ist der Lesetermin spät, so gibt es noch Federweißen, doch müssen Sie auch sonst nicht verdursten: Von trocken bis lieblich gibt es eine große Auswahl an Weiß- und Rotweinen verschiedener Rebsorten. Preise ab 1,50 €. Der Weißherbst ist vom Portugieser und Dornfelder. Die Küche bietet Winzersteak, Bratwurst und Schnitzel (mit Pommes oder Bratkartoffeln), Käse- und Schinkenplatte, Spundekäs' oder Tintenfisch. Seit 1730 ist das Weingut schon in Familienbesitz, bewirtet wird im alten Gewölbekeller. An warmen Frühlingstagen gibt es auch Platz im überdachten Hof. Gesellschaften: Ab 10 bis 30 Personen. Zum **Hoffest** lädt man Sie Mitte September, das Ensheimer Brunnenfest ist Mitte Juli.

Anfahrt: Von Süden BAB 61, Ausfahrt Bornheim; von Norden BAB 63 bis Biebelnheim; Richtung Wörrstadt bis Ensheim. In der Ortsmitte. Parkplätze im Hof oder auf der Straße. Nächste Bahnhöfe: Alzey und Wörrstadt, Abholung möglich.

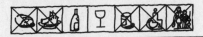

GUTSAUSSCHANK BLODT
GUDRUN BLODT
ELSHEIMER WEG 1
55270 ESSENHEIM
TEL. 06136-89199
FAX   -9944996
www.weingut-blodt.de

Öffnungszeiten im Internet
donnerstags/freitags ab 17 Uhr, sonn- und feiertags ab 16 Uhr

Trockene Weine sind die Spezialität des Weinguts, doch gibt es auch milde Weine im Angebot. Das preiswerteste Glas vom weißen Qualitätswein kostet 1,50 €, auch Spät- und Auslesen mit eigener Restsüße gilt es zu verkosten. Im Gutsausschank mit Wintergarten und im begrünten Hof werden Ihnen Hausmacher Wurst, paniertes Schnitzel, gekochter und roher Schinken und verschiedene Käsesorten serviert. Spundenkäse gibt es nach Großmutters Rezept. Außerdem werden Do+Fr wechselnde Speisen wie Spießbraten, Käsespätzle oder Fischteller geboten. Gesellsch. außerhalb der Öffnungszeit: 40 bis 60 Personen. Die Umgebung ist ideal für Spaziergänger und Wanderer. Essenheimer Domherrenfest ist am 1. WoE im Juli, Kerb am letzten WoE im August.

Anfahrt: BAB 60, Ausf. Mainz-Lerchenberg (ZDF) nach Essenhm. (L 426), 2. Abf. Essenhm./Römerberg. Nach dem Ortsschild direkt in den Wirtschaftsweg. Ausreichend Parkplätze (auch für 1 Wohnmobil). Oder Stadtbus von Mainz (L 71).

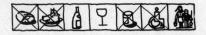

**STRAUSSWIRTSCHAFT
ANDREAS und ULRICH WAGNER**
HAUPTSTR. 30
55270 ESSENHEIM
TEL. 06136 -87438
FAX   -814709
www.wagner-wein.de

öffnen September, Mai, Juni, Juli

freitags und samstags ab 17 Uhr,
sonn- und feiertags ab 16 Uhr

Seit über 300 Jahren dreht sich im Hause Wagner so gut wie alles um den Wein. Vater Rudolf Wagner und seit letztem Jahr auch seine Söhne Ulrich und Andreas leiten den 8 ha großen Familienbetrieb. Sie verbinden die Tradition des Weinguts mit neuesten wissenschaftlichen Erkenntnissen. Konsequent werden die Weinberge vor der Lese ausgedünnt. Die schonende Weiterverarbeitung bringt vielschichtige und aromareiche Weine. Urgroßvater Jeans Name steht Pate für diese neue Linie des Weinguts, die in Paris mit einer Medaille ausgezeichnet wurde. Weißwein gibt es ab 1,20 € zu verkosten, die roten Sorten beginnen mit 1,50 €. Zur Spargelzeit gibt es überbackene Wingertsknorze, im September Federweißen mit Zwiebelkuchen. Höhepunkt sind die Hoffestspiele im Juni und Juli. Alle Veranstaltungstermine im Internet. **Übernachtung**: Im Domherrenhof.

Anfahrt: Wochentags stündlich mit dem Bahnbus Mainz Richtung Sprendlingen. Die Straußwirtschaft ist nur 5 km von Mainz-Lerchenberg (ZDF) entfernt. Mitten im Dorf mit schönem Innenhof und Terrassengarten. Wohnmobilstellplatz für 1 Nacht.

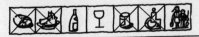

GUTSSCHÄNKE SCHMITT
GABI und PETER SCHMITT
WEEDENPLATZ 1
67592 FLÖRSHEIM-DALSHEIM
TEL: 06243 -8515
FAX   -6180
www.gutsschaenke-schmitt.de

öffnet vom 17. September bis 5. Dezember,
13. bis 15. Februar Wein trifft Romantik
und März bis Juni (13. bis 15. März Wein trifft Fisch)
freitags und samstags ab 18 Uhr, sonntags ab 17 Uhr

Seit 1998 lädt Familie Schmitt Weinfreunde in die Gutsschänke, an warmen Tagen wird im Hof bewirtet (20 Plätze). Ab 2,- € wird Weißwein ausgeschenkt, Roter und Rosé kosten ab 2,10 bzw. 2,40 €. Von trocken bis edelsüß gibt es Qualitäten bis zum Eiswein; Weiß- und Rotwein gibt es aus dem Barrique. Der weiße Traubensaft ist Eigenerzeugnis, zur Lese gibt's Federweißen. Neben Deftigem wie Bratwurst, Saumagen und Winzervesper gibt es auch Lachs mit grünen Bandnudeln, Hähnchenbrust und frische Blattsalate mit Putenbrust, versch. Schnitzel-Variationen und an Sonn- und Feiertagen Saisonales wie Spargel, Wild und Fisch. Platzreservierung. Gesellsch.: 20 bis 100 Pers. **Übern.:** 7 DZ und 3 FeWo für 2-5 Pers. Fam. Schmitt ist Mitglied bei „Ferien auf dem Bauernhof", das Weingut DLG-empfohlen für "Ferien auf dem Winzerhof". Für zuhause: Likör, Schnaps, Weingelee, Nudeln, Wildschwein-bratwurst- u. –schinken.
Anfahrt: BAB 61, Ausf. Mörstadt, dann noch ca. 5 km. Im alten Ortskern, Parken im Hof oder vorm Haus. Stdl. Anschluss, zur ⊖ sind's 600 m.

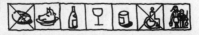

WEINSTUBE SCHMITT
KLAUS HEMB
WEINGUT SCHMITT
KREUZNACHER STR. 17
55546 FÜRFELD
TEL. 06709-401
FAX   -1438
www.weingut-schmitt.info

öffnet am 2. WoE im Sept. (Kirmes), Oktober bis November,
Februar bis März und am Muttertag
samstags und sonntags ab 17 Uhr

Hier werden Qualitätsweine mit und ohne Prädikat ausgeschenkt, viele der traditionellen Rebsorten sind vertreten, darunter auch Burgunderweine. Im Herbst gibt's Federweißen, der Traubensaft ist Eigenerzeugnis. Bewirtet wird je nach Wetterlage im Hof oder Schankraum mit Schweinekotelett (ab 5,30 €), Gemüsemedaillons, Kartoffelfüllsel oder Putensteak und wechselnden Speisen je nach Saison. Auf Schleckermäuler warten ein Heidelbeerpfannkuchen oder Pfirsichbecher. Platzreservierung. Gesellschaften außerhalb der Öffnungszeit: 20 bis 50 Pers. Weinwanderungen, einmal im Jahr kulinarische Weinprobe. Ausflüge nach Bad Münster oder Bad Kreuznach, Wanderungen in der Rheinhessischen Schweiz.

Anfahrt: BAB 61, Ausfahrt Bad Kreuznach, Richtung Kusel, über B 428 auf B 420, Abfahrt Fürfeld. Parken an der Weinstube. Bus von Bad Kreuznach, Θ am Haus.

GUTSAUSSCHANK
ST. MARIENHOF
CHRISTOPH DENGLER
KIRCHSTR. 46
55435 GAU-ALGESHEIM
TEL. 06725 -2542
FAX   -3385
www.sankt-marienhof.de

öffnet freitags ab 19, sonn- und feiertags ab 16 Uhr,
(eine Woche vor Weihnachten bis 15. Januar geschlossen)

Haben Sie je Leberwurstquark probiert? Im Gutsausschank von Herrn Dengler haben Sie dazu Gelegenheit. Dazu Weine in weiß, rot und rosé, vom Qualitätswein bis zur Auslese. Das preiswerteste Glas vom Weißwein ab 1,50 €, vom Roten ab 2,60 €. Zur Sommerzeit lockt die Terrasse im Grünen mit schattenspendenden Platanen. Platzreservierung. Gesellschaften: ab 20 bis 100 Personen. Am 2. Wochenende im Oktober lädt der Ort zum 'Fest des Jungen Weines'. **Übernachtung**: Fewo für 6 Personen. Für zuhause: Auch Likör.

Anfahrt: BAB 60, dann B 41. Der Bahnhof ist 1,5 km entfernt, Züge verkehren stündlich von und nach Mainz und Bingen. 3-4 Stellplätze für Wohnmobile.

GUTSAUSSCHANK RÖMERHOF
ANJA DICKENSCHEID
APPENHEIMER STR: 62
55435 GAU-ALGESHEIM
TEL. 06725 -2525
FAX   -95206
weingut@roemerhof.net

öffnet Mitte März bis Mitte Juni
und Mitte August bis Mitte November
samstags ab 18 Uhr, sonn- und feiertags ab 16 Uhr

Vom Qualitätswein bis zur Auslese reicht die Palette der angebotenen Weine; der Römerhofschoppen ist ab 1,40 € zu verkosten, Portugieser und Portugieser Weißherbst ab 2,10 bzw. 2,- €. Im Herbst wird Federweißer ausgeschenkt. Der weiße Traubensaft ist Eigenerzeugnis. Die Speisekarte bietet Wurst- und Käseplatten, Schnitzel, Schafskäse crostini Römerhofart, Spießbraten, zum Abschluss Handkäs' mit Musik (alles auch als kleine Portion). Zusätzlich kommen wöchentlich wechselnde Gerichte auf den Tisch. Bei gutem Wetter wird auch im bestuhlten Hof mit wunderbarem Blumenschmuck bewirtet. Platzreservierung. Gesellschaften und Busse nach Absprache. Zum „Fest des Jungen Weins" erwartet Sie Gau-Algesheim am 2. Wochenende im Okt.

Anfahrt: BAB 60, Ausfahrt Ingelheim-West, dann auf der B 41 nach Gau-Algesheim. Durch den Ort Richtung Appenheim, der Gutsausschank ist der zweitletzte Hof rechts. Parken im Hof. Oder vom Bahnhof in 20 Min. zu Fuß. Züge von Mainz und Bingen verkehren stündlich. Weinlehrpfad und geoökologischer Lehrpfad sind für interessierte Weinfreunde.

KRONENHOF

DIE WEINSCHÄNKE
WEINGUT KRONENHOF
ANDREAS HATTEMER
LANGGASSE 8
55435 GAU-ALGESHEIM
TEL. 06725 -95703
FAX   -95704
www.kronenhof.de

öffnet vom 4. September bis 4. Oktober
donnerstags bis samstags ab 16 Uhr
und vom 21. Mai bis 25. Juli
donnerstags bis samstags ab 18 Uhr

Besonders die Freunde vom Burgunder kommen hier auf ihre Kosten. Es werden Weißer und Grauer Burgunder, sowie die blauen Früh- und Spätburgunder ausgeschenkt. Genießen Sie Ihren Aufenthalt im sonnigen Innenhof oder in der guten Stube des alten Winzerhauses. Das preiswerteste Glas Weißwein wird Ihnen ab 1,50 € serviert, Rotwein gibt es ab 1,80 €. Köstlichkeiten aus der Winzerküche sind die überbackenen Silvaner-Käse-Schnitte und der gebackene Schafskäse. Auch ein Flammkuchen wird Ihnen hier serviert. Platzreservierung wird empfohlen. Veranstaltungstipps im Internet. **Übernachtung**: FeWo und Gästezimmer im Weingut.

Anfahrt: BAB 60, Ausfahrt Ingelheim/West; auf der B 41 nach Gau-Algesheim. Richtung Stadtmitte zur Langgasse. Der Bahnhof ist 200 m entfernt, Züge verkehren stündlich nach Mainz, Bingen und Bad Kreuznach.

WEINGUT
KRONENBERGER HOF
THEO KRONENBERGER
NEUGASSE 7
55435 GAU-ALGESHEIM
TEL. 06725 -2933
FAX   -5865
weingut.kronenberger-hof@t-online.de

öffnet vom 3. Juli bis 16. August 09
freitags ab 19 Uhr, samstags von 18 bis 24 Uhr,
sonntags ab 16 Uhr

Das alte Gehöft ist aus dem 17. Jahrhundert, zwischenzeitlich war es Residenz der Traubenkönigin Bettina I. Idyllisch der bewirtschaftete Innenhof, in der Weinstube finden ca. 40 Weinfreunde Platz. Die Auswahl an Weiß- und Rotweinen ist groß, bis hin zu Eiswein reicht die Palette. Das Glas Weißwein gibt es ab 1,30 €, der weiße Traubensaft ist aus eigenem Anbau. Die Küche bietet kleine Gerichte zum Wein, zum Spundekäs' gibt es frische Brezeln. Gesellschaften auf Anfrage. Und für zuhause fragt Sie der Winzer: „...ob Du in Deinem trauten Heim beherbergst auch so guten Wein?" Wenn nicht, diesen und Sekt und Tresterbrand verkauft man Ihnen gern.

Anfahrt: BAB 60, Ausfahrt Ingelheim-West, auf der B 41 nach Gau-Algesheim, Richtung Stadtmitte zum Marktplatz, da in die Neugasse. Der Bhf. ist ca. 400 m entfernt, stündlich Verbindung.

ALTES KELTERHAUS
PETER LICH
LAURENZIBERG 6
55435 GAU-ALGESHEIM

TEL. 06725-2411
FAX   -309252

Öffnet Mitte Oktober bis Ende November
und März bis Ende Mai

samstags ab 18 Uhr, sonntags ab 16 Uhr

Seit über 20 Jahren werden Gäste im alten Kelterhaus bewirtet. Ab 1,30 € werden die Weine kredenzt, auch bizzelnder Federweißer ist im Herbst zu haben. An weißen Rebsorten gibt es u.a. Riesling, Weißen Burgunder und Chardonnay. Die Rotweine wie z.B. Acolon und Regent sind zum Teil im großen Holzfass gereift. Die Speisekarte ist mit regionalen Gerichten und leckeren Gerichten bestückt. Bei schönem Wetter wird auf der überdachten Terrasse mit traumhaftem Blick auf die Weinberge bewirtet. Gesellschaften: 20 bis 50 Personen. Weinproben nach Anmeldung möglich. Am 2. Sonntag im August ist Laurenzi-Wallfahrt mit traditioneller Pferde- und Fahrzeugsegnung. **Übernachtung**: Im Weingut. Schöne Wandermöglichkeiten mit tollen Aussichtspunkten.

Anfahrt: BAB 60, Ausfahrt Ingelheim-West, dann B 41 nach Gau-Algesheim. Stellplatz für Wohnmobile.

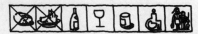

**GUTSSCHÄNKE
IM ALTEN KORNSPEICHER**
FAMILIE STERK
LAURENZIBERG 32
55435 GAU-ALGESHEIM
TEL. 06725-2666 + -6350

**öffnet voraussichtlich Mitte März bis Mitte November
freitags ab 19, samstags ab 17, sonntags ab 16 Uhr**

Die Weinkarte bietet Weine vom Qualitätswein bis zur Auslese. Bei den Speisen empfiehlt der Winzer ganz besonders den ‚Matzeberger Spezi', einen pikant zubereiteten Handkäse. Ansonsten reicht die Speisekarte vom ‚Kräuterschmalzdippche' über deftige kalte Speisen bis hin zu wechselnden warmen Gerichten. Locken werden Sie die Sitzplätze im Garten mit Aussicht auf Rhein und Rheingau und viel Platz für Ihre Kinder, Am 2. Wochenende im August ist alljährlich Laurenzi-Wallfahrt mit Pferde-Segnung.

Anfahrt: BAB 60, Ausfahrt Ingelheim West. Auf der B 41 durch Gau-Algesheim, dahinter links Richtung Appenheim, nach 2 km rechts zum Laurenziberg. Im Ort ausgeschildert. Eigene Parkplätze vorhanden.

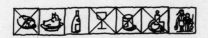

WEINSTUBE MARTINA SCHNABEL
im WEINGUT ALFONS SCHNABEL
BAHNHOFSTR. 31

55599 GAU-BICKELHEIM

TEL. 06701 -7582
FAX   -7534
www.winzerhof-schnabel.de

öffnet Anfang September bis Mitte Oktober

und im Mai

samstags ab 18 Uhr, sonn- u. feiertags ab 17 Uhr

Spezialität sind liebliche und trockene Rieslingweine, doch gibt es auch Müller-Thurgau, Grauen Burgunder, Chardonnay, Weißer und Blauer Burgunder, Dornfelder, Merlot, St. Laurent, Regent und Portugieser, letzteren auch als Rosé. Preise: ab 1,30 € für WW, RW ab 1,70 €. Die Qualität der Weine reicht bis zu Beerenauslesen. Der Traubensaft wird aus der Scheurebe gewonnen. Im Herbst gibt's Federweißen, der bei gutem Wetter auch im Hof genossen werden kann. Gerichte vom Wursteller über Bratwurst bis hin zu Jägervesper begleiten den Weingenuss. Wechselnde Wochenendspezialitäten. Ein Klavier ist vorhanden. Platzreservierung. Gesellschaften: Ab 20 bis 45, außerhalb der Öffnungszeit bis 80 Personen. **Übernachtung:** Gästehaus mit großem Garten, 4 DZ + 1 App. Am 2. WoE im September: Kerb.

Anfahrt: BAB 61, Ausfahrt Gau-Bickelheim, den orangenen Schildern Rtg Bahnhof folgen, 50 m davon die Straußwirtschaft an den Weinbergen mit Weinlehrpfad. Oder mit der Bahn (Rheinland-Pfalz Takt), Θ 50 m. 3 Wohnmobilplätze.

WEINSTUBE BOOS
WOLFGANG BOOS
ALZEYERSTR. 23
55239 GAU-ODERNHEIM
TEL. 06733 -6276
FAX   -929563
kontakt@selztalbrennerei.de

---
nur noch geschlossene Gesellschaften,
im Winter jeden Monat einmal Schlachtfest

Ab 1,- € schon kann verkostet werden, trocken und mild, einfache QbA-Weine bis hin zur Spätlese. Auch Rotweine der Sorten Portugieser, Dornfelder und Spätburgunder stehen bereit, letzterer auch als Weißherbst. Apfel- und Traubensaft ist aus eigenem Lesegut, zur Lese gibt es Federweißen. Schnitzel gibt es für 6,- € in verschiedenen Variationen, Rumpsteak mit Zwiebeln oder Kräuterbutter (für 9,50 €). Auch bei den kalten Speisen ist die Auswahl groß: Schweinshaxe in Aspik, Schinken in Essig, luftgetrocknete Bratwurst. Im Sommer 30 überdachte Sitzplätze im Hof. Platzreservierung. Gesellschaften: 10 bis 35 Personen. Für zuhause: Von eigenem Obst und aus eigener Brennerei Schnäpse und Liköre, Edelobstverkauf. Tipp für Blumenliebhaber: In der Lage Lieberg wachsen Wildtulpen in den Weinbergen.

Anfahrt: An der Hauptstraße Richtung Alzey, Parkplätze im Hof und am Ober- und Untermarkt. Oder mit dem Rad von Nierstein nach Alzey (Nr. 3,4,5 top. Karte).

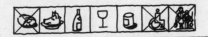

WEINHAUS HESS
BIRGIT HESS
BINGER STR. 13
55457 GENSINGEN
TEL. 06727 -437
FAX   -892150
hess-weinhaus@t-online.de

öffnet ganzjährig

täglich ab 16 Uhr, montags Ruhetag

Nach dem Umbau ist die ehemalige Straußwirtschaft nun ganzjährig für Weinfreunde geöffnet. Drinnen in der Gaststube haben 90 Gäste Platz, im Innenhof sitzen 80 Personen bei sommerlichen Temperaturen. Ins Glas kommen Bacchus, Riesling Classic, Chardonnay, Grauer Burgunder, Regent, Dornfelder mild und trocken und Spätburgunder. Wingertsknorzen gibt es in fünf Variationen, für größeren Hunger empfehlen sich Jäger- und Schweineschnitzel, diverse Nudelgerichte und Rumpsteaks oder Chefsalat mit Putenbrust. Am 3. Wochenende im September feiert Gensingen Kirmes. **Übernachtung**: Zum Adler, Tel. -253.

Anfahrt: BAB 61, Dreieck Nahetal, dann B 41, Ausfahrt Gensingen/Sprendlingen. Nach der Ortseinfahrt nach ca. 800 m auf der rechten Seite. Großer Parkhof, Anfahrt von der Rückseite (Mainzer Straße).

ZUM REBLAUSSTÜBCHEN
W. und G. PREISS
LANGGASSE 20
55457 GENSINGEN
TEL. 06727 -1375
FAX   -1259
weingut-preiss@freenet.de

öffnen von Mitte November bis Mitte März

täglich ab 16 Uhr, samstags Ruhetag

In dieser **echten Straußwirtschaft** bekommen Sie das Glas vom trockenen oder lieblichen Landwein noch für wirklich günstige 1,- €, doch reicht die Palette der vorwiegend weißen Weine bis zu Auslesen. Dornfelder und Portugieser Weißherbst sind ebenfalls zu verkosten, Preis 1,60 bzw. 1,40 €. Die Küche bietet saure Heringe in Sahne, zur Kartoffelwurst gibt es wie zum Hering Pellkartoffeln. Neben Hausmacher Wurst und Käsebrot werden auch Rührei mit Schinken, Hackbraten mit Bratkartoffeln und Strammer Max serviert. **Zur Kerb** am 3. Wochenende im September hat auch Familie Preiß **geöffnet**, dann wird im Hof zum Tanz aufgespielt. **Übernachtung**: Tel. -890-202 und -253.

Anfahrt: BAB 61, Ausfahrt Bad Kreuznach, nach Gensingen. In der Ortsmitte.

Weingut Horst Schleif

STRAUSSWIRTSCHAFT
HELGA u. HORST SCHLEIF
ERNST-LUDWIG-STR. 4

55457 GENSINGEN
TEL. 06727-1320
FAX   -5818
www.weingut-schleif.de

öffnet August bis Ende September,
ab Fasnachtsonntag, März, April und wieder ab August
täglich ab 17 Uhr, sonn- und feiertags ab 16 Uhr,
dienstags Ruhetag

Hier können Sie zwischen ca. 15 Weinen wählen, neben Riesling und Silvaner werden auch Weißburgunder, Rivaner, Morio-Muskat, Dornfelder, Spätburgunder und Portugieser geboten. Qualitätsstufen: Vom QbA bis zur Auslese. Der rote Traubensaft ist vom Dornfelder. Drinnen können sich 60 Weinfreunde mit Strammem Max, Bauernsalat und Bauernmett bewirten lassen. Spezialitäten: Salat mit Hähnchenstreifen und Winzerteller mit Mett, Salami, Schinken, Käse und Hausmacher Wurst. Außerdem Winzerhackbraten und Schnitzel. Bei schönem Wetter wird im Hof bewirtet. Gesellschaften zur Öffnungszeit: 20-50, sonst 60 Personen.

Anfahrt: BAB 60 in Richtung Bingen, Ausfahrt Nahetal-Dreieck, auf B 41 Richtung Bad Kreuznach. Oder von Süden A 61, Ausfahrt Bad Kreuznach, B 41 Richtung Ingelheim. Bahnhof im Ort.

STRAUSSWIRTSCHAFT
NITSCHMANN-KNEWITZ
FAM. KNEWITZ
FRIEDRICH-EBERT-STR. 13
67578 GIMBSHEIM
TEL.+ FAX 06249-5443
www.weingut-nitschmann-knewitz.de

öffnet vom 3. Oktober bis 9. November
fr. und sa. ab 18 Uhr, sonntags ab 16.30 Uhr

und ab 5. April bis 22. Juni
dienstags bis samstags ab 18 Uhr,
sonnt- und feiertags ab 11 Uhr

20 offene Weine schon ab 1,- € das Glas gilt es hier zu verkosten, z.B. Dornfelder, Riesling und Silvaner, St. Laurent, Weiß- und Grauburgunder, Chardonnay, Huxelrebe und Regent, alle erzeugt nach den Kriterien des ökologischen Weinbaus. Als Sekt gibt es Riesling extra trocken, Scheuerebe mild und Dornfelder halbtrocken. Die Küche bietet Schnitzelvariationen, Strammen Max und saisonale Speisen. Im Sommer ist der begrünte Innenhof für die Gäste geöffnet. Aktionen wie z.B. „Wein trifft Spargel", „Wein trifft Kartoffel"... Reservierung. Gesellschaften: Bis 40 Personen. Rollende Weinproben. Zum Mitnehmen für zu Hause: Liköre und Brände.

Anfahrt: B 9, Abfahrt Gimbsheim, in der Ortsmitte gelegen, Parkplätze im Hof. Nächster Bahnhof: Guntersblum, selten Busse. Die Haltestelle ist ca. 150 m entfernt. Wohnmobilstellpl.

ZUR REBENHOFSTUBE
LOTHAR SCHMAHL
STEINGASSE 10
55597 GUMBSHEIM
TEL. 06703 -960844
FAX   -960845
l-schmahl@gmx.de

öffnet jedes 1. Wochenende im Monat
freitags, samstags ab 18 Uhr, sonn- und feiertags ab 11 Uhr

Hier läßt es sich von Silvaner, Kerner oder Müller-Thurgau verkosten, rot und rosé kosten etwas mehr. Ob trocken oder mild, das können Sie bei den gepflegten Qualitätsweinen (auch mit Prädikat) selbst entscheiden. Traubensäfte gibt es in weiß und rot und im Herbst auch Federweißen. Zum Essen gibt es Schlachtplatte, Schweinepfeffer, Schnitzel und deftige Hausmannskost und sonntags gar abwechselnde Menüs. Der Hof ist groß und bietet Platz für viele Gäste, drinnen können sich 60 bis 80 Weinfreunde vergnügen. Mitunter ist Platzreservierung möglich. Gesellschaften: Bis 20, außerhalb der Öffnungstage ab 10 bis 60 Personen. Seit 1674 betreibt die Familie Weinbau, ihr **Weinfest** feiern sie im August. Bei gutem Wetter Weinproben in den Weinbergen.

Anfahrt: BAB 61, Ausfahrt Gau-Bickelheim, rechts – durch Kreisel, B 420 über Wöllstein nach Gumbsheim. Im Ort an der Kulturhalle vorbei, 1. Straße rechts bis zur großen Wiese. Nächster Bhf.: Gau-Bickelheim. Wohnmobile können am Weingut parken.

SCHINDERHANNES WEINSTALL
B. und E. FREY
HAUPTSTR. 81
67583 GUNTERSBLUM
TEL. 06249 -2234
FAX -7410
www.frey-wein.de

öffnen Mitte September bis 1. Advent
und nach Fastnacht bis zum Muttertag
freitags und am Wochenende von 17 bis 23 Uhr

Gegründet wurde das Weingut vor fast 60 Jahren, 2005 feierte der Weinstall das 30jährige Jubiläum. Von den 60 % Weißweinen werden 65 % trocken und halbtrocken ausgebaut. In der Weinstube mit alten Holzbalken finden Sie außer 12 Weiß- und 2 Perlweinen noch 11 Rotweine (alle ab 1,50 €). Auf den Tisch kommt „Ebbes aus de Pann" (z.B. gebratene Pilze) oder einfach nur en „Rhoihessische Handkäs", vielleicht „ach e Räuscherbred mit em Treschderschnaps, der de Mache e bissje ufframdt." Platzreservierung erbeten. Gesellschaften: Ab 10 bis 40 Personen. Von Mai bis September findet in Guntersblum fast an jedem Wochenende bei einem Winzer ein Hoffest statt (straußwirtschaftsfreie Zeit). Beim **„Freyschen Hoffest"** am 1. WoE im August können Sie im Holzfasskeller über 70 Weine degustieren.
Übernachtungen: Empfiehlt die Winzerfamilie nach einer aktualisierten Liste.

Anfahrt: Das Weingut liegt an der alten Bundesstraße am Ortseingang aus Richtung Oppenheim, das 4. Haus links. Der Bahnhof ist am anderen Ortsende (1,3 km).

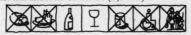

GUTSSCHÄNKE REBLAUSSTUBE
RHEINTERRASSENHOF JANSS
WOLFGANG & PETRA JANSS
EIMSHEIMER STR. 54
67583 GUNTERSBLUM
TEL. 06249-7390
FAX   -674426
www.weingutjanss.de

> öffnet donnerstags bis samstags ab 18 Uhr,
> sonn- und feiertags ab 12 Uhr

Spezialisiert ist das Weingut auf Alt- und Neuzüchtungen (von Riesling bis Regent) und hat somit eine riesige Rebsortenauswahl. Ab 1,60 € bis hin zum hauseigenen Secco wird Ihnen Weißer, Roter und Rosé kredenzt, im Herbst Federweißer und allezeit weißer Traubensaft. In der Weinstube mit den großen Panoramafenstern und auf der neuen großen Gartenterrasse werden Ihnen an Festtagen saisonal bedingte Extra-Speisen angeboten. Während der Öffnungsz. Gesellsch. bis 40 Personen, außerhalb 15 bis 80 Personen. In Guntersblum gibt es einen eigenen Weinlehrpfad, 100 km Wanderwege und einen Nordic Walking Park, der direkt am Weingut vorbeiführt.

Anfahrt: Von Mainz/Worms B 9, Ausfahrt Guntersblum Nord, 500 m dann links in die Hauptstr. (REWE), 300 m rechts Richtung Eimsheim, immer geradeaus, am Ortsschild am Ortsende nach 50 m links (Schild). Inmitten der Weinberge mit Blick aufs Rheintal. Parken im Hof, auch für ca. 5 Wohnmobile. Mit der Bahn alle 45 min. Verbindung mit Mainz.

WEINTREFF GRÜNEWALD-SCHIMA
FRANK SCHIMA
RINGSTR. 13
55546 HACKENHEIM
TEL. 0671-7967731
FAX   -7967732
weintreff-gs@t-online.de

WEINTREFF

öffnet vom 3. bis 21. September, 12. bis 30. November,
Mitte Febr. bis April, Mai bis Juli und wieder im August
mittw.-samstags 17 bis 23 Uhr, sonn- u. feiertags ab 16 Uhr

Bald 200 Jahre widmet sich die Familie dem Weinbau, die einstige Straußwirtschaft wurde 1988 eröffnet. Die Auswahl an Weinen ist groß, weiß, rot oder rosé, hier findet ein jeder Gast sein Tröpfchen. Traubensaft gibt es rot und weiß, im Herbst wird Federweißer ausgeschenkt. In Nichtraucher- oder Raucherstube schmecken Jägerschnitzel mit frischen Champignons und auf dem „Weintreffteller" liegen Lachsscheiben an Bratkartoffeln. Spundekäs wird mit oder ohne Knoblauch serviert. An So+F können Sie sich auf selbst gebackene Kuchen freuen. Bewirtet wird in der ausgebauten Scheune (60 Plätze) und in begrüntem Innenhof und Halle (90 Plätze/Terrassenheizung)). Gesellsch. außerhalb der Öffnungstage: 20-55 Personen.

Anfahrt: Im alten Ortskern, die Ringstraße ist Querstraße zur Hauptdurchgangsstraße. Nächster Bhf.: Bad Kreuznach, dann Bus, zur Θ ca. 400 m. Taxi: -2333.

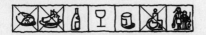

MANFRED u. BIRGIT BINZEL GbR
WEINGUT CHRISTIANSHOF
AUSSERHALB 14
55278 HAHNHEIM
TEL. 06737-760892
FAX -760893
www.christianshof.de

Christianshof

GUTSSCHÄNKE AM SELZBOG

---

ganzjährig geöffnet
täglich ab 18 Uhr, samstags, sonn- und feiertags ab 16 Uhr,
montags Ruhetag, Betriebsferien: 3.+4. Wo. Jan. + 1. Wo. Febr.

Hier werden je 80 Gäste in der Scheune und – bei entsprechendem Wetter – im Hof zu Müller-Thurgau, Silvaner, Huxel, weißem und Spätburgunder, Dornfelder, Portugieser, Merlot und Regent erwartet, weiß schon ab 1,80 €, rot und rosé ab 2,20 bzw. 2,50 €. Die Weine kommen aus den Lagen Gutes Domtal und Spiegelberg. Die Qualitäten reichen vom Landwein bis zur Beerenauslese. Im Herbst gibt's Federweißen, der Traubensaft ist Eigenerzeugnis. Die Küche bietet Bratwurstschnitzel oder „Plugschlaaf", und auch das Dessert fehlt nicht.
Übernachtung: 3 DZ á 60,- €. Auf Wunsch Weinbergsrundfahrten und Weinproben. Neu ist das Theater im Park. Außerdem Jazz im Park und Grillen im Park bis 100 Personen.
Anfahrt: Von Mainz-Hechtsheim über Selzen, auf der Hahnheimer Straße bis über die Brücke, der 1. Hof links. Im Ort 400 m von der Bahnhofsstraße nach Außerhalb 14. 15 Parkplätze im Hof.

ANKES WEINSTUBE
ANKE HELD
UNTERE HAUPTSTR. 1
55278 HAHNHEIM
TEL. 06737 -363
FAX   -9971
www.ankes-weinstube.de

öffnet noch bis Mitte November, nach Fastnacht
bis Anfang Juli und wieder Mitte August bis Nov.

freitags ab 18 Uhr, samstags ab 17 Uhr,
sonn- und feiertags ab 16 Uhr oder nach Absprache

Mitten in der Ortsmitte von Hahnheim finden Sie die Weinstube von Anke Held. Haben Sie Ihren Parkplatz im Hof, dann können Sie sich auf Müller-Thurgau, Rivaner, Kerner, Riesling, Dornfelder und Portugieser freuen, schon ab 1,20 € gibt's vom Weißwein zu verkosten, die Roten (auch Weißherbst und Rosé) kosten 1,90 €. Zur Herbstzeit gibt es Federweißen; wer auf Wein verzichten muß, trinkt vom eigenen Traubensaft. Mit Salatteller Atlantic, Putensteak Melba, Schafskäse aus dem Ofen oder Camembert aus der Pfanne lassen Sie sich von der Wirtin verwöhnen, die frische Küche läßt auch saisonale Anlässe nicht aus und bietet zur Spargelzeit Spargelspezialitäten, zur Kirchweih am 1. So im Sept. festliches Essen überhaupt: An jedem WoE erwartet Sie ein neues Gericht. Bei schönem Wetter werden Sie im begrünten Innenhof oder auf der überdachten Hofterrasse bewirtet. Platzreservierung. Gesellschaften: Ab 15 bis 55 Personen. Zum **Hoffest** erwartet man Sie im August. **Übernachtung**: FeWo bis 6 Pers. Für zuhause: Gelee, Brände, Likör, Hefeschnaps, Sekt, Traubensaft, im Mai und Juni Spargel.

Anfahrt: BAB 63, Ausfahrt Nieder-Olm nach Hahnheim. Oder auf dem Bahnradweg bis Selzen, dann nach Hahnheim.

**STRAUSSWIRTSCHAFT
STEIGERHOF**
M. ACKERMANN
STEIGERHOF
55296 HARXHEIM
TEL. 06138 -6841
FAX   -7062
steigerhof@harxheim.de

öffnet ab dem vorletzten WoE im August (Weinhöfefest)
bis Ende Oktober und im März und April

freitags ab 18 Uhr, samstags ab 17 Uhr,
sonn- und feiertags ab 16 Uhr

Seit 1987 werden zur wärmeren Jahreszeit Weinstube und Terrasse für die Weinfreunde geöffnet. Zu verkosten gibt es einiges - ein vielfältiges Angebot an Weiß- und Rotweinen erwartet Sie. Im September gibt es Federweißen, der weiße Traubensaft ist Eigenerzeugnis. Die Küche bietet kalte und warme Speisen, darunter gemischten Salat mit Hähnchenbrustfilet, Rührei mit Krabben und Jägersteak mit Bratkartoffeln. Zur Kerb lädt Harxheim immer zwei Wochen nach Pfingsten, zum Weinhöfefest am vorletzten Wochenende im August. Bei letzterem hat der Steigerhof geöffnet.

Anfahrt: BAB 63, Ausfahrt Nieder-Olm nach Harxheim. Das Weingut liegt außerhalb, Parkplätze sind vorhanden. Zum Bahnbus sind es 600 m, zum Stadtbus 1 km.

GUTSSCHÄNKE RESSLER
ROSEMARIE RESSLER
OBERGASSE 21
55296 HARXHEIM
TEL. 06138 -7155
FAX   -7191
www.weingut-ressler.de

öffnet ganzjährig, freitags ab 18 Uhr
samstags und sonntags ab 17 Uhr

Genießen Sie in der liebevoll ausgebauten Scheune das große Angebot an Weiß- und Rotweinen. Die Sorten Silvaner, Riesling sind so selbstverständlich im Sortiment wie Burgunderreben, Kerner und Gewürztraminer. Zu den Rotweinsorten zählen Dornfelder, Portugieser und Spätburgunder. Das preiswerteste Glas Weißwein gibt es ab 1,60 €, Rotwein ab 2,10 €. Das vielfältige Speiseangebot, das von Kleinigkeiten wie Knabberteller, Räucherteller über eine vegetarische Vielfalt bis hin zu Spezialitäten vom Schwein, Geflügel oder Rind (z.B. verschiedene Rumpsteaks) reicht, wird jeweils um ein zusätzliches Tagesgericht (je nach Saison) erweitert. Im Sommer können Sie auf der Terrasse, von Weinbergen umgeben, einige schöne Stunden genießen. Gesellsch.: Von 20 bis 130 Personen, Platzreservierung möglich. **Übernachtung:** Gästehaus, 5 Sterne gemäß DTV-Klassifizierung (11 Zimmer) mit Frühstücksbuffet, SAT-TV und DSL-Anschluss. Am vorletzten WoE im August feiert Harxheim das Weinhöfefest, die Kerb ist 14 Tage nach Pfingsten. Veranstaltungshinweise im Internet.
Anfahrt: BAB 60, Ausfahrt Harxheim, Richtung Köngernheim nach Harxheim.

ZUM REBENHOF
GEORG GAUL
GENSINGER STR. 36
55457 HORRWEILER
TEL. 06727 -346
FAX   -95820
rebenhof.g@t-online.de

öffnen vom 19. September bis 2. November
und ab dem 3. WoE im März bis Ende Mai
freitags und samstags ab 18 Uhr, sonntags ab 16 Uhr

Im Ausschank und als Flaschenweine sind 19 Sorten Weißwein zu verkosten, das Glas ab 1,60 €, doch gibt es auch Rotweine (Portugieser, Dornfelder, Spätburgunder), den Portugieser auch als Weißherbst (1,90 €). Auch Beerenauslesen und Eiswein sind bei den Weißweinen zu probieren. Zur Herbstzeit wird Federweißer ausgeschenkt, der Traubensaft ist Eigenerzeugnis. Im Weingarten und in der Weinstube gibt es einige Auswahl bei den Speisen: Bratenbrot, Hacksteak mit Zwiebelsoße, Hähnchenbrust mit Käse überbacken, Käse-Wurstsalat... und zum Abschluss Eis-Kompositionen. Im Mai werden Spargelgerichte geboten, im Herbst eingelegte Heringe und Zwiebelkuchen. Platzreservierung. Gesellschaften: ab 30 bis 50 Personen. **Hoffest** ist vom 19. bis 21. Juli, Kelterfest am 2. Wochenende im August. Für zuhause: Auch Weinhefebrand.

Anfahrt: BAB 61, Ausfahrt Bad Kreuznach, über die Umgehung von Gensingen nach Horrweiler. Nach der Ortseinfahrt das 2. Haus rechts. Parkplätze (auch für Wohnmobile) vorhanden.

**GUTSAUSSCHANK
IM ALTEN WEINKELLER**
H. HILGERT
MAINZER STR. 128
55218 INGELHEIM
TEL. 06132-40638

öffnet Anfang Oktober bis Mitte Dezember
und Mitte Februar bis Ende April/Anfang Mai

freitags und samstags von 18 bis 24 Uhr,
sonn- und feiertags von 16 bis 22 Uhr

Im neugestalteten Hof oder im Gastraum, dem ehemaligen Gewölbe-Weinkeller aus dem Jahr 1627, werden Sie mit Qualitätsweinen bis zu Auslesen empfangen, spezialisiert hat sich der Winzer auf den Ausbau von trockenen Rieslingen mit trockenem Spätburgunder. Im Herbst gibt es auch Federweißen. Dazu wird kaltes Vesper, Strammer Max und Wachauer Laibel mit gebackener Blutwurst serviert. Platzreservierung ist bei Familie Hilgert möglich, Gesellschaften werden ab 20 bis 50 Personen bewirtet. Feste in Ingelheim: Das Rotweinfest Ende September und das Altstadtfest Anfang August. Tip für Wanderer: Wer vor seinem Weg in der Wirtschaft reinschaut, findet Prospekte für Wege und Wanderziele beim Wirt. **Übernachtung:** Auch da ist Familie Hilgert gern behilflich. Für zuhause: Abgelagerter Hefeschnaps.

Anfahrt: Von Mainz die BAB-Ausfahrt Ost, von Bingen Ausfahrt West, bis zum Ortsausgang Richtung Wackernheim. Zum Bahnhof ist es ca. 1 km, die Bushaltestelle ist vorm Haus.

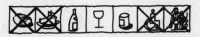

WEINGUT BREIDSCHEID
HARALD BREIDSCHEID
AUSSERHALB 15
55218 INGELHEIM-
   GROSS-WINTERNHEIM

TEL. 06130 -7180
FAX   -945772
www.weingut-breidscheid.de

öffnet noch bis 9. Sept., 10. bis 12. Okt. (Federweißer)
und wieder ab 25. April bis 8. September 09

freitags und samstags ab 17 Uhr, sonn- und feiertags ab 11 Uhr

---

Seit 1989 wohnt und arbeitet Familie Breidscheid in dem Aussiedlerhof mitten in den Weinbergen. Von der großen Panoramaterrasse hat man einen wunderschönen Blick ins Selztal und über den Rhein zum Rheingau. Aus kontrolliert umweltschonendem Weinbau werden Ihnen Weiß- und Rotweine und Rosé kredenzt, das preiswerteste Glas für 1,30 €. Spezialisiert ist der Winzer auf Silvaner. Im Herbst gibt's Federweißen, der weiße und rote Traubensaft ist Eigenerzeugnis. Sesamkartoffeln, Schnitzel und zum Wochenende Spießbraten schmecken zum Wein. Außenbewirtung. Gesellschaften: 20 bis 60 Personen. Zur „Gassekerb" lädt der Ort Anfang September. **Übernachtung**: 3 DZ. Für zuhause: Auch Sekt und Traubensaft.

Anfahrt: Groß-Winternheim liegt 4 km südlich der Ingelheimer Stadtmitte. L 428 Rtg. Nieder-Olm, beim „Selztaldom" hangaufwärts abbiegen. Parkplätze vorhanden.

GUTSAUSSCHANK ZUM KUHSTALL
JOACHIM BETTENHEIMER
STIEGELGASSE 32
55218 INGELHEIM-
    OBER-INGELHEIM
TEL. 06132 -3041
FAX   -786795
www.weingut-bettenheimer.de

öffnet Anfang September bis Ende November
und Anfang März bis Mitte Juli

freitags + samstags ab 18 Uhr (ab2009 auch donnerstags)
sonn- und feiertags ab 15.30 Uhr

Bettenheimers wohnen seit 550 Jahren auf Ingelheimer Grund, über 20 Jahre gibt es den Gutsausschank im ehemaligen Kuhstall mit Kreuzgewölbe. Ist es warm, werden die 14 Sorten WW (ab 1,90 €), 8 RW und 2 WH (ab 2,10 €) in Garten und der neuen Weinlaube kredenzt. Bis hin zu Beerenauslesen gilt es zu verkosten, mild bis trocken. Die Speisekarte ist reichhaltig: z.B. Rheinhess. Carpaccio, Röstis, Wildsülze und Küferschnitte (Preise zw. 2,20- u. 10,- €) Beim **Martinsmarkt** am 8./9. Nov. sind viele Aussteller, dazu Gansessen u.v.m. Karfreitag wird Fisch serviert. Platzreservierung. Gesellsch.: Während der Öffnungszeit ab 20, sonst bis 65 Personen. Neu: Heuspeicher für Feiern (ca. 60 P.) **Hoffest** vom 17. bis 19. Juli. Ingelheimer Rotweinfest: 10 Tage (Ende Sept./Anf. Okt.). **Übernachtung:** 2 DZ/1 FeWo. Für zuhause: Weinbrand, Sherry, Sekt, Tresterbrand und Weingelee.

Anfahrt: Am alten Rathaus von Ober-Ingelheim rechts, die 1.Straße links in die Stiegelgasse. Stdl. Bus und Bahn, ☉ 300 m.

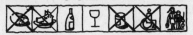

ZUM KARLSHOF
KARLHEINZ PITZER
MÜHLSTR. 61
55218 INGELHEIM-
   OBER-INGELHEIM
TEL.+ FAX 06123-3468

öffnet August und September und im Februar und März freitags und samstags ab 18 Uhr, sonn- und feiertags ab 15 Uhr

Seit 125 Jahren betreibt die Familie am heutigen Wohnsitz Weinbau, jetzt in der 4. Generation. Offen ausgeschenkt werden in der **echten Straußwirtschaft** 4 Weißweine (Riesling, Grauer Burgunder, Faberrebe und Silvaner) trocken bis mild ab 1,80 € und 4 Rotweine (Schwarzriesling, Portugieser, Dornfelder und Spätburgunder) ebenfalls ab 1.80 €. Die Qualität reicht bei den Flaschenweinen bis zur Auslese. Traubensaft gibt es in weiß und rot. In Keller und Scheune und bei schönem Wetter im überdachten Hof werden dazu Käsebrett, Hand- und Spundekäs', rheinhessische Wurst und Krustenbraten serviert. Platzreservierung. Gesellschaften zur Öffnungszeit: Bis 25, sonst bis 50 Pers. **Weinhöfefest** (mittelalterlich) ist am letzten WoE im Juli. Rotweinfest ist am 4. WoE im Sept. Weinwanderungen mit Imbiss. Weinlehrpfad und Wanderwege. Sonderausstellung: Wein in der Kunst. Für zuhause: Auch diverse Schnäpse, Traubensaft.

Anfahrt: BAB 61, Ausf. Ingelheim-West, Rtg. Nieder-Olm. Nach ca. 1 km Rtg. Ober-Ingelheim, da die Bahnhofstraße hoch fahren, bei der Breitbachstr. abbiegen. Parken vorm Haus, 1 Wohnmobilstellplatz. Oder vom Bahnhof mit Taxi/ Bus Richtung Ingelheim-Süd (ca. 1 km).

ZUR RÜWEKAUT
WEINGUT W. WEITZEL
CHRISTIANE WEITZEL
NEUWEG 22
55218 INGELHEIM-
 OBER-INGELHEIM
TEL+ FAX 06132-3707

öffnen vom 1. Dezember bis Mitte September
freitags bis sonntags von 16 bis 23 Uhr

Familie Weitzel ist in Ober-Ingelheim bis etwa 1580 zurück zu verfolgen, 1731 wurde das Haus als Pfarrhaus erbaut, schon vor 1886 als Weinstube benutzt. Mit wenig Schwefel, viel Handlese und Raseneinsaat werden höhere Qualitäten (bis Auslese) schon Dezember/Januar abgefüllt; ab 1,10 € genießen Sie dann den Weißen, 10 Cent teurer Roten (Portugieser und Spätburgunder) und Rosé (Portugieser), Sie vespern Hand- und Spundekäs' oder belegte Mohn- und Salzstangen mit Hausmacherwurst, bei schönem Wetter auf der Terrasse unterm Kastanienbaum. Ende Juli/Anfang August **Gartenfest**. Für zuhause: Süßkirschen und Äpfel.

Anfahrt: BAB 60, Ausfahrt Ingelheim-Ost von Mainz, Ausfahrt West von Bingen. Liegt am Ortsausgang Richtung Alzey, Parkplätze im Neuweg. Stadtbus jede Stunde bis Neuweg.

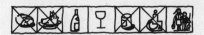

**STRAUSSWIRTSCHAFT
WALTER DIETZ**
BAHNHOFSTRASSE
55278 KÖNGERNHEIM
TEL. 06737-1735

öffnet Oktober bis Dezember
und 8 Tage nach Ostern für 8 Wochen
freitags und samstags ab 18 Uhr,
sonntags ab 16 Uhr

Weißwein gibt es von trocken bis lieblich, auch Rotwein und Rosé werden ausgeschenkt. Die Qualitäten gehen bis zur Trockenbeerenauslese. Im Herbst wird zum Federweißen rheinhessischer Zwiebelkuchen serviert. Zusätzlich zur normalen Speisekarte wird jede Woche ein Extra-Gericht geboten. Bewirtet wird in der Straußwirtschaft (Raucher- und Nichtraucherraum), im Hof und in der Scheune. Gesellschaften auch außerhalb der Öffnungszeit: Bis 40 Personen. Auf Wunsch Weinbergsrundfahrten mit Verpflegung.

Anfahrt: Von Mainz BAB 63, Ausfahrt Nieder-Olm oder Darmstädter Kreuz über Oppenheim nach Köngernheim. Bei der katholischen Kirche, im Hof gibt es Parkmöglichkeiten. Zum Bus sind es 50 m. Platz für Wohnmobil.

STRAUSSWIRTSCHAFT
A M R Ö M E R
PETER und ANDREA HAMMEN
RÖMER 2
55278 KÖNGERNHEIM
TEL: 06737 -250
FAX   -712933
www.weingut-hammen.de

öffnet vom 11. Oktober bis 24. November
und Anfang Mai bis Anfang August
freitags und samstags ab 18 Uhr, sonn- und feiertags ab 16 Uhr

Hier ist die Residenz der Rheinhessischen Weinkönigin Kathrin (2004/5). In diesem Jahr **21 Jahre** Straußwirtschaft und **rauchfrei**. Vom Weißwein können Sie schon ab 1,20 € verkosten, Rosé gibt's für 1,60 € und Rotwein für 1,90 €. Sekt und vor allem Liköre und Schnäpse sind ebenfalls zu probieren. Beim Wein reichen die Qualitäten bis zu Auslesen und Eiswein. Spundekäs', Handkäs' mit Musik, Wingertsknorze und Reblaus-Toast sind bei den Gästen besonders beliebt. Gesellschaften: Ab 30 bis 75 Personen. Zur **Übernachtung** stehen drei Doppelzimmer bereit.

Anfahrt: Von Mainz BAB 63, Ausfahrt Nieder-Olm. Oder vom Darmstädter Kreuz über das sehenswerte Oppenheim nach Köngernheim.

„DO NIN!"
REGINA und STEFFAN HAUB
RHEINSTR. 28
55296 LÖRZWEILER
TEL. 06138 -7443
FAX   -980267
www.weingut-haub.de

öffnen Anfang September bis Ende Oktober
donnerstags und freitags ab 17 Uhr,
am Wochenende und feiertags ab 15 Uhr

„Do nin" schrieben Haubs über den Eingang zu ihrer **echten Straußwirtschaft**, denn immer wieder standen die Gäste im Kelterraum. Seit 2000 Mitglied bei EcoVin, wird hier ökologischer Weinbau betrieben. Auch die Zutaten der Speisen stammen z.T. vom Öko-Bauernhof. Spezialisiert ist das Weingut auf Burgundersorten, doch gibt es auch Riesling trocken, das Glas jeweils ab 1,80 €. Im Herbst Federweißer, Saft gibt's von Bacchus. Die Spezialplatte „Do nin" wird auch als doppelte Portion angeboten, verlangt dann aber den Hunger von Dreien, Roggenbrottopf gibt es mit Winzergulasch, Salate nach Saison. Hofbewirtschaftung. Außerhalb der Öffnungszeit Gesellschaften ab 8 bis 45 Pers. Zum **Hoffest** wird am 1. und 2. September ab 13 Uhr geladen, am 1. WoE (mit Freitag) im Juli finden Sie die Winzerfamilie mit einem Weinstand in der Königstuhlstraße.
Übernachtung: Gästehaus Haub. Für zuhause: Auch Essig, Gelee, Brände, Liköre. Rucksackweinproben nach Anmeldung.
Anfahrt: B 9, Ausfahrt Nackenheim-Bodenheim. In N. rechts bergauf, in Lörzweiler das erste Weingut auf der rechten Seite. Platz für Wohnmobile.

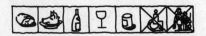

ZUM RÖMERLAGER
RHEINSTR. 45
TEL. 06138 -6252

FAMILIE KERZEL
55296 LÖRZWEILER
FAX -981838

öffnet vom 1. Mai bis 1. September
freitags und samstags ab 16 Uhr,
sonntags ab 15 Uhr

Fahren Sie von Lörzweiler Richtung Nackenheim, dann kommen Sie zum Aussiedlerhof von Familie Kerzel. Hier erwartet Sie eine ländliche Idylle mit Hühnern und Hasen, Enten, Gänsen, Tauben, Pfauen und Puten und einer riesigen Spielwiese und Sandkasten. Zum Rheinhessenwein serviert man Ihnen Winzersteak mit Bratkartoffeln, Hausmacher Wurst- und Salatteller und Hand- und Schafskäse. Freitags ist Schlachtfest mit Schlachtplatte, dann gibt's auch Schnutsche und Leberklöße. Bei schönem Wetter wird auf der Terrasse bewirtet. Platzreservierung. Gesellschaften auf Anfrage, Weinfest feiert Lörzweiler am 1. WoE im Juli. Für zuhause: Auch Honig und Eier.

Anfahrt: B 9, Ausfahrt Nackenheim-Bodenheim.

LÖRZWEILER WOISTUBB
KARIN SCHEIDEMANTEL
RHEINSTR. 2
55296 LÖRZWEILER
TEL. 06138-902970
FAX   -941698
www.weingut-hochhaus-scheidemantel.de

ganzjährig geöffnet
dienstags bis samstags ab 16.30, sonntags ab 15 Uhr,
montags Ruhetag

Freunde trockener und halbtrockener Weine sind hier richtig. Schon ab 1,40 € wird Ihnen ein trockener Silvaner kredenzt, passend zu Nudeln mit Lachs oder Schweinelendchen in Sahne-Champignonsoße. Spätburgunder und Portugieser Classic sind im Holzfass gereift, der Traubensaft ist Eigenerzeugnis. Sonntags gibt es zum frisch gebackenen Ribbelkuche auch Kaffee oder Tee. Auch die Rote Grütze mit Vanilleeis ist hausgemacht. Zur Sommerzeit sind Hof und Terrasse geöffnet. Platzreservierung. Das Lörzweiler Weinfest am Königstuhl ist am 1. Wochenende im Juli.

Anfahrt: In der Ortsmitte gegenüber der Pfarrkirche St. Michael. Der ORN-Bus hält genau gegenüber. Nächster Bahnhof: Nackenheim.

Weingut Hofer-Holzky

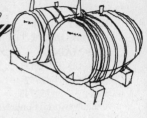

JOACHIM u. RENATE HOLZKY
MITTELSTR. 15
55278 LUDWIGSHÖHE
TEL. 06249-1740

öffnen vom 1. Mai bis 31. August
täglich ab 17 Uhr, samstags ab15 Uhr,
sonn- und feiertags ab 11 Uhr

Das Ziel von Winzer Holzky ist, fruchtige, sortentypische Weine zu erzeugen. Bis hin zu Trockenbeerenauslesen reicht die Qualität. Im Ausschank der seit 20 Jahren bestehenden **echten Straußwirtschaft** ist vom Weißwein ab ca. 1,30 € zu verkosten, den Blauen Spätburgunder gibt es rot und rosé. ‚Waasche Käs' mit Wingertsknorzen, Wurst, Käse, Lachs und auch Pellkartoffeln mit Hering bietet die Winzerküche. Außerdem täglich frischer Flammkuchen. Im Sommer wird nicht nur in der kleinen Weinstube, sondern auch im Innenhof des alten Bauernhauses bewirtet. Platzreservierung. Gesellschaften: Bis 36 Personen. Am 2. Wochenende im August hat nicht nur das Weingut geöffnet, auch ganz Ludwigshöhe feiert Kirchweih.

Anfahrt: Ludwigshöhe liegt zwischen Mainz und Worms an der B 9. Parken in der Mittelstraße oder am Rathaus. Oder mit dem Rad auf dem Rheindamm oder auf ausgeschilderten Wegen zwischen Mainz und Worms. Platz für Wohnmobile.

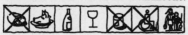

**WEINGUT
ALBERT WORF**
NIEDER-OLMER-STR. 63
55129 MAINZ-
 EBERSHEIM
TEL. 06136 -42752
FAX -752743
weingut-aworf@t-online.de

öffnen Anfang September bis Oktober
und Ende April bis Anfang Juli
freitags ab 18 Uhr, samstags ab 17 Uhr, sonntags ab 15 Uhr

Weit über 10 Jahre lädt Familie Worf schon in die Strauß-
wirtschaft, bei gutem Wetter wird im Hof bewirtet. Die Weine
reichen vom Qualitätswein (1,10 €) bis Auslese (für 2,- €),
Rotling gibt es für 1,50 €. „Knorrn" einfach und doppelt,
Käsewürfel, Eierpfanne, Bratwurst und Schnitzeltopf mit
Kartoffelsalat oder Bratkartoffeln, Spundekäse, Winzerteller,
versch. Toasts und Räucherlachs kommen aus der Küche. Als
Beilage gibt es Kartoffelsalat. Platzreservierung. Gesellschaften:
Ab 20 bis 45 Personen. Wanderwege führen durch die
umliegenden Weinberge. Das Hüttberg-Häuschen ist ein schönes
Ziel zum Rasten. **Übernachtung:** Darmstädter Hof in Ebersheim,
Tel. –42341.

Anfahrt: Mit dem Stadtbus Linie 16, von Θ ca. 8 Minuten. Oder
über Mainz-Hechtsheim nach Ebersheim. Die Straußwirtschaft ist
am Ortsende Richtung Nieder-Olm (Aussiedlerhof).

STRAUSSWIRTSCHAFT LEBER
STEFAN LEBER
KLEIN-WINTERNHEIMER WEG 4
55129 MAINZ-
    HECHTSHEIM
TEL. 06131-507371
FAX   -581298
stefanleber@t-online.de

öffnet an 3 Wochenenden im Mai und September
freitags und samstags ab 17 Uhr, sonntags ab 16 Uhr

Noch immer ist der Mainzer Stadtteil Hechtsheim von Landwirtschaft und Weinbau geprägt. Am historischen Rathaus prangt ein altes Hechtwappen. In der Straußwirtschaft Leber können Sie über 20 Weine vom trockenen Qualitätswein bis hin zur Beerenauslese verkosten. Als besondere Gerichte empfiehlt der Wirt Hausmacher Bratwurst oder Wienerschnitzel mit Bratkartoffeln. Es gibt ausreichend Sitzplätze im Innen- und Außenbereich. Für Feiern aller Art stehen die Räumlichkeiten ebenfalls zur Verfügung. Nach Vereinbarung Weinproben im Weinberg, Planwagenfahrten und Kellerführungen.

Anfahrt: Mit den Straßenbahnlinien 50/51 bis Endhaltestelle Bürgerhaus. Θ 200 m, ca. 10 Min. Fußweg. Ausreichend Parkplätze am Haus.

RHEINHESSEN

WEINGUT RINGHOF
ANTON OBERLE
MILITÄRSTR. 2
55129 MAINZ-HECHTSHEIM
TEL. 06131 -212446
FAX   -508865

öffnen Anfang Mai bis Mitte September
täglich von 15 bis 23 Uhr, sonntags ab 11 Uhr,
dienstags Ruhetag

Hier gilt es, von Müller-Thurgau, Silvaner, Chardonnay, Riesling, Dornfelder, Schwarzriesling und Portugieser zu verkosten, 0,2 l schon ab 1,- €. Allein bei den Weißweinen sind es zehn offene Weine, drei rote und je zwei Weißherbste und Rosés. Auch Prädikatsweine gehören zum Angebot. Traubensaft gibt es in weiß und rot, zur Herbstzeit auch Federweißen. Die Speisekarte ist reichhaltig und bietet Gerichte vom belegten Brot oder Handkäs' über diverse Schnitzel bis zu Spießbraten; zur Spargelzeit auch Spargelsuppe, -toast und -gemüse. Bei schönem Wetter Außenbewirtung. Platzreservierung. Gesellschaften gj. ab 2 bis 200 Personen. **Übernachtung**: Gästehaus Ackermann in H. Wander- und Fahrradwege nach Ebersheim, Bodenheim, Laubenheim beginnen direkt am Haus. Für zuhause: Spargel, Gelee, Brände, Liköre. Feste: am 1.WoE im Juli (Kirchenstückfest), 1.+ 2. WoE im Sept.

Anfahrt: BAB 60, Ausfahrt Mainz-Großberg, nach Hechtsheim. Am Ortsrand. Oder von Mainz Straßenbahnen 50 und 51 bis zur Endstation. Dann noch knappe 2 km. Platz für Wohnmobil.

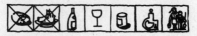

WEINLOKAL BACHHOF
KAROLINE STAUDER
BACHSTR. 5
55129 MAINZ-
HECHTSHEIM
TEL. 06131 -507336
FAX -582504
www.bachhof.de

öffnet donnerstags bis samstags ab 17 bis 23 Uhr

Weit über 100 Jahre ist der Bachhof alt und seit fünf Generationen im Besitz von Familie Stauder. Der Silvaner Hausschoppen wird Ihnen schon für 1,70 € ins Glas gefüllt, doch die Auswahl reicht bis zur Auslese, neun Rebsorten, u.a. Riesling, Grauburgunder, Dornfelder und Portugieser werden an- und ausgebaut, der Traubensaft ist von der Bacchus-Rebe. Im Herbst gibt's Federweißen, einzunehmen in dem aus dem Stall umgebauten Weinlokal oder auf der Terrasse. Gegen den kleinen oder großen Hunger helfen etwa Winzervesper, Käsewürfel oder auch Schnitzeltopf und Rumpsteaks. Außer Wein können Sie auch Saft und Schnaps mitnehmen. Platzreservierung. Gesellsch.: 30 bis 120 Pers. (auch Feste), täglich nach Absprache.

Anfahrt: BAB 60, Ausfahrt Mainz-Hechtsheim-Ost, an der Ampel links in die Rheinhessenstraße. An der nächsten Ampel wieder links in die Neue Mainzer Str. Der Straße bis zur nächsten Kreuzung folgen, hier links in die Lasallestr. bis zum Ende. Dann links in den Schinnengrabe, nach 25 m rechts in den Hof (Parkplatz), auch für 2 Wohnmobile. Oder mit Straßenbahn 52.

BERTHOLD MÖHN PFARRER-GOEDECKER-STR. 12
55130 MAINZ-LAUBENHEIM
TEL. 06131-883003 FAX 06131-698314
www.weingut-moehn.de

Öffnet vom 5. September bis 12. Oktober
und von Mai bis Juni

freitags und samstags ab 17 Uhr, sonntags ab 16 Uhr

Acht Weißweine, drei Rotweine und zwei Weißherbste gibt es im Weingut Möhn zu verkosten, Preis ab 1,30 € für den Weißen, die Roten ab 2,- € und Rosé ab 1,80 €. Zur Herbstzeit gibt's Federweißen, auch eigener Traubensaft kommt ins Glas. Zusätzlich zu getrockneter Bratwurst, Rinds-, Knobi- oder Hausmacher Wurst und Wingertsknorze steht wöchentlich wechselnd eine Zusatzspeise bereit. An warmen Tagen ist die verglaste Terrasse geöffnet. Neu sind die Plätze im Garten, bei schönem Wetter gibt's gegrillte Winzersteaks. Gesellsch. im Getreidespeicher: 40 bis 70 Personen. Vor oder nach Ihrem Besuch bei Möhns empfiehlt sich eine Wanderung auf dem Erich-Koch-Höhenweg oder ein Rundweg durch den Ort. Zum Rebblütenfest erwartet Sie Laubenheim am 3. Wochenende im Juli. Liköre, Marmeladen, Hefebrand, Sekt und Weinverkostung in der neuen „Vinothek" (Di 16-19, Fr 10-12, 16-19 + Sa 9.30-13 Uhr).

Anfahrt: BAB 60, Ausf. Mainz-Laubenheim. Im Ort unterhalb der kath. Kirche. Busverbindung Nr. 61/64; ⊖ 50 m entfernt. Taxi: Tel.-910910.

BERNARDSHOF
MICHAEL BERNARD
AM TEUERBORN
55299 NACKENHEIM
TEL. 06135-4071

öffnet Anfang Juni bis Ende September
täglich ab 16 Uhr,
montags und dienstags Ruhetage

Schon ab 1,30 € werden Ihnen hier die Gläser mit trockenem, lieblichem oder halbtrockenem Weißwein gefüllt, fast alle Rebsorten sind vertreten, die Preise gehen bis 1,70 €. Die Rotweine sind halbtrocken, auch Weißherbste sind zu verkosten. Neben Hausmacher Platten, Rumpsteaks, Sülze, Schnitzel, Winzersteak, Quark mit Schnittlauch oder Zwiebeln, Käse- und Schinkenbrot kommen auch Speck mit Eiern, Rinds- und Fleischwurst und Saisonales wie Spargel auf den Tisch, der bei schönem Wetter im Freien, umgeben von Äckern, steht. Gesellschaften: Ab 20 bis 40 Personen. Weinfest in Nackenheim: Immer Ende Juli.

Anfahrt: Von Mainz auf der B 9 Richtung Worms, Ausfahrt Nackenheim. Stellplatz für Wohnmobil.

**STRAUSSWIRTSCHAFT
AM ROTHENBERG**
RAINER und MANFRED BINZ
PROF. DR. PIER STR. 27
55299 NACKENHEIM
TEL.+ FAX 06135-2619
www.weingut-binz.de

öffnen Mitte April bis Anfang September
freitags und samstags ab 17 Uhr, sonn- und feiertags ab 15 Uhr

Allein beim Weißwein sind es 13 offene Weine, unter denen Sie wählen können, darunter Chardonnay, Riesling und Scheurebe, auch Dornfelder, Portugieser (auch als Weißherbst), Merlot und Weißer und Grauer Burgunder. Bis hin zu Auslesen und Beerenauslesen reicht die Palette, auch Secco und Sekt und eigener Traubensaft stehen bereit. 200 Jahre betreibt die Familie Weinbau, auch das Rumpsteak setzt auf Tradition und wird nach altem Familienrezept bereitet (samstags). Freitags gibt's im ehemaligen Kelterhaus der **echten Straußwirtschaft** oder im Hof mit Garten Pellkartoffeln mit Quark, Wurst oder Heringen. Mohn- und Roggenstangen werden in viererlei Variationen geboten, Sommersalat, Grillsteak, Mozzarella mit Tomaten oder Strammer Max – da läßt sich schon die richtige Speise finden. Gesellschaften: Nach Vereinbarung. Weinfest in Nackenheim: Immer am letzten Wochenende im Juli.

Anfahrt: Von Mainz auf der B 9 Richtung Worms, Abfahrt Nackenheim Süd. Nach dem Bahnübergang 1. mögliche Straße links. Eigene Parkplätze, auf Anfrage auch für Wohnmobile.

ZUM BETHJE-JEAN
GÜNTER LORCH
WEINGUT SANS-LORCH
MAHLWEG 4
55299 NACKENHEIM

TEL. 06135-2344
FAX   -6240
www.sans-lorch.de

öffnet von Mitte April bis Ende September,
donnerstags und freitags ab 18 Uhr,
sonntags ab 16 Uhr , samstags geschlossen

Der Gewölbekeller wurde um die Jahrhundertwende zur Weinlagerung erbaut. 1971 wurde der Keller restauriert und mit Heizung und Raumlüftung ausgestattet. Bei kühler Witterung bietet der Keller ca. 70 Personen Platz zum Weingenuss, bei sonnigem Wetter lockt die Außenterrasse im Weingarten. Im Ausschank gibt es 14 offene Weine zu verkosten. Weißwein gibt es von Riesling, Chardonnay, Weiß- und Grauburgunder, bei den Roten finden Sie Dornfelder, Spätburgunder, St. Laurent und Regent aus dem Barrique. Zahlreiche Salatvariationen, belegtes Baguette (auch überbacken), Spundekäs' und Winzerteller gibt es ebenso wie warme Gerichte, z.B. gebackenen Schafskäse, ofenfrische Flammkuchen, Küfersteak oder zu Bratkartoffeln Wildsülze. Einladung zur Weinbergsrundfahrt für Erwachsene nach Absprache, Dauer ca. 2 h.

Anfahrt: Aus Richtung Bodenheim kommend nach der Shell-Tankstelle 3. Straße links. Zentral gelegen. Parken im Hof oder auf dem Festplatz. Stdl. Bahnanschluss. (5 Gehmin. entfernt).

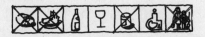

**STRAUSSWIRTSCHAFT
ANDREASHOF**
FAMILIE BECKER
ANDREASHOF
55268 NIEDER-OLM
TEL.+ FAX 06136-3493

öffnet Anfang Oktober bis Mitte November
freitags und samstags ab 18 Uhr, sonn- und feiertags ab 16 Uhr

Die Straußwirtschaft in ruhiger Lage zwischen Nieder-Olm und Sörgenloch bietet Ihnen neben einer reichhaltigen Weinauswahl typisch rheinhessische Gerichte von Hand- und Spundekäs' bis Winzersteak zum gemütlichen Verweilen. Ob man sich für einen der verschiedenen Weißweine von trocken bis lieblich oder einen roten Dornfelder oder Spätburgunder oder einen Portugieser Weißherbst entscheidet – der Weinfreund wird nicht enttäuscht. Das Glas Wein wird ab 1,40 € angeboten. An warmen Tagen kann man im Freien sitzen und die rheinhessische Hügellandschaft genießen. Platzreservierung wird empfohlen.

Anfahrt: BAB 63, Ausfahrt Nieder-Olm Süd, Richtung Sörgenloch. Der Hof liegt gleich nach dem Ortsausgangsschild auf der rechten Seite. Platz für Wohnmobile.

GUTSSCHÄNKE HORN
MICHEL FRANZEN
EBERSHEIMER BERG
55268 NIEDER-OLM
TEL. 06136-42484
FAX   -952303
www.horn-franzen-weingut.de

öffnet ganzjährig
tägl. ab 17 Uhr, samstags, sonn- und feiertags ab 11 Uhr,
dienstags Ruhetag

Hier empfiehlt sich vorab ein Spaziergang durch die Wein- und Obstgärten rund um das Weingut, denn 25 Weine der traditionellen rheinhessischen Rebsorten stehen zur Verkostung bereit, vom Qualitätswein bis zur Beerenauslese, z.T. aus dem Barrique. Im Herbst gibt's Federweißen. In der Stube mit 40 Plätzen, im Wintergarten mit 60 Plätzen und bei entsprechendem Wetter im Garten und auf der Terrasse bietet Ihnen die Küche Schnitzel, Rumpsteak, Pilzpfannkuchen, Wurstsalat und je nach Saison Gemüseteller, versch. Salate, Fischgerichte und Spargel aus eigenem Anbau. Platzreservierung. Gesellschaften: 20-60 Personen. Außerdem gibt es Grillabende, Frühlings-, Herbst- und Adventsbrunch und Jungweinprobe. Straßenfest feiert Nieder-Olm Ende Mai, Weinkulturtage sind Mitte August. Spargelverkauf.

Anfahrt: BAB 63, Abfahrt Nieder-Olm-Nord, Rtg. Nieder-Olm, den Hinweisschildern folgend Rtg. Mainz-Ebersheim. Außerhalb auf dem Ebersheimer Berg. Parkplätze für 60 PKWs (auch für Wohnmobile). Nächster Bahnhof: Nieder-Olm. Taxi Kaas - 997999.

GUTSAUSSCHANK BUHL
PETRA BUHL
TEMPELHOF 7
55283 NIERSTEIN
TEL. 06133 -59577
FAX   -927466
www.weingut-buhl.de

öffnet April bis Oktober
donn.-freitags ab 15, samst. 13, sonn- u. feiertags 10.00 Uhr
und Nov. bis März auf Anfrage für geschl. Gesellschaften

Gäste können zwischen dem Aufenthalt im überdachten Innenhof, unter der romantischen Weinlaube oder in der Weinstube wählen. Die Speisekarte bietet rheinhessische Spezialitäten sowie saisonale Gerichte wie z.B. Spargel. Die Preise dafür liegen im Durchschnitt zwischen 4,- und 9,80,- €. Die Weinkarte bietet süffigen Dornfelder Weißherbst und Rot-, Rosé- und Weißweine vom Qualitätswein bis zur Trockenbeeren-Auslese. (ab 1,60 €). Gesellschaften gj. bis 100 Pers. Weinbergsrundfahrten (Apr.-Okt. an 7 Tagen auf Anfrage), Winzerbrunch (jeden 2. So), sonst Frühstücksbuffet. Neu ist der „Red Buhl" Secco. Fackelwanderung (Nov.-März). Wer sich über alle Veranstaltungen informieren möchte, bestellt telefonisch den aktuellen Veranstaltungskalender. **Winzerfest** ist am 1. WoE im Aug., im Mai **Tempelhoffest** zusammen mit Wgt. Staiger. **Übernachtung**: Fewo, 30,- € pro Person, inklusive Frühstück.

Anfahrt: Vom Marktplatz an der evangelischen Kirche hoch bis zum Ende der Sackgasse. Hier keine Parkplätze. Parken am evang. Friedhof. Von da 3 Min. Vom Bahnhof ca. 10 bis 15 Minuten.

GUTSSCHÄNKE HEISE
AM KRANZBERG
THOMAS HEISE
KAROLINGERSTR. 15
55283 NIERSTEIN
TEL. 06133 -5587
FAX   -60493
www.heise-am-kranzberg.de

öffnet von Anfang März bis Ende Oktober
freitags ab 18 Uhr,
samstags und sonntags ab 15 Uhr, feiertags ab 14 Uhr

Direkt am berühmten „Roten Hang" empfängt man Sie in der mit viel Licht ausgebauten Scheune. Über zehn offene Weißweine aus naturnahem Anbau und durch gekühlte Gärung mit optimalem Aroma werden zum Preis ab 1,80 für WW und 2,30 € für RW ausgeschenkt, Seit August ist auch Sohn Peter mit im Betrieb, die Töchter Eva und Sabine helfen in der Gutsschänke und Paul (10) erfreut die Gäste mit Klavierspiel. An warmen Tagen wird direkt am Weinberg und im Garten mit rheinhess. Kartoffelsuppe, Pellkartoffeln mit Kräuterquark, Winzersülze mit grüner Soße oder Leberpastete mit Pflaumensoße bewirtet. Platzreservierung (samstags erbeten). Gesellschaften gj. ab 15 bis 75 Pers. auch mit Weinbergsrundfahrt und Buffet. Weinproben mit Spundekäs und Brezelchen. Frühlingspräsentation: 4 Wo. nach Frühjahrsbeginn. Für Wanderer: Am 1. Mai 3-Türme-Wanderung. Sehenswert: Kilianskirche mit Rheinblick 15 Min. vom Weingut, paläontolog. Museum. Für zuhause: Weingelee, -essig, HeisSecco (Jubiläumssekt), Weine vom Roten Hang.

Anfahrt: B 9 von Mainz, rechts 1. Abf. = Rheinstr. bis Marktplatz, dann rechts bis Ortsende direkt am Weinberg. P hinter der Trauerhalle, für Wohnmobile Parkplatz am Ortsrand.

WEINGUT KLEIN
KLEIN`S VINUM
SAALPFÖRTCHEN 2
55283 NIERSTEIN
TEL. 06133 -60093 + 60091
FAX -60526
www.klein-nierstein.de

öffnet von März bis Oktober
freitags ab 18, samstags ab 16, sonn- u. feiertags ab 12 Uhr

Das denkmalgeschützte Gebäude, in dem Sie hier zum Weinverkosten empfangen werden, ist 350 Jahre alt; einst war es Sitz des kurpfälzischen Amtmanns. Wer im Hof der Straußwirtschaft Platz genommen hat, blickt auf die Kirche oder besser noch ins Glas, gilt es doch, allein 12 Weißweine zu verkosten, trocken oder lieblich, von Kabinett bis Auslese (ab 1,30 €), der Riesling vom berühmten „Roten Hang". Rotweinfreunde wählen unter 7 Rosé- und Rotweinen von trocken bis lieblich (ab 2,10 €). Zum Federweißen gibt's Zwiebelkuchen, der weiße Traubensaft ist Eigenerzeugnis. Die Küche bietet „Tolle Knolle", Salate, Vesper u. jede Woche ein Extra-Essen. Platzreserv. in den umgebauten Räumen der Straußwirtschaft. Gesellschaften während der Öffnungszeit: Ab 15 bis 70 Personen drinnen, im Hof bis 80. Für Kinder gibt's innen eine Spielecke und draußen Sandkasten und Rutsche. Erwachsene lädt der Winzer nach Absprache zur Weinbergsrundfahrt „Weck, Worscht und Woi", Dauer rund 2 Stunden. „Adventsverkostung" am 2. Advents-WoE im Klein`s Vinum. Für zuhause: Auch Tresterbrand aus Rieslingtrauben.

Anfahrt: Von Mainz kommend in Nierstein die 2. Straße (Rheinstraße) rechts Richtung Marktplatz. Parken hinterm Haus.

VINI VITA
HERVÉ MESSMER
WEINGUT GEHRING
AUSSERHALB 17/ an der B 420

55283 NIERSTEIN

TEL. 06133 -5099160
FAX   -491150
www.vini-vita.de

öffnet täglich von 17 - 23 Uhr, samstags von 16 - 23 Uhr,
sonntags von 9 – 13 Uhr Frühstücksbuffet
und von 12 - 22 Uhr warme Küche, dienstags Ruhetag

Hier sind die Speisen den edlen Weinen ebenbürtig. Der elsässische Koch bietet Ihnen eine französische gutbürgerliche Küche, in der auch der Flammkuchen nicht fehlt. Das mit zahlreichen Preisen ausgezeichnete Weingut (u.a. im Gault Millau, Alles über Wein, Mondo Weine der Welt) ist spezialisiert auf Guts- und Premiumsweine. Es ist Mitglied bei Selection Rheinhessen und Wein vom Roten Hang. Unter 8 offenen Weißweinen, 6 Rotweinen und einem Weißherbst können Sie wählen, der Traubensaft ist Eigenerzeugnis. Von der Weinstube blickt man bis Frankfurt, auf der Terrasse und im Weinberg sitzen 60 Gäste. Platzreservierung. Gesellschaften bis 300 Pers. Zahlreiche Aktivitäten wie Nikolausrundfahrt, Eventwochenende, Weinlese, Weinbergsrundfahrten (alles mit Anm.). **Tag der offenen Weinkeller**: Am 3.WoE im September.

Anfahrt: B 420 von Nierstein Rtg. Dexheim. Nach ca. 800 m auf der Anhöhe. Platz für 20 Wohnmobile.

GUTSSCHENKE GLOCKENSPIEL
FAMILIE SCHWIBINGER
GLOCKENGASSE 10
55283 NIERSTEIN
TEL. 06133 -5502
www.st-urbanshof.de

öffnet täglich von 12 bis 21 Uhr,
montags Ruhetag
nach dem 3. Advent bis 1. März geschlossen

Weinbau betreibt die Familie seit 1744, zu ihren Lagen gehören so berühmte wie Roter Hang und Rothenberg. Bald 40 Jahre ist hier ununterbrochen geöffnet, manch Prominenter wurde bewirtet. Die Palette der illustren Gäste reicht von Margit Schramm (Opernsängerin) bis Kardinal Lehmann. Genauso breit ist die Palette der Weine, Riesling, Silvaner, Chardonnay (für die Auslese trocken bekam er als einziger Deutscher den großen Preis), Weiß- und Spätburgunder oder Dornfelder. Als Aperitif vor dem Glockenteller empfiehlt der Winzer ein Gläschen Riesling Auslese. An So- u. F wird Spießbraten serviert. Als Digestif passen Weinhefe oder Trester. Das kleine Weinfass hat Platz für 6 Gäste. Der von Reben überdachte Hof bietet 50 Pers. Schatten u. Anschauungsunterricht von 5 Rebsorten. Platzres., Gesellsch.: 20-50 Pers. **Übernachtung:** 3 DZ.

Anfahrt: Am Rheinhotel einbiegen. In der Ortsmitte in der ehemaligen Neugasse. Ab 12 Uhr bis zum Abend läutet das Glockenspiel an der Hausfassade alle 2 Std. Lieder von Heimat, Liebe und Wein. Deshalb wurde die Gasse in Glockengasse umbenannt. Von Mainz u. Worms Züge alle 40 Min.; zum Bhf. sind's 8 Min.

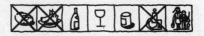

GUTSAUSSCHANK STAIGER
HANS-HERMANN STAIGER
TEMPELHOF 5
55283 NIERSTEIN
TEL. 06133 -5410
FAX   -58506

öffnet täglich ab 16 Uhr, samstags ab 14 Uhr,
sonn- und feiertags ab 10 Uhr
Ruhetag donnerstags (außer an Feiertagen)

Der trockene Silvaner vom Fass wird schon für 1,20 € ins Glas gefüllt, für den Spätburgunder zahlen sie 1,80 €. Dazu gibt's noch zahlreiche Flaschenweine bis hin zu Beerenauslesen und Eiswein, von trocken bis lieblich. Traubensaft liefern Kerner-Reben. Vom Schmalzbrot für 1,- € über Eisbein, Eier mit Speck bis zu vielen Sorten von Schnitzel gibt es eine große Auswahl. Von September bis Mai ist einmal im Monat Schlachtfest, und es gibt Haxen. Bei warmer Witterung Plätze im Freien. Platzreservierung. Gesellschaften. **Übernachtung**: Verkehrsamt -5111.

Anfahrt: Von Mainz auf der B 9, im Ort die 2. Straße rechts zum Marktplatz. Dort das Auto abstellen und zu Fuß an der ev. Kirche nach oben auf den Tempelhof gehen. Vom Bahnhof ca. 10 Min., durch den alten Ortskern mit seinen Fachwerkhäusern. Am Marktplatz: das Paläontologische Museum.

**STRAUSSWIRTSCHAFT
WGT. GUSTAV STRUB**
RHEINSTR. 36
55283 NIERSTEIN
TEL. 06133 -59684
FAX -927925
www.strub-wein.de

öffnet vom 5. September bis 26. Oktober
und vom 24. April bis 14. Juni
freitags ab 18 Uhr, samstags ab 17 Uhr, sonntags ab 16 Uhr

Hier werden Ihnen Silvaner, Riesling, Morio-Muskat, Weißer Burgunder, Müller-Thurgau, Bacchus, Scheurebe, Kerner, Dornfelder, Merlot und Spätburgunder Weißherbst kredenzt, das Glas vom Weißwein ab 1,50 €, der Rotwein ab 1,80 €. Im Herbst gibt's zum Federweißen Zwiebelkuchen, auch Flammkuchen kommt aus der Küche. Außerdem werden wöchentlich Extra-Essen angeboten. Das Gebäude mit Winzerhof ist eine ehemalige lutherische Kirche mit Schulhaus aus dem Jahr 1729. Drinnen und im Hof schmecken auch Sülze, Handkäs' oder Quarktöpfchen. Platzreservierung. Das Winzerfest ist am 1. Wochenende im August.

Anfahrt: Auf der B 9 von Mainz die 2. Straße rechts, aus Worms Abfahrt Richtung Ortsteil Schwabsburg. Parkmöglichkeiten am Marktplatz oder am Rheinufer. Zum Bahnhof sind es 5 Minuten.

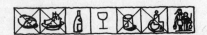

ZWITSCHERSTUBB
RUDOLF STRUB
OBERDORFSTR. 57
55283 NIERSTEIN
TEL. 06133 -59765
FAX 06138 -1316
www.weinstrub.de

öffnet ca. Mitte September bis Mitte November
und Anfang März bis Anfang Mai
freitags ab 18 Uhr, samstags 17 Uhr, sonntags 16 Uhr

„Straußwirtschaft des Jahres 1999", diese Auszeichnung erhielt Winzer Strub von der Gemeinde Nierstein. Bewirtet wird in Scheune und Keller mit einer großen Auswahl an Weiß- und Rotweinen, die weißen Schoppenweine trocken, halbtrocken und mild ab 1,60 €, der trockene Dornfelder für 2,30 €. Der Traubensaft ist Eigenerzeugnis. „Kartoffeldippche", Hacksteak oder Handkäse mit Musik – die Speisen passen zum Wein. Zum Rosé empfiehlt der Winzer Rotweinkuchen mit Zimtsahne. Zur **Kerb** Anfang Sept. und zu den **„offenen Weinkellern"** am 15.+16. September ist auch bei Strubs geöffnet, Weihnachtsmarkt im Hof ist Ende November. Gesellschaften: Außerhalb der Öffnungszeit 20 bis 40 Personen. Niersteiner Winzerfest ist am 1. WoE im August. Für zuhause: Andreas- und Hefebrand, Tresterbrand von Riesling und Gewürztraminer.

Anfahrt: In Nierstein im westlichen Ortsteil Richtung Schwabsburg, direkt an den Weinbergen.

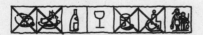

Haxthäuser Hof

**WEINSTUBE
HAXTHÄUSER HOF**
U. und C.U. WERNHER
LANGGASSE 35
55283 NIERSTEIN
TEL. 06133-5631

öffnet Ende April bis zum letzten WoE im Oktober
samstags und feiertags ab 14 Uhr, sonntags ab 11 Uhr

Seit 1804 ist der 1722 erbaute frühere Adelssitz im Besitz von Familie Wernher; hier wohnten schon Johann Wilhelm Wernher, Ankläger gegen Johann Bückler (Schinderhannes) und Philipp Wilhelm Wernher, Abgeordneter der Nationalversammlung von 1848. Im Schatten des Nussbaums im romantischen Hof und in der ausgebauten Scheune bewirtet man Sie mit edlen Weinen. Bis hin zur Trockenbeerenauslese sind Rieslinge die Spezialität des Weinguts. Als Rotwein gibt es Dornfelder. Im Herbst wird Federweißer eingeschenkt, der Traubensaft ist Eigenerzeugnis. Die Küche bietet einfache Gerichte wie Hausmacher Wurst, Schinken, Käse und Würstchen; zum Kaffee gibt es selbst gebackenen Butterkuchen. Gesellschaften: Bis 45 Personen. Tage der offenen Keller sind am 15./16. September, beim Markt am 2. Advent ist auch der Haxthäuser Hof geöffnet. Zum Winzerfest erwartet Sie Nierstein am 1. WoE im August.

Anfahrt: Von Mainz (B 9) im Ort die 2. Straße rechts zum Marktplatz. Dort das Eckhaus Langgasse/Rheinstraße.

STRAUSSWIRTSCHAFT BÄR
BERNHARD BÄR
ESSENHEIMER STR. 2
55270 OBER-OLM
TEL. 06136 -756741
FAX 06136 -756742
weingut-baer@t-online.de

öffnet vom 19. September bis 11. November
und vom 13. März bis 17. Mai
freitags und samstags ab 18 , sonn- und feiertags ab 15 Uhr
(Muttertag und 3. November ab 11 Uhr)

Die Straußwirtschaft von Familie Bär gibt es seit November 2000, die ganze Familie ist aktiv für Sie. Ausgeschenkt werden 16 Sorten Wein, Dornfelder und Portugieser Weißherbst sind trocken, die Weißweine von trocken bis lieblich. Preis für Weißwein ab 1,30 €, für Roten 2,- €. Die Qualitäten reichen bis TBA, viele Weine sind DLG-prämiert, das Weingut ist Mitglied beim KUW. Der naturreine weiße Traubensaft ist Eigenerzeugnis. Im Herbst werden Federweißer und frischer Traubensaft ausgeschenkt, dazu gibt's Zwiebelkuchen. Im ehemaligen Stallgebäude und im Sommer auch im Freien serviert man Ihnen frische Laugenbrezel mit Spundekäs', Käse-, Schinken- und Hausmacher Wurstplatten, Russische Eier, Fleischkäse und Schnitzel. Zur Spargelzeit gibt's Spargeltoast. Platzreservierung. Für zuhause: Auch Sekte, Traubensaft und -brand, Hefebrand, Weingelee, Kartoffeln.

Anfahrt: Von Mainz Bahnbus Richtung Stadecken. Stündlich Verbindung. Entfernung zur ☉ 1 Minute. Die Straußwirtschaft ist nur 2 km von Mainz-Lerchenberg entfernt. Taxi: 06136-997999.

**STRAUSSWIRTSCHAFT
JOSEF und WILMA
WOLLSTÄDTER**
AUSSERHALB 20
55270 OBER-OLM
TEL. 06136-88568

öffnen Anfang September bis Mitte November
und Anfang Februar bis Gründonnerstag
täglich ab 17 Uhr, sonntags ab 10, feiertags ab 17 Uhr,
montags Ruhetag

Neu sind die Plätze im Wintergarten, dafür wurde die Terrasse umgebaut, so daß jetzt 50 Weinfreunde mehr auch bei kühlen Temperaturen bewirtet werden können. Ausgeschenkt wird Weißwein von trocken bis lieblich, das Glas ab 1,30 €, Portugieser gibt es trocken und halbtrocken ab 1,70 €, den Weißherbst nur halbtrocken. Während der Lese gibt es Federweißen. Handkäs' mit Musik kostet hier 3,30 €, das reichhaltige Winzerbrett 6,80 €. Für den größeren Hunger empfehlen sich diverse Schnitzel oder Rumpsteak. Gesellschaften: Ab 25 bis 50 Personen. Für zuhause auch Frisches: Je nach Jahreszeit Spargel oder Äpfel.

Anfahrt: Über Mainz Lerchenberg. Von da mit dem Stadtbus nur 15 Minuten. Die Bahnbus-Haltestelle in Ober-Olm ist 3 Minuten von der Straußwirtschaft entfernt.

STRAUSSWIRTSCHAFT
WIGBERT FESER
BAHNHOFSTR. 16
55437 OCKENHEIM
TEL. 06725 -5104
FAX   -5105
www.weingutfeser.de

öffnet Anfang März bis Ende Juni und 3.+4. WoE im Sept.
freitags und samstags ab 18 Uhr, sonn- und feiertags ab 16 Uhr
für Gruppen auf Anfrage auch an anderen Tagen

Selekt. Anbau und Lese und schonender Ausbau der Weine, das ist das Motto der Winzerfamilie. In der **echten** Straußwirtschaft schenkt man ab 1,50 € WW, dazu RW und Rosé versch. Reben u. Qualitätsstufen, Bl. Portugieser u. St. Laurent aus dem Barrique, „Fesermeister"-Kräuterlikör, Brände, Traubensaft und im Herbst Federweißen aus. Vom 2007er Jahrgang gibt's in diesem Jahr den 007-Goldeneye. Die Speisekarte bietet rheinh. Leckereien wie Feser-Knorze, Ockenheimer Zappe, Schlemmerförmchen oder Scheiterhaufen. Das „Angebot der Woche" bringt u.a. überbackenen Spargel an Burgunderfond, Hinkelstrog, ital./bayr. Woche, Mollenvesper, Wild und am letzten WoE im Monat Grillspezialitäten. Man sitzt in gemütlichem Ambiente u.a. im alten Gewölbe, im Sommer auch im begrünten Kopfsteinpflasterhof. Feiern für 25 bis 60 Personen Platzres. möglich **Geöffnet** zur **Kerb** u. **Nachkerb** (19.-22. + 26.-28.9.) u. zu den **Erlebnistagen** im Weingut m. Programm wie kul. Weinprobe; Keller- und Weinbergsführung (4./5.10. mit Anmeldung). Neue ****Fewo/Sonderwoe-Tarif z. Straußenzeit.

Anfahrt: BAB 61, Ausfahrt Bingen. In der Ortsmitte von Ockenheim am Dorfbrunnen. Der Stadtbus hält am Weingut.

Weingut Straußwirtschaft

Magdalenenhof *Blümel*

67574 Osthofen Friedrich Ebert Str. 58 M. & S. Blümel
Tel 06242 1300 Fax 06242 914368
www.magdalenenhofbluemel.de

öffnet ganzjährig
donnerstags und freitags ab 18 Uhr

2002 hatte das Weingut das erste Umstellungsjahr zum Ökobetrieb. Allein 15 offene Weißweine gilt es hier zu verkosten, je 5 Sorten von trocken bis mild, dazu noch Portugieser, den es auch als Weißherbst gibt. Preise: ab 2,- bzw. 2,50 € (0,25 l). Der Silvaner-Traubensaft ist Eigenerzeugnis. Dazu schmecken dann bei schönem Wetter auch im Hof Schnitzel und Rumpsteak, Bratwurst oder Salat- und Käseteller. Die eine Stube ist **rauchfrei**. Bei Vorbestellung Wildgerichte. Gesellschaften: 20 bis 80 Personen. Ausflüge: Ins nahegelegene Worms mit sehenswertem Dom, dem größten Judenfriedhof Europas oder ins Nibelungenmuseum. Auch die Weinberghäuschen in den Weinbergen um Osthofen sind schön anzuschauen. Rollende Weinproben mit interessanten und lustigen Erklärungen veranstaltet die Winzerfamilie auf historischem Traktor (Bj. 1941).
Anfahrt: BAB 61, Ausf. Gundersheim, Rtg. Westhofen. Oder B 9 aus Mainz Rtg. Worms, 5 km vor Worms abfahren. In der Ortsmitte gelegen, Platz für Wohnmobile. 250 m zum Bahnhof.

GUTSSCHÄNKE AM WEIHER
IM WEINGUT ADAM
H. ADAM
AM WEIHER 28
55288 PARTENHEIM
TEL. 06732 -1289
FAX   -930909
www.weingut-adam.de

öffnet am 2. WoE im Januar bis Mitte Juni
und am 1. WoE im August bis 4. Advent
freitags und samstags ab 18 Uhr
sonn- u. feiertags (wenn montags) ab 12 Uhr

Ausschließlich QbA-Weine bis zur Beerenauslese gibt es hier zu verkosten. Weißwein beginnt bei 1,70 €, „Bestseller" sind die Burgundersorten Grauer und Weißer Burgunder. Die zahlreichen Rotweinsorten gibt's ebenso ab 1,70 €. Spätburgunder und Portugieser gibt es auch als Weißherbst. Die reichhaltige Speisekarte bietet u.a. Schafskäse mit Tomaten, Suppen und Schnitzel, Lendchen, Rumpsteak und Saisonales wie Spargel und Kürbis. An Festtagen werden Extra-Gerichte geboten, so am „Kerwe-Dienstag" (Kerwe ist am 1. WoE im Sept.) Leberklöße. Bewirtet wird im 1. Stock des Fachwerkhauses, bis 60 Weinfreunde haben hier Platz. Weinproben ab 15 Pers. auch mit Essen. Spezialität: Gesellschaftsfeiern. Reisebusse nach Anm. willkommen. Viele Events, siehe Internet. **Übernachtung:** Pfälzer Hof, Heerstraße, Tel. –8296. Für zuhause: Wein und Winzersekt weiß, rot, rosé.

Anfahrt: BAB 63, Ausfahrt Nieder-Olm-West, Rtg. Wörrstadt, über Stadecken-E., Jugenhm. nach Partenheim. Hinter der Ampel die 2. Straße rechts. Oder mit dem Stadtbus stdl. von Mainz Rtg. Sprendlingen; oder über Nieder-Olm-Ingelheim. zur ⊖ 2 Min.

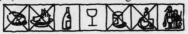

STRAUSSWIRTSCHAFT MOLZ
REINHARD MOLZ
ALZEYERSTR. 8
55546 PFAFFEN-SCHWABENHEIM
TEL. 06701 -629
FAX   -2418
Wgt.: Badenheimer Str. 17

öffnet Ende Oktober bis Ende Dezember
freitags und samstags ab 18 Uhr,
sonn- und feiertags ab 16 Uhr

Bewirtet wird im Keller des Wohnhauses. Rot- und Weißweine gibt es von trocken bis lieblich in großer Auswahl, bei den Weißweinen auch Grauen und Weißen Burgunder, Gewürztraminer, Riesling und Silvaner, bei den Rotweinen Portugieser und Spätburgunder, alle Weine sind umweltschonend und sortentypisch ausgebaut. Auch Sekt gibt es. Im Herbst gibt's Federweißen und Spanferkel (mit Anmeldung). Die Speisekarte ändert sich von Jahr zu Jahr. Deftige Hausmannskost, Burgunder-Braten, karamellisierte Apfelscheiben an Gorgonzola… Auch Vegetarisches wird geboten. Gesellschaften zur Öffnungszeit 5 bis 30, sonst ab 10 Pers. (für größere Gesellsch. im rustikalen Flaschenweinkeller). Im Sommer auch Außenbewirtung. Weinwanderungen, Diavorträge, kulinarische Weinproben. Von Dez. bis Febr. Möglichkeit zur Faßweinprobe. Präsente „Wein und mehr" für Freunde und Bekannte. Hefebrand, Traubenlikör.

Anfahrt: BAB 60 oder 61, Abfahrten Gensingen bzw. Gau-Bickelheim. Oder mit der Bahn nach Bad Kreuznach oder Sprendlingen, dann Bus, ☉ vorm Haus. Taxi: 0671-2333 (KH). Platz für Wohnmobile.

GUTSAUSSCHANK
DIE WEI-STUBB
KLAUS OEHLER
PERTELGASSE 15

55291 SAULHEIM-
 NIEDER-SAULHEIM

TEL 06732 -5908
FAX   -951798
www.weingut-oehler.de

öffnet ab 12. September bis Ende November
und nach Fastnacht bis Pfingsten

freitags und samstags ab 18 Uhr, sonn- und feiertags ab 16 Uhr

Allein bei den Weißweinen stehen fünfzehn Weine zur Auswahl, z.B. Riesling „Alte Reben", der preiswerteste Schoppen ab 1,60 €. Die Rotweine sind vorwiegend trocken und kosten ebenfalls ab 1,60 €, Weißherbst ist trocken und halbtrocken zu verkosten. Neu ist der Dornfelder aus dem Barrique. Der Traubensaft ist Eigenerzeugnis. Zur Lese wird Federweißer ausgeschenkt. Auch die Speisekarte ist mit zwanzig angebotenen Speisen umfangreich. Vom einfachen Spundekäs' bis zum Fisch, dazu noch wöchentlich wechselnde Spezialitäten, da findet sich für jeden Geschmack etwas. Rauchfreier Gastraum vorhanden. An warmen Tagen wird im Hof bewirtet. Platzreservierung. Gesellschaften: 25 bis 50 Personen. Zur Kerb lädt der Ort am 2. Wochenende im September.

Anfahrt: BAB 63, Ausfahrt Saulheim. Durch den Ort Richtung Partenheim. Der Bus von Mainz Richtung Alzey verkehrt halbstündlich. 10 Minuten zur Θ.

GUTSAUSSCHANK
WALLDORF-PFAFFENHOF
FAM. WALLDORF & DEXHEIMER
MAINZER STR. 50
55291 SAULHEIM-
    NIEDER-SAULHEIM
TEL. 06732 -5055
FAX   -63249
www.pfaffenhof.de

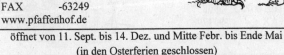

öffnet von 11. Sept. bis 14. Dez. und Mitte Febr. bis Ende Mai
(in den Osterferien geschlossen)
do bis sa ab 17 Uhr, sonntags ab 12 Uhr Mittagstisch

Das Weingut Walldorf-Pfaffenhof gibt es seit 1896. Im alten „Kelterhaus" und „in de gud Stubb" wählen Sie den weißen oder roten Hausschoppen (1,70 bzw. 1,40 €) oder einen der zahlreichen tr. u. htr. Weine, darunter Barrique-Weine und edelsüße Auslesen oder Prosecco vom Traminer. „Wuzzemett", Riesling-Handkäs', Spätburgunder Matjes, „Quellkardoffele", Pfaffenschnitzel ... unmöglich, alles aufzuzählen. Viele typisch rheinhessische Gerichte sind darunter, dazu saisonale Wochenspezialitäten, alles mundartlich garniert, so dass das Kartenlesen eine Freude ist. Platzreservierung empfehlenswert. Gesellschaften während der Öffnungszeit: Ab 20 bis 90, sonst ab 30 Pers. Sondertermine wie z.B. „Spargel und Wein" (Am besten „Pfaffenhof Aktuell" anfordern). Wein-Schlemmer-Menues, Weinproben im Weinberg oder im alten Holzfasskeller, Fackelwanderung, Bremserschnüffelwanderung. Ganzjährig: die Wein- und Geschenkboutique (Mo-Fr 9-12 u. 15-18, Sa 10-12 Uhr).

Anfahrt: Im Ort an der ARAL-Tankstelle in den Ort, unter der Bahn durch, rechte Seite. Zu Bahn und Bus sind's 3 Minuten. 2 Wohnmobil - Stellplätze.

WEIDENBERGER HOF
WOLFGANG u. ROSEMARIE
KRÖHL
WÖRRSTÄDTER-STR. 20

55291 SAULHEIM-
OBER-SAULHEIM

TEL. 06732 -935999
FAX   -935435

öffnen Anfang November bis Ende Februar
und Anfang Mai bis Ende August

donnerstags, freitags u. samstags ab 18 Uhr,
sonn- und feiertags ab 17 Uhr,

Seit Generationen wird in der Familie schon Weinbau betrieben. Ist der Gutsausschank geöffnet, so werden Sie zu Riesling, Kerner, Burgunder, Ortega und Silvaner empfangen, das Glas von den offenen Weinen ab 1,30 €. Der trockene Portugieser kostet 2,20 €, als Weißherbst 1,80 €. Auf der Speisekarte stehen saisonale Gerichte (wie z.B. Spargel im Frühjahr) wie auch Speisen aus der internationalen Küche. In der Weinstube finden 53 Weinfreunde Platz, draußen im Hof sind noch mal 30 Sitzplätze. Platzreservierung. Gesellschaften außerhalb der Öffnungszeit: 25 bis 50 Personen. Am letzten Wochenende im August feiert Ober-Saulheim Kerb.

Anfahrt: BAB 63, Ausfahrt Saulheim, dann L 401 Richtung Saulheim, 2. Abfahrt nach Saulheim einbiegen. 50 m nach der Kirche links. Parkplätze im Hof. Oder mit der Bahn (Rhld.-Pfalz-Takt), ½ stdl. Verbindung nach Mainz und Alzey. Die Haltestelle ist 2 km entfernt.

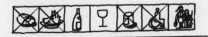

**STRAUSSWIRTSCHAFT
WEINGUT RENTH**
RUDOLF RENTH
ELSHEIMER STR. 25
55270 SCHWABENHEIM
TEL. 06130 -592
FAX   -941135
queins@arcor.de

WEINGUT RUDOLF RENTH

öffnet vom 19. September bis 26. Oktober
Termine für 2009 bitte telef. anfragen

freitags und samstags ab 18 Uhr, sonn- und feiertags ab 15 Uhr

Hier, im Haus der Deutschen Weinkönigin 1999/2000, können Sie Weine aller Qualitätsstufen verkosten, weiß, rot und Weißherbst, Preise zwischen 1,10 und 2,50 €. Spezialisiert ist das Weingut auf den Silvanerausbau. Als „Königshaus" kreierte man die Edition „La Reina", die für besondere Weine des Jahrgangs steht. Der Traubensaft ist Eigenerzeugnis, im Herbst gibt's Federweißen. *„Vor dem Dorscht und noch dem Dorscht, immer schmeckt die rhoihessisch Worscht"*, und so gibt es den Blut- und Leberwurst mit Schwartenmagen, Leberwurst mit Pellkartoffeln, Schinkenplatte oder Sülze. Auch Schnitzel, Handkäs' oder Eierpfännchen bietet die Küche. In der Straußwirtschaft haben 80 Gäste Platz, der Hof bietet 70 weitere Sitzgelegenheiten. Platzreservierung. Gesellschaften ganzjährig 20 bis 70 Personen. Kulinarische Weinproben. Schwabenheimer Markt ist am 3. WoE im Sept. Für zuhause: Auch Sekt.

Anfahrt: Am Ortseingang Richtung Elsheim. Busse von Ingelheim oder Elsheim, ⊙ 5 Minuten

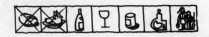

WEINGUT SCHENKEL
ACHIM und ANDREA SCHENKEL
MAINZER STR. 20
55270 SCHWABENHEIM
TEL. 06130 -945305
FAX -945306

öffnen vom 20. bis 23. September zur Kerb
samstags und dienstags ab 17 Uhr, sonn- u. montags ab 15 Uhr
und über Pfingsten
samstags ab 17 Uhr, sonn- und montags ab 11 Uhr

Zur Kirchweih kommen aus der Küche vorwiegend Steaks, über Pfingsten zum Frühlingsfest beherrschen Spargelgerichte die Speisekarte. Zu beidem schmecken Weißburgunder, Riesling, Scheurebe, Bacchus, Silvaner (auch Eiswein) und Huxelrebe, das Glas ab 1,20 €. Rotwein gibt es von Spätburgunder, Grauburgunder, Saint-Laurent, Dornfelder und Portugieser, auch einen milden Rosé gilt es zu verkosten, Preise: Ab 1,40 €. Der eigene Traubensaft ist von der Bacchusrebe. Auf Wunsch kulinarische Weinproben. **Übernachtung**: Kann vermittelt werden.

Anfahrt: BAB 63, Ausfahrt Nieder-Olm oder BAB 60, Ausfahrt ZDF/Lerchenberg. Parkplatz für Wohnmobile in Schwabenheim.

**GUTSSCHÄNKE
WEINGUT WILMSHOF**
FAM. BINZEL + MOHR
KAPELLENSTR. 14
55278 SELZEN
TEL. 06737 -338
FAX   -761016
www.wilmshof-selzen.de

öffnet vom 19. September bis 30. November
und 3. April bis 26. Juli

freitags ab 17 Uhr, am Wochenende und feiertags ab 16 Uhr

Der ehemalige Kuhstall mit Sandsteinsäulen und Gewölbe, die alte Scheune und an warmen Tagen die Pergola (40 Plätze) erwarten Sie zum fröhlichen Miteinander. Bei 17 Weißweinen von trocken bis mild, 5 Rotweinen, 3 Roséweinen und einem Weißherbst fällt die Wahl schwer; Preise zwischen 1,40 und 2,40 €. Die Küche bietet kleine, zum Wein passende Gerichte wie Kartoffel-Lauch- oder Leberwurst-Auflauf, Schinkentaschen, Handkäs' Tatar oder Spundekäs' „einmal anders". Dazu kommt ein wöchentlich wechselndes Gericht und ein Dessert sowie Aprikosen-Mai-Bowle. Platzreservierung. Gesellschaften: 30 bis 70 Personen. **Übernachtung:** Gaststätte Selztal, Tel. –244 oder Kappesser –460. Selzener Kerb ist vom 12. bis 15. September. Zum **Hoffest** mit Grill- und Salatbuffet und viel Musik erwartet Sie Winzer Binzel Anfang August. Klassik im Gewölbe am 4. Januar. Aus dem Hofladen: Obstbrände, Liköre, Weinpräsente. **Anfahrt:** BAB 63, Ausfahrt Mainz-Ebersheim; Richtung Köngernheim. In der Ortsmitte, Parken im Hof. Oder von Mainz mit dem ORN-Bus. Gut ausgebautes Radwegenetz.

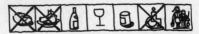

**WEINSTUBE
ZUR ALTEN KASTANIE**
BIRGIT u. WOLFGANG BÜTTEL
KAISERSTR. 5
55278 SELZEN
TEL. 06737 -8652
FAX   -8979
www.zur-alten-kastanie.de

öffnen Mitte September bis Mitte Dezember
und ab 1. WoE im April bis 1. WoE im August
freitags ab 18 Uhr, am Wochenende u. feiertags ab 17 Uhr

Mit Liebe zum Detail wurde aus dem ehemaligen Kuhstall die Weinstube gestaltet. Die Auswahl an Weinen ist groß: trocken oder mild, weiß, rot, rosé – ein jeder Weinfreund findet den Tropfen seines Geschmacks. Im Herbst gibt's Federweißen und Äpfel aus eigenem Anbau. Die Speisen kommen frisch aus heimischen Produkten auf den Tisch, darunter Flammkuchen, Blechkartoffeln, Kartoffelpfännchen und andere rheinhessische Spezialitäten. Bei schönem Wetter locken Plätze unter der alten Kastanie im Hof. Platzreservierung in der Weinstube. Für daheim zur richtigen Jahreszeit Pfirsiche, immer Liköre und Schnäpse.

Anfahrt: BAB 63, Ausfahrt Mainz-Hechtsheim, über die Rheinhessenstraße. Oder mit dem Rad auf dem Radweg Mainz-Bodenheim. Das Weingut liegt in der Ortsmitte.

STRAUSSWIRTSCHAFT MOEBUS
MICHAEL u. CHRISTINE MOEBUS
WONSHEIMERSTR. 13
55599 SIEFERSHEIM
TEL. 06703 -665
FAX   -941816
www.weingut-moebus.de

öffnen Anfang März bis Anfang Juni
samstags ab 18 Uhr, sonn- und feiertags ab 16 Uhr

Winzermeister sind sie beide, doch ist Frau Moebus auch ausgebildete Kräuterführerin. Das schlägt sich sowohl bei den Speisen als auch bei den zahlreichen Veranstaltungen nieder. Weißwein gibt es tr. und liebl. ab 1,50 €, Spätburgunder und St. Laurent für 2,- €, Dornfelder und Portugieser ab 2,50 €, letzteren auch als Weißherbst. Neben Wildkräuter-Spundenkäse, Champignons mit Wildkräutersoße oder pikanten Linsen gibt's Rheinhess. Schlemmerplatte u. weitere Kräuterspezialitäten. Der Traubensaft ist Eigenerzeugnis. Platzreservierung (bei den Themenabenden unbedingt). Bewirtet wird im historischen Kreuzgewölbe und im z.T. überdachten Hof. Gesellsch.: Zur Öffnungsz. bis 20, sonst ab 25 bis 70 Pers. Viele Events, z.B. Siefersheimer Bänkelchen-Route am 30.9., **Weinfest** am letzten WoE im August. Jeden 1. So im Monat von April-September Kräuterführung, Treffpunkt Dorfmitte 10.30 Uhr. Zum Kauf: Wein-Apéritif, Hefebranntwein.

Anfahrt: BAB 61, Ausf. Gau-Bickelheim, Wöllstein. In Siefersheim an der Hauptstraße. Parken (auch Wohnmobil) im Hof.

**STRAUSSWIRTSCHAFT
KLEINES RHEINHESSEN**
ANDREAS SEYBERTH
SANDGASSE 10
55599 SIEFERSHEIM
TEL. 06703 -705
FAX   -715
www.kleines-rheinhessen.de

öffnet Mai bis August und im November,
freitags und samstags ab 18 Uhr, sonn- und feiertags ab 16 Uhr

Ursprünglich war hier eine Schmiedewerkstatt, und der Wein wurde nur zum Eigenbedarf angebaut. Seit bald 10 Jahren wird der Weinbau nun im Vollerwerb betrieben, 6 ha werden bewirtschaftet. Den Hausschoppen gibt es trocken und mild schon für 1,50 €, doch bietet die Weinkarte noch zahlreiche Weiß-, Rot- und Roséweine. Auch eigener Traubensaft wird eingeschenkt. Keller und Gaststube bieten ca. 70 Weinfreunden Platz, in der Hofraite unterm blauen Himmel sind's weitere 60 Plätze. Hier schmecken heiße „Grumbeerworscht", eingelegtes Winzersteak, Zwiebelschnitzel und Spundekäs'. Wildbret wird ganz groß geschrieben und kann auch wie Kirsch-wein- und –sekt gekauft werden. Platzreserv. Gesellschaften: Ab 20 - 70 Personen. Bei den **Tagen der offenen Weinkeller** am letzten WoE im August wird hier mit Live-Musik gefeiert.

Anfahrt: BAB 61, Ausfahrt Gau-Bickelheim, dann B 420 Richtung Wöllstein nach Siefersheim, in der Ortsmitte der Beschilderung folgen. Am Ortsrand direkt an den Weinbergen. Nächste Bahnhöfe: Alzey oder Bad Kreuznach, von da 4 bis 5 x täglich Busse, ☉ 200 m. Taxi: Tel. 06703-1380 und 0671-2333. 5 Stellplätze für Wohnmobile.

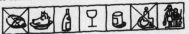

GUTSSCHÄNKE
FAMILIE ZIMMERMANN
BACKHAUSGASSE 3
55599 SIEFERSHEIM
TEL. 06703 -960320
FAX   -960324
www.weingut-zimmermann.de

öffnet vom 10. Mai bis Anfang August
samstags ab 18 Uhr, sonn- und feiertags ab 17 Uhr
ab 20. Juni auch freitags ab 18 Uhr

Im überdachten und beheizbaren Innenhof oder im Gewölbekeller empfängt Sie Familie Zimmermann mit Rivaner, Silvaner, Riesling und Weißburgunder ab 2,20 € sowie Rotweincuveès tr. im Holzfass und Barrique gereift und Dornfelder mild. Der tr. 2006er Riesling war Siegerwein bei der Wahl der besten offenen Weine im Ausschank rheinhess. Gastronomiebetriebe. Die Küche bietet u.a. Wurstsalat mit Emmentaler, paniertes Schnitzel oder Spaghetti mit Aioli, die wechselnden Tagesgerichte sind regional und saisonal. Platzreservierung. Gesellsch.: mit Bus bis 100, für Feiern bis 80 Pers. Kulinarische Weinproben und Kräuterwanderung mit Führung. Kulturveranstaltungen mit Künstlern der Region. Am letzten WoE im August bei **„Kunst trifft Wein"** lädt Familie Zimmermann zum **Weinfest** mit Weinverkostung und Gemäldeausstellung in der neuen Vinothek. **Übernachtung:** 2 DZ/ab 47,- €. Brände, Perlwein, Sekt, Traubensaft und Riesling-Bonbons aus dem Weinladen: Do-Sa 11-19 u. So 10-12Uhr und beim Gutsschänkebesuch.

Anfahrt: BAB 61, Ausfahrt Gau-Bickelheim, Wöllstein. In der Ortsmitte links gegenüber der evangelischen Kirche. Parkplätze im Hof.

GUTSAUSSCHANK HUTH
HEINRICH HUTH
ST. JOHANNER STR. 54
55576 SPRENDLINGEN
TEL. 06701-2979
FAX   -961956

öffnet täglich ab 19 Uhr,
freitags und am Wochenende ab 17 Uhr,
mittwochs Ruhetag
vom 31. Aug: bis 14. Sept. und 20. Dez. bis 6. Jan. geschlossen

'Vespern bei gutem Wein', das bietet Winzer Huth seinen Gästen. Zu über zehn Weißweinen ab 1,50 € (trocken bis lieblich) und Rot- und Roséwein ab 2,- € bietet er von allem Ebbes: Vorneweg, Kaltes, Warmes, Ebbes de zu und auch Ebbes de no, was dann als Dessert zu verstehen ist. Zum Wochenende werden auch saisonale Zusatzgerichte wie Spargel, Wild, Pilze oder Spansau geboten. Das Rumpsteak wird mit grüner Pfeffersoße, Zwiebeln oder Kräuterbutter serviert, die Pellkartoffeln gibt's mit Quark, Tzatziki oder Hering. An schönen Tagen werden im Freien 50 bis 60 Leute bewirtet. Martini brutzeln deutsche Gänse aus Freilandhaltung im Ofen. Platzreserv. Gesellschaften: 20 bis 80 Personen. **Übernachtung**: Apart-Hotel, Tel. -93010. Veranstaltungen: Maimarkt (2. WoE im Mai), Jahrmarkt (letztes WoE im August).

Anfahrt: BAB 61, Ausfahrt Gau-Bickelheim. Anschluss an den Rheinland-Pfalz-Takt. Das Weingut liegt Richtung St. Johann, gute Parkmöglichkeiten. Bushaltestelle: Vorm Haus. Wohnmobilstellplätze im Ort.

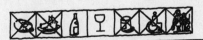

GUTSSCHÄNKE MOHR

PALMGASSE 7
55576 SPRENDLINGEN
TEL. 06701-529
FAX   -9119855
lutz.mohr@t-online.de

öffnet freitags und samstags ab 18 Uhr,
sonntags ab 16 Uhr

Ist die Jahreszeit für Wildgerichte, wird sonntags auch schon um 12 zum Rehbraten (aus eigener Jagd) gebeten, und wer glaubt, nur ein Gläschen vom Roten passe dazu, den erfreut ein samtiger Dornfelder. Der Bauernschmaus ist ein deftiges Essen mit Dörrfleisch, Eiern und Bratkartoffeln, leichter ist die überbackene Hühnerbrust mit Pfirsich und Käse. Die Weißweine gibt es in allen Qualitätsstufen bis hin zu Auslesen, von trocken bis lieblich ausgebaut. Ab September wird zum Federweißen auch Spansau drinnen wie auch draußen serviert. Platzreservierung. Gesellschaften/Feiern: bis 45 Personen. Jahrmarkt feiert Sprendlingen Ende August, doch egal, wann Sie kommen, das Motto der großen Weinbaugemeinde ist: ... mit jedem Schluck Wein ein Schluck Geschichte! **Übernachtung**: Bei Familie Mohr im Weingut.

Anfahrt: BAB 61, von Süden Gau-Bickelheim, von Norden Bad Kreuznach. Die Gutsschänke liegt direkt am Marktplatz, Parkmöglichkeit im Weingut. Oder mit dem Bus von Bad Kreuznach oder Bingen, Haltestelle Marktplatz.

WAMBOLDERHOF
GUTSSCHÄNKE BERNHART
LANGGASSE 8
55271 <u>STADECKEN</u>-ELSHEIM
LANGGASSE 8
TEL. 06136-6114
FAX   -7316
www.wamboldhof.de

öffnen im Januar und von Mai bis August
freitags und samstags ab 18 Uhr, sonn- u. feiertags ab 17 Uhr

Das Anwesen des Wamboldorfs stammt aus dem Jahr 1682, nach der Franz. Revolution wurde der Besitz geteilt. Um 1870 erwarb Georg Bernhart den 1. Teil des Anwesens, 1959 kam die andere Hälfte dazu. Heute wird der Betrieb bereits in der 5. Generation von der Familie geführt. Das ökologische Weingut bietet Ihnen Qualitäts-und Kabinettweine (ab 1,60 €) und Traubensaft in rot und weiß und einen WH. Rührei (Aaierpann) kommt von Eiern eigener Hühner, Hausmacher Wurst und Bratwürste werden auf dem Hof hergestellt und gewürzt. Bei schönem Wetter werden Rumpsteak, Schnitzel und Wamboldplatte auf dem Hof unter großen Bäumen serviert. Gesellschaften: ab 30/20 bis 200 Pers. Stadecker Kerb ist am 4. WoE im August. **Übernachtung**: Hotel Christian.

Anfahrt: BAB 63, Ausf. Nieder-Olm, Rtg. Stadecken, 1. Straße rechts bis zum Kirchplatz. Parken vor dem Hof. Oder Bus 650 und 71 aus Mainz oder 640 aus Ingelheim (stdl.). Θ 3-4 Min.

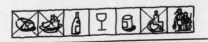

**STRAUSSWIRTSCHAFT
GUNTER BERNHART**
SCHULSTR. 14
55271 STADECKEN-ELSHEIM
TEL. 06130 -1761
FAX   -949865
www.weingutbernhart.de

öffnet Mitte Oktober bis Mitte November
und Mitte Februar bis Mitte Mai

freitags und samstags von 18 bis 23 Uhr,
sonn- und feiertags von 16 bis 22.30 Uhr

Vor über 10 Jahren wurde diese Straußwirtschaft im 1.Stock der Scheune ausgebaut, bei gutem Wetter wird im typisch rheinhessischen Hof bewirtet. Dreizehn Rebsorten ab 1,50 € aufwärts gilt es hier zu verkosten, darunter Riesling, Chardonnay, Gewürztraminer und Spätburgunder, Qualitäten bis hin zum Eiswein. Traubensaft gibt es von Scheurebe und Silvaner. Zur Lese wird auch Federweißer ausgeschenkt. Umfangreich auch die Speisekarte: Kellerschmaus und Küferpfännchen, Zwiebelmettwurst, Matjes oder Flammkuchen, dazu im Frühjahr Spargelgerichte. Am Muttertag feiert Elsheim Kerb. Für zuhause: Auch Sekt, Liköre und Brände. **Übernachtung:** 4 neue Appartments mit eingerichteter Küche, 3 sind mit Balkon und schöner Aussicht über Elsheim und Weinberge.

Anfahrt: BAB 63, Ausfahrt Nieder-Olm; oder BAB 60, Ausfahrt ZDF/Lerchenberg. Parkplätze im Hof. Platz für Wohnmobil.

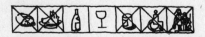

**WEINGUT
BOLLER-KLONEK**
OPPENHEIMER STR. 13
55271 STADECKEN-ELSHEIM
TEL. 06136 -2238
FAX -3305
www.weingut-boller-klonek.de

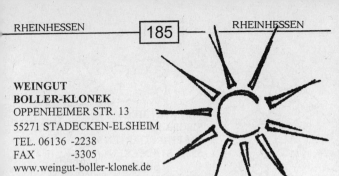

öffnet vom 26. September bis 23. November
und vom 6. März bis 26. April

freitags und samstags von 18 bis 24 Uhr,
sonn- und feiertags von 16 bis 23 Uhr

Die neue Straußensaison beginnt hier im Oktober. Allein zwölf Weißweine ab 1,40 € stehen bereit, dazu noch sechs Rotweine, zwei Weißherbste (ab 2,- €) und Sekt (klass. Flaschengärung). Die Qualitäten reichen bis zum Eiswein. Im Herbst wird Federweißer ausgeschenkt. Zum Vespern gibt es neben Winzerteller oder Spundekäs' auch Silvaner-Schnitzel und „Plugschlaaf", eine trockene aufgeschnittene Bratwurst, die mit verklepperten Eiern gebraten wird. Zum **Hoffest** lädt das Weingut immer am 2. WoE im August ein. Gesellschaften: Ab 25 bis 50 Personen. **Übernachtung:** Gästehaus Christian, Tel. – 3611. Für zuhause: Weingelee, Trauben- und Weinhefebrand, Sauerkirschlikör. Weinwanderung ist am 1. WoE im September, dazu ist, wie zum Hoffest, eine Anmeldung erforderlich.

Anfahrt: BAB 63, Ausfahrt Nieder-Olm. In Stadecken an der Hauptdurchgangsstraße, Parkplätze im Hof des Weinguts. Die Linienbusse (ORN) halten 150 m entfernt.

WEINGUT HEES
SIEGFRIED HEES
AM PFARRGARTEN 9
55271 STADECKEN-
ELSHEIM
TEL. 06130-1752
FAX   -944396
www.weingut-hees.de

öffnet Ende Oktober bis Anfang Dezember
und Anfang Mai bis Anfang August

freitags ab 18 Uhr, samstags ab 17 Uhr,
sonn- und feiertags ab 16 Uhr

Das preiswerteste Glas Weißwein gibt es für 1,30 €, Rotwein bekommen Sie ab 1,50 €. Spezialität sind die Rebsorten Merlot, Chardonnay und St. Laurent. Die Küche bietet diverse Speisen rund um das Lamm, das Fleisch stammt von eigenen Tieren. Für den kleineren Appetit wird Handkäse mit Musik serviert, größerer Hunger kann mit Spießbraten oder Winzersteak in Rieslingsoße gestillt werden. An warmen Tagen gibt es Außenbewirtung. Gesellschaften: Ab 15 bis 60 Personen. Und wo **übernachten**? Das können Sie direkt im Weingut.

Anfahrt: BAB 63, Ausfahrt Nieder-Olm. 3 Plätze für Wohnmobile.

GUTSSCHÄNKE – WEINGUT MENGEL-EPPELMANN
MÜHLSTR. 16
55271 STADECKEN-ELSHEIM 2
TEL. 06130-945504
FAX   -945505
www.mengel-eppelmann.de

öffnet von Januar bis Dezember
freitags ab 18 Uhr, samstags ab 17 Uhr,
sonn- und feiertags ab 16 Uhr

Seit 2003 zählt das Weingut zu den 100 besten Rheinhessens, seit 2002 ist es Mitglied bei ecovin. Das über 50 Jahre bestehende Familienweingut feierte am 1.Mai 2007 das 10-jährige Bestehen der Gutsschänke. Spritzig und frisch sind die Weine, der hauseigene Frucht-Secco passt zur Palette dieser Weine. Zur Gutsschänke gehört ein begrünter Innenhof. Bis zu 150 Personen können im Haus bewirtet werden, und dies mit leckeren, wöchentlich wechselnden Gerichten der Rheinhessischen Küche. Ob Spundekäs' oder Winzersteak – für jeden Weinfreund ist etwas dabei. Zum **Herbstfestival** erwartet man Sie am 15./16. September. Die Vinothek bietet vielerlei Geschenkideen, mit denen man sich auch selbst verwöhnen kann.

Anfahrt: BAB 63, Ausfahrt Nieder-Olm; im Ortsteil Elsheim direkt am Radweg nach Ingelheim. Alle 30 Minuten Bus von Mainz, die Haltestelle ist 5 Minuten entfernt, Taxi kann gerufen werden. 5-10 Wohnmobilstellplätze.

**STRAUSSWIRTSCHAFT
EDWIN ZAUN**
WILHELMSTR. 8
55288 UDENHEIM
TEL. 06732-4452

öffnet ca. vom 21. Oktober bis Mitte Dezember
und Anfang Februar bis 19. März
freitags ab 19 Uhr, samstags ab 18 Uhr, sonntags ab 17 Uhr

Je drei trockene und liebliche und zwei halbtrockene Weißweine gilt es hier zu verkosten, auch Rotwein und Weißherbst ist im Ausschank. Der Traubensaft ist Eigenerzeugnis. Dazu bietet die Küche in der ehemaligen Scheune dann Bratwurst und Winzersteak mit Bratkartoffeln oder Kartoffelsalat, Schinken- und Käsebrot, Handkäse mit Musik oder Spundkäse. Platzreservierung. Neben der Pflege seiner Weine gilt das besondere Interesse des Winzers dem Spargel: Mitte Juni lädt er zum **Spargel-Fest**. Und **zweimal jährlich** ist großes **Schlachtfest**, dies meist Anfang November und Anfang Februar. Kerb feiert Udenheim Mitte September, das Weinfest der Verbandsgemeinde ist am 1. Wochenende im Juni. Für zuhause: Spargel, Kartoffeln und Liköre.

Anfahrt: BAB 63, Ausfahrt Saulheim. Mitten im Ortskern von Udenheim, zum Parkplatz 50 m. Nächster Bahnhof: Saulheim, halbstündlich Busverbindung, zur ⊖ sind's 200 m.

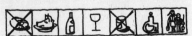

UNDENHEIMER WEINSTUBE
IM ALTEN BRAUHAUS
FAMILIE NAAB
ALZEYERSTR. 16
55278 UNDENHEIM

TEL. 06737-309
www.undenheimer-weinstube.de

öffnen mittwochs bis samstags ab 18 Uhr,
sonn- und feiertags ab 17 Uhr,
montags und dienstags Ruhetage

(vom 4. Advent bis 20. Januar geschlossen)

Im ehemaligen Gebäude der Bierbrauerei lädt Familie Naab in die „Undenheimer Weinstube" zum geselligen Beisammensein. Verschiedene Weißweine sowie Dornfelder und Spätburgunder werden ausgeschenkt. Preise: Ab 1,40 € für Weißwein bzw. 1,80 € für Rotwein. Da es hier mehrere von einander getrennte Räume gibt, können Gesellschaften ab 10 bis 100 Personen bewirtet werden. Die Speisekarte bietet allerlei Köstlichkeiten, darunter auch Wildgerichte. Ist's Sommer, wird in der fränkischen Hofanlage bedient, doch wer die Kühle bevorzugt, kann sich auch auf dem Kühlschiff der alten Brauerei, das noch original erhalten ist, verwöhnen lassen. Der Bauerngarten steht für Festlichkeiten aller Art zur Verfügung. Platzreservierung.
Übernachtung: eigene neue Gästezimmer, DZ für 65,- € und EZ für 45,- €.
Anfahrt: BAB 63, Ausfahrt Wörrstadt nach Undenheim.

BEISERS GUTSSCHÄNKE
OTTO BEISER
AUSSERHALB 1
55578 VENDERSHEIM
TEL. 06732 -8732
FAX   -5061
www.weingut-beiser.de

öffnet noch bis Ende Oktober,
Ende Februar bis Ende Mai
und wieder im August
montags/freitags/samstags ab 18 Uhr,

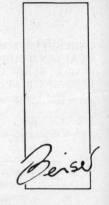

Von den 22 ha Rebfläche in den Gemarkungen Vendersheim, St. Johann, Sprendlingen und Wallertheim sind 70 % mit weißen Sorten, der Rest mit Rotweinsorten bepflanzt. Nur die besten Rotweine werden im Barrique ausgebaut. In der Gutsschänke wird Weiß- und Rotwein und Weißherbst ausgeschenkt. Zur Lese kommt Federweißer ins Glas, der Traubensaft ist Eigenerzeugnis. „Grumbeerworscht" gibt es kalt oder warm, Schinkentasche wird mit Salat serviert. Vorneweg ein Riesling-Kräuter-Süppchen, zum Abschluss Hand- oder Spundekäs' – wer das schafft, muss schon sehr hungrig sein. Zusätzlich gibt's saisonale Gerichte. Bewirtet wird in der historisch dekorierten Weinstube u. auf der Gartenterrasse (bis 100 Personen). Platzreservg. Gesellsch.: Bis 90 Pers. Kulinarische Weinproben Ende Okt/Anf. Nov. Für zuhause: Sekt, Spirituosen, Marmeladen…

Anfahrt: BAB 63, Ausf. Wörrstadt Rtg. Ober-Hilbersheim, nach ca. 4 km links nach V. Am Ortsende letzter Hof links. Platz für Wohnmobile.

RHEINHESSEN | 191 | RHEINHESSEN

**WEINGUT-GÄSTEHAUS
STRAUSSWIRTSCHAFT
WOLFGANG u. JUTTA JANSON**
HAUPTSTR. 7
55578 VENDERSHEIM

Fon. 06732 -8771
FAX   -64137
www.weingutjanson.de

*Vendersheim
Wein & Landschaft
ein Genuß.*

öffnen September u. Oktober bis zur Martinikerb
und im April und Mai

freitags und samstags ab 18 Uhr, sonn- und feiertags ab 16 Uhr

Hier ist „ein Treffpunkt für Genießer schöner Weine". Ausgeschenkt werden Weine von Chardonnay und rote Barriqueweine Bei der „Weinroute Rheinhessen" gibt's 5 Weine zum Testen (3,- €). Traubensaft ist von Scheurebe und Portugieser, zur Lesezeit gibt's Federweißen. Auf der Speisekarte finden Sie u.a. Steaks mit Zwiebeln oder Kräuterbutter, Lendentopf, Bratenbrot, Handkäs' und Bärlauch-, Kartoffel-, Kürbis- oder Gulaschsuppe, natürlich hausgemacht. Bewirtet wird bei schönem Wetter auch in Hof und Garten. Zum **Hoffest** erwartet Sie Familie Janson Mitte Juli mit Live-Musik. **Übernachtung**: 14 Betten im Gästehaus. Tipps für Ausflüge kostenlos. Für zuhause: Auch Dornfelder Likör, Weingelee, Silvaner-Kräuter-Nudeln…

Anfahrt: BAB 63, Ausf. Wörrstadt Rtg. Ober-Hilbersheim, nach ca. 4 km links. Oder BAB 61, Ausf. Gau-Bickelhm., Rtg. G.-B., B 420 bis Ampel, links. Zentral im Ort.

WEINSTUBE ZUR SANDMÜHLE
IM WEINGUT KORFMANN
HEIKE-B. KÖNGETER
SANDMÜHLE

55234 WAHLHEIM bei Alzey

TEL. 06731 -941765
FAX   -941766
www.sandmuehle.de

öffnet Fr und Mo 18 - 22 Uhr, sonn- und feiertags 12 - 21 Uhr und nach Vereinbarung

Seit 1765 wird in der Familie Korfmann Weinbau betrieben, fassweise wurde der Wein einst an Weinhändler nach Mainz und Frankfurt verkauft. Heute werden Ihnen der für Rheinhessen typische Silvaner, Müller-Thurgau, Grauer Burgunder, Riesling u.a. Rebsorten eingeschenkt, z.T. in alten Eichenholzfässern ausgebaut. Bewirtet wird im Kreuzgewölbe der alten Stallungen von 1840 mit "Kreuzgewölbeteller" mit Wilderzeugnissen aus eigener Jagd (9,50 €), buntem Salat und geb. Blutwurst mit Linsen. Montags Flammkuchen. Bei schönem Wetter Bewirtung im Innenhof. Kinderkarte/Wickeltisch. **Platzreserv. erwünscht**. Gesellschaften bis 50 Pers. mit ausgew. Menüs. Am 1. So. im Sept. „Alzeyer Wingertshäusje-Wanderung", 3. Okt. Kulinarische Weinprobe mit Weinbergsrundgang*, ab Nov. Gänsemenu*, 25./26. Dez. Weihnachtsmenu*, 14. Febr. Valentinsmenu*, Ostersonntagsmenu* (*=Anmeld.). Am 2. WoE im Juli **Hoffest** mit Live-Musik. Für zuhause: Auch Gelees, Liköre, Wild u. Wildspezialitäten, Bio-Äpfel, Trauben, Walnüsse.

Anfahrt: BAB 63, Ausfahrt Freimersheim Rtg. Alzey (L401), Abfahrt Wahlheim; nach Bahnübergang scharf rechts, dann noch 800 m. Platz für Wohnmobile.

Gutsausschank zur Alten Mühle

Ph. Schnorrenberger
Mühlgasse 4
55576 Welgesheim
TEL.+FAX 06701-7541

öffnet donnerstags - samstags ab 16.30 Uhr,
sonn- und feiertags ab 11 Uhr durchgehend

Schon ab 1,30 € bekommen Sie hier trockenen Silvaner ins 0,2 l-Glas, Dornfelder und Rosé gibt es ab 1,70/1,90 €. Auch Prädikatsweine bis zur Auslese werden geboten. Bewirtet wird im alten Stall oder auf der Gartenterrasse mit 65 Plätzen mit Winzerplatte, landfrischen Hähnchen und Forelle oder Strammem Max und Hausmacher Wurst. Sonntags gibt es neben der reichhaltigen Speisekarte auch ein 3-Gänge-Menü. Gesellschaften: 20 - 80 Personen außerhalb der Öffnungszeiten. Platzreservierung. Zur Kirchweih lädt Welgesheim am 2. Sonntag im September.

Anfahrt: BAB 61, Abfahrt Bad Kreuznach, B 50 Richtung Sprendlingen zur K 4. Außerhalb des Ortes. Großer Parkplatz vor dem Haus (auch für Wohnmobile). Der Radweg führt am Wiesbach entlang. 200 m entfernt 14 Anschlüsse (Bahnhof Welgesheim).

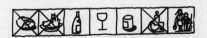

**GUTSSCHÄNKE
AUF DER BLENZ**
KURT u. HEIDI BALZ
OBERE BLENZ 4
67593 WESTHOFEN
TEL. 06244-7506
FAX   -909954

öffnet ganzjährig samstags ab 18 Uhr, sonntags ab 16 Uhr

Das Glas Weißwein gibt es schon für 1,20 €, für rot und rosé zahlen Sie 1,80/1,60 €. Die Qualitäten reichen bis zu Auslesen. Die "Chefin" kocht hier selbst und serviert zum Essen Bratkartoffeln. Platzreservierung. Gesellschaften: Bis 30 Personen. **Übernachtung**: 3 DZ. Am 3. Wochenende im August lädt Familie Balz zum **Weinfest**, das Westhofener Traubenblütenfest ist am 2. Wochenende nach Pfingsten. Zu besichtigen: Der historische Stadtkern von Westhofen.

Anfahrt: BAB 61, Ausfahrt Gundersheim. 150 m vom Hof auch Stellplätze für Wohnmobile. Vom Bahnhof Osthofen sind es 5 km bis zur Gutsschänke.

**STRAUSSWIRTSCHAFT
ARMIN STABEL**
WGT. HOHENFELSER HOF
AM MARKT 15
67593 WESTHOFEN
TEL.+ FAX 06244-4898
www.hohenfelser-hof.de.vu

öffnet vom 1. Mai bis 31. August
samstags ab 18 Uhr, sonn- und feiertags ab 17 Uhr,
an allen Adventswochenenden + 2. Weihnachtsfeiertag
und nach Vereinbarung

Familie Stabel mit einem Familienwappen von 1466 lädt Sie in das „schönste Weindorf 2000" des Landkreises Alzey-Worms. Das Haus der **echten Straußwirtschaft** wurde 1810 aus Bruchstücken des Hohenfelser Schlosses, das im 30jährigen Krieg zerstört wurde, erbaut. Hier im Kreuzgewölbe sitzen Sie mit bis zu 70 Weinfreunden, wählen unter 3 Rot- und 10 offenen Weißweinen und einem Weißherbst, Preise zwischen 1,40 und 1,80 € für die Ausschankweine. Auch Spätlese, Auslese und Eiswein können verkostet werden. Bei warmen Temperaturen werden bis zu 200 Gäste im Hof bewirtet. Die Küche bietet Hand- und Spundekäs', Hausmacher Wurstplatte, Käse- und Schinkenteller, Schnitzel mit Beilagen, Strammen Max und Flammkuchen. Platzreserv. Gesellschaften: 30 bis 70 Personen. Am 1. Adventswochenende zum Weihnachtsmarkt ist geöffnet. Zum **Traubenblütenfest** 2 Wo nach Pfingsten erwartet Sie die Winzerfamilie mit Musik und besonderen Speisen, dann feiert auch ganz Westhofen. Die Tochter war Traubenblütenkönigin Michaela I. (2002/3) und **Rheinhess. Weinprinzessin** (2004/5).

Anfahrt: BAB 61, Ausfahrt Gundersheim. Im alten Ortskern am Marktplatz bei der Kirche. Nächster Bahnhof: Osthofen, von da Bus.

Dätwyl

DÄTWYL
FAMILIE DETTWEILER
HAUPTSTR. 11
67587 WINTERSHEIM
TEL.06733 -426
FAX   -8210
www.daetwyl.de

Weingut

öffnet vom 1. Mai bis Ende Juni
freitags ab 18 Uhr, am Wochenende und feiertags ab 15 Uhr

Vor 200 Jahren kamen die Vorfahren aus der Schweiz und übernahmen den Fray'schen Gutshof. Heute gehören 24 ha Weinberge in Wintersheim, Uelversheim, Nierstein, Oppenheim und Dienheim zum Gut. Im Ausschank sind 8 offene weiße und 4 rote Weine, die weißen von trocken bis mild (ab 1,- € für 0,1 l), die roten trocken und halbtrocken (ab 1,30 €). Der Traubensaft ist Eigenerzeugnis, im Herbst gibt's Federweißen. Die Küche bietet Folienkartoffeln mir Matjes, Lachs, Schinkencarpaccio, gemischten Salat mit Putenstreifen oder Baguettes. Bewirtet wird in dem alten Wohn- und Wehrturm aus dem 14. Jh. und auf der Terrasse. Platzreservierung. Gesellschaften außerhalb der Öffnungszeit 15 bis 35 Pers. **Übernachtung**: 3 DZ (55,- €). Eigene Veranstaltungen wie „Käse u. Wein" (25.10.), Sommer-Lunch (3.8.), Adventsbuffet (6.12.) usw. Für zuhause: Auch kalt gepresste Öle von Traubenkern, Sonnenblume und Walnuss.

Anfahrt: BAB 61, Ausf. Alzey Rtg. Gau-Odernheim-Alsheim. Oder B 9 Mainz-Worms. Am Ortsausgang Rtg. Alsheim. Mit öff. Verkehrsmitteln nicht zu erreichen. Platz für Wohnmobile.

GUTSSCHÄNKE BERNHARD
JÖRG BERNHARD
KLOSTERGASSE 3
55578 WOLFSHEIM
TEL. 06701-3578+7130
FAX   -7117
www.weingut-bernhard.de

öffnet vom 4. WoE im September bis 3. Advent
und von Mitte Januar bis Anfang Mai
freitags/samstags ab 18 Uhr, sonntags ab 16 Uhr

Hier ist die Auswahl an offenen Weinen groß, sind es doch 18 verschiedene Rebsorten, die auf 20 ha Lehm-Löß-Boden umweltschonend gepflegt werden. Preise für Weißwein zwischen 1,30 und 2,30 €, für Rotwein 1,70 bis 3,50 €. Im Herbst gibt's Federweißen, der rote Traubensaft ist Eigenerzeugnis. Bewirtet wird in der Gutsschänke (110 Pers.) mit Winzer- oder Gourmetplatte (Käse), überbackenem Schnitzel à la Marlies, Schnitzel mit Kartoffelsalat oder Salatteller. Zur Kerb gibt es Mittagstisch. Platzreservierung, Gesellsch. an Öffnungstagen 10-60, sonst 20 - 110 Personen. Wöchentlich wechselnde Angebote sowie Termine für besondere Weinproben siehe Internet.

Anfahrt: BAB 61, Ausfahrt Gau-Bickelhm. Rtg. Sprendlingen, dort Richtung Wolfsheim. In der Ortsmitte rechts, nach ca. 200 m auf der linken Seite. Stündlich Busse von Mainz und Bad Kreuznach. ⊖ 200 m entfernt. Nächster Bahnhof: Sprendlingen.

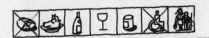

ALTE ÖLMÜHLE
HOLGER SCHMITT
55597 WÖLLSTEIN
TEL. 06703-1551
alteoelmuehle@web

öffnet im Oktober am 2. + 4. Wochenende zum Spansauessen
und von Mai bis Ende September

freitags ab 18 Uhr, samstags ab 17 Uhr, sonntags ab 15 Uhr
und feiertags ab 12 Uhr

Die "Alte Ölmühle" liegt außerhalb von Wöllstein in einem der idyllischsten Winkel der Rheinhessischen Schweiz. Nicht Öl, doch Weiß- und Rotwein vom Ölberg sind zu kosten und Weine der Lagen Äffchen und Rheingrafenstein. Das preiswerteste 0,2 l Glas gibt es schon ab 1,50 €. Zur Käseplatte empfiehlt der Winzer einen trockenen Rotwein, Spundenkäse (3,20 €) und Schnitzel in verschiedenen Variationen (5,60 €) kommen auf den Tisch. Im Herbst wird Federweißer gereicht, immer gibt es Traubensaft aus eigenem Anbau. Platzreservierung. Bei schönem Wetter Außen-bewirtung. Zahlreiche Wander- und Radwege bieten Gelegenheit zu gesunder Bewegung.

Anfahrt: BAB 61, Ausfahrt Wöllstein, auf der B 420 an Wöllstein vorbei Richtung Bad Kreuznach, ca. 1 km hinter Wöllstein links abbiegen. Parken vor dem Weingut.

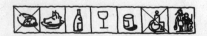

STRAUSSWIRTSCHAFT
WEINGUT WIRTH
WOLFGANG u. ULRIKE WIRTH
KIRCHSTR. 67
55597 WÖLLSTEIN
TEL. 06703 -1510
FAX   -4999
weingut-wirth.de

öffnet Anfang April bis Anfang Oktober
täglich ab 18 Uhr, sonn- und feiertags ab 17 Uhr
mittwochs Ruhetag (Tagesinfo im Internet)

Weine gibt es u.a. aus der Einzellage "Äffchen'; dies inspirierte die Wirtin zu einem Hefegebäck mit Speck, dem "Äffchentaler". Auch Hand- und Spundekäse und Wildkräutergerichte schmecken zu den vielen Weiß- und Rotweinen, trocken bis mild, Preise ab 1,50 €. Besonders groß ist die Auswahl bei den Rotweinen, auch Rosé und Sekt stehen bereit. Im Herbst gibt's Federweißen, der Traubensaft ist Eigenerzeugnis. Bewirtet wird im alten Rebveredelungsschuppen und unter großen Nußbäumen. Platzreserv., Gesellsch. zur Öffnungszeit ab 10 bis 50 Pers. (auch mit Wildkräuteressen; Frau Wirth ist ausgebildete Kräuterführerin und macht Führungen). Jahrmarkt ist am 1. WoE im Sept. (Fr-Di), zum "autofreien Appelbachtal" kommt es am 3. WoE im Aug. **Übernacht.**: Junk -3296, Klein -1290, Langguth -817.

Anfahrt: BAB 61, Ausfahrt Wöllstein, dann B 420. Gegenüber vom Gemeindezentrum. Oder mit dem Rad R3 und KH7 entlang des Appelbachs. Oder Bus L 26 von Bad Kreuznach. Platz für 6 Wohnmobile im Kräutergarten auch für mehrere Tage (Wasser/Strom).

WEINGUT MÜSEL
HANS-JÜRGEN MÜSEL
HAUPTSTR. 12

67550 WORMS-HERRNSHEIM

TEL. 06241 -58369
FAX   -595542

öffnet Anfang September ca. 2 ½ Wochen
täglich von 16 bis 24 Uhr,
sonntags schon ab 11 Uhr

Neben Riesling, Müller-Thurgau, Kerner, Chardonnay, Weißem und Grauen Burgunder und Gewürztraminer gilt es hier auch Rotwein zu verkosten. An warmen Tagen wird im Freien bewirtet. Platzreservierung. Gesellschaften: Ab 10 bis 40 Personen. Mitte September lädt Winzer Müsel nicht nur in die Straußwirtschaft, sondern auch noch zum eigenen **Weinfest**. Sehenswert: Das nah gelegene Schloß Herrnsheim. **Übernachtung**: Da ist Ihnen die Winzerfamilie gern behilflich. Für zuhause: Likör, Brände und Äpfel.

Anfahrt: BAB 61, Ausfahrt Worms-Nord oder BAB 5, Ausfahrt Lorsch. In Herrnsheim in der Ortsmitte an der katholischen Kirche in der Nähe des Schlosses gelegen. Ohne Auto ist Herrnsheim vom Wormser Hauptbahnhof mit dem Stadtbus zu erreichen.

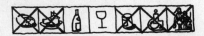

**WEINGUT-WEINSTUBE
und GÄSTEHAUS
ZUM WOIFÄSSLE**
FAMILIE ULLMER
HAUPTSTR. 5
88286 WÖRRSTADT-
   ROMMERSHEIM
TEL. 06732 -61179
FAX   -961622
www.weingutullmer.de

öffnet ganzjährig
freitags und samstags ab 18 Uhr, sonntags ab 17 Uhr

Seit 1992 werden Sie in der rustikalen Weinstube, dem ehemaligen Kuhstall, bewirtet und zum gemütlichen Gläschen Wein eingeladen. Die Auswahl an Weißweinen ist groß, doch werden auch Dornfelder, Portugieser, Regent und Spätburgunder ausgeschenkt (Weißwein ab 1,50, Rotwein ab 2,- €). Auch die Küche kann sich sehen lassen: Spargel aus eigenem Anbau und Knoblauch machen die Gerichte so schmackhaft, wie es die Gäste sich wünschen. Drei- bis viermal im Jahr ist großes Schlachtfest, am letzten WoE im Oktober kulinarische Weinprobe und am letzten Wochenende im Juni findet das traditionelle **Hoffest** statt.
Übernachtung: Seit 1998
Anfahrt: BAB 63, Ausfahrt Wörrstadt, Richtung Alzey. Nach 2 km rechts nach Rommersheim. Von BAB 61 Ausfahrt Bornheim, dann Richtung Wörrstadt. Eigener Parkplatz im Hof. Nächster Bahnhof: Wörrstadt oder Armsheim.

S. BECKER-SCHITTLER　　　HAHNHEIMER STR. 30
55270 ZORNHEIM　　　　　　　TEL. 06136-44790
　　　　　　　　　　　　　　　FAX　　　　-7624

öffnet vom 23. September bis 19. Dezember
und vom 9. Januar bis 5. Mai
freitags und samstags ab 18 Uhr, sonntags ab 15 Uhr

Das Weingut, das schon bald 30 Jahre in den Gutsausschank lädt, ist auf frische, spritzige Schoppenweine sowie elegante Spätlesen spezialisiert, Sie können aber auch bis zum Eiswein verkosten. Weißwein (0,2 l) gibt es ab 1,30 €, Rosé und Weißherbst ab 1,50 € und Rotwein ab 1,60 €. Rebsorten u.a.: Riesling, Silvaner, Regent, Cabernet Dorsa. Neu ist der Perlwein ‚Prositto'. Auch Apfel- und Traubensaft sowie Most sind Eigenerzeugnisse. Zum Wein gibt's Herzhaftes wie Spießbraten ebenso wie einen leichten mediterranen Teller oder Gaumenschmaus. An warmen Tagen sitzen Sie unter Kirschbäumen, bei kaltem Wetter am offenen Kamin. Platzreservierung. Gesellschaften: 25 bis 80 Personen. Die Vinothek bietet ein reichhaltiges Angebot zum Einkaufen.

Anfahrt: BAB 63, Ausfahrt Nieder-Olm, 3 km nach Zornheim. Das letzte Haus links am Ortsausgang Richtung Hahnheim. Zur Mainzer-Stadtbus-Θ 500 m. Stellplätze für Wohnmobile.

STRAUSSWIRTSCHAFT
WEINGUT ROSENHOF
FAMILIE KORZ
55543 BAD KREUZNACH
TEL. 0671 -65366
FAX -72893
www.weingut-rosenhof-nahe.de

öffnet vom 3. Januar bis Mitte November
freitags, samstags und montags ab 17 Uhr,
sonn- und feiertags schon ab 12 Uhr durchgehend

Zwischen Bad Kreuznach und Hackenheim finden Sie das Weingut Rosenhof mit Panoramablick. Ausgeschenkt werden Rot- und Weißweine aller Qualitätsstufen, Preise ab 1,30 und 1,60 €. Der weiße Traubensaft ist Eigenerzeugnis; zur Lese wird auch Federweißer angeboten. Die Speisekarte ist umfangreich, am Wochenende gibt es immer noch ein zusätzliches Gericht. Spezialität ist der selbst gemachte Flammkuchen. Bewirtet wird in der Weinstube (75 und 30 Plätze) und im Hof mit weiteren 95 Sitzgelegenheiten. Platzreserv. Weinproben. Gesellschaften: An Öffnungstagen 15 bis 30, sonst 30 bis 70 Personen.
Übernachtung: Eigene DZ (45,- €). Für Wanderer: Nur 5 Minuten bis zum Wald.
Anfahrt: BAB 61, Ausfahrt Bad Kreuznach. Zwischen Bad Kreuznach und Hackenheim. Keine öffentlichen Verkehrsmittel. Platz für Kurzcamping für 4-5 Wohnmobile.

**STRAUSSWIRTSCHAFT
KLAUS EULER**
RHEINHESSENSTR. 77
55545 BAD KREUZNACH-
BOSENHEIM
TEL. 0671   -61291
FAX   -73261

öffnet zur Kerb am 2. WoE im Nov.
und von Mitte April bis Mitte August
mittwochs bis sonntags ab 17 Uhr

Weinbau betreibt die Familie schon in der 5. Generation, die Straußwirtschaft gibt es seit 11 Jahren. 40 Weinfreunde haben in der Probierstube Platz. Müller-Thurgau, Silvaner, Bacchus, Kerner, Riesling und Scheurebe stehen zum Verkosten bereit, bei den Rotweinen sind es Portugieser und Spätburgunder sowie Merlot, auch Weißherbst ist zu verkosten. Preis für Weißwein ab 1,- €, für Rotwein 1,50 €. Eingelegt in Riesling und Kräutern ist der Handkäs berühmt, ebenso wie der hausgemachte Kartoffelsalat zur Bratwurst oder dem saftigen Steak. Bei gutem Wetter wird im Hof bewirtet. Bei Regentagen lädt das Torhaus zum gemütlichen Verweilen ein. Am 2. Wochenende im Juli wird das beliebte Mecklenburger Fest mit speziellem Essen nun schon seit 10 Jahren gefeiert. **Übernachtung:** Da sind Eulers gern behilflich.

Anfahrt: Im Ortskern von Bosenheim, hinter dem Haus gibt es eigene Parkplätze. Stündlich Verbindung mit dem Stadtbus von Bad Kreuznach.

MELITTA DEIBERT
HEINRICH-KREUZ-STR. 12
55545 BAD KREUZNACH-
    PLANIG
TEL. 0671   -66160
FAX   -8959293
www.fisch-deibert.ferien-rlp.de

öffnet noch bis Ende November und wieder Anfang Februar
donnerstags, freitags und samstags ab 18 Uhr,
sonn- und feiertags ab 17 Uhr

Gefeiert wird hier gern und viel. So lädt Familie Deibert zum **Weinfest** am 1. WoE im August, am 3. Advent zum **"Adventszauber"** mit Waffeln und besonderen Speisen und zum **Après Ski** am 3. WoE im Januar. Beim Wettbewerb um die schönsten Winzerhäuser an der Nahe gewann dieses Haus den 2. Platz. Nun locken also nicht nur Kartoffel-Gemüse-Puffer mit Lachs und Sahnemeerrettich oder Grillkotelett, Speck und Eier oder Handkäse mit Musik sowie die zahlreichen Weine, sondern auch der Blick auf das hübsche Ambiente. Bewirtet wird in und vor der Probierstube, gefeiert wird in der rustikalen Scheune (130 Plätze). Gesellsch.: Ab 10 bis 60 Pers. Auf Anfrage: ‚Dinner for one' auf Kreuznacherisch f. Gr. bis 30 P. Sehenswert: Die Brückenhäuser in Bad Kreuznach, die Steinkirche auf dem Bosenberg. **Übernachtung:** Pension Senner, Tel. –71532. Für zuhause auch Likör.

Anfahrt: BAB 61, Ausfahrt Gensingen, Bad Kreuznach. Das Weingut liegt in der Ortsmitte, Parkplätze im Hof. Oder mit der Bahn, dann mit dem Stadtbus (alle 30 Minuten), ⊙ Sparkasse, dann 300 m zu Fuß.

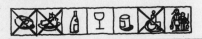

FELDMANNS WEINSTUBE
HOLGER FELDMANN
WINDESHEIMER STR. 65
55545 BAD KREUZNACH-
    WINZENHEIM
TEL. 0671-9201965
FAX   -9291969
www.weingutfeldmann.de

öffnet vom 14. September bis 2. Dezember,
18. Januar bis 20. April u. 16. Mai bis 20. Juli
freitags, samstags und sonntags ab 17 Uhr

Das Weingut gibt es schon in der 4. Generation, den Gutsausschank betreibt Familie Feldmann seit 2001. Ein Drittel der Rebfläche ist mit Rotwein bepflanzt. Aus der Großlage Kronenberg kredenzt man Ihnen eine große Auswahl an Qualitätsweinen bis hin zu Auslesen, Preis für den Weißwein (überwiegend trocken) schon ab 1,30 €. Für Autofahrer gibt es vom eigenen Traubensaft. Neben typischen Straußengerichten werden saisonale Gerichte und Salate und zum Wochenende ein Zusatzgericht geboten. Bei schönem Wetter wird auf der Terrasse bewirtet. Platzreservierung. Gesellschaften: 30-90 Pers.

Anfahrt: BAB 61, Ausf. Bad Kreuznach, B 41 Rtg. Bad K., an der Ausfahrt KH-Nord/Stadtteil Winzenheim rechts ab. Im darauf folgenden Kreisel die 3. Ausf. nach Winzenheim. Im Ort die 5. Straße links. An der nächsten Kreuzung links. Parkplätze vorm Haus. Nächster Bahnhof: Bad Kreuznach, dann Bus. ☉ 300 m. Taxi -2333.

**WEINGARTEN IM WINZERHOF
HANS-JOACHIM GATTUNG**
FRANZ-VON-SICKINGEN-STR. 16

55583 BAD MÜNSTER AM STEIN-
 EBERNBURG

TEL. 06708 -2223
FAX   -661153
www.winzerhof-hj-gattung.de

öffnet noch bis 19. Oktober
und dann ab 30. April
donnerstags bis montags und feiertags ab 17 Uhr

Eine große Anzahl Weißweine gilt es zu verkosten, dazu verschiedene Rotweine. Schon ab 1,40 € gibt's das preiswerteste Glas, doch gehen die Qualitäten bis zu Auslesen. Der Traubensaft ist aus eigenem Anbau. Je nach Wetterlage ist der Innenhof frei oder überdacht, alte Geräte von Winzern, Küfern und Landwirten schmücken den Hof. Täglich frisch kommt Hacksteak mit Bratkartoffeln auf den Tisch, Kartoffelfüllsel wird im Steintopf serviert. Der „Stolze Heinrich" ist nicht zu stolz, um ebenfalls verputzt zu werden. Platzreservierung. Gesellschaften: 15 bis 160 Personen. **Übernachtung:** Bei den Eltern (Karl Gattung) im Haus Tanneck, Tel. –63060. Auch Traubensaft und -gelee.

Anfahrt: BAB 61, Ausfahrt Bad Kreuznach. Im Ort über die Nahebrücke; am Schuh-German rechts abbiegen. Schräg gegenüber der Sparkasse in die Gabelung F.-v.-Sickingen-/Burgstr. einbiegen, links bis zum Winzerhof. Bahnstation: Bad Münster, Busse alle 15 Min. nach Ebernburg. Θ 5 Min. zu Fuß.

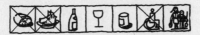

**GUTSAUSSCHANK
ZUM REMIS'CHEN**
URSULA SCHLICH
BURGSTR. 3
55583 BAD MÜNSTER AM STEIN-
EBERNBURG
TEL. 06708-2205
FAX -4113
www.schlichs-weingut.de

| öffnet März-April und November freitags-sonntags ab 17 Uhr |
| und Mai bis Oktober dienstags bis samstags ab 17 Uhr |

'Nahewein, ein Edelstein', mit diesem Spruch lädt das Weingut Schlich zum Verkosten. Das Haus der Naheweinkönigin von 1986/87 lädt zu einer großen Auswahl an Weinen, weiß, rot und rosé (Preise ab 1,60 € für WW, 2,30 für RW). Zum Herbst gibt es auch Federweißen, der Traubensaft ist aus Silvaner gewonnen. Der Salatteller wird mit Riesling-Auslese-Essig abgeschmeckt, hinter Schnutetunker verbirgt sich ein Hackfleisch-Kartoffelauflauf. Spießbraten gibt es vom Holzkohlengrill. Zusätzlich wöchentlich wechselnde saisonale Speisen bereichern das Angebot. Im Sommer findet der Weingarten im romantischen Innenhof regen Zulauf, im Winter bevorzugt mancher Gast das Kaminzimmer. Platzreserv., Gesellsch.: bis 80 Pers. **Übernachtung**: VA, Tel. 06708-3993. Für zuhause auch Weinhefeschnaps, Traubenlikör, Weingelee, Riesling-Weinessig einer Auslese ...

Anfahrt: BAB 61, Ausfahrt Waldlaubersheim oder Bad Kreuznach.

STRAUSSWIRTSCHAFT
MICHAEL MEURER
EREMITAGEWEG 6 A
55559 BRETZENHEIM
TEL. 0671 -34956
FAX   -9208929
www.weingut-meurer.de

öffnet vom 1. Sept. bis 31. Okt. und vom 1. März bis 30. April
jeweils nur an den Wochenenden
freitags und samstags ab 18 Uhr
sonn- und feiertags ab 16 Uhr

Zehn Kilometer südlich der Nahemündung in den Rhein liegt das Weindorf Bretzenheim, in dem Michael Meurer das Winzerhandwerk bereits in der 5.Generation fortführt. Die große Weinpalette der handverlesenen Trauben lässt keine Wünsche offen: Bei den Weißweinen dominieren die alten Gewächse wie Riesling, Silvaner, Grauer Burgunder und Weißburgunder; darüber hinaus werden auch Scheurebe, Bacchus, Chardonnay und Kerner angebaut. Zum Repertoire der Rotweine gehören Dornfelder, Portugieser, Dunkelfelder und Spätburgunder. In der Straußwirtschaft Meurer können Sie aus über 25 Gerichten von deftigen Hausmacher Wurstplatten über Heringe, Handkäse mit Musik, gebackenem Camembert und Winzerkartoffeln bis hin zu raffinierten Toastgerichten Ihr Lieblingsessen auswählen. Während der Weinlese im Oktober werden Sie mit frischem Federweißen und dazu passenden Gerichten verwöhnt. Bei schönem Wetter wird im neu gestalteten Winzerhof serviert.

Anfahrt: BAB 61, Ausfahrt Bad Kreuznach, im Ort die erste Straße rechts, eigene Parkplätze. Gut ausgebautes Radwegenetz. Zum Bus sind's 5 Minuten.

WEINGUT + FERIENRESIDENZ
DR. THOMAS HÖFER
WEINPENSION
SCHLOSSMÜHLE
NAHEWEINSTR. 2
55452 BURG LAYEN
TEL 06721-45000
MOBIL: 0176-50042504
FAX   -46946
www.drhoefer-weingut.de

öffnet noch bis 2. November
und April und Mai
freitags und samstags ab 17, feiertags und sonntags ab 16 Uhr

Idyllisch im Weingarten mit „Rosen und Reben" (so auch das Motto dieser Straußwirtschaft) werden Ihnen ab 1,50 € Weiß- und Grauburgunder, Spätburgunder Weißherbst, Rotweine und exzellente Rieslinge aus 7 verschiedenen Nahewein-Anbaugemeinden kredenzt. Auch Sekt und eigener Traubensaft sind im Angebot. Als Vesper gibt es regionale, leckere Spezialitäten und Winzerschnitzel „Germanus", denn nicht große Speisen, der Weingenuss soll hier im Vordergrund stehen. Für die Weinfreunde sind auch der Rosengarten und der 800 Jahre alte Burgkeller geöffnet. Für Kinder ist ein Kinderspielplatz eingerichtet worden. **Übernachtung**: Ferienapp. im historischen Ambiente. Zum **„Schloßmühlenfest"** erwartet man Sie zu Pfingsten.

Anfahrt: BAB 61, Ausfahrt Rümmelsheim (48) – Burg-Layen. Für Radfahrer ein ideales Ziel, 3 Wohnmobilstellplätze.

ERBACHER HOF
FAMILIE ERBACH
HAUPTSTR. 39
55595 BURGSPONHEIM
TEL. 06758 -431 + -803187
FAX   -8445

öffnet freitags und samstags ab 16 Uhr,
sonn- und feiertags ab 15 Uhr

Der Weingarten lädt an warmen Tagen zum Verweilen, regnet's oder ist's zu kalt, wird drinnen bewirtet. Das preiswerteste Glas vom Weißwein gibt es für 1,30 €. Alle Weine des Weinguts sind im Ausschank zu probieren, rot oder weiß, trocken oder lieblich. Die Qualitäten reichen bis zu Auslesen. Im Oktober gibt es zum Federweißen Spansau. Spezialität der Gegend: Zwiebeltöpfchen mit Bratkartoffeln. Platzreservierung. Gesellschaften: 10 bis 45 Personen. Das eigene **Weinfest** ist am letzten Wochenende im August. **Übernachtung**: Gästezimmer im Haus, mit WoE-angeboten. Ausflüge: Zur Ruine der Burg Sponheim oder in die Abteikirche. Für zuhause: Liköre und Schnäpse (auch Blauer Spätburgunder Hefebrand).

Anfahrt: BAB 61, Ausfahrt Waldlaubersheim nach Burgsponheim. Ruhig am Ortsrand gelegen; zum Bus 800 m. Nächster Bahnhof: Bad Sobernheim. Stellplatz für Wohnmobile.

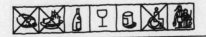

BIRKENHOF
R. BLUMENRÖDER
BIRKENWEG 5
55585 DUCHROTH
TEL. 06755-1588

öffnet täglich von 11.30 bis 14 und 16 bis 22 Uhr,
samstags und sonntags ab 10 bis 22 Uhr, montags Ruhetag
Mitte bis Ende Januar geschlossen

Landwirtschaft, Weinbau und Gastronomie ist hier in einem, so können Sie sich rundum verwöhnen lassen. Die Weißweine gibt es ab 1,30 € zu verkosten, Rotweine und Weißherbst ab 1,40 € bzw. 1,50 €. Der Ausbau des Rotweins ist ein besonderes Anliegen des Winzers. Im Herbst gibt es auch Federweißen. Die Speisekarte bietet warme und kalte Speisen, auch Wildgerichte gehören dazu, Preise zwischen 3,50 und 11,50 €. Von Mitte September bis November wird zum Spanferkel-Essen geladen. Ein ganzes Menü gibt es schon ab 7,- €. Bewirtet wird je nach Wetterlage drinnen und auf der Terrasse. Platzreservierung. Gesellschaften: ab 20 bis 60 Personen. **Übernachtung**: 7 DZ und 1 EZ im Haus. Weinfest in Duchroth: Am 1. Wochenende im September.

Anfahrt: Von Bad Kreuznach über Bad Münster a.St. nach Duchroth (15 km). Mehrmals täglich Busse von Bad Münster a.St. Im Neubaugebiet am Ortsrand gelegen. Der Nahe-Radweg ist 1 km entfernt. Mehrere Wohnmobilstellplätze.

SANKT MARTINSKLAUSE
W. und G. KLÖCKNER
AM MÜHLRECH
55452 GULDENTAL-
 WALDHILBERSHEIM
TEL. 06707 -385
FAX   -8618
www.weingut-kloeckner.de

öffnen von September bis November und von März bis Mai
samstags ab 18 Uhr, sonntags ab 16 Uhr
von Juni bis Juli nur freitags ab 18 Uhr

Guldental ist die größte Weinbaugemeinde an der Nahe. Seit mehreren Generationen sind Klöckners hier Winzer, die Straußwirtschaft besteht **28 Jahre**. In stilvollem Ambiente, neu gestalteten und eingerichteten Räumlichkeiten, gibt es Weine vom Landwein bis zur Auslese, Preis ab 1,40 €. Neu ist der blanc de noir vom Portugieser. Im Herbst gibt's Federweißen, der Traubensaft ist Eigenerzeugnis. Zum ‚Remischen' werden in der Probierstube oder in der Pergola Fisch- und Salatteller San Martino mit frisch gebr. Hähnchenbrust, Lachsfilet mit gr. Nudeln, div. Schnitzel, Steaks, Toasts, Hausmannskost und wechselnde warme Spezialitäten serviert. Platzreserv., Gesellsch.: Ab 25 bis 100 Personen. **Hoffest** ist vom 12. bis 14. Sept. Für zuhause: Winzerkaffee, Traubenlikör, Wein- u. Sektgelee, Marmeladen und Prosecco-Perlwein.

Anfahrt: BAB 61, Ausf. Windesheim, Richtung W., dann rechts nach Guldental. Im Ort rechts über die Brücke (ausgeschildert). Die Straußwirtschaft liegt ca. 100 m vom Ortsrand entfernt, gute Parkmöglichkeit unterhalb des Grundstücks. Der Radweg Bad Kreuznach-Stromberg führt am Weingut vorbei. Am WoE schlechte Busverbindung. Mehrere Plätze für Wohnmobile.

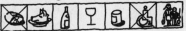

**STRAUSSWIRTSCHAFT-WEINGARTEN
MONIKA MIECK**
BÄRWEILERWEG 10
55566 KIRSCHROTH
TEL.+ FAX 06751-5352
www.weingut-mieck.de

öffnet vom Anfang September bis Ende Oktober
und von Mitte Mai bis Ende Juli

samstags von 17 bis 24 Uhr, sonn- u. feiertags von 14 bis 22 Uhr

Seit über 130 Jahren betreibt Familie Mieck Weinbau. Zu 60 % wird in Kirschroth Riesling angebaut, und auch Familie Mieck macht da keine Ausnahme. Für 1,40 € kann man vom weißen Fasswein verkosten (trocken oder mild), offenen Riesling gibt es auch ab 1,40 €. Dornfelder wird auch als Roséwein für 2,- € ausgeschenkt. Das Weingut bietet Qualitäten bis zum Eiswein. Im Herbst gibt's Federweißen, der Traubensaft ist Eigenerzeugnis. Neben Wingertsknorze, Strammem Max oder Hausmacher Wursttteller wird im Herbst Zwiebelkuchen gebacken. Bewirtet wird in der alten Scheune (**Nichtraucher**) und in der umgebauten Tenne, der Weingarten (20 Plätze) ist teilweise überdacht. Für Interessierte: Bachlehrpfad im Ort, zum Barfußpfad in Bad Sobernheim ist's nicht weit. Freilichtmuseum.

Anfahrt: BAB 61, Ausfahrt Nahetal. Richtung Bad Kreuznach. B 41 bis Bad Sobernheim. Abfahrt Industriegebiet, über Meddersheim nach Kirschroth. Eigene u. öffentliche Parkplätze. Nächster Bahnhof: Bad Sobernheim.

SITZIUS DIE WEINWIRTSCHAFT
WILHELM u. SONJA SITZIUS
NAHEWEINSTR. 87
55450 LANGENLONSHEIM
TEL. 06704-1309
FAX   -2781
www.sitzius.de

öffnen noch bis 30. November und wieder ab 30. März
freitags und samstags ab 18 Uhr, sonntags ab 17 Uhr

„Gut gegess' un getrunk" ist das Motto des schon 1560 gegründeten Familienbesitzes. Rund 60 Prozent der Rebflächen gehören dem Riesling, überwiegend trocken ausgebaut mundet er zu Kartoffelschaumsuppe, hausgebeiztem Lachs oder Salatteller mit Fischvariationen. Doch gibt es auch Spätburgunder Rotwein, einen Rosé, einen Weißherbst und deftige Speisen wie gebackene Blut- und Leberwurst, Rumpsteak oder Bauernsülze mit Bratkartoffeln. Der Traubensaft ist Eigenerzeugnis. Bewirtet wird in der Weinwirtschaft mit 65 Plätzen (Platzreservierung möglich) und an warmen Tagen im Innenhof. Gesellschaften gj. 20 bis 60 Pers. Das Langenlonsheimer Weinfest ist immer Ende Juli.

Ausflüge: Rheingrafenstein, Rothenfels oder Wellness pur mit Vinotherapie ind Bad Kreuznach, Bad Münster am Stein-Ebernburg und Bad Sobernheim.

Anfahrt: Von Bad Kreuznach auf der B 48 nach Langenlonsheim. In der Dorfmitte. Oder mit Bus oder Bahn, Θ 200 m.

BEIM KUTSCHER
FAMILIE DERSCHEID
OBERER WEIDENPFAD 19

55452 LAUBENHEIM

TEL. 06704 -1384
FAX -3119
www.weingut-derscheid.de

öffnet nach Fasching für 2 Monate und im
November und Dezember
freitags und samstags ab 18 Uhr,

sonn- und feiertags ab 16 Uhr

Laubenheim geht auf eine fränkische Siedlung der Merowinger zurück (8. Jahrhundert). Klimatisch sehr günstig gelegen, lässt sich der Weinbau lange Zeit zurückverfolgen. Familie Derscheid kann dies bis ins Jahr 1648. Vom Tafelwein bis zur Auslese lässt es sich „Beim Kutscher" verkosten, die Weine von trocken bis lieblich gibt es in rot und rosé ab 1,80/1,70 €, die Weißen (0,2 l) schon ab 1,20 €. Der Traubensaft ist aus eigenem Anbau. Dazu werden Hausmacher Wurst, Spundekäse und Toast gereicht. Je nach Wetterlage wird auch im Freien bewirtet. Gesellschaften: Ab 20 bis 30 Personen. Für zuhause: Auch Liköre und Sekt.

Anfahrt: BAB 61, Ausfahrt Dorsheim, dann B 48 nach Laubenheim. Die Wirtschaft liegt oben auf dem Begr. Parkplätze im Hof. Der Nahewanderweg führt am Haus vorbei.

**WEINSTUBE-
STRAUSSWIRTSCHAFT
MANFRED und GERNOT
BAMBERGER**
KREUZNACHER STR. 31
55595 MANDEL
TEL. 0671 -28447
FAX   -9201634
www.weingut-bamberger-mandel.de

öffnen im Herbst und im Frühjahr (Termine nachfragen)
samstags und sonntags

In neuen Räumen empfängt Sie Familie Bamberger mit Weißwein von pilzresistenten Sorten (Preis pro Glas ab 1,20 €), beim Rotwein wird u.a. die Neuzüchtung Regent geboten. Zum gefüllten Kaiserbraten wird Salat der Saison gereicht, Winzersteak wird mit Pommes frites geboten, der Spundekäs' bildet den würdigen Abschluss. Die Wurst ist aus eigener Schlachtung und im Herbst gibt's Spanferkel + Füllselkartoffeln. An Festtagen gibt's ein Extra-Speisenangebot. Der Hof grenzt an den Garten, hier wird an warmen Tagen ebenfalls bewirtet. Platzreservierung. Gesellschaften: 10 bis 50 Personen. Familienfeiern und sonstige Veranstaltungen nach Vereinb. **Übernachtung:** Im Weingut.

Anfahrt: BAB 61, Ausfahrt Waldlaubersheim, Richtung Windesheim, Roxheim nach Mandel. Im Ort hängt der Rebkranz an der Kreuznacherstraße 31, der Toreingang zur neugestalteten Straußwirtschaft ist ein Faßboden, der auch als Etikettenvorlage dient. Der Bus hält vorm Haus, der eigene Parkplatz (auch für Wohnmobile) ist 50 m entfernt.

WEINSTUBE KLEIN
MARKUS KLEIN
GROßSTR. 41
55627 MERXHEIM/NAHE
TEL. 06754-472
FAX   -8679
www.weingut-klein.de

öffnet Anfang Mai bis Mitte Juli und
Mitte September bis Mitte November
freitags/samstags ab 18, sonn- u. feiertags ab 16 Uhr

Schon für 1,50 € werden Ihnen die Gläser mit weißem und roten Fasswein gefüllt, Flaschenweine gibt es in allen Ausbaustufen, rot, weiß und rosé, doch ist der Riesling die Spezialität des Hauses. Auch eigenen Traubensaft gibt es in weiß und rot. In der „gut Stubb" oder im sonnigen Innenhof bewirtet man Sie je nach Saison, Wetter oder Laune mit wechselnden Gerichten. Doch nicht nur der Gaumen wird hier verwöhnt, es gibt auch was für die Ohren: Ein buntes Programm vom deutschen Volkslied über Italienisches zu Nostalgischem oder Pianoklängen begleitet mitunter Ihren Besuch, auch Kunstausstellungen bereichern den Straußwirtschaftsbesuch. Platzreservierung. Gesellschaften während der Öffnungszeit ab 15, sonst ab 25 bis 60 Pers.; Planwagenfahrten, Feiern mit Buffet oder Menü. Verkauf von Äpfeln, Honig, Essig, Likören …und natürlich Wein.

Anfahrt: BAB 61, Ausf. Waldlaubersheim, B 41 Rtg. Idar-O., Abfahrt Monzingen, links 2 km. Mitten im Ort am Rathaus. P am Weingut. 3x tgl. Bus, Θ 300 m. Im Ort ca. 10 Wohnmobilplätze.

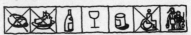

STRAUSSWIRTSCHAFT
UTE und WERNER JAEGER
SOONWALDSTR. 23
-NAHEWEINSTRASSE-
55569 MONZINGEN
TEL.06751 -3847
FAX   -94705
www.weingut-jaeger.homepage.t-online.de

öffnet Ende August bis zum 1. Wochenende im November,
Ende April bis Anfang Juni und wieder Ende August

samstags ab 18, sonn- und feiertags ab 16 Uhr u. nach Vereinb.

Seit 1615 wird in der Familie Jaeger Weinbau betrieben. Ausgeschenkt wird hier Weißwein ab 1,50 €, Dornfelder gibt es ab 1,80 € (auch als Rosé f. 1,70 €). Bewirtet wird drinnen (40 Plätze) und an warmen Tagen im idyllischen Weingarten (50 Plätze) mit Strammem Max, Jaegers Hausplatte, Schinderhannes-Toast, Hühnerhaufen ... Zur Lesezeit werden zum Federweißen Zwiebelkuchen und bei Vorbestellung auch Spanferkel mit Füllselkartoffeln serviert. Platzreservierung. Kinderspielplatz. **Übernachtung:** VVN Monzingen, Tel. –1281; Campingplatz – 7475. Weinblütenfest ist am 3. WoE im Juni, Weinwandertag Mittlere Nahe am 3. Samstag im September. Für zuhause: Auch Winzersekt, Liköre und Weingelee. Wandertipps von Naheland-Touristik, Tel. 06752 –2055.

Anfahrt: BAB 61, Ausf. Bad Kreuznach oder Waldlaubersheim, dann B 41 Rtg. Idar-Oberstein. Oder BAB 62, Ausf. Birkenfeld (55 km). In M. den Hinweisschildern folgen. 100 m zum historischen Ortskern. 12 Wohnmobilstellplätze im Ort.

**WEINGUT
AXEL SCHRAMM**
SOONWALDSTR. 49
55569 MONZINGEN
TEL. 06751-3312
www.asmo-wein.de

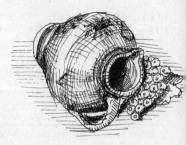

öffnet freitags, am Wochenende und feiertags ab 17 Uhr

Leichte, bekömmliche Weine zu erzeugen – das ist das Ziel von Winzer Schramm. Bis hin zu Spätlesen schenkt er Qualitätsweine aus, die Weißweine sind von trocken bis lieblich ausgebaut. Rotweine gibt es von den Rebsorten Domina, Dornfelder, Portugieser und Regent. Preise: ab 1,50 bzw. 2,20 €. Der weiße Traubensaft ist ebenfalls aus eigenem Anbau, im Herbst gibt es auch Federweißen. Drinnen im Kelterhaus und draußen auf der Terrasse (so das Wetter mitspielt) werden Ihnen Speisen Hausmacher Art serviert. Platzreservierung. Gesellschaften: bis 50 Personen. Weinblütenfest in Monzingen: Am 3. Wochenende im Juni.

Anfahrt: B 41, zwischen Sobernheim und Kirn, außerhalb von Monzingen Richtung Auen, 500 m hinter dem E-Werk. Platz für Wohnmobile. Zum Bahnhof von Monzingen sind es ca. 1,5 km.

WEINSTUBE GÖTTELMANN
RUTH GÖTTELMANN-BLESSING
RHEINSTR. 77
55424 MÜNSTER-SARMSHEIM
TEL. 06721-43775
FAX   -42605
GoettelmannWein@aol.com

öffnet noch bis zum 7. Dezember, dann wieder ab 15. Februar
freitags u. samstags ab 18 Uhr, sonntags ab 16 Uhr

Ob im Garten oder im Gutshaus – je 65 Plätze warten hier auf Freunde vorwiegend trockener Rieslinge, das 0,2 l-Glas ab 2,- €. Zumeist sind es Prädikatsweine, auf rheinischem Schiefer gewachsen, darunter auch Spitzenweine mit internationaler Anerkennung. Rotweine gibt es von Dornfelder und Spätburgunder. Leckere Kleinigkeiten erwarten Sie aus der Gutsküche: Basilikumkartoffeln, diverse Flammkuchen, Quiches, Rösti mit Apfelmus, aber auch Steak und Schnitzel und gebackener Saumagen. Zum Abschluss schmeckt dann der warme Apfelstrudel mit Vanillesauce und Eis. Alle Gerichte kosten unter 10,- €.
Anfahrt: BAB 61, Ausfahrt Dorsheim nach Münster-Sarmsheim, B 48 (Rheinstraße). Eigene Parkplätze.

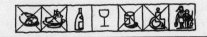

**WEINGUT
SALADIN SCHMITT**
RHEINSTR. 60
55424 MÜNSTER-SARMSHEIM

TEL. 06721 -43711
FAX   -44504
www.weingut-saladin-schmitt.de

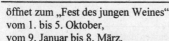

öffnet zum „Fest des jungen Weines"
vom 1. bis 5. Oktober,
vom 9. Januar bis 8. März,
22. April bis 21. Juni, Sommerausschank 17.-19. Juli,
31. Juli bis 4. August (Kerbeausschank)

täglich ab 17 Uhr, sonn- u. feiertags ab 16 Uhr,
montags und dienstags Ruhetage

„Junger Ziegenkäse im Garten", gebackener Ziegenkäse an Salat, Hausmacher Wurstplatte, Nizzasalat mit und ohne Thunfisch, Spundekäs', Pellkartoffeln mit Matjes oder Leberwurstsoße – dies alles und mehr serviert man Ihnen im Weingut Schmitt zu Weinen von St. Laurent (trocken), Grauem Burgunder, Rieslingen, Spätburgunder und Riesling-Winzersekten; Preis für das preiswerteste 0,2 l-Glas: 1,70 €. Im Sommer Außenbewirtung, im Winter sitzt man warm am gemauerten Ofen. Neu: Heringskäse und in der Faschingszeit „Karnevalsalat". Zum **Hoffest** erwartet man Sie vom 24. bis 26. Juli.

Anfahrt: Über die Autobahn von Mainz nach Bingen, Ausfahrt Bingen-Büdesheim, Sportzentrum, Münster-Sarmsheim. Oder BAB 61, Ausfahrt Dorsheim oder Bingen.

**STRAUSSWIRTSCHAFT
GEBHARD**
ADALGERSTR. 2
55585 NORHEIM
TEL. 0671-27768

öffnet ganzjährig
donnerstags ab 17 Uhr, sonn- und feiertags ab 16 Uhr

Zum größten Teil wachsen die Weine im Weingut Gebhard an Steillagen. Seit zwei Generationen wird Weinbau betrieben, das Angebot reicht vom Qualitätswein bis zur Auslese. Preiswert zu sein, ist der Winzerfamilie wichtig, das Glas Weißwein gibt es bereits für 1,- €, der halbtrockene Spätburgunder kommt für 1,40 € ins Glas. Der Traubensaft ist Eigenerzeugnis. Die Küche bietet Hausmacher Wurst, Füllsel, Wingertsknorzen und Handkäse und an Sonn- und Feiertagen Braten- und Lachsbrote. Zum Federweißen im Herbst gibt es Zwiebelkuchen. Bewirtet wird im Sommer auch im Weingarten. Gesellschaften: 10 bis 30 Personen. Ausflüge: Ebernburg, Rotenfels und Rheingrafenstein sind lohnende Ziele. Und für zuhause neben Wein auch Traubengelee und –saft.

Anfahrt: B 48 von Bingen Richtung Bad Münster, rechts nach Norheim; das Weingut ist das 2. Haus neben der Grundschule, Parken (auch für Wohnmobile) vorm Haus. Oder auf dem Radwanderweg von Bingen nach Kirn. Norheim hat einen Bahnhof.

**WEINGUT
CORNELIA u. LOTHAR
CHRISTMANN-FALLER**
HALLGARTENER STR. 2
55585 OBERHAUSEN
TEL.+ FAX 06755-1526
mobil: 01758318668
www.christmann-faller.de

öffnet noch bis 19.Okt. und Ende April bis Ende Juni
am Wochenende und feiertags ab 12 Uhr

Seit über 100 Jahren besteht dieser Familienbetrieb. Seit 20 Jahren ist es eine **echte Straußwirtschaft**. Ausgeschenkt werden trockene, halbtrockene und liebliche Weißweine, sowie trockene und halbtrockene Rotweine. Im Herbst gibt's Federweißen. Bewirtet wird drinnen mit 40 Plätzen und an warmen Tagen in Hof und Pergola für 200 Weinfreunde. Das Essen ist reichhaltig: Handkäs, Kartoffelsuppe, Winzersteak, Folienkartoffeln, frische Salate und Schnitzel sind im Angebot. Platzreservierung. Gesellschaften nach Absprache, auch für romantische oder gesellige Wochenende mit Programm. **Übernachtung**: wird vermittelt. Ist's außerhalb, wird Fahrdienst geboten. Am letzen Wochenende im August lädt das Weingut zu **Tanz**, **Vorführungen** und **Tombola**, dann ist auch die Naheweinkönigin Daniela von 2002/2003 zugegen. Auch die **Kirmes** im September wird vom Weingut gestaltet. Der Weinwanderweg führt um Oberhausen herum, im Ort ist ein Traktormuseum.

Anfahrt: B 48 bis Bad Münster am Stein, Rtg. Norheim nach Oberhausen. Nach der Brücke die 1. Straße links, 1. Haus rechts. Parken am Haus und 20 m entfernt. Busanbindung, jedoch selten. Mehrere Wohnmobilstellplätze.

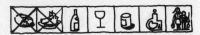

**STRAUSSWIRTSCHAFT
HERBERT GROSSARTH**
STAUDERNHEIMERSTR. 8
55571 ODERNHEIM
TEL. 06755 -223
FAX   -962420
www.grossarth.de

öffnet vom 3. Oktober bis 2. November
und vom 1. Mai bis 26. Juli
freitags und samstags ab 18 Uhr, sonn- und feiertags ab 12 Uhr

Das Weingut Grossarth gibt es seit 5 Generationen, seit 26 Jahren wird in die **echte Straußwirtschaft** geladen. Die Weine wachsen in kontrolliert umweltschonendem Weinbau an den Südhängen von Odernheim und auf dem Disibodenberg, Hier lebte Hildegard von Bingen 40 Jahre. Das Weingut ist auf Riesling spezialisiert, doch gibt es auch andere Rebsorten aus kontrolliert umweltschonendem Weinbau. Von Hand gelesen, gibt es hier Weißweine ab 1,20 € und Rotweine ab 1,60 €. Im Herbst gibt's Federweißen, der Traubensaft ist Eigenerzeugnis. Die Winzerküche bietet in Riesling eingelegten Handkäs', Winzerplatte, Vesperteller und vieles mehr. An warmen Tagen wird im großen Innenhof und in der Weinlaube bewirtet (100 Sitzpl.). Gesellschaften: Ab 25 bis 40 Personen. **Übernachtung**: Scheib -430, Hartmann -364 und Dalm -313. Für zuhause: Sekt, Weinbergspfirsich- und Traubenlikör, Riesling-Senf, Weingelee.
Anfahrt: BAB 61, Ausf. Waldlaubersheim, Rtg Bad Kreuznach, dann B 41 nach Sobernheim. Am Ortseingang. Parkplätze im Hof. Fast stündlich Busse, Θ vor der Straußwirtschaft.

NAHE 226 NAHE

**WEINGUT
ALFRED HEIL**
UNTERE KIRCHGASSE 8
55595 ROXHEIM
TEL. 0671 -34487
FAX -44458
weingut.heil@t-online.de

öffnet im Oktober
und Ende Juni bis Ende August

freitags und samstags ab 18 Uhr,
sonn- und feiertags ab 16 Uhr

Aus integriertem Anbau werden Ihnen Weine der Rebsorten Riesling, Weißer und Grauer Burgunder, Dornfelder, Spätburgunder und Portugieser eingeschenkt, die letztere auch als Weißherbst. Preis für die weißen und roten Sorten ab 1,70 €. Ab Erntebeginn wird Federweißer ausgeschenkt. Die Küche bietet „Strammen Max", Käse- und Hausmacherplatte, Füllsel, Spansau und ein Rieslingsüppchen. An schönen Tagen wird im Hof und auf der Terrasse bewirtet (je 20 Plätze). Platzreservierung. Gesellschaften zur Öffnungszeit: 5 bis 20, sonst 15 bis 40 Personen. Das **eigene Weinfest** ist am 1. WoE im September. Zur Planung Ihres Aufenthalts in Roxheim unterstützt Sie das Weingut mit Prospekten, Fahrplänen, Übernachtungshinweisen.

Anfahrt: BAB 61, Ausf. 47 (Waldlaubersheim); Rtg. Roxheim (ca. 6 km). In der Ortsmitte. Die Straßeneinfahrt gegenüber vom Rathaus (Sackgasse). Parken auf Straße, Hof u. neben Friedhof.

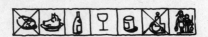

**STRAUSSWIRTSCHAFT
ARNO MERZ**
WEINGUT MERZ
KREUZNACHER WEG 1
55595 ROXHEIM
TEL. 0671   -43377
FAX   -4822545
www.weingut-merz.de

öffnet vom 1. Mai bis Mitte Juli
samstags ab 18 Uhr,
sonn- und feiertags ab 16 Uhr

Der Weingarten im rebenbewachsenen Hof und die mit alten Möbeln geschmückte Scheune der **echten Straußwirtschaft** sind bereit, Sie für vergnügte Stunden zu empfangen. Mitunter wird auch der Weinbrunnen vor dem Haus aktiviert, doch ist sein Strom versiegt, dann sorgt Winzer Merz dafür, dass Ihr Glas wohlgefüllt vor Ihnen steht. Riesling steht im Vordergrund, doch werden auch Burgunderweine, Rivaner, Classic-Weine und ... kredenzt, von trocken bis mild ist zu verkosten. Portugieser gibt es als Rosé, Dornfelder, Spätburgunder und Regent als Rotwein. Der weiße Traubensaft ist Eigenerzeugnis. Hausmacher Wurst und roher Schinken, fr. Flammkuchen oder gebackener Camembert, auch Wingertsknorzen werden serviert. Platzreserv. Gesellschaften: Zur Öffnungszeit 2 bis 50, sonst 1 bis 20 Pers.
Übernachtung: 3 DZ und 1 Ferienappartment. Für zuhause: Trauben-/Weinbergspfirsichlikör, Wein- und Hefebrand.
Anfahrt: BAB 61, Ausf. Windesheim-Waldlaubersheim, links nach Roxheim, dann 5 km, in den Kreisel Richtung Hargesheim/Roxheim, danach gleich rechts, in Roxheim bis Ortsmitte (Bäckerei), links Richtung. Rüdesheim, dann die 2. Straße links. Zwei Wohnmobilstellplätze.

STRAUSSWIRTSCHAFT GERNOT BÄDER
ZUM HARGESHEIMER PFAD
55593 RÜDESHEIM
TEL.+ FAX 0671-27471
www.weingut-gernot-baeder.de

öffnet Ende September bis Ende November
und vor Ostern bis Mai
freitags und samstags ab 18 Uhr, sonn- und feiertags ab 16 Uhr

Im Oktober wird die Straußwirtschaft geöffnet, die seit 1994 besteht, und Sitz der Weinprinzessin von 2004/2005 ist. Ob Sie in der Weinstube oder im rebenbewachsenen Hof Platz nehmen – gut gefüllt steht bald ein Glas mit Wein oder eigenem Traubensaft vor Ihnen. Die roten Sorten sind Spätburgunder, Dornfelder und Domina, bei den Weißweinen sind es Silvaner und Bacchus, das Glas ab 1,10 €, der Rote ab 1,60 €. Die Küche bietet deftige Speisen wie Hausmacher Wurst, Winzertoast und -teller, Wingertsknorze und Salatteller. Ab Mitte Oktober gibt's Federweißen und dazu samstags Spansau. Platzreservierung. Gesellschaften außerhalb der Öffnungszeit: Ab 10 - 50 Personen. Rüdesheimer Weinkerb: Am 1. WoE im Mai. Dann gibt's bei Bäders Rollbraten mit Kartoffelsalat. Das Naheweinstraßenfest ist Mitte Juli. Eigenes **Hoffest** ist am 1. WoE im August. **Übernachtung:** Kann von Bäders vermittelt werden.

Anfahrt: BAB 61, Ausf. Waldlaubersheim, durch Hargesheim nach Rüdesheim. Die 1. Ampel rechts bis zum Ende der Straße, dann links. Direkte Verbindung zum Rad- und Wanderweg. Nächster Bahnhof: Bad Kreuznach. Platz für Wohnmobile.

**STRAUSSWIRTSCHAFT
W. und U. HERRMANN**
KIRCHSTR. 2
55593 RÜDESHEIM
TEL. 0671   -26540 + 9213979
FAX   -4821488 + 9204758

öffnen Mitte Oktober bis Ende November
und 2009 auf Anfrage

freitags und samstags ab 18 Uhr,
sonn- und feiertags (und den Tag davor) ab 16 Uhr

Nur unweit von Bad Kreuznach an der alten B 41 liegt der Naheweinort Rüdesheim. Schon ab 1,10 € lässt es sich hier bei Winzer Herrmann vom milden oder trockenen Müller-Thurgau probieren, auch Riesling, Weißer Burgunder, Chardonnay, Dornfelder, Spätburgunder, ein Rotling und eigener Traubensaft sind zu verkosten. Selbst eine Auslese ist unter den offenen Weinen, für 0,2 l zahlen Sie 2,10 €. Die Küche bietet Schinken und Hausmacher Wurst, Eisbein, Füllsel, Pellkartoffeln mit Hering oder Leberwurst und Bauernfrühstück, das auch abends schmeckt. An warmen Tagen wird im Freien bewirtet. Gesellschaften: Ab 15 bis 50 Personen. **Übernachtung:** Bitte bei Herrmanns nachfragen.

Anfahrt: Die 20 Jahre bestehende Straußwirtschaft liegt in der alten Ortsmitte. An der Kirche runter in die Kirchstraße. Stündlich Busverbindung von Bad Kreuznach, zur Θ sind's 50 m; der Radweg führt 100 m entfernt vom Weingut vorbei.

GUTSSCHÄNKE FELSENSTÜBCHEN
UDO HÄRTER
RINGSTR. 3
55596 SCHLOSS-
    BÖCKELHEIM-TAL
TEL. 06758 -6240
FAX   -93627
www.winzerhof-haerter.de

öffnet freitags u. samstags ab 18, sonn- u. feiertags ab 16 Uhr, Dez. und Jan. geschlossen (Urlaub telefonisch nachfragen)

Im Ausschank sind über zehn Weißweine (von trocken bis mild), Preis ab 1,30 €, die fünf Rotweine von Domina, Regent, St. Laurent und Dornfelder kosten ab 1,60 €. Der rote Traubensaft ist Eigenerzeugnis, im Herbst wird Federweißer eingeschenkt. Auch Spät- und Auslesen können verkostet werden. Umfangreich wie die Weinkarte ist auch die Speisekarte. Schinken-Käseplatte, Rückensteaks, Schnitzel, Putenbrust, verschiedene Salate, versch. Toasts und allerlei herzhaft belegte Brote. Auch glutenfreie Speisen. Die kleinen Gäste bekommen Curry-Wurst, Schnitzel und Pommes, das essen auch Anja und Jan, die beiden Kinder, gern. Platzreservierung. Reisebusse sind herzlich willkommen. Bei schönem Wetter Bewirtung auf der Terrasse. **Übernachtung**: Liste über Härters. Weinwanderungen, Betriebsbesichtigung. Interessante Angebote für Gruppen im Internet.

Anfahrt: BAB 61, Ausfahrt Bad Kreuznach, B 41 Richtung Idar-Oberstein, Ausfahrt Waldböckelheim, Richtung Hüffelsheim, Abfahrt Schloßböckelheim, im Ortsteil Tal. Wohnmobilstellplatz.

**WEINGUT-BRENNEREI
MICHAEL KLEIN**
DEYERTSTR. 14
55444 SCHWEPPENHAUSEN
TEL.+ FAX 06724-1563

öffnet September und Oktober und Mai und Juni
freitags und samstags ab 18 Uhr, sonn- und feiertags ab 17 Uhr

Seit 1730 wird bei Familie Klein Weinbau betrieben. Verkosten Sie von Spät- und Auslesen, so sind die Trauben handgelesen wie in früheren Zeiten. In der **echten Straußwirtschaft** ist von Riesling, Silvaner oder Burgunder ab 1,- € zu verkosten, Dornfelder, Regent und Spätburgunder gibt es ab 1,30 €, von letzterem wird auch ein Rosé geboten. Alle Weine sind trocken. Bewirtet wird bei schönem Wetter auch im Innenhof mit frischem Mett mit Zwiebeln, Strammem Max, Winzerplatte mit/ohne Obstler, Rippchen, Bratwurst oder Mozarella mit Tomate und Basilikum. Gesellschaften außerhalb der Öffnungszeit: Bis 45 Personen. **Übernachtung**: Pension Tichner. Auf Wunsch Weinwanderungen. Für zuhause: Obstbrände.

Anfahrt: BAB 61, Ausfahrt Waldlaubersheim, dann 2 km bis Schweppenhausen. In der Ortsmitte. Parken im Innenhof. Oder mit ORN Bad Kreuznach-Stromberg, stündlich, ☉ 50 m. Nächster Bahnhof: Bingen.

GUTSSCHÄNKE BARTH

HERMANN BARTH 55595 SOMMERLOCH
WEINBERGSTR. 4 TEL. 06706-6065
www.weingut-barth.net FAX   -991115

öffnet September bis Anfang November
und April bis Juli
freitags und samstags von 18 bis 24 Uhr,
sonn- und feiertags ab 17 Uhr

Zur warmen Jahreszeit freuen sich die Weinfreunde auf den großen Weingarten mit schattenspendenden Bäumen, doch ist die gemütliche Weinstube nicht minder beliebt. Vom Land- bis zum Eiswein reicht die Palette der angebotenen Weine, das Glas von Riesling, Weiß- und Spätburgunder, Dornfelder, Rosé oder Weißherbst gibt's zwischen 1,40 und 2,- €. Neben Handkäse, Schmalz- oder Knoblauchbrot werden geräucherter Lachs, Forellenfilet, Bacchusschmaus, Winzersteaks mit Bratkartoffeln, Gutsplatte oder Salatteller serviert. Im Herbst gibt's freitags Spansau mit Federweißer. Gesellschaften außerhalb der Öffnungszeit: 20 bis 75 Personen. **Übernachtung:** 6 DZ (27,50 € /Pers.). Zum **Hoffest mit Tanz** im Weingarten sind Sie am 1. Juli WoE geladen. Für zuhause: Auch Likör von Trauben und Weinbergspfirsich, Winzerkaffee, Riesling-Weinessig und Traubenkernöl.

Anfahrt: BAB 61, Ausfahrt Waldlaubersheim, Richtung. Bad Kreuznach, über Hargesheim, Wallhausen. Am Ortseingang, Parken im Hof. Nächster Bahnhof: Bad Kreuznach, dann Bus. der auf dem Radweg von Bad Kreuznach. Großer Parkplatz und 2 Wohnmobilstellplätze.

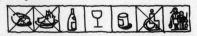

STRAUSSWIRTSCHAFT W. ECKES
SVEN ECKES
NAHEWEINSTR. 26
55425 WALDALGESHEIM-
       GENHEIM
TEL. 06724 -95977
FAX   -95978
www.winzerlaedchen.de

öffnet vom 5. September bis 23. November
und vom 27. Februar bis 1. Juni
freitags und samstags ab 17 Uhr, sonn- und feiertags ab 16 Uhr

Zum Auftakt empfiehlt der Winzer einen trockenen oder lieblichen Weinaperitif, danach heißt es, die umfangreichen Wein- und Essensangebote zu prüfen. Ob trocken oder lieblich, rot oder weiß – für jeden Geschmack ist etwas zu finden, das Glas vom Weißwein 1,30 €, für Rotwein und Rosé 1,80 €. Winzerteller, Bratenplatte, überbackener Feta Käse, eingelegter Schwartenmagen oder Toast India (SWR 3 Tipp) sind schnell serviert und schmecken auch zum eigenen Traubensaft. Bewirtet wird drinnen in drei Räumen des alten Winzerhauses. Platzreservierung. Gesellschaften: jetzt bis 130 Personen auch außerhalb der Öffnungszeiten. Am 2. WoE im Sept. ist Genheimer Kerb, am 3. Wochenende im August Weinfest.
Übernachtung: 3 DZ (52,- €) Kulin. Weinproben. Aus dem Winzerlädchen: Viele Brände, darunter Vogelbeerbrand u. Marillengeist, Liköre und eine Riesenauswahl an Essigen u. Ölen.
Anfahrt: BAB 61, Ausf. Stromberg, Rtg. Bingen bis Waldalgesheim, rechts nach Genheim. An der Hauptstraße, P hinter dem Haus (auch für 3 Wohnmobile). Nächster Bahnhof: Bingen (10 km).

**WEINGARTEN und
STRAUSSWIRTSCHAFT SCHNELL**
BERGSTR. 10
55425 WALDALGESHEIM-
    GENHEIM
TEL. 06724-8489
FAX   -941303
www.weingut-schnell.de

öffnet November bis Dezember, Januar bis März
und Mai bis August

freitags/samstags/montags ab 17 Uhr, sonn- u. feiertags ab 16 Uhr

Dieses Familienunternehmen besteht jetzt in der 3. Generation. Qualität statt Quantität ist das Motto des Hauses. Vom QbA bis zur Trockenbeerenauslese kann hier verkostet werden, im Ausschank sind weiße, rote und rosé Weine und Sekte. Traubensaft gibt es in rot und weiß. Im Herbst ist der Verkauf von Neuem Wein einer der Haupttätigkeitsbereiche. Drinnen (35 Pl.) und im Sommer im mediterranen Weingarten (30 Pl.) werden Sie mit Hausmacher Wurst- bzw. Winzerspezialitäten, Kartoffelwurst mit Bratkartoffeln, Winzers Allerlei und Salaten der Saison bewirtet. Zusätzliche Spezialität ist das Pfannenschnitzel und Grillbrot. Platzreservierung. Gesellschaften: 10 bis 35 Personen. Zur Dorfkerb am 2. WoE im **September** ist das Weingut ebenfalls **geöffnet**. Als Insidertyp gilt das idyllische Dorfweinfest Mitte August.

Anfahrt: Von Norden A 61, Ausf. Stromberg, rechts Rtg. Waldalgesheim, dann nächste rechts über Roth. Oder von Süden Ausf. Waldlaubershm. In der Ortsmitte neben der Autowerkstatt. Zur Bus-Θ 20 m. Nächster Bhf.: Bingen.

STRAUSSWIRTSCHAFT
IM WEINGUT PAULUS
JOHN PAULUS
WINDESHEIMER STR. 8
55444 WALDLAUBERSHEIM
TEL. 06707-1338
FAX   -914882

www.weingut-paulus.de

öffnet vom 21. August bis 7. Oktober, 15. Januar bis 22. März und wieder ab 20. August

donnerstags bis samstags ab 18 Uhr, sonntags ab 16 Uhr

Das Anwesen wurde 1850 erbaut und ist ehemaliges Wohnhaus und Werkstatt des Orgelbauers Johann Schlaad. (Unweit ist das Orgelmuseum in Windesheim). Modern umgebaut ist der Stall mit Galerie, der begrünte Hof versetzt Sie in südliche Gefilde. In der **echten Straußwirtschaft** gibt es weiße und rote Weine ab 1,40/1,80 € zu verkosten, darunter einige Classic-Weine, Eiswein und Rotwein aus dem Holzfass (auch Rosé und Weißherbst). Der Traubensaft ist Eigenerzeugnis, im Herbst gibt's Federweißen. Spundekäs' mit Laugenbrezel, frischer Salatteller, Kartoffelklöße gefüllt mit Leberwurst, Handkäs' und Wildschweinsülze von Schweinen aus dem eigenen Jagdrevier munden zum Wein. Platzreservierung. Gesellsch. Gj. 10 bis 60 Personen (nicht an den Öffnungstagen). Musik zum Raderlebnistag ‚Von Tal zu Tal' am letzten WoE im August, **Küche und Kultur** am 8. Nov., Weinwanderungen, Kellerbesichtigung mit WP. **Übernachtung**: Kann vermittelt werden. Für daheim: Auch Riesling-Sekt, Wein- und Traubengelee, Liköre.

Anfahrt: BAB 61, Ausfahrt Waldlaubersheim. Direkt an der Hauptstraße, 200 m nach dem Ortseingang links. Mehrmals täglich Busse von Bingen.

GUTSSCHÄNKE ECKES
GEBR. ECKES
TRAUBENSTR. 11
55595 WALLHAUSEN
TEL. 06706 -400
FAX   -6600
www.eckes-wein.de

öffnen vom 30. Okt. bis 1. Nov., Anf. März bis Mitte Mai und Mitte Juli bis Anf. September

freitags/samstags ab 18 Uhr, sonn- und feiertags ab 17 Uhr

Seit 1899 betreibt Familie Eckes Weinbau, heute ist es die 4. Generation, die sich um Ihr Wohl kümmert. Schon ab 1,60 € lässt sich hier vom Weißwein kosten, auch Spätburgunder, Dorn- und Dunkelfelder sind ab 1,80 € günstig. Weißherbst für 1,70 € gibt es von Portugieser und Spätburgunder. Der Traubensaft ist Eigenerzeugnis. Bewirtet wird drinnen im rustikalen Gastraum und bei schönem Wetter draußen (teilweise überdacht). Das Wallhäuser Nationalgericht „Latwärich", Räuberbrot, Winzerschmaus oder der „Gräfenbachmusikant" (Handkäs' mit Musik) sind ebenso schnell serviert wie „Gelenkschmeer" oder Hausmacher Wurst. Gesellsch.: Bis 50 Pers. **Übernachtung**: Zimmernachweis über Familie Eckes. Weinfest ist am 1. WoE im Sept., Rotweinfest am 2. Mai-WoE, Weinkirmes am 2. WoE im August. Für zuhause: Auch Sekt und Weinhefe.

Anfahrt: BAB 61, Ausf. Waldlaubersheim nach Wallhausen. In der Ortsmitte Rtg Sommerloch, an der Schule vorbei (Cremerstr.) in die Traubenstraße. Parkplätze im Hof. Nächster Bahnhof: Bad Kreuznach. Busanschluss nur bis 19 Uhr, ☉ ist 200 m entfernt.

GRÄFENBACHKELLER
ANKE u. RAINER ECKES Sekt- und Weingut
SCHAFWINKEL 11-13
55595 WALLHAUSEN
TEL. 06706-216   Rainer Eckes
FAX   -214
www.weinsekteckes.de

öffnen von Anfang Januar bis Anfang Mai
und 7. bis 11. August 09

samstags ab 18 und sonntags ab 16 Uhr

Beginnt im Januar die Straußenzeit, so können Sie bis zur Auslese alle Weine der **echten Straußwirtschaft** im Ausschank verkosten, von trocken bis lieblich, weiß, rot, rosé oder Weißherbst, und das schon ab 1,80 € das Glas. Der Traubensaft ist aus eigenem Anbau. Die wöchentlich wechselnden Spezialitäten finden Sie auf der Tischkarte, doch bietet auch die „normale" Speisekarte Abwechslung: Flammkuchen (auch vegetarisch), Pellkartoffeln mit Lachs oder Shrimps, Neptun-Salat mit Fisch und Garnelen, Schinken auf Rucola mit frischen Feigen… und für kleine Gäste Rösti oder Würstchen. Bewirtet wird im neu gestalteten Gastraum mit 80 Plätzen, im August ist der Weingarten für 200 Weinfreunde geöffnet. Platzreservierung. Außerhalb der Öffnungszeit Gesellschaften ab 30 bis 80 Pers. Planwagenfahrten; Weinwanderungen, Spanferkelessen, Weinproben mit Buffet. Für zuhause: Essig, Sekt, Brände, Liköre.

Anfahrt: Im alten Ortskern, von der Hauptstraße ausgeschildert.
1 Wohnmobilplatz. Bus ab Bad Kreuznach.

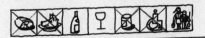

STRAUSSWIRTSCHAFT
LUDWIG STEINBERGER
HOFSTR. 11
55413 WEILER bei Bingen
TEL. 06721-32679
FAX   -1596993

öffnet vom 26. September bis 26. Oktober,
13. Februar bis 19. April und zur Kerb am 3. WoE im Juli 09
freitags und samstags ab 18, sonn- und feiertags ab 16 Uhr

Schon Generationen ist Familie Steinberger dem Weinbau verschrieben, seit 1993 wird in die Straußwirtschaft geladen. Zwölf offene Weißweine von trocken bis mild können hier verkostet werden, das Glas bereits ab 1,20 €. Fünf Rotweine von trocken bis lieblich, ab 1,60 €, Rosé (1,50 €) gibt es von der Portugieser-Traube. Beim Herbsttermin gibt's Federweißen, der Traubensaft ist Eigenerzeugnis. Die Küche bietet einfache, kräftige Speisen wie Rührei mit Speck, Eisbein in Aspik, Handkäse mit Musik oder Spundekäs und zusätzlich wöchentlich wechselnde Gerichte. Zur Kerb stehen auch Spießbraten mit Kartoffelsalat und Leberklöße mit Sauerkraut bereit. Die Straußwirtschaft bietet 55 Weinfreunden Platz, die gleiche Anzahl von Gästen (ab 10 Personen) kann sich zur Weinprobe anmelden und dabei ein Video über das Weingut anschauen. Am 26. Okt. Funzelfahrt durch die Weinberge. Platzreserv. **Übernachtung:** Frau Kunz, Tel. –34769 und Frau Scheid, Tel. –33198.

Anfahrt: BAB 61, Ausfahrt Stromberg, Richtung Waldalgesheim nach Weiler. Nächster Bahnhof: Bingen, von da halbstündlich Busse. 400 m sind es zur Θ. Für Wanderer: Der Hunsrückhöhenwanderweg mit 160 km Länge.

**STRAUSSWIRTSCHAFT
ERHARD LAUF**
HAUPTSTR. 14
55627 WEILER bei Monzingen
TEL. 06754 -645
FAX   -963572
www.weingut-erhard-lauf.de

öffnet Mitte September bis November
und vom Mitte April bis Mitte Juni

mittwochs bis samstags ab 18 Uhr, sonn- und feiertags ab 11 Uhr

Seit 1995 gibt es diese Straußwirtschaft im ehemals Gräflich Sponheim'schen Keller. Die Straußwirtschaft mit rustikaler Weinstube und rebenumwachsenem Hof kredenzt Ihnen Qualitätsweine bis zur Auslese, das Remischen ab 1,20 €. Spezialisiert ist das Weingut auf Rieslinge, doch gibt es auch Rotwein und Rosé (ab 2,20 €) zu verkosten. Im Herbst gibt's zum Federweißen Zwiebelkuchen und Spanferkel. Kleine Gerichte wie Spunde- und Handkäse, Hausmacher Wurstplatten, Wurstsalat mit Bratkartoffeln oder Schinken werden zum Wein gereicht. Platzreservierung. Gesellschaften: Ab 10 bis 40 Personen. Am 3. Samstag im September ist Weinwanderwegfest.
Übernachtung im Dorf: Tel. –452 oder –408. Für zuhause: Auch Likör, Traubenbrand, Hefeschnaps, Flaschenweine, Sekt, Secco.

Anfahrt: Von Bad Soberheim über Nussbaum, Monzingen nach Weiler. Im Ortskern neben der Kirche. Parkplätze direkt am Haus. Wer mit dem Rad unterwegs ist: Vom Nahetal-Radweg in Martinstein Richtung Weiler abfahren. Vom Bahnhof Martinstein alle 2 Stunden Busverbindung.

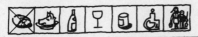

**PENSION
SCHMIDTBURGER HOF**
CHRISTEL REICHARDT
HAUPTSTR. 20
55627 WEILER/NAHE
TEL. 06754-452
FAX   -8473
www.schmidtburger-hof-de

öffnet freitags und samstags ab 18 Uhr, sonntags ab 16 Uhr

Seit über 200 Jahren ist Familie Reichardt in Weiler an der Nahe zu Hause, über 20 Jahre gibt es den Gutsausschank. Dornfelder und Spätburgunder gibt es von trocken bis lieblich als Rot- und Roséwein. Auch kräftige Rieslinge und Kerner, Müller-Th. und Bacchus sind im Angebot. (WW 0,2 ab 1,80 €, RW ab 2,50 €). Im Herbst gibt es auch Traubensaft und Federweißen. Der Gutshof mit Weingarten bietet nicht nur Wein und Speisen, auch zahlreiche Aktivitäten wie Spanferkelessen, Kartoffel- und Wildbuffets locken die Gäste (Programm bitte anfordern). Die Speisekarte im Gutsausschank bietet neben Flammkuchen oder Geschnetzeltem in Rieslingsahne auch vegetarische Speisen. Platzreservierung. Gesellschaften: Ab 20 bis 70 Personen. **Übernachtung**: 11 DZ und am Ortsrand ein Chalet mit vier Ferienwohnungen. Fahrradverleih.

Anfahrt: BAB 61, Ausfahrt Bad Kreuznach, B 41 Richtung Idar-Oberstein. In der Ortsmitte, eigener Parkplatz am Kirchturm. Mit öffentlichen Verkehrsmitteln schlecht zu erreichen, dafür gibt es aber nach Aussage von Frau Reichardt unendlich viele Wanderwege.

SCHLEMMERSTÜBCHEN
WEINGUT M.J. MÜLLER
MARTINA HAASE
TAUNUSSTR. 28
65343 ELTVILLE
TEL.+ FAX 06123-3794
weingutmjmueller@t-online.de

öffnet Ende Oktober bis Ende November
und von Mai bis Ende Juli
täglich ab 16 Uhr, Mo + Di RT

In dieser **echten Straußwirtschaft** (seit 1997) gibt es ausschließlich Qualitätsweine von Riesling und Spätburgunder, letzterer wird im Barrique ausgebaut. Die Gastgeber bieten zum edlen Wein ein abwechslungsreiches Angebot von kleinen Speisen mit frischen Kräutern, im Frühjahr gibt es besondere Gerichte rund um den Spargel, u.a. Gratins und Wurst-Spargel-Camembert-Salat. Bewirtet wird in der Wohnung mit 32 Plätzen, bei schönem Wetter auch im üppig blühenden Rosengarten mit Teich (16 Plätze). Etwas Besonderes will man Ihnen hier bieten, und das bezieht sich nicht nur auf Wein und Speisen, auch die Atmosphäre des „Stübchens" bietet einen kultivierten Aufenthalt. Platzreservierung. Gesellschaften: 6-36 Personen Eltviller Sektfest ist am 1. WoE im Juli, Weinlesefest am letzten WoE im Oktober. Die „La Vinotheca", Verkauf von Wein, Sekt, Perlwein (Flair No1) und Accessoires ist ganzjährig geöffnet.

Anfahrt: Von der Abfahrt Eltville Nord im Ort an der 1. großen Ampelkreuzung links, nächste rechts, 4. Haus. **P** auf der Straße oder dem nahen Schulhof. Von Bahn und Bus 2 Minuten.

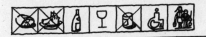

GUTSAUSSCHANK APPEL
LUDMILLA ZAHN
WÖRTHSTR. 42
65343 ELTVILLE
TEL. + FAX 06123 -678814

öffnen ganzjährig täglich ab 17 Uhr,
dienstags Ruhetag

An Rebsorten gibt es die typischen Rheingauer Sorten Riesling und Spätburgunder zu verkosten – alles Qualitätsweine bis hin zu Auslesen, die Weißen von trocken bis lieblich, der Rote trocken ausgebaut. Der Traubensaft ist Eigenerzeugnis. Drinnen und bei schönem Wetter auch im Hof schmecken zum Wein Rumpsteak für 11,50 €, Jägerschnitzel für 7,50 € und Hausmacher Wurst. Im Sommer bietet die Speisekarte diverse Salate und Käsegerichte, die Winterspeisekarte auch Wild und Sülzen. Die Weine des Gutsausschanks stammen aus den Lagen Eltviller Sonnenberg, Rauenthaler Wülfen und Gehrn, Erbacher Honigberg und Kiedricher Klosterberg, so dass Ihnen ein breites Spektrum an Rheingauer Rieslinge kredenzt wird.

Anfahrt: In Eltville nur 5 Minuten zu Fuß vom Bahnhof entfernt.

WEINGUT LAMM-JUNG
GABRIELE und ANDREAS JUNG
EBERBACHER STR. 50
65346 ELTVILLE-
   ERBACH
TEL. 06123 -62148
FAX   -61892
www.wein-rheingau.de

öffnet vom 12 bis 21. September zur Herbstweinprobe
und im März zur Straußwirtschaft
täglich ab 17, sonn- und feiertags ab 15 Uhr

Das Weingut Lamm-Jung öffnet Pforten und Hof, Pergola und Scheune erwarten die zahlreichen Weinfreunde. Im Ausschank sind die typischen Rheingauer Rebsorten Riesling (ab 1,90 €) und Spätburgunder (ab 2,50 €). Das Glas vom Spätburgunder Weißherbst bekommen Sie ab 1,90 €. Auch Kabinettweine und Spätlesen, Auslesen und Weine aus dem Barrique sind zu verkosten. Die Küche wird dem Anspruch der Schlemmerwochen gerecht: Lachsrolle im Kräutercrêpemantel, Raclettepfännchen, Winzerweck, Kartoffel-Käse-Waffel und Handkäse mit Sahnesoße können zum guten Glas Wein verspeist werden.
Gesellschaften: Außerhalb der Schlemmerzeit bis 50 Personen.
Übernachtung: Zum Engel, Tel. –62428 oder Tillmanns Erben, Tel. –9233-0.
Anfahrt: Von der B 42 die 2. Ausfahrt nach Erbach nehmen, im Ort ist das Weingut ausgeschildert.

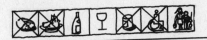

WEINGUT JAKOB JUNG
LUDWIG JUNG
EBERBACHERSTR. 22
65346 ELTVILLE-
     ERBACH
TEL. 06123-900620
FAX   -900621
www.weingut-jakob-jung.de

WEINGUT
JAKOB JUNG

öffnet vom 19. bis 21. September, 21. bis 23. November
und während der Schlemmerwoche
täglich ab 17 Uhr, samstags, sonn- und feiertags ab 12 Uhr

In diesem mit zahlreichen Preisen ausgezeichneten Weingut, das in Gault Millau und Feinschmecker-Gourmet erwähnt ist, haben Sie nicht oft Gelegenheit, die edlen Weine bei Spundekäs', Winzervesper oder mild geräuchertem Lachs zu verkosten. Seit 1799 ist das Weingut im Familienbesitz. Nach dem frühen Tod des Vaters stieg der heutige Inhaber Ludwig Jung 18-jährig in den Betrieb ein und übernahm 1974 als Winzermeister das Weingut von seiner Mutter. Sein jüngster Sohn Alexander Johannes hat 2007 das Weinbau-Studium erfolgreich abgeschlossen und ist jetzt verantwortlich für die Vinifikation. Die Weinberge befinden sich vorwiegend in Erbacher Spitzenlagen. Die dort gewachsenen Rieslinge und Spätburgunder werden Ihnen beim „Herbst im Weingut" und bei den Schlemmerwochen präsentiert. **Übernachtung**: Hotel Tillmanns in Erbach.

Anfahrt: Mit Bahn und Bus. Für PKW Parkplätze auf dem Grundstück.

**WEINGUT
HEINZ KOCH**
EBERBACHER STR. 89
65346 ELTVILLE-
ERBACH
TEL. 06123-62748

öffnet im November und
Ende Januar bis Ende April
freitags und samstags ab 17 Uhr,
sonn- und feiertags ab 15 Uhr

Riesling gibt es von trocken bis mild, das Glas ab 1,70 €, der trockene Spätburgunder wird im Barrique ausgebaut und ist der Stolz des Winzers. Als Weißherbst ist er trocken und halbtrocken zu verkosten. Für den kleineren Appetit sind Spunde- und Handkäs' oder Kräuter- und Knoblauchdippche. Die selbsteingelegten Heringe gibt es mit Pell- oder Bratkartoffeln. Bewirtet wird in zwei kleinen mit Holz ausgebauten Räumen. Mitte Juni lädt Erbach zum weithin bekannten „Erdbeerfest".
Übernachtung: Gasthaus „Zum Engel". Für zuhause: Echt Erbacher Kirschwasser und Spätburgunder Hefebrand.

Anfahrt: Auf der B 42; im Ort gut ausgeschildert. Etwas außerhalb gelegen. Nächster Bahnhof: Erbach, ca. zehn Minuten zu Fuß von der Haltestelle.

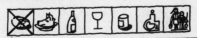

GUTSAUSSCHANK
WEINHOF MARTIN
GÜNTER MARTIN
BACHHÖLLER WEG 4
65346 ELTVILLE-
 ERBACH
TEL. 06123 -62856
FAX   -81115
www.weinhof-martin.de

öffnet Karfreitag bis Mitte September
täglich ab 16, samstags/sonntags ab 15 Uhr
montags und donnerstags Ruhetage
Mitte September bis Weihnachten **nur Fr-So** geöffnet

Hier können Sie *Wein in froher Runde genießen,* ob im gemütlichen Gastraum oder im blumengeschmückten Innenhof. Die Weinkarte umfasst das gesamte Angebot des Weingutes als Ausschank-, 0,5 l-Krug- oder Flaschenweine (Ausschankweine ab 2,- €). Das Speiseangebot reicht von Hausmacher Wurst über Spundekäs' bis zum Lachsbrot, von Toastspezialitäten über Forelle, Maxi-Schnitzel mit speziellen Sößchen bis zu Fitness-Salaten und saisonalen Gerichten. Tochter Tanja ist seit 2 Jahren Erbacher Weinkönigin. Platzreservierung, Gesellsch.: 20 bis 100 Personen. Unter dem neuen Mega-Carport sind Vereinsfeiern oder Grillfeste für 40 bis 200 Personen möglich. Wein- und Wanderweinproben, auch mit Besichtigung des bekannten Weinklosters Eberbach. Schöne Mitbringsel in der Vinothek mit 1000 Geschenkideen rund um den Wein.

Anfahrt: Das Weingut liegt 200 m außerhalb von Erbach in den Weinbergen. Großer Parkplatz und Buswendeplatz. Zu Bus und Bahn 5 Minuten zu Fuß. Mehrere Stellplätze für Wohnmobile.

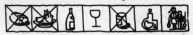

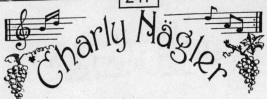

CHARLY'S KELTERHAUS
FRIEDRICHSTR. 2
TEL.+ FAX 06123-62284

CHARLY NÄGLER
65346 ELTVILLE-ERBACH

öffnet vom 1. bis 30. Juni
täglich ab 15 Uhr,
sonntags ab 11 Uhr Frühschoppen,
samstags Ruhetag

Seit über 150 Jahren wird bei Näglers Weinbau betrieben, der Weinausbau im Fass wird noch wie zu Großvaters Zeiten gemacht. Das Ergebnis sind ausschließlich bekömmliche Rieslinge. Die gibt es von trocken bis lieblich bis hin zu Spätlesen (das Glas je 1,80 €). Im Kelterhaus und auch draußen wird zum Wein kalte Vesper oder heiße Fleischwurst serviert. Zur musikalischen Untermalung setzt sich der Wirt ans Klavier, seine Frau unterstützt ihn dabei mit Gesang von der leichten Muse bis zur Klassik. Platzreservierung. Gesellschaften: Bis 40 Personen.
Übernachtung: Gasthaus Engel, -62428 und Tillmann's, -92330. Am 2. Wochenende im Juni feiert Erbach Erdbeerfest, da passen Rheingauer Weißwein und Sekt.
Anfahrt: Von Wiesbaden kommend B 66 Richtung Rüdesheim, Ausfahrt Erbach. Im Ortskern, nur 2 Minuten vom Bahnhof.

HEINZ NIKOLAI
65346 ELTVILLE-ERBACH

RINGSTR. 16
TEL. 06123-62708
FAX 06123-81619
www.heinznikolai.de

öffnet während der Schlemmerwochen Ende April/Anfang Mai
täglich ab 16 Uhr,
am Wochenende und feiertags ab 11 Uhr

Ist Schlemmerwochenzeit, dann öffnet das Weingut, das es bereits seit sechs Generationen gibt, das Tor zum Gutshof und die Tür zur zünftigen Weinstube. Fruchtige Rieslinge ab 2,- €, Rosé ab 2,20 € und Rotwein ab 2,50 € kommen ins Glas; der Traubensaft ist aus eigenem Anbau. Dazu bietet die Küche Wildsülze mit Bratkartoffeln, geräucherte Forellenfilets mit Sahnemeerrettich oder Spundekäs' mit Laugenbrezel. Platzreservierung. Gesellschaften: Ab 5 bis 30 Personen. Mitte Oktober erwartet Sie der Winzer zum **Tag in der Weinlese**. Keine Angst, hier wird nicht hart gearbeitet, eine Weinbergswanderung erwartet Sie mit der dazugehörigen Winzervesper. **Übernachtung**: Gasthaus Zum Engel, Telefon 06123-62428.

Anfahrt: BAB 66, dann B 42, Ausfahrt Erbach. 50 m von der Ringstraße entfernt ist ein großer Parkplatz (Ecke Franseckystraße – an der Grundschule). Zum Bahnhof sind es 200 m, zum Bus 500 m.

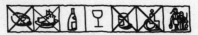

WILHELM NIKOLAI

WILHELM NIKOLAI
FRIEDRICHSTR. 14
65346 ELTVILLE-
ERBACH
TEL. 06123-62812
FAX   -81406
www.weingut-nikolai.de

öffnet vom 3. Oktober bis 30. November
und von Anfang März bis Ende Mai
täglich von 15.30 bis 23 Uhr, montags und dienstags Ruhetage

Offene Rot- und Weißweine stehen in großer Auswahl zum Verkosten bereit, trocken bis mild, das Glas von Riesling oder Grauem Burgunder ab 2,- €. Die roten Sorten sind Spätburgunder und Dornfelder, auch ein trockener Weißherbst wird ausgeschenkt. Je nach Saison gibt's Salate, auch Bratkartoffeln oder Hacksteak, Spundekäse und Wurstsalat werden serviert. An warmen Tagen bietet der Hof 40 Weinfreunden fröhliches Beisammensein, drinnen haben 45 Gäste Platz. Weinproben werden bis 30 Personen im Gewölbekeller kredenzt. Gesellschaften: Ab 15 bis 30 Personen. Weinwanderung im Juni.

Anfahrt: Der Bahnhof von Erbach ist nur ca. 200 m entfernt, eigene Parkplätze direkt dort oder am Rhein, dort ist ein großer Parkplatz.

STRAUSSWIRTSCHAFT KAEMPF-SCHROFLER
FAMILIE SCHROFLER
RHEINSTR. 8
65346 ELTVILLE-
   ERBACH
TEL.+ FAX 06123-62255

öffnet September/Oktober
und März/April
täglich ab 15.30, dienstags Ruhetag

Allein 14 Rieslinge (ab 1,60 €) gilt es hier zu verkosten, alle trocken, für Rotweinfreunde gibt es je einen trockenen Spätburgunder (ab 2,30 €), einen Rosé (ab 1,80 €) und einen Weißherbst. Der ausgeschenkte Traubensaft ist Eigenerzeugnis. Zusätzlich zur reichhaltigen Speisekarte mit Rippchen, Bauchfleisch, Leberkäse und ... bietet Ihnen diese **echte Straußwirtschaft** mittwochs und donnerstags Schlachtplatte mit Sauerkraut, freitags gibt's Weck, Worscht & Woi (incl. einem 0,1 l Glas als Andenken). Bei schönem Wetter wird unter der Weinlaubpergola bewirtet, am 1. Mai auch mit Musik. Für Kinder ist nicht nur der Hof zum Spielen da, auch Malstifte und Malbuch sind vorhanden. Gesellschaften: Außerhalb der Öffnungszeit ab 20 bis 50 Personen. **Übernachtung:** Im Weingut für 21,- € pro Person, FeWo bis 4 Personen.

Anfahrt: Mit Bus oder Bahn von Wiesbaden oder Rüdesheim. Stündlich Anschluß, zum Bus sind's 200 m, zum Bahnhof 500 m. Oder BAB 66, Ausfahrt Eltville-Erbach, 2. Abfahrt (großer Parkplatz). Parkplätze am Rhein, 50 m vom Haus entfernt.

**WEINGUT
LEON GERHARD**
BERGWEG 5
65347 ELTVILLE-
　　HATTENHEIM
TEL. 06723 -3335
FAX　　　-5207

öffnet am 5. bis 7. September (Offene Kellertür) und
zu den Schlemmertagen vom 24. April bis 3. Mai
täglich ab 17 Uhr, Sa/So/F ab 12 Uhr

Seit 1442 ist Familie Gerhard in Hattenheim ansässig. Das Weingut erzeugt Weine bis hin zu Auslesen, die typischen Rheingauer Rebsorten Riesling und Spätburgunder werden von Winzermeister Gerhard gehegt und gepflegt. Riesling gibt es ab 1,80 € zu verkosten, Spätburgunder Weißherbst ab 2,10 € und Spätburgunder Rotwein ab 2,50 €. Rustikale Speisen und Eintopf bietet die Küche, bewirtet wird drinnen und bei entsprechendem Wetter auch draußen. Zur **Weinbergswanderung** mit deftigem Essen und Ausklang im Weingut ist der 13. September vorgesehen (nur nach Voranmeldung!)

Anfahrt: Von Rüdesheim und Wiesbaden über die B 42, Ausfahrt am Kronenschlösschen, die Zufahrt ist ausgeschildert. Zum Bahnhof sind es 5 Minuten, zum Bus 10 Minuten.

GUTSAUSSCHANK WEINGUT KOPP

WALDBACHSTR. 11
65347 ELTVILLE-
   HATTENHEIM
TEL. 06723 -885335
FAX   -885556
www.weingut-kopp.de

öffnen ganzjährig (außer Schulferien)
Gutsausschank freitags + samstags ab 17, sonntags ab 16 Uhr,
Weingut montags bis samstags (telefonische Anmeldung)

Spätburgunder, Weißherbst und Riesling als Wein und Sekt bietet Ihnen Fam. Kopp, dazu noch zehn Rieslinge, von denen manche Flasche in die Riesling-Käse-Suppe wandert. Die Qualitätsstufen der Weine reichen bis zum Eiswein, der Spätburgunder lagert im Barrique-Fass. Die Speisekarte reicht von regionaler Küche bis zum Gourmet-Buffet. Je nach Jahreszeit werden Spargelgerichte oder Wildgerichte serviert. Freitags ist Fischtag. Die Rheingauer Wildsülze oder die Blätterteigtaler ergänzen sinnvoll die Weinverkostung im mediterranen Flair. Platzreservierung. Gesellschaften: bis 80 Personen innen und im Garten bis 60 Personen. Anfang Mai lädt der Winzer zur **Schlemmerweinwanderprobe.** Andere Termine erfragen.

Anfahrt: B 42, Ausfahrt Hattenheim; zur Straußwirtschaft am Hotel Kronen-Schlößchen vorbei, die Zufahrt ist ausgeschildert (am westl. Rand von Hattenheim). Parkplätze im Hof.

GARTENSTRAUSSWIRTSCHAFT FRANK OHM

WGT. HATTENHEIMER BERG
65346 ELTV.-HATTENHEIM
FAX 06723-7501
WEIDERWEG 13
TEL. 06723-2835
www.weingut-hattenheimerberg.de

öffnet Mitte August bis Mitte September und Ende April bis Mitte Juli

freitags ab 16 Uhr, am Wochenende und feiertags ab 14 Uhr

In dem seit 1869 bestehenden Weingut mit bekannten Hattenheimer und Hallgartener Lagen werden Ihnen vorwiegend Rieslinge eingeschenkt, Preis: Ab 1,70 €. Vom Qualitätswein bis zur Auslese reicht das Angebot. Ein trockener Roter und ein halbtrockener Weißherbst sind ebenfalls zu verkosten; auch Sekt wird erzeugt. In Garten (ca. 40 Plätze), Kelterhalle und Wintergarten gibt es zum Wein kleine Speisen wie überbackenen Winzerweck, hausgemachten Spundekäs', Bockwürstchen, Salat- und Käseteller oder gebackenen Camembert. Platzreservierung. Gesellschaften außerhalb der Öffnungszeit: 8 bis 40 Personen. Herrlicher Garten mit viel Platz für Kinder zum Spielen.

Anfahrt: B 42, Ausfahrt Kiedrich/Kloster Eberbach, Richtung Hattenheim. Zwischen Hattenheim und Kloster Eberbach mitten in den Weinbergen. Anfahrt mit öffentl. Verkehrsmitteln nicht möglich.

**STRAUSSWIRTSCHAFT
ROHM-MAYER**
ERBACHER LDSTR. 16
65347 ELTVILLE-
  HATTENHEIM
TEL 06723   -2087
FAX   -602785

öffnet vom 27. Februar bis 19. April
täglich von 15 bis 23 Uhr
montags Ruhetag

Seit über 100 Jahren wird in dieser Familie Weinbau betrieben. Ganz so wie früher werden die Weinfreunde in der Wohnung dieser **echten Straußwirtschaft** mit Riesling und Spätburgunder aus den Lagen Wisselbrunnen, Hassel und Schützenhaus bewirtet, dabei können sie unter neun Weißweinen von trocken bis mild (Preise ab 1,80 €), einem trockenen Rotwein (2,10 €) und einem Weißherbst (1,80 €) wählen. Auch der Riesling-Traubensaft ist Eigenerzeugnis. Wird es frühlingshaft warm, dann wird auch auf der Terrasse mit überbackener Schoppenstange, Eisbein in Aspik, Räucherlachstoast, Ripple und eingelegten Heringen mit Pellkartoffeln bewirtet. Zum Burg- und Winzerfest lädt Hattenheim Ende August. Für zuhause: Trester, Hefe, Sekt.

Anfahrt: Von der B 42 die 1. Ausfahrt Hattenheim, dann noch ca. 500 m Richtung Ortsmitte. Parken vorm Haus. Stündlich Züge (800 m entfernt), bis 18 Uhr ½ stündlich Busse (500 m).

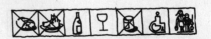

IM BURGGRABEN
JUTTA STATZNER
BURGGRABEN 6
65347 ELTVILLE-
HATTENHEIM
TEL. 06723-4330
statzner@aol.com

öffnet Anfang Mai bis Ende Juli

täglich von 17 bis 22 Uhr,
sonn- und feiertags ab 12 Uhr Mittagstisch,
dienstags und mittwochs Ruhetage

Frische Bratkartoffeln und selbst gemachter Kartoffelsalat – auf diese Beilagen freuen sich die Gäste zu paniertem Schnitzel oder irgendeinem der anderen Gerichte. Ca. 20 davon stehen auf der Speisekarte, darunter Winzerteller und Spundekäse. Dazu gibt es Riesling von trocken bis mild. Je nach Wetterlage werden Scheune und Hof von den Weinfreunden bevölkert. Platzreservierung nur bedingt möglich.

Anfahrt: Im alten Ortskern, nahe am Rathaus, parallel zur Hauptstraße. Parkplätze am Rhein. 5 Minuten zu Bus und Bahn. Bis 18 Uhr ½ stdl. Anschlüsse. Taxi -1795.

**WEINPROBIERSTAND
HATTENHEIM**
IN DEN RHEINANLAGEN
65347 ELTVILLE-
 HATTENHEIM
TEL. 06723-885755

öffnet von Ostern bis Oktober
täglich von 18 bis 1 Uhr, samstags ab 16 Uhr,
sonn- und feiertags ab 11 Uhr

Dreizehn Weingüter schenken hier abwechselnd die typischen Rheingauer Sorten Riesling und Spätburgunder aus. Schon seit 1975 besteht der Weinprobierstand am Rheinufer, wöchentlich wechselt die Bewirtschaftung von Winzer zu Winzer. Ausgeschenkt werden Weine bis zur Auslese, auch Sekte und Traubensaft. Mit Rheinblick genießen Sie im Freien, zum Vespern gibt es frische Laugenbrezel und Käse. Reservierung ist möglich.

Anfahrt: B 42, die erste Ausfahrt Hattenheim. Oder mit dem Rad auf dem Leinpfad. 500 m vom Bahnhof Hattenheim entfernt, zwischen B 42 und Rheinufer.

**HOFSTRAUSSWIRTSCHAFT
IM WEINGUT
CHRISTOPHER WOLF**
WEINBERGSTR. 7

65347 ELTVILLE-
    HATTENHEIM

TEL. + FAX: 06723-88302
www.rhein-wein.com

öffnet noch bis 30. September,
von Mitte Mai bis Mitte Juni und wieder im September
täglich ab 17 Uhr,
samstags, sonn- und feiertags ab 15 Uhr

Wein und Medizin – diese glückliche Verbindung erleben Sie hier hautnah. Herr Wolf, der inzwischen Arzt ist, hat das Weingut erst 2003 gegründet hat, ist fasziniert von den verschiedenen Charakteren seiner Weine und möchte Sie an seiner Begeisterung teilhaben lassen. Im überdachten Gutshof (Zelte vorhanden) und im Keller von 1618 lässt er Sie von Riesling und Weiß- und Spätburgunder (auch als Weißherbst) kosten (ab 1,60 €), alle vom Fass oder auch aus der Flasche. Die Qualitäten reichen bis zur Spätlese. Die Tagessuppe nach Großmutters Art wird mit oder ohne Wurst serviert, Hausmacher Wurstplatte gibt es groß oder klein. Spundekäs' kommt mit frischem Laugenbrezel auf den Tisch. Platzreservierung. Gesellsch. während der Öffnungszeit 10-40, sonst bis 25 Pers. Beim **Herbstfest** Mitte Oktober mit Zwiebelkuchen und Federweißem erhalten Sie auch Einblicke in Keller und Kellerwirtschaft.

Anfahrt: B 42, Ausf. Shell-Tankstelle, über 2 Kreuzungen. Parken am Rhein, Erbacher Landstraße (1 Min. Gehzeit).

Diefenhardt
Weingut und Gutsausschank

ARIANE SCHÄFER
65344 ELTVILLE-MARTINSTHAL
FAX 06123-703626

HAUPTSTR. 9-11
TEL. 06123-972313
www.diefenhardt.de

VDP

öffnet von März bis Dezember
täglich von 17 bis 23 Uhr, sonntags und montags Ruhetage

Seit 1917 gehört der Erbgutshof des Barons von Reichenau den Diefenhardts, heute bewirtschaftet ihn Familie Seyffardt, deren Tochter den Gutsausschank führt. Das Weingut, das VDP- und CHARTA-Mitglied ist, wird vom Bruder geleitet. Im Ausschank sind Rieslinge bis hin zu Spätlesen, trocken und mild, das Glas vom einfachen QbA-Wein ab 2,20 €. Spätburgunder gibt es auch aus dem Barrique (Handlese); als Rosé htr. wird er für 2,80 € eingeschenkt. Auch Sekt, im Herbst Federweißer und roter und weißer Traubensaft stehen bereit. Im alten Sälchen und in Innenhof, der z.T. überdacht ist, schmecken Wildsülze mit Grüner Soße, Küferschmaus, Schnitzel à la Rosemarie und Rumpsteak gern auch mit Bratkartoffeln serviert, nur Mi und D gibt's die „Martinstasche" (Hackfleisch im Blätterteig) Platzreservierung. Gesellschaften: Ab 40 bis 80 Personen. Zum **Hoffest** erwartet man Sie im August. Während de **Schlemmerwochen** gibt es ein besonderes Speiseangebot. Fü zuhause: Auch Weinbrand VSOP und Hefebrand. Im alte Ortskern von Martinsthal. Öffentliche Anbindung ein „Problem"

GUTSAUSSCHANK IM TAUBENBERG
STEFAN u. BEATE ENGELMANN
IM TAUBENBERG 1
65344 ELTVILLE-
MARTINSTHAL

TEL. 06123 -990709
FAX   -990711
www.weingut-engelmann.de

öffnet Anfang März bis Anfang November
mittwochs bis sonntags von 16 bis 23 Uhr

Mitten in den Weinbergen in der Eltviller Weinbergslage „Taubenberg" empfängt Sie Familie Engelmann. Sechzehn offene Weine vom Qualitätswein bis zur Auslese wollen verkostet werden, weiß gibt es Riesling und Weißen Burgunder, rot (auch als Weißherbst) Dornfelder. Preis für das Glas Weißwein: ab 1,80, Rotwein ab 2,20 €. Im Herbst gibt's Federweißen. Die Speisekarte ist reichhaltig: Mohnstangen, Spundekäs mit Walnussbrötchen, Hausmacher Wurstplatte, Winzerweck, Fleischwurst, Strammer Max und Schnitzel, auch mit Beilagen oder Rumpsteak mit Zwiebeln und Kräuterbutter. An Festtagen Extra-Speisen. Bei schönem Wetter Außenbewirtung auf der Terrasse (ca. 60 Sitzplätze). Weinfest in Martinsthal ist Mitte Juli.

Anfahrt: BAB 66 Richtung Wiesbaden, Übergang zur B 42, Ausfahrt Eltville Nord/Martinsthal, hinter dem Ortseingang von Martinsthal die 1. Straße links, beschildert. Ausreichend Parkplätze. Nächster Bahnhof: Eltville. Taxi: Dill -3152.

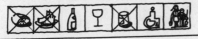

ZUM SCHLÖSSCHEN
NORBERT FASSBINDER
IM KLEIMETTAL 2 A

65344 ELTVILLE-
      MARTINSTHAL

TEL. 06123-73816
www.pension-fassbinder.de

öffnet täglich von 17 bis 23 Uhr,
sonntags von 12 bis 14.30 und 16-23 Uhr
im Sommer sonntags ab 17 Uhr und im Herbst Mittagstisch
mittwochs und donnerstags Ruhetage

Der Name Fassbinder deutet es an, in dieser Familie beschäftigt man sich schon lange mit dem Metier. Im Weingut Fassbinder-Barbeler erwartet Sie eine besondere regionale und internationale Küche mit hausgemachten Speisen und Soßen, die Kochrezepte sind streng geheim. Je nach Saison gibt es Fisch, Ente, Lamm oder Wild. Groß wie die Auswahl an Speisen ist auch die Menge der angebotenen Weine, zwischen 18 bis 20 Sorten lassen sich hier verkosten. Im Gastraum haben 60 Weinfreunde Platz, die zum Süden gewandte Terrasse bietet weitere 60 Plätze. Platzreservierung. Gesellschaften: Bis 60 Personen. **Übernachtung**: 4 Gästezimmer. Wanderwege durch Wald und Feld direkt ab Haus. Für zuhause auch Sekt.

Anfahrt: In Martinsthal am Ortsrand, eigene Parkplätze (auch Wohnmobile). Zur Bushaltestelle 50 m.

GUTSAUSSCHANK HIRT-GEBHARDT
CHRISTIAN GEBHARDT
LEHRSTR. 11
65344 ELTVILLE-
MARTINSTHAL
TEL. 06123 -74103
FAX -75252
www.hirt-gebhardt.de

öffnet vom 31. Oktober bis 7. Dezember
und 2009 auf Anfrage

täglich von 17 bis 23 Uhr, sonn- und feiertags ab 15 Uhr,
montags und dienstags Ruhetage

Hier dreht sich fast alles um Riesling; von den Lagen Martinsthaler Wildsau, Eltviller Sonnenberg und Rauenthaler Steinmächer wird er Ihnen kredenzt. Für Rotweinfreunde gibt es trockenen Spätburgunder. Zum edlen Wein wird Feines serviert: Hausgemachte Pasteten und Sülzen, Steaks, frische Salate. Die wöchentlich wechselnde Schlemmerkarte mit mehreren, immer wieder neuen Gerichten ist für die Gäste begehrte Lektüre. Platzreservierung nur genau zu Beginn der täglichen Öffnungszeiten. Gesellschaften: 30 bis 70 Personen. **Übernachtung**: Hotel „Zur Krone". Das örtliche Weinfest ist am 3. Wochenende im Juli.

Anfahrt: In Martinsthal. Ein großer Parkplatz ist direkt vorm Haus.

IM MESSWINGERT
FAMILIE KESSLER
HEIMATSTR. 18

65344 ELTVILLE-
   MARTINSTHAL

TEL. 06123 -71235
FAX   -75361
www.weingut-kessler.de

öffnet noch bis 1. Oktober,
November bis Anfang Dezember, nach Fastnacht bis Ostern
und von den Schlemmerwochen bis Anfang Juli

mittwochs bis samstags von 17 bis 23 Uhr

Zur Einstimmung empfiehlt der Winzer ein Glas vom Rieslingsekt, danach kann mit dem Verkosten der zahlreichen Weine begonnen werden. Alle Ausschankweine (Sorten: Riesling, Spätburgunder und Spätburgunder Rosé) sind auch im Halb- oder Literkrug erhältlich. Die Speisekarte „nach Gutsschänkenart" bietet Deftiges wie Bratwurst nach Bauernart, Wildschinken mit Preiselbeer-Zwiebelsoße oder Wildsülze mit Vinaigrette, Rumpsteak oder „Gewürzfleisch", eine Schweinefleischsülze mit Kräutersoße. Als Dessert wird Rieslingcreme mit Sahne serviert, dazu passt ein eigener Trester.

Anfahrt: Im Außenbereich von Martinsthal gelegen. 2 Stellplätze für Wohnmobile.

HAUPTSTR. 17
TEL. 06123-72805

65344 ELTVILLE-
MARTINSTHAL

öffnet Anfang Okt. bis Anf. Nov. und Anf. Febr. bis Ende April täglich von 16.30 bis 23 Uhr, sonn- und feiertags ab 15.30 Uhr, montags und dienstags Ruhetage

In dem als Straußwirtschaft hergerichteten Kelterhaus, wo an kühlen Tagen ein gemütliches Holz- und Kohlefeuer bullert, finden sich seit mehr als 50 Jahren mit Vorliebe Rheingauer Traditionstrinker ein, die ausgereiften Rieslingweinen den Vorzug geben. Hier kommen Sie auf ihre Kosten: Elf abgelagerte Weine aus Riesling und Spätburgunder sowie der „Wildsau"-Lagensekt werden offen ausgeschenkt, zusätzlich steht eine Auswahl von Flaschenweinen aus zwölf Jahrgängen zur Verfügung. Das preiswerteste Glas vom Weißwein gibt es ab 1,60 €, Rotwein kostet ab 2,10 €, Rosé 1,70 €. Ob Bratenbrot, Presskopf, Winzerteller – der Rheingauer Klosterkäse ist ein würdiger Abschluß. **Übernachtung**: FeWo.

Anfahrt: B 42, Ausfahrt Eltville Nord. Von Schlangenbad auf der B 260 nach Martinsthal; an der Ampel rechts. Nächster Bahnhof ist Eltville; Busse von Eltville, Wiesbaden und Schlangenbad.

11TE GENERATION GMBH
c/o GUTSAUSSCHANK IM BAIKEN DOMÄNE RAUENTHAL
WIESWEG 86
65343 ELTVILLE-
 RAUENTHAL
TEL. 06123 -900345
FAX   -900778
www.baiken.de

Öffnungszeiten telefonisch erfragen oder im Internet täglich 17, samstags ab 15, sonn- u. feiertags ab 11 Uhr, montags Ruhetag

Dies ist die jüngste der Hessischen Staatsdomänen, sie wurde vor 100 Jahren als Königlich-Preußische Domäne gegründet Sie liegt mitten im Rauenthaler Berg und bietet Weinfreunden in den warmen Monaten auf der Terrasse im Weinberg und im Hof Platz und Gelegenheit, edle Rieslinge und Spätburgunder zu probieren. Bis hin zu Auslesen gilt es zu verkosten, Preise zwischen 2,90 und 4,70 €. Im Herbst wird Federweißer ausgeschenkt, auch Riesling-Traubensaft wird eingeschenkt. Die Küche bietet eine saisonal wechselnde Karte, Vesperkarte ab 5,90 €, Vorspeisen ab 6,80 € und Hauptgerichte ab 13,50 €. Reservierung (nicht auf der Terrasse) Gesellschaften: Ab 30 bis 80 Personen. Veranstaltungen. Zum **Bauernmarkt** am 3. Okt. mit regionalen Speisen werden rund 3.500 Weinfreunde erwartet. Während des Rheingau Musik Festivals geschlossen. VDP/CHARTA-Mitglied. Für zuhause: Auch Essig und Gelee.

Anfahrt: Zufahrt nur über Eltville-Wiesweg möglich. Keine öffentlichen Verkehrsmittel, nur Taxi, Tel. –990799/-3152.

LISSYS WEINSTUBE
LISSY KLEIN
JAHNSTR. 17
65345 ELTVILLE-
   RAUENTHAL
TEL. 06123-72503

> öffnet Anfang September bis Anfang November
> und vom 10. Januar bis Mitte März
> täglich ab 16 Uhr, montags Ruhetag

Bei Familie Klein gibt es Riesling und Spätburgunder vom Fass, das Glas vom Weißwein ab 1,50 €, den trockenen Rotwein für 2,50 €, Weißherbst für 2,- €. Der Handkäs' ruhte vor dem Verspeisen in Riesling (3,60 €), Spundekäs' kostet 4,60 €. Rheingauer Winzerweck gibt es, solange der Vorrat reicht. Heiße Würstchen, Strammer Max mit Bratkartoffeln und Rührei mit Speck sind ebenso schnell auf dem Tisch wie Käse- und Bratenbrot. Lobenswert: Viele Gerichte sind als halbe Portionen zu bekommen. An warmen Tagen wird draußen bewirtet. Platzreservierung. Von der Bubenhäuserhöhe haben Sie einen sehr schönen Blick über das Rheintal.

Anfahrt: Die Weinstube liegt am Ende von Rauenthal Richtung Schlangenbad. Hier sind Radfahrer mit Kondition gefragt: Die Straußwirtschaft liegt 265 m hoch.

WEINGUT & GUTSAUSSCHANK
ERNST RUSSLER
WEINBERGSTR. 1
65345 ELTVILLE-
      RAUENTHAL
TEL. 06123 -71434
FAX   -74898
www.weingut-russler.de

öffnet täglich von 15 bis 23 Uhr
montags und donnerstags Ruhetage

Fast ein Vierteljahrtausend widmen sich Rußlers dem Weinbau, der Gutsausschank besteht seit 1980. Mitglied beim Verein 'Rheingauer Leichtsinn' wird hier aber nicht nur dieser, sondern vor allem Riesling und Spätburgunder ausgeschenkt, letzterer auch im Barrique ausgebaut. Die Rieslinge gibt es von trocken bis süß, Preis 1,70 € pro Glas. Neben Perlwein ist auch Sekt zu verkosten, im Herbst wird Federweißer ausgeschenkt. Schnitzelvariationen, Rumpsteak und regionale Gerichte kommen auf den Tisch. Der ehemalige Fachwerkraum und an warmen Tagen auch die Terrasse laden zum Verweilen. Platzreservierung. Gesellschaften: 15 bis 60 Personen. Weinbergsführungen. Am 2. Augustwochenende feiert Rauenthal Weinfest. **Übernachtung**: Hotel Engel -72300.

Anfahrt: BAB 66/B 42/B 260 nach Rauenthal, im Ort ausgeschildert. Parkplätze für PKWs und Wohnmobil. Busse von 6.00 bis 19.30 Uhr, Haltestelle ca. 300 m entfernt.

GUTSAUSSCHANK
WEINGUT WERNER
ANTONIUSGASSE 7
65345 ELTVILLE-
    RAUENTHAL
TEL. 06123 -71456
FAX   -75508
www.werner-wein.de

öffnet Ende Oktober bis Mitte Dezember,
und von Mitte Februar bis Ende September
täglich von 15 bis 23 Uhr, dienstags und mittwochs Ruhetage

Ob im mit Reben umrankten Garten oder in der Gaststube – hier werden Ihnen die klassischen Rheingauer Sorten Riesling und Spätburgunder ins Glas gefüllt. Auf ca. 4 ha Rebfläche werden pro Hektar ca. 70 hl Wein erzeugt; dies niedrige Ertragsniveau verspricht charaktervolle Weine. Bis abends um Neun steht die Winzerin in der Küche und brutzelt Winzersteaks, Rippchen gibt es heiß und kalt, Wildsülze und Handkäse (in Riesling eingelegt) kommen ebenfalls auf den Tisch. Mitunter gibt es Roastbeef, Matjes oder Riesling-Creme als Dessert. Nur hier gibt es die Küferpfanne, eine besondere Spezialität des Hauses. Platzreservierung. Mitte August empfängt Sie Rauenthal zur Kerb. Für zuhause: Weinbergspfirsichlikör, Riesling Sekt brut, brut nature, Spätburgunder WH-Sekt brut, Hefe- und Tresterbrand, Mirabellenbrand, Rosenlikör sowie Walnuss- und Quittenlikör.
Anfahrt: BAB 66, Ausfahrt Schlangenbad; in Martinsthal an der Tankstelle links. Das Weingut liegt gleich hinter der Kirche, Parkmöglichkeit im Hof. Busse aus Wiesbaden/Eltville und Schlangenbad/Bad Schwalbach, zu ⊖ 80 m. Nächster Bahnhof: Eltville (5 km).

GUTSAUSSCHANK ADLER
KLEMENS u. ANITA
ALLENDORFF
TAUNUSSTR. 2
65439 FLÖRSHEIM-WICKER
TEL. 06145 -53176
FAX   -54276
allendorffnn@aol.com

öffnen von Oktober bis März
und von Mai bis August

tägl. ab 17 Uhr, sonn- u. feiertags 11 – 13.30 u. ab 16.30 Uhr,
montags und dienstags Ruhetage

Die Gaststätte „Adler" gab es bereits im 18. Jhdt., das alte Wirtshausschild hängt noch heute in dem 1989 eröffneten Gutsausschank. Ausgeschenkt wird vor allem Riesling zwischen 1,90 und 2,60 €, auch Spätburgunder Rotwein und Weißherbst sowie Müller-Thurgau gibt es. Die Speisekarte bietet Rumpsteaks und Schnitzel, wechselnde Tagesgerichte wie Tafelspitz, Hacksteak oder Wildgulasch und Saisonales wie z.B. Spargel. Zum Abschluss oder bei kleinem Hunger stehen Weinkäse oder Handkäse nach eigener Rezeptur auf dem Programm. Drinnen haben 100 Weinfreunde Platz, bei schönem Wetter lockt jedoch der Garten mit altem Baumbestand zum Verweilen. Platzreservierung. Gesellschaften auf Anfrage. Weinfest in Wicker: Am 1. WoE im August Fr.-So. Der Weinprobierstand am Platz „Tor zum Rheingau" ist Ende April bis Anfang Okt. geöffnet (Sa 16, So+F 10 Uhr). Schöne Wanderwege durch die Weinberge rund um den Ort oder auf dem Weinlehrpfad. Sehenswerte alte Kirche.
Übernachtung: Schützenhof -6647, Tor zum Rheingau -4689.
Anfahrt: In Wicker Ecke B 40/Taunusstraße. Mit S-Bahn bis Flörsheim, dann 2 km.

SCHNITZEL-EMMY
MICHAEL FLICK
AM GRABEN 7 A
65439 FLÖRSHEIM-
WICKER
TEL.+ FAX 06145-8123

öffnet Mitte Mai bis Mitte September
täglich von 16 bis 23 Uhr, sonn- und feiertags ab 15 Uhr,
mittwochs und donnerstags Ruhetage

Klar, dass es hier Schnitzel gibt, geht der Name der Straußwirtschaft doch auf die Mutter des jetzigen Wirts zurück, die für Schnitzel bekannt war. Auch Bratwurst, Haxen mit Kraut, Handkäs' und Speck mit Eiern gehören zum Angebot der Küche. Dazu dann ein oder mehrere Gläser Riesling mit Ehrenfelser, das Glas ab 1,40 €, dann ist die Welt in Ordnung. Am 1. Wochenende im August lädt Wicker, „das Tor zum Rheingau" zum vergnüglichen Weindorf.

Anfahrt: BAB 66, Ausfahrt Flörsheim, über Weilbach, Wallau nach Wicker. Oder mit dem Stadtbus ab Flörsheim. Die Bushaltestelle ist 3 Minuten von der Straußwirtschaft entfernt.

**WEINGUT & GUTSAUSSCHANK
FRANK SCHNABEL**
TAUNUSSTR. 38

65439 FLÖRSHEIM-WICKER
TEL. 06145 -4304
FAX   -4998

öffnet vom 18. Oktober bis 17. Dezember
und vom 6. Januar bis 1. April

täglich ab 16 Uhr, samstags ab 15 Uhr,
sonn- u. feiertags ab 15 Uhr, montags u. donnerstags Ruhetage

---

Schon 1960 wurde die Straußwirtschaft von Georg Hofmann sen. eröffnet, nach seinem Sohn folgte der Neffe des Sohns. Mit Blick auf die Weinberge kredenzt er Ihnen Riesling, Spätburgunder, Gewürztraminer, Müller-Thurgau, Kerner, Regent und Dornfelder; Portugieser fließt als Rosé ins Glas. (Preise für Weißwein ab 1,40, für Rotwein ab 1,70 €). Auch Sekt von Chardonnay und Spätburgunder (als Weißherbst) werden ausgeschenkt. Der weiße und rote Traubensaft ist Eigenerzeugnis. Schnitzel mit und ohne Soße, Hackbraten und Eier mit Speck gibt es alle Tage, zum Wochenende kommen zusätzlich Käse-Zwiebel-Pfeffersteak, Lendensteak, Spießbraten und Rippchen auf den Teller. Manche Gerichte gibt es als kleine Portionen. Dienstags und mittwochs sind Schlachtplatte, Bauchfleisch und Blut- und Leberwurst angesagt.

Anfahrt: In Wicker gegenüber vom Friedhof. Eigene Parkplätze am Friedhof.

**GUTSAUSSCHANK
ZUM JOHANNESHOF**
RITA STORZ
STEINMÜHLENWEG 1
65439 FLÖRSHEIM-
   WICKER
TEL. 06145-2610
FAX   -590452

öffnet mittwochs bis freitags von 16 bis 22 Uhr,
samstags, sonn- und feiertags von 12 bis 22 Uhr,
montags und dienstags Ruhetage

Weißwein gibt es schon für 1,40 €, zur Herbstzeit wird auch Federweißer ausgeschenkt. Doch stehen auch zahlreiche andere Weißweine und Weißherbst zur Verkostung bereit, von trocken bis mild ausgebaut und vom einfachen Qualitätswein bis zur Spätlese. Absoluter Renner ist das Johanneshofsteak, doch bietet die Küche auch Bratwurst, Leberkäse oder Speck mit Eiern. Dazu gibt's noch täglich wechselnde Spezialitäten, die stehen dann an der Wandtafel. Samstag ist Schnitzeltag, da gibt es 22 verschiedene Arten. 'Worschd, Steak un Woi' können an warmen Tagen auch im Freien genossen werden. Und für zuhause gibt's neben Wein auch Kartoffeln zum Einkellern. Anfang August lädt Wicker zum Weinfest.

Anfahrt: Mit dem Flörsheimer Stadtbus bis zur Haltestelle Taunusstraße in Wicker, dann eineinhalb Kilometer durch die Weinberge zum Johanneshof. Der Bus fährt alle 10 Minuten. Wer mit dem Auto kommt, findet genügend Parkplätze auf dem Hof.

WEINSTUBE VENINO
HANS JÖRG VENINO
KIRSCHGARTENSTR. 22

65439 FLÖRSHEIM-
    WICKER

TEL. 06145 -4612+1277
FAX   -971910
www.weingutvenino.de

öffnet ganzjähr., geschlossen in den Schulferien Ostern (2 Wo.) Sommer (3 Wo.), Herbst (2 Wo.) + Winter (3 Wo.)

mittwochs bis samstags ab 17 Uhr, sonn- u. feiertags ab 15 Uhr, feiertags auch montags u. dienstags offen

---

Der ehemalige Bauernhof wurde zu einem rustikalen Weinlokal umgebaut. An kühlen Tagen und im Winter lädt der Wintergarten (beheizt und **rauchfrei**) zum Verweilen ein. Von Mai bis September Gartenwirtschaft im Innenhof mit mediterranem Flair. Riesling wird in allen Qualitätsstufen ausgeschenkt. Auch Roséwein, Spätburgunder, Riesling Sekt und Secco sind im Angebot. (WW ab 1,70, RW ab 2,80 und WH ab 2,- € das Glas). Je nach Saison ändert sich die Speisekarte. Erweiterte Speisekarte in den Rheingauer Schlemmerwochen, Fasnacht und in der Adventszeit Käsespezialitäten. Platzreservierung bei mehreren Personen empfehlenswert. Feiern mit ausgewähltem Buffet nur außerhalb der Öffnungszeit.

Anfahrt: BAB 66, Ausfahrten Weilbach oder Hochheim. Zentral an der Durchgangsstraße, Parkplätze am Haus.

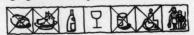

**STRAUSSWIRTSCHAFT
V E N I N O**
SUSANNE VENINO
VORDERSTR. 16
65439 FLÖRSHEIM-
  WICKER
TEL. 06145 -4484
FAX   -52821

öffnet Mitte Mai bis Mitte September
donnerstags und freitags von 16 bis 23 Uhr,
am Wochenende und feiertags ab 15 Uhr

Die erste urkundliche Erwähnung Wickers stammt aus dem Jahr 910, „Wiccrino" wurde es damals genannt. Und Hinweise auf Weinbau findet man schon 927. Von der Güte des Wickerer Weins können Sie sich bei Veninos überzeugen: Riesling und Ehrenfelser gibt es für 1,40 €, Rosé für 1,60 € und ganz neu: ein Spätburgunder für 1,60 €. Auch Sekt ist im Angebot. Panierte Schnitzel, mit Käse Überbackenes, deftige Hausmannskost und Spundekäs' warten auf den hungrigen Gast. Der „Wickerer Weinweg" beginnt am „Tor zum Rheingau", einem Sandsteinbogen.

Anfahrt: Von Frankfurt leicht zu erreichen mit der S-Bahn (bis Flörsheim, dann 3km mit dem Bus).

GEORG WEILBÄCHER
TAUNUSSTR. 26
65439 FLÖRSHEIM-
    WICKER
TEL. 06145 -2714

öffnet die letzte Woche im Juli
und die ersten 2 Wochen im August
freitags und samstags ab 16 Uhr,
sonntags ab 11 Uhr

Weißweine gibt es hier von Riesling und Silvaner (trocken bis lieblich); sie sind auf überdachten Plätzen im Freien zu genießen. Auch Riesling-Sekt wird eingeschenkt. Zu den Weinen aus Hochheim und Wicker schmecken die kräftige Vesper, Hausmacher Wurst und Schnitzel. Das Fleisch stammt von eigenen Schweinen. Lustiger ergeht es den Gästen, denn oft ertönt hier Stimmungsmusik. Gesellschaften: Ab 40 bis 120 Personen. Auf Bestellung organisierte Kutschfahrten bis 10 Personen.

Anfahrt: In Wicker im Zentrum. Parkmöglichkeiten in der Nähe; zum Bus sind's 100 m.

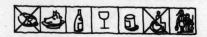

STRAUSSWIRTSCHAFT
GEBR. WOLLSTÄDTER
ROGER und HARTMUT
WOLLSTÄDTER
KIRCHSTR. 2

65439 FLÖRSHEIM-WICKER

TEL. 06145-1352
hartmut.wollstaedter@t-online.de

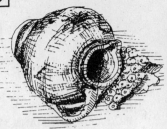

öffnen Mitte September bis Ende Oktober
und Anfang April bis Mitte Mai
freitags ab 17 Uhr, samstags ab 16 Uhr,
sonn- und feiertags von 15 bis 22 Uhr

Erstmals eröffnet wurde die Straußwirtschaft am 22. Mai 1927, und noch heute sieht es drinnen noch ähnlich aus wie vor 75 Jahren. Der Innenhof ist mit Kakteen geschmückt. Ausgeschenkt werden Weiß- und Rotweine und Weißherbst, von trocken bis mild und vom einfachen Landwein bis zur Auslese. Zu Handkäs´ mit Musik oder Wurstsalat wird im Herbst Federweißer getrunken. Auch Rippchen, Bratwurst oder Schweinesteak stehen auf der Speisenkarte. Weinbau wird hier schon in der 5. Generation betrieben. Weinfest in Wicker: Am 1. Wochenende im August, dann haben auch Wollstädters geöffnet.

Anfahrt: BAB 66, Ausfahrt Flörsheim, über Weilbach, Wallau nach Wicker. Oder mit der S-Bahn von Frankfurt oder Wiesbaden bis Flörsheim, von da 3 km mit dem Bus. Für Autofahrer gibt es Parkplätze an der Kirche.

Weingut am Dom
GRAF – MÜLLER

DOMCABINETT	**MATTHIAS MÜLLER**
PRÄLAT-WERTHMANN-STR. 1	65366 GEISENHEIM
TEL. 06722-8741	FAX 06722-8799
www.weingut-graf-mueller.de	

öffnet Anfang September bis Ende November
und Anfang März bis Ende Mai

täglich ab 17 Uhr, am Wochenende und feiertags ab 16.30 Uhr,
montags und dienstags Ruhetage

Seit 300 Jahren wird in der Familie Weinbau betrieben, das Weingut wurde 1732 erbaut. Riesling und Spätburgunder gibt es vom Qualitätswein bis zu Auslese und Eiswein, das Glas vom Weißwein ab 1,90 €, Rosé für 2,10 € und Rotwein ab 2,40 €. Bei Weinfreunden ist das Gut für seine abgelagerten Rieslinge bekannt. Im alten Fachwerkhaus und im alten, gemütlichen Innenhof wird Ihnen „alles, was Körper und Geist brauchen" (so der Winzer) serviert. Zu Wein, Traubensaft und im Herbst Federweißem gibt's verschiedene Leckereien mit Fisch, Käse und Fleisch. Platzreserv. Gesellschaften außerhalb der Öffnungszeit: Ab 20 bis 45 Personen. Sehenswert: Der alte Holzfasskeller des Weinguts. Am 2. Wochenende im Juli lädt Geisenheim zum Lindenfest ein. Für zuhause: Rheingauer Leichtsinn, Weinhefebrand, alter Weinbrand, roter Weinbergspfirsichlikör.

Anfahrt: In der Stadtmitte am Rheingauer Dom. 200 m vom Bahnhof entfernt.

WEINGUT SOHNS
ERICH SOHNS
HOSPITALSTR. 25
65366 GEISENHEIM
TEL. 06722 -8940
FAX   -75588
www.weingut-sohns.de

öffnet noch bis 16. September und wieder ab Mitte August
täglich ab 16 Uhr, montags und dienstags Ruhetag
und zu den Schlemmerwochen 25. April bis 4. Mai
täglich ab 16 Uhr, sonntags ab 11 Uhr, kein Ruhetag

„En Weinberg pflege is schon schwer, ein Wein zu pflege noch viel mehr. Un schließlich sagt mer nit umsunst, aach Wein zu trinke, is es Kunst!". Um diese Kunst zu erlernen, setzen Sie sich am besten in die Straußwirtschaft von Winzer Sohns. Rieslinge gibt es bis zu Spätlesen zu verkosten (0,2 l ab 2,- €), dazu noch Spätburgunder und Winzersekt. Der Traubensaft ist aus eigenem Anbau. Die Rheinsteig-Platte ist für die ganz Hungrigen, Hand- und Spuntekäs', deftiger Fleischwurstsalat und Wildsülze für den normalen Appetit. An warmen Tagen wird im Freien bewirtet. Weinproben im Keller und Betriebsbesichtigung auf Anfrage. Für Wanderer: Der Geisenheimer Weinlehrpfad, er führt zum Rothenberg mit Aussichtspunkt. Der Zubringer zum Rheinsteig führt direkt am Haus vorbei.
Anfahrt: B 42, Ausfahrt Geisenheim West, Richtung Marienthal/Nothgottesstraße, den Hinweisschildern zum Weingut Sohns folgen. Vom Bahnhof Geisenheim ca. 500 m entfernt.

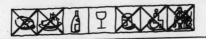

GUTSSAUSSCHANK WERTHMANN
HANS-JOACHIM WERTHMANN
IM BIENENBERG oder
AUF DER HEIDE 3
65366 GEISENHEIM
TEL. u. FAX 06722-8627

öffnet ganzjährig jeden Sonntag
ab 15 Uhr

Vor 30 Jahren lud Winzer Werthmann zum ersten Mal in sein Haus, die damalige Straußwirtschaft wurde 1983 zum Gutsauschank. Jetzt öffnet er nur noch sonntags und erwartet Sie zu den typischen Rheingauer Weinen Riesling und Spätburgunder. Davon gibt es Qualitäts- und Prädikatsweine ab 1,80 bzw. 2,- €. Drinnen oder von der Sonnenterrasse blicken Sie auf die andere Rheinseite nach Rheinhessen und auf die Rochuskapelle. Die Küche bietet Schlemmertoasts, vieles rund ums Ei wie Omelette mit Pilzen oder Schinken, Rührei oder Speck und Ei und außerdem Wurst- und Käsebrote.

Anfahrt: B 42, Abfahrt Geisenheim-West, Richtung Marienthal, Presberg. An der Kreisstraße 630.

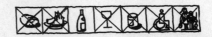

**WEINHOF GUTSSCHÄNKE
GOLDATZEL**
GERHARD u. ANDREA GROSS
HANSENBERGALLEE 1 A
65366 GEISENHEIM-
 JOHANNISBERG
TEL. 06722 -50537
FAX   -6009
www.goldatzel.de

GUTSSCHÄNKE WEINHOF
Goldatzel

öffnen täglich ab 15 Uhr, am Wochenende ab 14 Uhr,
montags und dienstags Ruhetag
November bis Februar geschlossen

An Weißweinen gibt es Riesling, Grau- und Frühburgunder und Kerner zu verkosten, von trocken bis lieblich, das Glas ab 2,40 €. Den Spätburgunder können Sie auch als Weißherbst probieren, feinherb, den Rotwein gibt es trocken und halbtrocken. Von der Terrasse des Weinhofs blicken Sie über die rheinische Landschaft; Wildsülze, Wisper-Forellenfilet, Worschtzippel und Winzerweck sorgen für komplettes Wohlbefinden. Für zuhause: Neben Weinen bis zu Beerenauslesen auch Weingelee (weiß oder rot), Pfirsichlikör, Hefe- u. Tresterbrand, Sekte.

Anfahrt: B 42 Richtung Rüdesheim, dann Ausfahrt Geisenheim-Johannisberg.

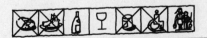

GUTSAUSSCHANK
WEINGUT H. HANKA
VEIT HANKA
GRUND 41

65366 GEISENHEIM-
JOHANNISBERG

TEL. 06722-8879
FAX   -75430
www.weingut-hanka.de

öffnet Ende Oktober bis Mitte November
und 1. Januar bis Ende März (über Fastnacht geschlossen)

täglich von 16 bis 23 Uhr,
montags und dienstags Ruhetage

Vom einfachen Qualitätswein bis zu Spätlesen ist hier im Weingut Hanka zu verkosten, Sorten sind die typischen Rheingauer Riesling und Spätburgunder Die Weißweine sind von trocken bis lieblich ausgebaut, Rotweine werden nur trocken angeboten. Die Speisekarte bietet Abwechslung: Bratkartoffeln mit Speck und Ei, „Himmel und Erde" und Ochsenfleisch mit Grüner Soße sind u.a. zu haben.

Anfahrt: Auf der B 42 Richtung Rüdesheim. Ausfahrt Geisenheim-Johannisberg. Die Bushaltestelle ist 100 m vom Haus entfernt, zum Bahnhof sind es 2 km.

**GUTSAUSSCHANK
AM ALTEN RATHAUS**
WEINGUT MARTIN KLEIN
IM FLECKEN 53
65366 GEISENHEIM-
 JOHANNISBERG
TEL.+ FAX 06722-50908
www.weingut-martin-klein.de

öffnet noch bis Ende September,
ab Aschermittwoch 4 Wochen, werktags ab 16:30, so. - und feiertags ab 15 Uhr
und ab Ostern bis Ende Juni, und wieder ab August
freitags und samstags ab 16.30, sonn- u. feiertags ab 15 Uhr

Der Weißwein ist dem Riesling vorbehalten, dazu St. Laurent-Rotwein und Spätburgunder Weißherbst, trocken. Zum Wein schmecken der heiß geräucherte Wacholderschinken oder Johannisberger Eierschmaus im Freien genau so gut wie im Gutsausschank, wenn Sie sich auf dem Johannisberger Weinwanderweg Appetit geholt haben. Gesellschaften bewirtet das Weingut Klein bis zu 50 Personen.
Anfahrt: In Johannisberg am Bürgerhaus rechts, an der nächsten Kreuzung links, geradeaus bis zum Alten Rathaus (Hinweisschilder bitte beachten). Oder mit dem Bus oder Bahn bis Bahnhof Geisenheim, dann mit dem Linienbus bis Johannisberg (2. Haltestelle), dann noch 50 m bis zum Gutsausschank.

WEINGUT-GUTSAUSSCHANK
ABTEIHOF ST. NICOLAUS
INGE u. CLAUS ODERNHEIMER
IM GRUND 19-21

65366 GEISENHEIM-
  JOHANNISBERG

TEL. 06722 -8754
FAX   -75634
www.abteihof-riesling.de

öffnet nach der Weinlese bis Mitte Dezember
und März bis Mitte Juni
freitags bis montags ab 17 Uhr

Seit 1992 werden die Weinfreunde in den alten Gutshof geladen. Die Geschichte des Abteihofs lässt sich bis 1640 zurückverfolgen, Kopien aus dem Ratsprotokollbuch bewahrt Familie Odernheimer auf. Bei gutem Wetter auch im Freien werden Sie mit fruchtigem Riesling (tr. u. htr.) und Spätburgunder (auch als Weißherbst) verwöhnt, Preis ab 2,20 €. Bis hin zu Auslesen ist zu verkosten. Herzhaft sind Käseknacker und Waldecker Wurst, heißer Camembert kommt im Blätterteigmantel daher, der Handkäse in Riesling-Sahnesoße. Täglich wechselnd gibt es zusätzliche Gerichte. Zum Nebenher empfiehlt die Wirtin Kräuteroliven, Allgäuer Bergkäse und geräucherten Schinken. Platzreservierung. Gesellschaften. Für zuhause: Auch Sekt, Brände, Likör, Trester, Traubensaft. **Übernachtung**: 3 DZ (Du, WC, TV) auch ohne Frühstück.

Anfahrt: Im OT Grund. Mit Bus oder Bahn bis Geisenheim (25 Min.); wochentags hält die Buslinie Nr. 181 Geisenheim-Hattenheim vorm Weingut.

**GUTSSCHÄNKE
JOHANNISBERGER HOF**
HERMANN STIEGLER
GRUND 37
65366 GEISENHEIM-
    JOHANNISBERG
TEL. 06722-75322
FAX   -409780
www.johannisbergerhof.de

öffnet ganzjährig
dienstags bis freitags ab 16 Uhr,
samstags, sonn- und feiertags ab 12 Uhr

Die Weine im Johannisberger Hof stammen vom bekannten Weingut Dr. Gietz, das vor allem auf Rieslinge spezialisiert ist. Vorwiegend trocken sind sie ausgebaut, auch ein Riesling vom Fass für 2,20 € das Glas wird eingeschenkt. Die Rotweine sind überwiegend trocken, der Rosé halbtrocken. Eigener Traubensaft, im Herbst Federweißer. Die Speisekarte ist sehr umfangreich, besonders beliebt sind die Speisen mit Thüringer Klößen, doch gibt es auch Leichtes vom Salatbüffet und kleine Gerichte wie Pflaumenspießchen oder Schnecken. Bewirtet wird in zwei Gasträumen und dem Rittersaal mit je 60 Plätzen und an warmen Tagen im mediterran gestalteten Innenhof mit 40 Plätzen. Geraucht wird im Zelt im Innenhof. Platzreservierung. Gesellschaften bis 70 Personen. Weinwanderungen und kulinarische Weinproben nach Absprache.

Anfahrt: B 42 Richtung Rüdesheim, 2. Ausfahrt Johannisberg/Industriegebiet. Im Grund auf der linken Seite, Eingang über den Innenhof. ☉ vom Bus 200 m. Stdl. Anbindung.

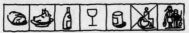

GUTSAUSSCHANK MICHAEL TRENZ
SCHULSTR. 1 + 3
65366 GEISENHEIM-
   JOHANNISBERG
TEL. 06722 -750630
FAX   -7506310
www.weingut-trenz.de

öffnet ganzjährig mit kurzer Winterpause
täglich ab 17 Uhr, sonn- und feiertags ab 12 Uhr,
montags und dienstags Ruhetage

Im neu gestalteten Gutsausschank mit Innenhof des seit 1670 bestehenden Weinguts werden Sie zur Verkostung der beiden typischen Rebsorten des Rheingaus erwartet. Der Riesling ist fruchtig, Spätburgunder gibt es auch als Blanc de Noir und Weißherbst. Neben den bekannten Klassikern wie Hausgemachtem Koch- und Spundekäs, Winzervesper, Sauerkrautnudeln… findet man hier kulinarische Vielfalt vom neuen Küchenchef Hans Smerling. Z.B. weiße Tomatenschaumsuppe mit Jakobsmuschel, Thunfischcarpaccio mit Limonenöl, Rumpsteak mit Spätburgunderzwiebeln gratiniert mit Bratkartoffeln, glacierte Maishähnchenbrust in Madeira-Rieslingschaum. Als Dessert weißer Schokoschaum, Cremè Brulée von der Holunderblüte. Reservierungen und Weinproben möglich.

Anfahrt: B 42, Ausfahrten Winkel oder Geisenheim; das Weingut liegt im Ortskern; Parkplatz (auch Wohnmobile) hinter dem Weingut. Zum Bus sind es 100 m, nächster Bahnhof ist Geisenheim.

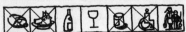

**GUTSAUSSCHANK
HOF RHEINBLICK**
ANNETTE und VEIT BRUNK
MARIENTHALER STR. 1
65366 GEISENHEIM-
    MARIENTHAL
TEL. 06722 -8491
FAX   -75541
www.hofrheinblick.de

öffnen im März und April am Wochenende,
sowie November und Dezember an den Wochenenden und

vom 1. Mai bis 31. Oktober
täglich von 16 bis 23 Uhr, samstags ab 15 Uhr,
sonn- und feiertags ab 10 Uhr, montags Ruhetag

Nicht nur von der Sonnenterrasse, auch von drinnen haben Sie einen herrlichen Ausblick übers Rheintal. Ausgeschenkt werden Riesling, Kerner und Spätburgunder ab 2,- € bzw. 2,50 €, Roséfreunde bekommen einen lieblichen Weißherbst. Traubensaft gibt es in weiß und rot, zur Lese kommt Federweißer ins Glas. Kleine, warme Gerichte, Käse- Schinken- und Wurstspezialitäten, Winzerweck, Spundekäs' sowie Flammkuchen passen zum Wein.

Anfahrt: B 42 bis Geisenheim-West, Richtung OT Marienthal, außerorts auf der Anhöhe gelegen, ausreichend Parkplätze vorhanden. Nächster Bahnhof: Geisenheim, von da ca. 1,5 km zu Fuß. Oder mit dem Rad auf Weinbergswegen bis zum Hof.

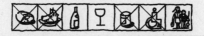

GUTSSAUSSCHANK OSTERMÜHLE
KARL DANIEL
OSTERMÜHLE
65366 GEISENHEIM-
    MARIENTHAL
TEL. 06722-8923
FAX   -972504
www.weingut-ostermuehle.de

WEINGUT OSTERMÜHLE

öffnet von Ostern bis Anfang Oktober
freitags und samstags ab 16 Uhr, sonn- u. feiertags ab 15 Uhr

Außerhalb zwischen Johannisberg und dem Wallfahrtsort Marienthal gelegen finden Sie im Wiesenthal zum Gutsausschank Daniel. Zu Winzerweck, heißer Fleischwurst und Handkäs' mit Musik schmecken Riesling und Weiß- oder Spätburgunder, alles Qualitätsweine bis hin zu Auslesen (Preise ab 1,90 €). Bewirtet wird im Schankraum und im Innenhof auf 50 bzw. 60 Plätzen. Gesellschaften nach Absprache. Spielmöglichkeiten für Kinder. Wandern können Sie direkt von der Mühle aus. **Mühlenfest** mit 4 Nachbar-Mühlen ist wahrscheinlich Ende August. Weinverkauf jederzeit möglich.

Anfahrt: In Johannisberg vor dem Kloster Johannisberg in Richtung Marienthal. Beim Wegweiser Ostermühle links in den Feldweg. Nächster Bahnhof: Geisenheim, 4 km oder mit dem Bus RTV-Linie 182 + 183, Haltestelle am Weingut. Platz für 2 Wohnmobile.

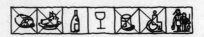

WEINGUT ALEXANDER FREIMUTH
A. u. K. FREIMUTH
AM ROSENGÄRTCHEN 25
65366 GEISENHEIM-
  MARIENTHAL
TEL. 06722 -981070
FAX   -981071
www.weingut-alexander-freimuth.de

öffnen von Ende Nov. - 3. Advent,
und von Ende April bis Juni 7 Wochen,
donnerstags - samstags ab 17 Uhr, sonn- u. feiertags ab 15 Uhr

Seit 1984 betreibt Alexander Freimuth das väterliche Weingut, das zu den VDP-Weingütern gehört. Naturnah angebaut, reifen die Weine in Edelstahl- und Holzfässern. Trockene und feinherbe Rieslinge sind das Markenzeichen dieses Weinguts. Durch Neubau gibt es eine größere Probierstube, bis hin zu Eisweinen wird angeboten. Spätburgunder gibt es auch als Weißherbst.
Preis: Für Weißwein ab 2,- €, Rosé 2,20 € und Rotwein 2,60 €.
Die Küche bietet leckere Kleinigkeiten zum Wein, die jährlich wechseln: z.B. Ziegenkäse an Blattsalat oder Schlemmerteller. Von der Sonnenterrasse blickt man auf den Rhein. Gesellschaften: Ab 2 bis 30 Personen. Vor Ihrem Besuch im Weingut Freimuth empfiehlt sich ein Ausflug zum Kloster Marienthal oder ein Spaziergang auf dem Rheinhöhenweg. Lindenfest ist am 2. Wochenende im Juli. **Übernachtung:** 2 Appartments für je 2 Personen.

Anfahrt: Von Wiesbaden auf der B 42, 1. Abfahrt nach Geisenheim Richtung Kloster Marienthal. Der Aussiedlerhof liegt in den Weinbergen. Zum Bus sind es ca. 300 m (Linien 182 und 183 auch am WoE). Nächster Bahnhof: Geisenheim.

RHEINGAU — RHEINGAU

**GUTSAUSSCHANK
SCHLEIFMÜHLE**
M. OBER
SCHLEIFMÜHLE
65366 GEISENHEIM-
MARIENTHAL
TEL. 06722-8122

öffnet Juni bis Mitte September
täglich von 16 bis 23 Uhr, sonntags ab 15 Uhr,
montags Ruhetag

Seit 1910 ist die Schleifmühle in Familienbesitz. Bei sommerlichem Wetter suchen Weinfreunde die natürliche Waldterrasse mit den Schatten spendenden Bäumen nur zu gern auf, der Ausflug hierher wird mit einem malerischen Blick ins Tälchen des Elsterbachs belohnt. Abgelagerte Rieslinge und Spätburgunder kommen ins Glas, das Glas vom Weißwein ab 1,80 €, Rotwein und Weißherbst kosten ab 2,- €. Deftige Hausmannskost kommt auf den Tisch, u.a. Wildschweinsülze mit Bratkartoffeln, Hand- und Spundekäse oder Hausmacher Wurst. Platzreservierung. Gesellschaften ab 20 bis 50 Personen. Ausflugsziele: Kloster Marienthal und/oder Schloß Johannisberg.

Anfahrt: Auf der B 42 Richtung Rüdesheim, Ausfahrt Geisenheim/Marienthal. Richtung Kloster Marienthal. Ca. 300 m vom Kloster entfernt Richtung Johannisberg. Parkplätze im Hof. Zum Sammeltaxi sind es ca. 300 m.

WEINGUT 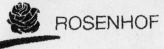 ROSENHOF

GUTSAUSSCHANK ROSENHOF GmbH
FAMILIE PREUHS   AM ROSENGÄRTCHEN 7
65366 GEISENHEIM-MARIENTHAL
TEL. 06722 -8484 FAX   -8002
www.rosenhof-geisenheim.de

öffnet von Palmsonntag bis einschl. 3. Advent
mittwochs bis freitags von 16 bis 23 Uhr, samstags ab 15 Uhr,
sonn- und feiertags ab 12 Uhr, Mo+Di RT

Seit Januar 2007 ist das Weingut Rosenhof im Besitz von Familie Preuhs. Im Ausschank sind Riesling, St. Laurent, Weißburgunder, Grauburgunder, Spätburgunder, Weißherbste und... Preis für das Glas ab 2,40 €. Traubensaft gibt es in weiß. Auch Premiumsegmente und Barrique werden angeboten. Kleine Häppchen zum Wein oder warme und kalte Gerichte – die Auswahl ist groß und immer mit Zusatzangeboten bereichert. Zu jedem Gericht gibt es eine Weinempfehlung. Bei schönem Wetter wird auf der Sonnenterrasse mit Blick auf das Rheintal bewirtet. Platzreserv. im Gutsausschank möglich. Gesellschaften zur Öffnungszeit: bis 20, sonst 20 bis 60 Personen. **Hoffest** und ein **Lichterabend** finden im August statt. Weitere Veranstaltungen: Oktoberfest und Weihnachtsmarkt. Für zuhause: Auch Brände. **Übernachtung:** 4 Gästezimmer mit Frühstück.

Anfahrt: In Geisenheim in den OT Marienthal, dann in der Straße „bei den 2 weißen Rädern" ins WG. Viele Parkplätze im Hof, auch für ein Wohnmobil. Oder von Geisenheim auf dem alten Wallfahrtsweg (Holzweg) ca. 2,5 km bis zum Weingut. Taxi-Bob -99000.

WEINGUT BUNK-HIRSCHMANN
BEATE und PETER
BUNK-HIRSCHMANN
HINTERGASSE 12
65239 HOCHHEIM
TEL. 06146-9455
FAX   -401470
www.weingut-bunk-hirschmann.de

öffnet Anfang März bis Anfang Juli
und Anfang August bis Anfang Dezember
freitags/samstags ab 17 Uhr, sonntags ab 16 Uhr,
im Sommer montags ab 17 Uhr
zu den Schlemmerwochen täglich ab 17 Uhr,
sonn- und feiertags ab 11 Uhr

Mitten in der Altstadt von Hochheim liegt das Weingut Bunk-Hirschmann. Im schön begrünten Innenhof und drinnen werden Sie zu offenen Riesling (trocken bis lieblich), zu Spätburgunder und Spätburgunder Weißherbst empfangen, das Glas Weißwein ab 1,50 € für 0,2 l, alles Flaschenweine (Kabinett und Spätlese). Die Küche bietet abwechslungsreiche Gerichte – passend zu den Jahreszeiten und typische Rheingauer Gerichte. Gesellschaften: Ab 40 bis 60 Gäste. Weinfest in Hochheim: Am 1. Wochenende im Juli. **Anfahrt**: Von Ffm BAB 66, Ausfahrt Hochheim. Direkt in der Altstadt, Parken außerhalb. Zum Bahnhof sind es ca. 8 Minuten.

DOROTHEENHOF
HERMANN DIENST
AM WEIHER 49
65239 HOCHHEIM
TEL. 06146-3722
www.weingut-dienst.de

öffnet Anfang September bis Mitte November
und Anfang Februar bis Ende Mai

täglich ab 17 Uhr, sonn- und feiertags ab 16 Uhr,
montags und dienstags Ruhetage

Im Ausschank gibt es Riesling und Gewürztraminer, das Glas vom Weißwein ab 1,80 €. Auch Auslesen sind zu verkosten. Das Fleisch für Ham- und Cheeseburger oder Hacksteak stammt von Tieren eigener Schlachtung. Walliser Schlemmersteak und diverse Käseköstlichkeiten sind die Spezialitäten des Hauses. Bei schönem Wetter Außenbewirtung. Platzreservierung. Gesellschaften: 30 bis 60 Personen. Für zuhause aus der Geschenkboutique: Neben Wein auch Likör und Weinpräsente.

Anfahrt: In Hochheim hinter den Tennisplätzen.

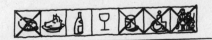

**STRAUSSWIRTSCHAFT
MARTIN MITTER**
FRANKFURTER STR. 31
65239 HOCHHEIM/MAIN
TEL. 06146-9101
FAX   -820824
www.weingut-mitter.de

öffnet ganzjährig
freitags, samstags und montags von 16.30 bis 23 Uhr,
sonn- und feiertags ab 15.30 Uhr

Die junge Familie Mitter empfängt Sie in dem neu entstandenen Gutsausschank mit Qualitäts- und Prädikatsweinen von Riesling und Spätburgunder, alle mit nationaler und internationaler Prämierung (Preise: ab 1,80-3,- €). Der rote Traubensaft ist Eigenerzeugnis, im Herbst gibt's Federweißen. Schnitzel mit Soße, Bratwurst und Handkäse sind bei den Speisen ebenso vertreten wie Tagesspezialitäten u.a. Presskopfcarpaccio, mediterrane Salatvariation oder Scampispieße. Bewirtet wird im Kreuzgewölbe und im Sommer im Hof unter Palmen; Weinproben und Gesellschaften (zur Öffnungszeit 20-80, sonst 80 bis 120 P.) sitzen im Bruchsteinkeller beieinander. Der Raucherraum hat 30 Plätze. Platzreservierung. **Hoffeste** sind im **September** und **Mai**, im Mai ist auch die Verkostung des neuen Jahrgangs.

Anfahrt: BAB 671, Ausfahrt Hochheim Süd, Breslauer Ring, 2. Ampel rechts, nach 500 m linkes Eckhaus. Parken im Hof und den Seitenstraßen. Von der S-Bahn 10 Min. oder mit dem Bus Berliner Platz und Breslauer Ring. Taxi: 06146-4343.

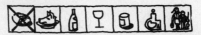

Lindenhof

GUTSAUSSCHANK

ALFONS u. ILONA PETRY
MASSENHEIMER LANDSTRASSE 65239 HOCHHEIM
TEL. 06146-9155 www.gutsausschank-lindenhof.de

öffnet vom 5. Sept. bis 30. Nov. und vom 27. Febr. bis 1. Juni freitags und samstags ab 17 Uhr, sonn- und feiertags ab 16 Uhr

Hier wird Riesling trocken und halbtrocken für 1,70 € und Dornfelder ab 2,10 € ausgeschenkt, dazu noch wöchentlich wechselnd ein weiterer Wein. Spezialisiert ist das Weingut, das es über 40 Jahre gibt, auf Grauen Burgunder und Riesling. Zur Lese gibt es Federweißen, der Traubensaft ist Eigenerzeugnis. Umfangreich wie die Weinkarte ist auch die Speisekarte: Bratwurst, Rumpsteaks, Schweinelende und –hack, Spundekäs' und wöchentlich wechselnde Speisen, da ist die Wahl schwierig. Bei warmem Wetter können Sie auf der Terrasse sitzen (80 Plätze), doch fühlt man sich auch im Wintergarten mit seinen Grünpflanzen fast wie im Freien. Platzreservierung ab 6 Pers., Gesellschaften ab 20 bis 60 Pers. Das **Höfefest** ist am 14. Sept., der **November-Weihnachtsmarkt** am 23. Nov., das **Hoffest** mit Musik im Juli (alles ab 11 Uhr). Und für zuhause: KWV = Kreativer WeinVerkauf mit Weinpräsenten, Sekt.

Anfahrt: Aussiedlerhof an der Landstraße zwischen Hochheim und Massenheim, von dort 2,5 km an der rechten Seite. Bus alle 3 Stunden, ☉ direkt vorm Haus.

GUTSAUSSCHANK PREIS
THOMAS PREIS
RATHAUSSTR. 17
65239 HOCHHEIM
TEL. GA 06146-9674
Weingut   -7620
FAX: -601584
www.weingut-preis.de

öffnet täglich von 17 bis 23 Uhr, sonn- und feiertags ab 12 Uhr,
montags und dienstags Ruhetage
Ende Dezember bis Anfang Januar geschlossen

Dem umweltschonenden Weinbau verschrieben, werden hier Rieslinge, Portugieser und Spätburgunder Rosé erzeugt, Preis für WW ab 1,70 €. Zur Herbstzeit wird Federweißer ausgeschenkt. Die Speisekarte bietet eine wechselnde Tageskarte: warme und kalte Gerichte wie z.B. Schnitzel, Spießbraten und Rippchen sind genauso vertreten wie Hand- und Spundekäs' oder Wurstsalat. Bewirtet wird – je nach Wetterlage – drinnen und draußen. Platzreservierung. Gesellschaften: Bis 80 Personen. Im Gewölbekeller wechselnde kulinarische Veranstaltungen. **Übernachtung**: Hotel "Rheingauer Tor". Das Hochheimer Weinfest ist Mitte Juli. Sehenswert: Die Hochheimer Kirche.

Anfahrt: Mitten in der Altstadt von Hochheim, Parkplätze außerhalb. Zum Bahnhof 10 Minuten, zum Bus 150 m.

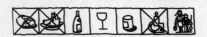

GUTSAUSSCHANK KLOSTERHOF
WEINGUT ALFRED WEILBÄCHER
NEUDORFGASSE 6 + 17
65239 HOCHHEIM
TEL. 06146-9815
FAX   -61961
www.weingut-weilbaecher.de

öffnen ganzjährig freitags ab 18 Uhr,
samstags, sonn- und feiertags ab 16 Uhr

Das Weingut mit Gutsausschank liegt in der historischen Altstadt von Hochheim zwischen Rathaus und Plan mit seiner bekannten Madonna. Im Klosterhof gibt es Riesling in allen Geschmacksrichtungen, auch Spätburgunder und Dornfelder gehören zu den angebotenen Rebsorten. Die Speisekarte reicht von Bratwurst über mehrere Schnitzelvariationen zu Winzerplatte und Spundekäse. Die Schlemmerkarte ist der Jahreszeit angepasst. Bei schönem Wetter wird unter der überdachten Pergola bewirtet. Für Gruppen und Feiern wird auch außerhalb der Öffnungszeiten geöffnet.

Anfahrt: BAB 671, Ausf. Hochheim-Süd. BAB 66, Ausfahrt Hochhm/Ts., auf der B 40 bis H. Mitten in der Altstadt, **P** am Rathaus oder Daubhaus. 15 Min. zur S-Bahn (Ffm./Wiesbaden) und 5 Min. zum Bus nach Mainz (L 68) und Wiesb. (L 48).

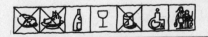

GUTSAUSSCHANK KAHL
FAM. KAHL
HAUPTSTR. 4
65239 HOCHHEIM-
   MASSENHEIM
TEL. 06145 -2823+ 941468
FAX   -598041
www.gutsausschank-kahl.de

öffnet mittwochs bis samstags von 17 bis 23 Uhr
sonn- und feiertags ab 9.30 Uhr (Frühstücksbuffet bis 11.30)
ab 12 Mittagstisch, dann warme Küche bis 22 Uhr

Weinbau wird bei Familie Kahl seit 1785 betrieben, doch ist das Haus noch länger in Familienbesitz. Heute werden Sie hier – je nach Wetterlage – drinnen und draußen im überdachten Gartenlokal bewirtet. Riesling und Rosé vom Spätburgunder gibt es ab 1,70 €, Rotwein ab 2,30 €. Gutbürgerliche Küche wird geboten, darunter Schnitzel in allen Variationen. Immer mittwochs kommen Rumpsteaks, donnerstags Bratkartoffeln, freitags bei Saison eingelegte Heringe und sonn- und feiertags Pommes frites als Beilage auf den Teller. **Übernachtung**: 6 DZ u. 2 EZ. Gesellschaften: 35 bis 70 Personen.

Anfahrt: BAB 66, Ausfahrt Wallau, in Richtung Flörsheim. Begrenzt Parkplätze am Haus, sonst an der Sport- und Kulturhalle auch für Busse usw. Nächste Bahnhöfe: Flörsheim oder Hochheim am Main.

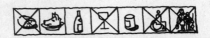

AM BACKES
JENS BIBO
OBERSTR. 33
65399 KIEDRICH
TEL. 06123 -3108
FAX   -1289
www.wein-bibo.de

WEINGUT J. BIBO

öffnet im Februar und März und Mai und Juni
mittwochs bis samstags ab 15 Uhr,
sonntags bis dienstags geschlossen

Die Bibos gehören zu den alten Kiedricher Familien, seit 1651 sind sie hier ansässig. In der Fachwerkscheune und an warmen Tagen auch im Hof werden Riesling, Dornfelder und Spätburgunder ausgeschenkt (Preise: ab 1,50 € für WW). Den gibt es auch als Weißherbst. Speck und Eier oder Eier mit Blutwurst gibt es mit Brot oder Bratkartoffeln, Handkäs' ist in Riesling eingelegt. Als ‚Aufräumer' wird Hefe- oder Tresterschnaps geboten. Gesellschaften außerhalb der Öffnungszeiten ab 20 bis 50 Personen. Spielecke mit Sandkasten und Wickelmöglichkeit. Neu sind Weinprobenwanderungen und Weinstockpachten. Zum **Apfelkuchenfest** erwartet Sie Familie Bibo am 14. September.

Anfahrt: BAB 66, Frankfurt Richtung Rüdesheim, Ausfahrt Eltville-Mitte/Kiedrich. Von Eltville kommend Eltviller Straße-Marktstraße-Suttonstraße, dann links in die Backhausstraße (stößt auf die Oberstraße). Oder von Wiesbaden, Rüdesheim oder Eltville mit dem Bahnbus.

WEINGUT ›BUR‹

GUTSAUSSCHANK ZUM BUR
WINFRIED BIBO & SOHN
OBERSTR. 3
65399 KIEDRICH
TEL. 06123-5513
FAX   -3635
www.wein-bur.de

öffnet täglich von ab 16 Uhr, sonn- u. feiertags ab 11 Uhr,
dienstags und mittwochs Ruhetage

Vierzehn verschiedene Weine sind hier im Ausschank, davon die meisten Rieslinge von trocken bis mild, ist doch das Weingut auf Riesling spezialisiert. Ab 1,80 € können Sie davon verkosten, auch der Traubensaft stammt von dieser Rebe. Rotweinfreunde werden mit Spätburgunder (2,60 €) erfreut (auch WH 2,20 €). Auch Weißburgunder und Bur-Secco sind im Ausschank. Im Fachwerkhaus mit 45 Plätzen und im Freien (30) werden Sie mit Hausmacher Wurst, Schinken und Wildgerichten verwöhnt. An Festtagen gibt es Grillspezialitäten. Gesellschaften: Bis 25 Personen. Zum **Riesling-Fest** erwartet man Sie am letzten Wochenende im Juni. Kulinarische Weinprobe am 3. Advent. Jederzeit Weinwanderungen und Kutschfahrten.

Anfahrt: In Kiedrich an der Valentinuskirche vorbei, dann links und nochmals links.

**WEINGUT
ANTON ALBUS**
WOLFGANG JÖRG
BINGERPFORTENSTR. 11
65399 KIEDRICH
TEL. 06123 -900485
FAX   -900487

öffnet von Mai bis September (mit Unterbrechung)
dienstags bis samstags von 17 bis 24 Uhr,
sonntags und montags Ruhetage

Kiedrich, das „Schatzkästlein der Gotik", ist die größte Hanggemeinde im Rheingau und bereits 954 urkundlich erwähnt. Aus den vier bekannten Kiedricher Lagen Grafenberg, Wasseros, Klosterberg und Sandgrub lässt es sich in dieser **echten Straußwirtschaft** verkosten, die Weißweine bis auf einen weißen Burgunder alles Rieslinge aus umweltschonendem Weinbau, das Glas ab 1,80 €. Rotwein gibt es vom Spätburgunder trocken und halbtrocken. Handkäse gibt es mit Musik oder Tomaten-Vinaigrette. Neu: eingelegter Camembert mit Zwiebeln und grünem Pfeffer, Schlemmerweck wird mit Spundekäs bestrichen. Bewirtet wird in der restaurierten Scheune und an schönen Sommertagen im mediterran gestalteten Innenhof. Platzreservierung in begrenztem Umfang. Gesellschaften: Während der Öffnungszeit bis 12, sonst bis 50 Pers.

Anfahrt: BAB 66 Wiesbaden Richtung Rüdesheim, Ausfahrt Kiedrich, Richtung Kloster Eberbach bis zum Kreisel, dort 1. Straße rechts, das 3. Haus. Ca. 3 Minuten vom Bürgerhaus entfernt, dort sind Parkplätze. Zum Bus 3 Minuten. Direkt am Rheinsteig.

WEINGUT-GUTSAUSSCHANK PETER MÜLLER

MARIAHILFSTR. 37
65399 KIEDRICH
TEL. 06123 -1365
weingut-petermueller@gmx.de

öffnet noch bis zur Weinlese, 31. Okt. bis 28. Dez (nur Fr-So)
9. Januar bis 14. Juni (nur Fr-So)
26. bis 29. Juni 09 **Weinstand beim Rieslingfest**
und wieder vom 15. Juli bis zur Weinlese
tägl. ab 16, am WoE u. feiertags ab 15 Uhr, Mo + Di Ruhetage,

Ganz am Ortsrand gelegen, direkt am Wendehammer der schmalen Straße, die bei der historischen Dorfschmiede nach dem Wald zu ansteigend ihren Anfang nimmt, liegt idyllisch das Weingut Peter Müller. Im Erdgeschoss des Wohn- und Winzerhauses befindet sich der Gutsausschank mit Platz für 44 Weinfreunde, der den Jahreszeiten gemäß liebevoll dekoriert wird. (Für **Raucher** gibt's einen extra Raum mit 20 Plätzen). Im teilweise überdachten Hof mit 30 Plätzen mit Blick auf Burg Scharfenstein und die Taunuswälder geht es familiär zu. Kinder haben sicheren Auslauf (auch Spielgeräte). Zum Wochenende gibt es immer etwas Besonderes; zum Federweißen im Herbst selbst gebackenen Zwiebelkuchen. Aber auch für die anderen herzhaften Speisen, die zu Riesling (ab 1,60) oder Spätburgunder (ab 2,10) munden, sorgt Familie Müller. Familienfeiern, Weinwanderungen und –proben. **Neu**: Eine große FeWo zum Wohlfühlen mit allem Komfort.

Anfahrt: B 42, Ausf. Kiedrich. Am Ortsrand. Beschildert. Stellplätze für Wohnmobile.

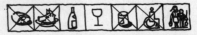

**GUTSAUSSCHANK
KRONEBERGER-SCHÄFER**
URSULA SCHÄFER
MÜHLBERG 3
65399 KIEDRICH
TEL. 06123-5380

öffnet ganzjährig montags bis freitags ab 15 Uhr
evtl. während der Lese einzelne Tage kurzfristig geschl.

Vor über 30 Jahren begann Familie Schäfer, den Wein in der Straußwirtschaft auszuschenken, heute ist's ein Gutsausschank. Im ehemaligen Scheunennebengebäude empfängt man Sie zum Weinverkosten: Rieslinge (ab 1,50 €), Spätburgunder- und Weißherbst (2,50/1,90 €) werden ausgeschenkt. Bei schönem Wetter serviert man Ihnen diverse Schnitzelköstlichkeiten, Bratwurst und selbst gemachten Hackbraten, Rumpsteak und Leckereien der Saison wie Bärlauch-Spargel auch auf der Terrasse (20 bis 25 Plätze). Freitags gibt es Fisch. Der Spundekäs ist eigene Herstellung. Platzreservierung. **Übernachtung**: diverse Pensionen, z.B. Pension Röhrig, Hotel Scharfenstein.

Anfahrt: Von Ffm. – Wiesb. BAB 66, B 42. Der Gutsausschank ist nur 50 m vor der gotischen Kirche, 6 Parkplätze vor dem Weinlokal. Zur Bushaltestelle nach Eltville sind es 400 m. Für Radfahrer: Das 'gotische Weindorf' Kiedrich liegt an der Rheingau-Riesling-Route, der Rheinsteig-Wanderweg führt hinter dem Weingut vorbei. Anzusehen sind: die älteste spielbare Orgel Deutschlands; sowie der Weinberg der Ehe und der Weinberg des Kindes.

STRAUSSWIRTSCHAFT MÜNZ-ALBUS
THOMAS SCHÖNBERGER
65399 KIEDRICH
OBERSTR. 9
TEL. 06123-3429
FAX   -601408
th.schoenberger@t-online.de

WEINGUT MÜNZ-ALBUS

öffnet Oktober/November und März/April
freitags und samstags ab 17 Uhr, sonntags ab 16 Uhr

In der gemütlichen Straußwirtschaft in der ehemaligen Kelterhalle werden Sie von Familie Schönberger verwöhnt. Winzer Thomas Schönberger ist für die Pflege der Weinberge und den Ausbau der Weine verantwortlich. Die Hauptrebsorte im Rheingau, der Riesling (ab 1,80 €), wird durch Spät- und Grauburgunder ergänzt (ab 2,50 bzw. 2,- €). Abgerundet wird das Angebot durch Traubensaft, Sekt und Wein- und Hefebrand. Besonders empfehlenswert von der „normalen" Speisekarte sind Wildsülze von Wild aus heimischen Wäldern, Winzerplatte, Lachs-Max und Spundekäs'. Bei schönem Wetter auch Bewirtung im Freien. Platzreservierung beschränkt möglich. Viele Spielmöglichkeiten für Kinder. Gesellschaften: 20 bis 40 Personen.

Anfahrt: Mitten im alten Ortskern. Busverbindung von Eltville (Bahnhof), die ϴ ist 5 Minuten entfernt.

STRAUSSWIRTSCHAFT
GEORG und PETRA SOHLBACH
OBERSTR. 15
65399 KIEDRICH
TEL. 06123 -2281
FAX   -676973
www.weingut-sohlbach.de

öffnen von Mitte November bis 30. Dezember
und von April bis August
täglich ab 17 Uhr, sonn- und feiertags ab 16 Uhr,
mittwochs und donnerstags Ruhetage

Sechs Generationen Weingut, ausgehend von Urgroßvater Bibo, einem Bäckermeister und Winzer, drei davon auch Straußwirtschaft – das ist der geschichtliche Hintergrund. 1972 baute dieses Weingut den ersten Spätburgunder in Kiedrich an. Er wird z.T. im Holzfass ausgebaut und ist ab 2,- € zu verkosten. Neben dem typischen Riesling wird Grauburgunder geboten (ab 1,90 €), Weißherbst gibt's ebenfalls ab 1,90 €. Der Traubensaft ist aus eigenem Anbau. Drinnen (2 Räume) und auf der Gartenterrasse mit kleinem Weinberg und Spielwiese haben je 40 Gäste Platz, dort schmecken Flammkuchen, Spundekäs', Handkäs' und Hackfleischkuchen. Platzreservierung. Gesellschaften außerhalb der Öffnungszeit: Ab 10 bis 48 Personen. **Übern.:** Nassauer Hof, Krone, Pensionen Rohrig und Ankermühle. Für zuhause: Auch Trester- und Hefebrand, Traubensaft, Sekt, Weingelee.
Anfahrt: B 42, Ausfahrt Kiedrich. Im Ortskern, ca. 150 m vom Marktplatz. Zwölf Parkplätze im Hof.

GUTSAUSSCHANK STASSEN
TANJA u. ANITA STASSEN
AULGASSE 7
65399 KIEDRICH
TEL. 06123-5691
FAX   -63792
www.weingut-helmutstassen.de

Weingut
Helmut Stassen

öffnet noch bis Anfang Dezember,
Anfang Februar bis Mitte Juni und wieder Mitte Juli
freitags, montags, dienstags ab 17 Uhr,
samstags ab 16 Uhr, sonntags ab 15 Uhr

Hier erwartet man Sie mit den typischen Rheingauer Sorten Riesling und Spätburgunder, letzteren auch als Weißherbst, der die Winzerfamilie zum Ende Juli stattfindenden **Weißherbstfest** mit Musik inspirierte. (Preise für WW ab 1,80, RW 2,50, WH 2,10 €). Reduzierter Rebanschnitt und handgelesene Trauben erzeugen eine besonders gute Weinqualität. Im Herbst gibt's Federweißen und –roten. Eine wöchentlich wechselnde Schlemmerkarte ergänzt das Angebot von Winzersteak (ab 7,- €), Spundekäs (5,- €) oder Schlemmertoast (6,50 €). Bewirtet wird drinnen auf 70 und auf der Terrasse auf 80 Plätzen. Platzreservierung. Gesellschaften zur Öffnungszeit: 10-40, sonst 30-60 Personen. Für zuhause: Neben Wein auch Spirituosen, Weinpräsente, Schmuckflaschen. Das Kiedricher Rieslingfest ist Ende Juni. Sehenswert: Die älteste, noch spielbare Orgel Deutschlands in der Valentinuskirche, das Renaissance-Rathaus und die alten Adelshöfe. Oder ein Abstecher zum Kloster Eberbach.
Anfahrt: Von der BAB 66 auf die B 42, Abfahrt Kloster Eberbach. In K. Richtung Kloster bis zum Bürgerhausparkplatz. Der GA liegt gegenüber.

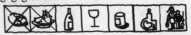

ZUM WIBBES
WEINGUT
JAKOB STEINMACHER & SOHN
ELKE STEINMACHER
ELTVILLER STR. 39
65399 KIEDRICH
TEL. 06123-630313; GA-3803
FAX   -4790
www.wibbes.de

öffnet Anfang September bis Mitte Dezember und
Ende Februar bis Anfang Juli

freitags u. samstags ab 16 Uhr, sonn- u. feiertags ab 15 Uhr

Das Weingut Steinmacher und Sohn ist eines der ältesten Weingüter Kiedrichs. Die Rebfläche ist zu 85 % mit Riesling, zu 12,5 % mit Blauem Spätburgunder, zu 2,5 % mit Dornfelder und zu 3 % mit Grauburgunder (für Federweißen) bepflanzt. Ausgeschenkt werden eine große Anzahl von Weinen bis hin zu Eiswein sowie Sekt ab 1,50 €. Die Speisekarte ist umfangreich wie die Weinkarte: Kalte Vesper ist hier genauso vertreten wie Schnitzel, Schweinesteak oder Haxe. Fast alles gibt es auch in kleinen Portionen. Wöchentlich wechselnd besondere Speisen. An warmen Tagen Außenbewirtung. Platzreservierung im Nebenraum. Gesellschaften: 30 bis 70 Personen. **Übernachtung**: 1 Fewo. Für daheim: Auch Hefeschnaps und Riesling Weinbrand. Winzerfest wird im Juli/August gefeiert.

Anfahrt: im Ort das erste große Weingut nach der Ortseinfahrt rechts. 12 Parkplätze im Hof.

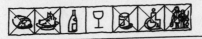

GUTSAUSSCHANK & WEINGUT KLOSTERMÜHLE
FAM. LORENZ WITTE
65399 KIEDRICH
TEL. 06123 -4021
FAX   -676958
www.klostermuehle.de

öffnen täglich ab 16 Uhr, sonn- und feiertags ab 12 Uhr
montags Ruhetag

Die Mühle des Klosters Eberbach wurde 1218 erbaut, seit über 200 Jahren ist sie im Besitz von Familie Witte. Im Sommer lädt der Fachwerkinnenhof mit Weinreben und Nussbäumen zum Verweilen, im Winter wärmt das lodernde Kaminfeuer im alten Klostergewölbe. Riesling ist die Spezialität dieses Weinguts, die Erhaltung des sortenreinen Charakters dieser Traube das Anliegen des Winzers. Ab 2,30 € ist vom Weißwein zu verkosten, Spätburgunder (auch als Rosé) gibt es ab 3,40 € (3,10 €). Nicht nur Traubensaft, auch alkoholfreier Wein wird angeboten, im Herbst gibt es auch Federweißen. Die Küche bietet Pasteten, Hasenkeule oder Entenbrustfilet, doch werden darüber Winzervesper und Handkäse nicht vergessen. Platzreservierung. Gesellschaften: Bis 70 Pers. (mit Empfehlungskarte) im restaurierten Weingewölbe oder bis 180 Personen im neuen Hedwig Witte Festsaal. Aus dem Hofladen: Allerlei rund um den Wein. **Übernachtung**: Hotel Frankenbach in Eltville oder Hotel Ankermühle in Kiedrich, ca. 500 m entfernt vom Gutshof.

Anfahrt: Der Weg zur Klostermühle führt über die Umgehungsstraße (B 42), Ausf. Kiedrich. Dem Wegweiser folgen, der Gutshof liegt beim Ortsende von Eltville Richtung Kiedrich. P für 38 Pkw u. 10 Wohnmobile.

RHEINGAU 307 RHEINGAU

GUTSAUSSCHANK
F. BREUER –HADWIGER
u. A. v. ROSEN
BINGER WEG 2

65391 LORCH

TEL. 06726-830012
FAX 06726-2483
www.weingut-altenkirch.de

weingut friedrich
altenkirch
a . d . 1 8 2 6

öffnet vom 30. August bis 2. Dezember und
vom 1. März bis 3. Juni
donnerstags, freitags und samstags ab 17 Uhr,
sonntags ab 15 Uhr

Seit 1826 gibt es das Weingut, seit 1932 wird es von Familie Breuer geführt. 2005 ist Andreas von Rosen als Gesellschafter eingestiegen, um die Zukunft des Weinguts zu sichern. Im Kellergewölbe mit offenem Kamin werden Sie mit Riesling, Weiß- und Spätburgunder verwöhnt (ab 1,90 €), einige Rotweine werden im Barrique ausgebaut. Besondere Spezialität ist ein Spätburgunder Rotsekt. Spundekäse, Hausmacher Schmalz, Rahmkäse, Wildschweinsülze mit Bratkartoffeln, Zanderfilet mit Tomaten-Confit, Rohmilchkäse oder geb. Ziegenkäse mit Blattspinat sind nur einige Beispiele aus der einfallsreichen Küche und schmecken zum Wein. Platzreservierung. Gesellschaften bis 100 Personen willkommen. Für Wanderer: Der Rheingauer Rheinsteig zwischen Assmannshausen und Lorch. Für historisch Interessierte: Das Lorcher Stadtmuseum.

Anfahrt: Von der B 42 Einfahrt Lorch (Höhe Autofähre). Ca. 50 m vom Bahnhof entfernt. Örtl. Taxi Tel. –502.

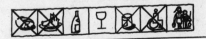

THOMAS RINK
WEINGUT J. GERMERSHEIMER
RHEINSTR. 39/40
65391 LORCH
TEL. 06726 -336
FAX   -807657
www.germersheimer.de

öffnet vom 5. September bis 2. November
und vom 17. April bis 31. Mai
freitags von 17 bis 22 Uhr,
samstags, sonn- und feiertags von 14 bis 22 Uhr

Nur 4 Jahre (1919-1923) existierte der Freistaat Flaschenhals, heute verspricht die Initiative gleichen Namens dem Weinkenner Weine, die über den gesetzlichen Normen liegen und dazu in Straußwirtschaften und Gutsschänken gebietstypische Speisen. Die **echte** Straußwirtschaft von Thomas Rink ist im ehemaligen Zehnthof der Mainzer Dompropstei aus dem 13. Jh. Im Keller und bei schönem Wetter auf der Terrasse werden vorwiegend trockene Weine von Riesling, Chardonnay, Schwarzriesling und Spätburgunder ab 1,80/2,- € ausgeschenkt. Rieslinghandkäse, Spundekäs, Wildschweinbratwürste oder Flammkuchen werden dazu serviert. Platzreserv. Gesellsch.: Zur Öffnungszeit 6 bis 15, sonst 12 bis 40 Pers. Zum Federweißenfest am 3. WoE im Okt. gibt es natürlich Zwiebelkuchen. Je 2x im Jahr lädt der Winzer zu naturkundlichen Exkursionen und zum klassischen Konzert.

Anfahrt: An der B 42, von der alten Bundesstraße ausgeschildert. 200 m vom Hilchenhaus entfernt. Zum Bahnhof 10 Minuten. Großer Parkplatz in unmittelbarer Nähe.

JOCHEN NEHER
WEINGUT MOHR
RHEINSTR. 21
65391 LORCH
TEL. 06726 -9484
FAX -1694
www.weingut-mohr.de

öffnet 15. Oktober bis 8. November
und 30. April bis Ende Juni
donnerstags bis samstags ab 17 Uhr
und sonn- und feiertags ab 15 Uhr

Das Weingut wurde 1875 vom Urgroßvater Wilhelm Mohr gegründet. Spezialisiert ist es heute auf Weißburgunder, bei gekühlter Gärung werden die Weine in Edelstahl- und Barriquefässern ausgebaut. Im Ausschank sind Riesling, Silvaner, Weißburgunder und Spätburgunder (auch als Weißherbst), das Glas ab 2,50 €, rot ab 3,10 €. An Speisen gibt es Fischvarianten, Wildspezialitäten, gefüllte Omelettvariationen, bunten Sommerteller und Spundekäs. Neu sind hausgemachte Spezialitäten aus der türkischen Küche. Bei schönem Wetter auch im Hof. Mitglied der Flaschenhals-Initiative. Empfehlenswert davor: Der Weg gleichen Namens, der den nötigen Appetit aufkommen lässt. Platzreservierung. Gesellschaften: Ab 10 bis 50 Personen. Nach Absprache: „Beschwingte Weinwanderungen", (Strecke zwischen 2 und 13 km) und Kochkurse (regionale und türkische Küche).

Anfahrt: Von der B 42 die Einfahrt gegenüber der Autofähre nach Lorch benutzen, dann beschildert. Zwischen Hilchenhaus und Bahnhof gelegen, eigener Parkplatz. Vom Bahnhof (rechte Rheinstrecke) ca. 300 m Rtg. Stadtmitte. Örtl. Taxi: Tel.-502.

ERLESENE WEINE UND SEKTE AUS DEM RHEINGAU

GUTSSCHÄNKE WEINPAVILLON
BINGER WEG 1
TEL. 06726-830083
www.weingut-ottes.de

HELMUT OTTES
65391 LORCH
FAX 06726-830084

öffnen vom 5. September bis 26. Oktober
und Ende Februar bis Mitte Mai
Fr ab 17, Sa, So + F ab 15 Uhr

Nicht allein Lorcher, sondern auch Mittelheimer, Winkeler und Oestricher Weine aus Riesling- und Spätburgundertrauben sowie Sekte und Brände können im Weinpavillon inmitten der Weinberge mit ungetrübtem Rheinblick verkostet werden. Dazu werden nicht nur typische Rheingauer Gerichte wie Wispertal-Forelle, Spundekäse und Wildspezialitäten, sondern auch original japanische Gerichte von Fumiko Ottes geboten. Immer am 3. Wochenende im Oktober lädt Familie Ottes zum **„Federweiße-Fest"**. Gesellschaften außerhalb der Öffnungszeit: Ab 20 bis 50 Personen. **Übernachtung:** Über das Verkehrsamt, Tel. –1815. Sechs ausgeschilderte Rundwanderwege erwarten den gehfreudigen Weinfreund zum Wandern, die Pfarrkirche St. Martin hat den ältesten Schnitzaltar Deutschlands.

Anfahrt: B 42, Einfahrt Lorch (Höhe der Rheinfähre) einbiegen, dann den Hinweisschildern folgen. Stündlich Züge von Wiesbaden – Koblenz; der Bahnhof ist 2 Minuten entfernt.

**WINZERSTUBE
CHRISTOF PERABO**
SCHAUERWEG 57
65391 LORCH
TEL. 06726 -302
FAX   -2182
www.weingut-perabo.de

öffnet Mitte März bis Ende Oktober
außer in den Monaten Juni, Juli, August
freitags ab 17 Uhr, am Wochenende und feiertags ab 14 Uhr

Im Ausschank sind acht trockene und drei milde Rieslinge, für Rotweinfreunde gibt es drei trockene und einen milden Spätburgunder (ab 1,60 €), auch Rosé und Weißherbste (ab 1,80 €) sind zu verkosten. Außer Riesling wird auch Gewürztraminer geboten. Die Rotweine sind zum Teil aus dem Barrique, bei den Weißweinen reicht die Qualität bis zu Auslesen und Eiswein. Das Essen bietet typische Winzerküche. Im Herbst wird Federweißer eingeschenkt. Bewirtet wird in der Probierstube und bei schönem Wetter auch auf der Terrasse. Gesellschaften zur Öffnungszeit ab 12 bis 60 Personen, sonst bis 70 Personen. Weinbergswanderung im „Freistaat Flaschenhals", Kellerführung. **Übernachtung**: Hotel Arnsteiner Hof. Das Lorcher Hilchenfest ist Anfang Juni von Freitag bis Montag.

Anfahrt: Aus Wiesbaden B 42. Ortseingang Rhein Rtg. Wispertal. Parkplätze am Haus (auch Wohnmobil). Oder von Koblenz oder Wiesbaden mit der Bahn. Oder BAB 61, Ausf. Rheinbölln, mit der Fähre von Niederheimbach oder Kaub über den Rhein.

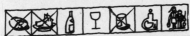

STRAUSSWIRTSCHAFT-WEINGUT
MICHAEL RÖSSLER
RHEINSTR. 20

65391 LORCH

TEL.+ FAX 06726-1658

www.weingut-roessler.de

öffnet von Mai bis September

täglich ab 17 Uhr, am Wochenende und feiertags ab 12 Uhr, mittwochs Ruhetag

---

Der trockene Spätburgunder, im Holzfass gereift, und Weißherbst werden ab 2,-/2,20 € ausgeschenkt, Riesling und Silvaner gibt es ab 1,80 €. Bis hin zu Eiswein kann verkostet werden. An kühlen Tagen im Kelterhaus, an warmen im rebenumrankten Garten, schmecken Ziegensalami und Lammpastete. Gesellschaften: 10 bis 25 Pers. Das Lorcher Zwibbelkuchenfest ist am 3. Wochenende im Oktober. **Übernachtung**: Ferien beim Winzer in den eigenen renovierten Ferienwohnungen in einem alten Fachwerkhaus oder im neuen Gästehaus mit modernen DZ mit TV/DU/WC. Der Rheinsteig führt direkt am Haus vorbei und führt durch Wald und Reben nach Bonn oder Wiesbaden. Der „Lorcher Weinwanderweg" führt den an Wein interessierten Wanderer über die verschiedenen Lorcher Weinlagen.

Anfahrt: Über die B 42, Abfahrt Wispertal. Das Weingut liegt hinter der Bahn, Parkplätze vor der Bahn am Rhein. Vom Bahnhof 5 Minuten Richtung Stadtmitte.

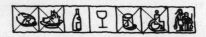

**WEINBAU
FAMILIE SCHWEIZER**
BINGER WEG 38
65391 LORCH
TEL. 06726-1416
schweizer.lorch@freenet.de

öffnet im August und September
täglich ab 16 Uhr, montags Ruhetag

Bei Familie Schweizer wird Riesling ausgeschenkt, von trocken bis lieblich werden Ihnen die Gläser gefüllt. Alle Weine werden im Holzfaß vergoren und ausgebaut, bis zur Spätlese sind sie zu verkosten. Bei schönem Wetter wird auf der Terrasse mit freiem Blick ins Rheintal bewirtet. Da „Weck, Worscht un Woi" bekanntlich zusammengehören, gibt es hier Weck mit Salami, Schinken oder Hausmacher Wurst. Spezialität: Wildplatte mit Wildsülze, -preßkopf, -salami, -pastete sowie Reh- und Wildschweinschinken. Gesellschaften: 10 bis 35 Personen.

Anfahrt: Aus Wiesbaden auf der B 42, am 1. Bahnübergang von Lorch rechts ab, dann über die Bahn links, dann noch 200 m. Etwas außerhalb in der Weinbergslage Kapellenberg. Der Fahrradweg führt am Weingut vorbei. Zum Bahnhof 800 m, zum Bus 200 m.

**WEINHAUS
FREISTAAT FLASCHENHALS**
BIRGIT SULEK
BODENTHAL
65391 LORCH
TEL. 06726 -9464
FAX   -9440
www.freistaat-flaschenhals.de

öffnet vom 15. März bis 1. November
täglich von 12 - 22, am WoE und feiertags von 11 -22.30 Uhr,
montags und donnerstags Ruhetage

„In Lorch am Rhein, da klingt der Becher, denn Lorcher Wein ist Sorgenbrecher" ist nur einer der Sprüche, der das Notgeld des Freistaats zierte. Heute gehören zehn Weingüter und sieben Restaurants zu der Freistaat-Flaschenhals-Initiative. Bewirtschaftung von 1 ha, eigene Spätburgunder und Rieslinge sind zu verkosten. (Preise: ab 2,20 € für Weißwein, 3,50 € für Roten). Im Oktober gibt's Federweißen. Die Küche bietet heimische Spezialitäten wie Forelle, Wildsülze und –schinken, Spezialität: Die Freistaat-Platte. Die Gaststube beherbergt eine Sammlung historischer Werkzeuge und alter Gläser. Die Terrasse (30 Plätze) bietet Aussicht auf das Rheintal. Platzreservierung. Gesellschaften zur Öffnungszeit: 10 bis 60 Personen. Samstagabend koschere Speisen und Weine. **Übernachtung**: 6 Ferienhütten. Riesling-Wanderpfad und Riesling-Radwanderweg führen direkt am Anwesen vorbei.

Anfahrt: Zufahrt ab B 42 zwischen Lorch und Rüdesheim-Assmannshausen. 300 m von der B 42. Zum Bus 300 m. Nächster Bahnhof: Assmannshausen, 3 km. Direkt am Rheinsteg gelegen. Platz für 40 Wohnmobile.

**GUTSAUSSCHANK
K. u. U. KÖNIG**
TALWEG 2
65391 LORCH-
    LORCHHAUSEN
TEL. 06726 -2662
FAX   -812263
www.koenigswein.de

öffnet auf Anfrage
freitags und samstags ab 17 Uhr, sonntags ab 15 Uhr

Riesling und Spätburgunder sind die beiden Rebsorten, die Sie hier von trocken bis mild bis hin zu Auslesen verkosten können. Das Glas vom saftigen Riesling gibt es ab 1,90 €, Rotwein und Weißherbst beginnen mit 2,80 € u. 2,50 €. Wildschweinsülze oder das Winzervesper „von allem ebbes" werden zum Wein serviert. Der neue Ausschankraum bietet 100 Sitzplätze, von der Terrasse (40 Plätze) genießen Sie eine herrliche Aussicht ins das Unesco Weltkulturerbe Mittelrheintal. Gesellschaften: Außerhalb der Öffnungszeit ab 30 bis 60 Personen. Besucher der Rheingauer Weinwoche in Wiesbaden (Mitte August) und des Rheingauer Weinfests im September in Frankfurt in der Fressgass' treffen Winzer König am Gemeinschaftsstand mit dem Weingut Eulberg. Für zuhause: Auch Spätburgunderweinbrand, Sekt, Trester- und Hefebrand und Weinbergspfirsichlikör.

Anfahrt: Auf der B 42 bis Abfahrt Lorchhausen. Über den Bahnübergang immer geradeaus, erst Oberflecken, dann Talweg. Am Ende der Bebauung nach 750 m auf der rechten Seite. Liegt am Ortsrand mitten im Retzbachtal am Wanderweg H 7 und dem Rheinsteig. Großer Parkplatz am Haus, (nach Absprache auch für Wohnmobile). Von Bahnhof und Bus-Θ ca. 900 m.

STRAUSSWIRTSCHAFT RHEINALLEE 8
65391 LORCH-LORCHHAUSEN TEL. 06726-699
www.weingut-nies.de FAX -9177

öffnet 30. Sept. bis 21. Okt. und vom 11. bis 19. Juli 09

samstags ab 16 Uhr,

sonn- und feiertags ab 14 Uhr

Das Weltkulturerbe Mittelrheintal bildet die Kulisse des Weinguts. Der Familienbetrieb liegt direkt am Rhein, am Radweg zur Loreley, und ist Mitgliedsbetrieb der „Freistaat Flaschenhals Initiative". An den sonnenverwöhnten Steilhängen des mittelrheinischen Schiefergebirges werden die traditionellen Rebsorten Riesling und Spätburgunder angebaut. Preise: WW und RW ab 1,90 €, Weißherbst ab 2,- €. Wildsülze, Wispertal-Forelle und Spunde-käs' nach altem Hausrezept munden auf der Terrasse mit herrlichem Panoramablick. Wenn der Rhein die Sonnenstrahlen reflektiert, versteht man, warum hier an den steilen Schieferhängen erstklassige Weine gedeihen. Platzreservierung. Weinproben - auch mit Wanderung – ab 15 Personen. Für zuhause. Auch Brände, Trester, Hefe, Liköre, Weingelee.

Anfahrt: B 42, direkt am Rhein gelegen. 10 Minuten zum Rheinsteig, 5 Minuten zum Bahnhof.

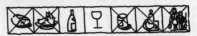

GUTSAUSSCHANK BURKL
ERICH BURKL
GÄNSSAALWEG 7
55246 MAINZ-KOSTHEIM
TEL.+ FAX 06134-65576

öffnet ganzjährig,
Mitte Dez. bis Ende Jan./Anfang Febr. geschlossen
mittwochs bis samstags ab 17 Uhr, sonn- und feiertags ab 15 Uhr

Das Weingut liegt mitten in der renommierten Weinlage St. Kiliansberg. Von dieser und den Lagen Kostheimer Steig und Daubhaus können Sie vom Qualitätswein bis zur Auslese verkosten. 60 % der Rebfläche sind mit Riesling bepflanzt, 30 % mit Spätburgunder und 10 % mit Dornfelder. Auch Barrique-Weine werden geboten, Weißherbste sind die Spezialität des Weinguts. Der Traubensaft ist Eigenerzeugnis. Bewirtet wird drinnen und im Garten mit rustikalen Speisen der gut bürgerlichen Küche. Gesellschaften außerhalb der Öffnungszeit: 20 bis 70 Personen. Der Stolz des Winzers: Der Prominentenweinberg, 1996 mit dem KCV auf seinem Areal angelegt, mit mittlerweile 16 persönlichen Reben von Oberbürgermeistern u.a. Am 3. Wochenende im August lädt Kostheim zum Weinfest.

Anfahrt: Von Mainz-Kostheim Richtung Hochheim (B 40), vor dem Ortsausgang links in den Gänssaalweg. Parkplätze im Hof.

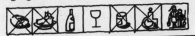

**STRAUSSWIRTSCHAFT
DIETER PRODÖHL**
HESSLERWEG 40
55246 MAINZ-KOSTHEIM
TEL. 06134-65913

öffnet von Januar bis Dezember
donnerstags bis montags von 16 bis 23 Uhr

Offenen Weißwein gibt es trocken, halbtrocken und mild, Rotwein und Rosé sind trocken ausgebaut. Bis hin zu Spätlesen reichen die Qualitätsweine mit Prädikat. Zum Schnitzel wird Kartoffelsalat gereicht, frischer Salat kommt mit Putenstreifen auf den Tisch. Und natürlich darf der Spießbraten nicht vergessen werden. Selbstverständlich werden auch Handkäs' mit Musik und Spundekäs' geboten. Bewirtet wird im Wintergarten, der zum Hof hin geöffnet werden kann und bei schönem Wetter im Hof. Platzreservierung.

Anfahrt: BAB 671, Hochheim-Süd abfahren. Dann auf der B 40 Richtung Kostheim. Außerhalb gelegen, Parkplätze gibt es am Haus.

SCHERBAUMS GUTSSCHÄNKE
THEO u. SIBILLE SCHERBAUM
HESSLERWEG 28
55246 MAINZ-KOSTHEIM
TEL. 06134 -4291
GS   -2869878
FAX   -2859389
theo@weingutscherbaum.de

öffnet Mitte Januar bis Mitte Dezember
donnerstags, freitags und samstags ab 16 Uhr,
sonn- und feiertags ab 14 Uhr

Am 19.-21. September lädt Winzer Scherbaum zum **„Federweißenfest"** und am 21.Sept. zu einem besonderen Programm. Im Gutsausschank werden 6 Rieslinge und 3 Spätburgunder ausgeschenkt, der Weißwein ab 1,70 €, der Rotwein ab 2,10 €. Auch zwei Weißherbste sind zu probieren. Wer Nichtalkoholisches bevorzugt, kann Apfel- und weißen Traubensaft trinken (0,2 l 1,30 €). Die „beschwipste" Vesperplatte ist mit Hochprozentigem versehen. Donnerstags ist Schnitzeltag, große Schnitzel billiger. Ca. 60 Weinfreunde sitzen an warmen Tagen auch im Hof. Platzreservierung. Gesellsch.: 10 bis 70 Pers. zur der Öffnungszeit, sonst ab 30 Pers. 14. Nov. „Närrische Weinprobe" (Karten best.! Ab Sept. Vorverkauf in der Gutsschänke)

Anfahrt: BAB 671, Abf. Hochheim-Süd, auf der B 40 Richtung Kostheim. 2. Weg rechts vor der Bahn auf der rechten Seite. Am Ortsrand Richtung Weinberge gelegen, Platz für Wohnmobile. Oder: Bhf. Mainz-Kastel, dann mit dem Bus bis „Steinernes Kreuz" (½stündlich), dann zu Fuß 10 Min. Taxi: Tel. -62008.

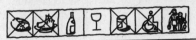

STRAUSSWIRTSCHAFT
im WEINGUT SCHILLING
TAUNUSSTR. 5
55246 MAINZ-KOSTHEIM
TEL. 06134 -3260
FAX   -61044
www.weingut-schilling.de

öffnet Mitte November bis Mitte Dezember
und Anfang März bis Anfang Mai
donnerstags bis sonntags von 16 bis 23 Uhr

Das junge Weingut bewirtschaftet 5 ha Rebflächen in der Kostheimer und Hochheimer Gemarkung. Feinfruchtige Rieslinge und reife Spätburgunder sind die Spezialitäten des Hauses. Ab 2,- € können Sie vom Riesling, ab 2,30 € von Spätburgunder und Rosé verkosten. Auch Weißburgunder und Chardonnay werden geboten; Spätburgunder gibt's auch als Rosé. Winzer Schilling war der 1. Rheingauer Winzer, der die Rotweinsorte Cabernet Sauvignon anbaute. Der Traubensaft ist ebenfalls aus eigenem Anbau. Die Küche bietet deftige Vesperplatten, Hausmacher Wurst, Handkäs' in Rieslingmarinade, überbackenen Schafskäse, Winzertoasts und „ein Gericht der Woche". Gesellschaften außerhalb der Öffnungszeit: Ab 20 bis 35 Personen. **Übernachtung:** „Engel", Mainufer 22, Tel. –18180. Für zuhause: Riesling-Traubenbrand, Spätburgunder-Tresterbrand und Hefebrand, sowie Rotwein-, Weinbergspfirsich- und Traubenlikör.

Anfahrt: BAB 671, Ausf. Hochheim-Süd, B 40 Rtg. Mainz, 2. Ampel links, 2. Ampel links, 3. Straße links. Im alten Ortskern, 3 Min. zum Mainufer (Parken). Oder: Hess. Radweg R 6 oder Stadtbusse L. 53 bis 56, von Mainz u. Wiesb. L. 33. Nächste Bahnhöfe: Gustavsburg (10 Min.) u. Kastel (15 Min.) Fußweg.

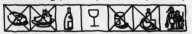

**WEINGUT-GUTSAUSSCHANK
JOHANN WANN JUN.**
HAUPTSTR. 52
55246 MAINZ-KOSTHEIM
TEL. 06134 -23841
FAX   -258930
www.weingut-wann.de

öffnet ganzjährig
dienstags-samstags 12 bis 14 (Mittagstisch)und 16 bis 23 Uhr,
sonntags 12 bis 22 Uhr, montags Ruhetag

Hier dreht sich vieles, aber nicht alles um den Wein. Landwirtschaft, der Anbau von Beerenfrüchten und Spargelanbau gehören ebenso zum Gut, das schon in der 7. Generation von Familie Wann bewirtschaftet wird. Das Gehöft wurde 1750 erbaut. Ausgeschenkt werden vorwiegend Riesling, aber auch Portugieser Rosé und Dornfelder, Preis für Weißwein ab 1,30 €, Rosé und Rotwein ab 1,60 €. Auch Sekt gehört zum Angebot, ebenso Edelbrände mit 100 % Fruchtanteil. Schnitzel gibt es in fünf Variationen (ab 5,50 €), die Winzerplatte reicht für zwei Personen. Seit 50 Jahren wird hier Spargel angebaut, und so werden Sie zur Spargelsaison mit Spargelsuppe, -salat, -toast und Stangenspargel verwöhnt. Im Sommer wird gegrillt. Immer donnerstags gibt's Grillhaxe. Bewirtet wird im Wintergarten und im Garten. Platzreservierung. Gesellschaften: Weinproben mit Menü ab 20 P. bis 80 Personen. Separater Veranstaltungsraum für bis zu 50 Personen. Neu: Einkaufen im Hofladen zu den Öffnungszeiten des GA, große Produktpalette.

Anfahrt: In der Ortsmitte. Mit dem Rad am Mainufer entlang.

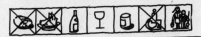

GEORGSHOF
CHRISTEL SCHÖNLEBER geb. ALLENDORF
ULRICH ALLENDORF
KIRCHSTR. 69

65375 OESTRICH-<u>WINKEL</u>
TEL. 06723 -91850
FAX -918540
www.allendorf.de

WEIN. ERLEBNIS. WEL
WEINGUT FRITZ ALLENDO

öffnen Mitte September bis Mitte Oktober
und Ende April bis Anfang Juni
freitags von 16 bis 24, am Wochenende u. feiertags ab 12 Uhr

V D

Das Weingut Allendorf gehört zu den CHARTA-Weingütern, fast 80 % der Rebfläche sind mit Riesling bepflanzt, 15 % mit Spätburgunder. Von trocken bis mild können Sie ab 1,80 € vom Riesling verkosten, Spätburgunder gibt es auch als Weißherbst. Traubensaft gibt es weiß und rot, im Herbst wird Federweißer ausgeschenkt. Die Speisekarte bietet rustikale Rheingauer Gerichte, den Spundekäs' sollten Sie sich nicht entgehen lassen. An warmen Tagen auch Bewirtung im Hof und auf der Terrasse. Platzreservierung. Gesellschaften: 25 bis 200 Personen. Bei zahlreichen Rheingauer Veranstaltungen können Sie Weine dieses Weinguts verkosten, so zu den **Schlemmerwochen**, beim **Musikfestival** im Georgshof oder beim **Rheingauer Weinmarkt** in der Freßgass' in Frankfurt (Termine beim Weingut erfragen). Für zuhause: Auch Liköre und Schnäpse. **Übernachtung**: Hotel Nägler -5051 und Pension Berg -3390.

Anfahrt: 2. Abfahrt Winkel, dem Hinweis „Schloß Vollrads" folgen, dann dem Wegweiser „Allendorf" bzw. „Georgshof". Zum Bahnhof 8 Minuten, zum Bundesbahnbus ca. 5 Minuten. Platz für 2 Wohnmobile.

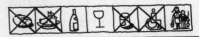

WEINGUT GEROMONT
URSULA von BREITENBACH
HAUPTSTR. 80
65375 OESTRICH-<u>WINKEL</u>
TEL. 06723 -2078+7869
FAX   -88079
www.weingut-geromont.de

öffnet bei den „Tagen der offenen Weinkeller",
während der Schlemmerwochen an Feier- und Sonntagen
von 12 bis 15 Uhr,
zu Pfingsten und an weiteren Terminen (mitunter abends),
Hinweise auf der Homepage

Jazzliebhaber aufgepasst – hier werden manche Ihrer Sonntage verschönt. Besonderer Hinweis: Mitte Juli Oestrich-Winkeler Jazzwoche, dann ist hier sonntags von 12-15 und dienstags von 19-23 Uhr geöffnet. Und dazu gibt es Riesling oder Spätburgunder, den Schoppen ab 2,60 €. Ergänzt werden Musik und Wein mit kleinen Schlemmereien: Käse-Fächer mit Birnensenf, Ochsenbrust mit Sahnemeerrettich oder Wurstsalat mit Käsestreifen. Der blumengeschmückte Innenhof des alten Gutshauses von 1665 ist mit Reben, Kiwi und Oleander geschmückt, bis 100 Musikfreunde finden hier Platz, drinnen sitzen 30 Gäste beieinander. Seit 1840 ist das Weingut in Familienbesitz. Gesellschaften: 20 bis 30 Personen. Für zu Hause: Auch alter Weinbrand X.O.

Anfahrt: Im Ortskern von Winkel, 200 m vom Rathausplatz. Von Rheinhessen Anfahrt über die Fähre von Ingelheim.

GUTSSCHÄNKE und WEINGUT EISERHOF
HORST JOACHIM EISER
KIRCHSTR. 61
65375 OESTRICH-WINKEL
TEL. 06723 -2846
FAX   -87365
www.eiserhof.de

öffnet ganzjährig, täglich ab 17 Uhr,
am Wochenende und feiertags ab 15 Uhr,
mittwochs und donnerstags Ruhetage

Bei schönem Wetter genießen Sie Riesling- sowie Spätburgunderweine, Saint Laurent, Weißherbste, Sekt oder den „Seitensprung", einen Perlwein, im von Oleander, Palmen und großem Nussbaum umgebenen Hof. Preise: 1,80 € bis 1,90 €. Als Spezialität gilt das Holunderblütensorbet aufgefüllt mit Rieslingsekt. Die Speisekarte bietet deftige kalte und warme Speisen, alle unter 10,- €, darunter auch Handkäs' mit Musik und eingelegten Schafskäse. Ein großer Kinderspielplatz ist im Hof.

Anfahrt: Auf der B 42. 2. Abfahrt Winkel, Richtung Schloß Vollrads, an der Greifenklau-/ Ecke Kirchstraße dem Hinweisschild Eiserhof folgen. Parkplätze im Hof.

WEINGUT BERNHARD ESER
GERHARD und CHRISTA ESER
RÖMERSTR. 7
65375 <u>OESTRICH</u>-WINKEL
TEL. 06723 -3416
FAX   -7349

öffnen im September an zwei Wochenenden (offene Weinkeller)
und April/Mai an drei Wochenenden (Schlemmerwochen)
donnerstags und freitags ab 17 Uhr,
samstags ab 16 Uhr, sonntags ab 11 Uhr

Voll ausgereifte Riesling- und Spätburgunderweine sind die Spezialität des Weinguts, das Mitglied des VDP ist. Integrierter Weinanbau und möglichst späte Lese lassen Weine bis zu Beerenauslesen und Eiswein entstehen. Riesling wird ab 1,60 € kredenzt, für den Spätburgunder zahlen Sie ab 2,20 €. Auch weißer Traubensaft gehört zum Angebot. Im September werden Sie in der Scheune mit Winzersteak und Kürbiscremesuppe bewirtet, im Frühling werden Tafelspitz mit Grüner Soße und gegrillter Winzerschinken serviert. Bei schönem Wetter Außenbewirtung. Platzreservierung. Gesellsch.: Bis 50 Personen.

Anfahrt: B 42, das Weingut liegt im Ortsteil Oestrich.

HERKES WEINSOMMER
CLAUDIA EYSELL u. FRANZ HERKE
GUTSAUSSCHANK KASPAR HERKE
LANGENHOFFSTR. 4
65375 OESTRICH-WINKEL
TEL. 06723 -3440
FAX   -4310
www.weingut-kaspar-herke.de

öffnet zu den Schlemmerwochen Ende April
bis Ende Oktober

montags, donnerstags und freitags ab 17 Uhr,
am Wochenende und feiertags ab 15 Uhr

Bei schönem Wetter lädt die Winzerfamilie ein in den idyllischen Gutshof unter dem alten Nussbaum, für Kinder ist ein Spielplatz mit großer Wiese vorhanden. Bei schlechtem Wetter wird in der rustikalen Probierstube bewirtet. Vom QbA bis zur Auslese können alle Geschmacksrichtungen verkostet werden, allein zwölf weiße Sorten ab 1,70 € sind im Ausschank. Je nach Wetterlage werden Salate, gebackener Schafskäse, eingelegter Handkäse oder warme Speisen serviert. Platzreservierung. Gesellschaften auf Anfrage. Während der „Tage der offenen Weinkeller" und zur „Schlemmerwoche" gibt es Musik. Weinwanderungen und musikalische Weinproben, denn Winzer Herkes Hobby ist nicht nur der Wein, sondern auch die Gitarre und der Gesang. Für zuhause: Auch Gelees. Sie finden Herkes auch mit einem Stand u.a. beim Hessentag, bei der Weinwoche in Wiesbaden und ...

Anfahrt: Vom Ortskern Oestrich beschildert, Parkplätze vor dem Weingut. Nächster Bahnhof: Mittelheim, stdl. Anschluss.

GUTSAUSSCHANK HAMM
WEINGUT
KARL-HEINZ U. CHRISTINE HAMM
HAUPTSTR. 60
65375 OESTRICH-WINKEL
TEL. 06723 -2432 od. -991375
FAX -87666
www.hamm-wine.de

Winterzeit: Mi bis Sa ab 18 Uhr, So+F ab 12 Uhr, Mo+ Di RT
Sommerzeit: Di-Sa ab 18 Uhr, So+F ab 12 Uhr, Mo RT
(ändert sich mit Zeitumstellung)
geschlossen von Mitte Dezember bis Ende Februar

Seit 3 Generationen schon Mitglied bei VDP, seit 20 Jahren Ausbau des Rieslings nach ökologischen Richtlinien und seit 1993 vom Fachverband Naturland anerkannt – da kann man von der Qualität des Weines einiges erwarten. Zu 90 Prozent wird Rheingauer Riesling an- und ausgebaut, die restlichen 10 sind dem Spätburgunder vorbehalten. Der Rotwein ist trocken, die Rieslinge gibt es von trocken bis lieblich, vom QbA bis zur Auslese, darunter so manche Rarität. Auch die Speisen versprechen Gaumenfreuden: Käsesoufflé frisch aus dem Backofen, heißer Schafskäse mit Basilikum oder Goethes Lieblingsgericht 'Grie Soß' mit Tafelspitz. Bis zu 80 Gäste finden auch Sitzplätze im Freien, bis zu 150 Personen können nach Absprache bewirtet werden. Platzreservierung. Der Juli ist gepflegtem Jazz gewidmet (immer sonntags ab 12 Uhr), in der Oestricher Jazzwoche wird Sa+Mo gejazzt.

Anfahrt: B 42, Ausfahrt Winkel, rechts ist ein Parkplatz: Von da 50 m geradeaus zum Weingut Hamm.

**WEINGUT
PETER JAKOB KÜHN**
MÜHLSTR. 70
65375 OESTRICH-WINKEL
TEL. 06723 -2299
FAX   -87788
www.weingutpjkuehn.de

öffnet um den 1. Mai an 3 WoE mit Speisenangebot
samstags ab 14 Uhr, sonntags ab 13 Uhr
und ab Ende Mai bis Ende Oktober neue Vinothek geöffnet
(ohne Speisen, Verkostung mit Einkaufsmöglichkeit)
am Wochenende 11 bis 17 Uhr

Mit Peter Jakob Kühn, „Winzer des Jahres 1998", widmet sich bereits die 11. Generation dem Weinbau. 83 % der Weinberge sind mit Riesling bepflanzt, der Rest ist Spätburgunder. Ab 2,50 €/0,2 l probieren Sie vom Weißwein, acht Weine sind im Ausschank, den Spätburgunder (3,80 €) gibt es auch als Rosé (3,- €). Auch Beerenauslesen gehören zum Angebot des Weinguts. Zum Wein werden warme Laugenbrezel, Spundekäs', Terrinen mit Salat, „himmlische Vielfalt", Kartoffelsalat und Tafelspitzsülze mit Kräuterrahm gereicht. Bewirtet wird in der Vinothek und bei schönem Wetter im Gutshof auf der Terrasse direkt in den Weinbergen. Für die Kinder eine Wiese zum Spielen.

Anfahrt: Am nördlichen Ortsrand von Oestrich, ab Ortsmitte Hinweisschilder. Oder mit der Bahn bis Oestrich-Winkel, Entfernung ca. 2 km. Der Wanderweg „Rheinsteig"(320 km Länge von Wiesbaden bis Bonn) führt direkt am Weingut vorbei. Vom Bus (Wiesbaden-Rüdesheim) ist es 1 km. Stündlich Verbindung. Örtliches Taxi: Bob, Tel. 06722–99000.

RHEINGAU

VINUM
WGT. LORENZ H. KUNZ
65375 OESTRICH-WINKEL
TEL 06723-4522
www.weingut-lorenz-kunz.de

RHEINGAUER GUTSAUSSCHANK
INH. MICHAEL KUNZ
RHEINGAUSTR. 74
FAX -88233

öffnet von März bis Juni und August bis Ende November täglich ab 17, samstags ab 16, sonn- und feiertags ab 15 Uhr, mittwochs Ruhetag

Riesling gibt es bis zur Auslese, auch Grau- und Spätburgunder (auch als Weißherbst) und Portugieser Rosé und Sekt, das Glas vom Weißwein ab 1,80 €, die Roten ab 2,50 €. Das Weingut ist Mitglied bei CHARTA und VDP. In der ehemaligen Scheune und in der Vinothek schmecken dazu Speisen wie Fleischkäse, Schweinemett, Rumpsteak, Lendchen, Salat mit Krabben und Winzerweck, zusätzlich gibt's wechselnde Gerichte. Besonders beliebt: An Festtagen diverse Schnitzel. An warmen Tagen sitzen bis 60 Gäste im Hof. Weinproben auf Anfrage. Reservierung Gesellschaften während der Öffnungszeit: Bis 30, sonst bis 60 Pers. Für Kinder: Ein Sandkasten. **Sommerfest** 3 Tage im August mit Live-Musik. Für zuhause: Spätburgunder Gourmet-Essig „Kreation Stefanie".

Anfahrt: Von Wiesb. die 1. Abf. nach Oestrich. Die alte B 42 fahren. Nach ca. 1 km gegenüber vom Hotel Grüner Baum. Nächster Bahnhof: Mittelheim. Örtliches Taxi, Tel. –999111.

GUTSSCHÄNKE B. TH. KUNZ
INH.: BEATE SCHÄFER
RHEINGAUSTR. 51
65375 OESTRICH-WINKEL
TEL. 06723-3555
zu Öffnungszeiten -3931
mobil 01628637103
www.gutsschaenke-kunz.de

ganzjährig mit kleinen Pausen geöffnet
donnerstags bis samstags ab 16 Uhr, sonntags ab 15 Uhr

1977 eröffnete Winzer Berthold Kunz unweit des Oestricher Weinverladekrans (von 1743) an der Kreuzung Rheingaustraße/Gartenstraße eine Gutsschänke. Seit 2003 hat die Tochter die Leitung übernommen. Ihr Leitsatz ist: „Tradition verpflichtet – trotzdem Neues kreieren". Bei schönem Wetter genießen Sie alte und junge Riesling- und Burgunderweine im Schatten des alten Kelterhauses zwischen Trompeten- und Oleanderbäumen. Aus der Gutsküche kommen neben den bekannten Hausspezialitäten wie frischem Rindertartar, deutschem Beefsteak, hausgemachten Suppen auch leichte und deftige Speisen. Saisonales bereichert die Speisekarte. Im Gastraum des historischen Kelterhauses ist Platz für ca. 40 Personen, im Probierzimmer finden 14 Gäste Platz.

Anfahrt: B 42, Ausfahrt Oestrich , **P** am Weinprobierfass, 1. Straße links = Gartenstraße. Zum Bus ca. 50 m, zu Bahnhof und Rheinfähre ca. 500 m.

WEINGUT SPREITZER
RHEINGAUSTR. 86
TEL. 06723-2625
www.weingut-spreitzer.de

FAMILIE SPREITZER
65375 OESTRICH-WINKEL
FAX 06723-4644

 öffnet am letzten Aprilwochenende für 2 Wochen
zu den Schlemmerwochen
täglich von 17 bis 23 Uhr, sonn- und feiertags ab 12 Uhr

Seit 1641 betreibt die Familie Weinbau in Oestrich, sie bearbeitet 15 ha mit 97 % Riesling- u. 3 % Spätburgunder-Trauben, handgelesen, unzermahlen gepresst und schonend ausgebaut. Riesling gibt es ab 2,50 € zu probieren, der trockene Spätburgunder kostet 3,- €. Als Weißherbst gibt es ihn halbtrocken für 2,50 €. Der Wein reift im 250 Jahre alten Gewölbekeller, Sie verkosten ihn im Gutshaus oder auf der Terrasse mit großem Sonnenschirm. Genießen können Sie Rheingauer Leckereien und die Gourmet-Bratwurst, sowie Frikadellen der 11ten Generation. Platzreservierung. **Übernachtung:** Schwan, Tel. –809-0, Kühns Mühle, Tel. –4244. Taxi, Tel. –999000. Das Weingut ist Mitglied bei CHARTA/VDP, „Entdeckung des Jahres 2001" im Gault Millau Wein Guide und laut DM Magazin eines der besten 100 Weingüter Deutschlands – also lassen Sie sich's gut schmecken.

Anfahrt: Auf der alten Bundesstraße, das letzte Haus in Oestrich Richtung Mittelheim. Zu Bus und Bahn sind's ca. 300 m. Platz für Wohnmobile.

GUTSSCHÄNKE
JAKOB FAUST
PAULA THOMAS
BRANDPFAD 10

65375 <u>OESTRICH</u>-WINKEL

TEL.+ FAX 06723-2826

paula.thomas-faust@web.de

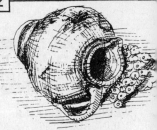

öffnet März-November freitags bis sonntags ab 16 Uhr,
im Sommer sonntags ab 12 Uhr zum Mittagstisch
(Menu + 1 Glas Wein 9,80 €)

Seit 1720 hat Weinbau in dieser Familie Tradition. Das Fachwerkhaus wartet mit 2 Gaststuben auf, in einer haben 16, in der anderen 24 P. Gelegenheit, von Riesling, Ehrenfelser und Spätburgunder (auch Weißherbst) zu kosten; Preis für WW ab 1,50 €, für rot und rosé ab 1,80 bzw. 2,10 €, Weinausbau von trocken bis mild, bis zu Auslesen. Im Garten gibt es 26 Plätze (bequem mit Rollstuhl erreichbar), die Terrasse ist beheizt. Spezialität Holunderblütensaft ist Eigenerzeugnis. Winzerhacksteak kommt in Rieslingrahmsoße mit Pilzen auf den Tisch. Auch Schnitzel oder Maultaschen (gebacken oder in der Suppe) und hausgemachter Kochkäse stehen auf der Karte. An Muttertag, Ostern und Pfingsten Sonntagsbrunch ab 11 Uhr, mit Reserv. Platzreservierung. Gesellschaften: 15 bis 40 Pers. (Bauernbuffet). Kindertische, Spielplatz im Garten. Für zuhause: Auch Weinmarmeladen (z.B. Glühwein mit Holunder). **Übernachtung**: im Ferienapp. - 4 Personen. Weinbergswanderungen ab 15 Pers.
Anfahrt: B 42, Ausfahrt Oestrich-Hallgarten; abknickende Vorfahrt nach links, in Höhe Wilde-Cosmetics rechts (den Hinweisschildern Bürgerhaus folgen). Oberhalb der Bahn.

**WEINGUT-STRAUSSWIRTSCHAFT
KARL-JOSEF BUG**
MAINZER STR. 28

65375 OESTRICH-WINKEL-
      HALLGARTEN

TEL. 06723 -3049
FAX   -913644
www.weingut-bug.de

öffnet Anfang September bis Ende Oktober
und März bis Ende April

freitags ab 18 Uhr, am Wochenende und feiertags ab 15 Uhr

In der Straußwirtschaft von Familie Bug gibt es Riesling von trocken bis mild, das Glas ab 1,50 €, trockener Spätburgunder kommt für 2,- € ins Glas. Handkäs' wird hier ganz groß geschrieben, gibt es ihn doch in drei verschiedenen Variationen. An warmen Tagen ist dieser und andere Vesper im Hof zu genießen. Gesellschaften: Bis 35 Personen nach Anmeldung.

Anfahrt: B 42 Richtung Rüdesheim, Ausfahrt Oestrich-Winkel/Hallgarten. Dann auf der Umgehungsstraße – Rebhang – Hallgartener Zange.

STRAUSSWIRTSCHAFT
WEINGUT KURT BUG
EBERBACHERSTR. 1
65375 OESTRICH-WINKEL-
　　HALLGARTEN
TEL. 06723 -999585
FAX　　　 -999586
www.weingut-kurt-bug.de

öffnet vom 23. Oktober bis 22. Dezember
und vom 8. Januar bis 9. März

täglich ab 17 Uhr, am Wochenende und feiertags ab 15 Uhr,
dienstags und mittwochs Ruhetage

Das Weingut ist seit dem 17. Jahrhundert im Familienbesitz. Angebaut werden hauptsächlich Riesling und Spätburgunder. Im Ausschank daher Riesling, Spätburgunder und Spätburgunder Weißherbst, trocken und halbtrocken, der Weißwein auch mild. Viele Weine erzielten Prämierungen, bis hin zur Trockenbeerenauslese kann verkostet werden. Im Herbst gibt es Federweißen. Die Küche bietet traditionelle Gerichte wie Spunde-Käse, Rheingauer Klosterkochkäse, Wingerts-Knorze und vieles mehr. Die Spezialität ist das Dessert „Assmannshäuser Graubroteis". Jede Woche gibt es ein Extra-Gericht. Ist's kalt, dann lodert das Feuer im offenen Kamin, ist's mild und warm, wird auch draußen bewirtet. Gesellschaften: 20 bis 30 Personen. Weinproben und individuell gestaltete Feiern. Winzerfest feiert Hallgarten am 1. Wochenende im August. **Übernachtung:** 2 renovierte FeWo.

Anfahrt: B 42, Ausfahrt Oestrich-Winkel nach Hallgarten. Am Ortseingang die 1. Straße rechts. Parken am Ortsanfang. Der Radweg führt unterhalb des Ortseingangs vorbei.

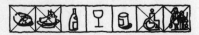

WEINGUT THEO J. KREIS
J. KREIS
HALLGARTENER PLATZ 3
65375 OESTRICH-WINKEL-
   HALLGARTEN
TEL. 06723 -2442 und -2027
FAX   -88125
www.weingut-kreis.de

öffnet zur Schlemmerwoche vom 24. April bis 3. Mai
täglich ab 17 Uhr,
am Wochenende und feiertags ab 11 Uhr

Trockener Riesling vom Hallgartener Hendelberg wird für 1,80 € eingeschenkt, halbtrockener Spätburgunder Weißherbst vom Oestricher Klosterberg für 2,10 €, den trockenen Rotwein bekommen Sie für 2,30 €. Auch Riesling Auslesen und Sekt sind zu verkosten. Die Speisekarte macht den Schlemmerwochen alle Ehre: Gaumen- und Lachsschmaus, Kräutercremesuppe, Fischvariationen, Riesling-Kasseler... und zum Abschluss Vanilleeis auf „beschwipster Pflaumensoße". Zum **Federweißenfest** erwartet Sie Winzerfamilie Kreis vom 1. bis 4. Oktober täglich ab 16 Uhr mit Weinleser-Suppe, Käse-Schinken-Quiche und "Woigebabbel". Gesellschaften außerhalb der Öffnungszeit: 20 bis 40 Personen.

Anfahrt: B 42, Abfahrt Hallgarten. Am Ortsrand mit guten Parkmöglichkeiten. Der Rheingauer Fahrradweg führt 100 m unterhalb des Hauses vorbei. Wanderer kommen auf dem Rheinhöhenweg oder dem Rheingauer Rieslingpfad.

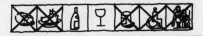

WEINGUT EBERBACHER HOF
HELMUT RAPPENECKER
ZANGERSTR. 2
65375 OESTRICH-WINKEL-
    HALLGARTEN
TEL. 06723 -999874
FAX   -999875
Helmut.Rappenecker@t-online.de

öffnet Anfang/Mitte Mai bis Ende August
freitags von 18 bis 23 Uhr,
am Wochenende und feiertags von 13 bis 23 Uhr

Stimmungsvoll ist der Innenhof, der, von Fachwerksbauten umgeben, zum Weinverkosten in diese **echte Straußwirtschaft** lädt. Und auch in der Stube des historischen Hauses stimmt die Umgebung zu einem guten Glas Wein. Im Holzfass ausgebauter Riesling und Spätburgunder (auch als Weißherbst) werden ausgeschenkt, dabei sind Prädikatsweine bis zur Auslese. Weißwein gibt es ab 1,60 €. Frische Brezeln, Käsespätzle und Spundekäs' sind ebenso lecker wie Wildsülze oder die große Salatschüssel. Platzreservierung. Gesellschaften während der Öffnungszeit: Bis 25, sonst 50 Personen. Winzerfest in Hallgarten: Anfang August. Für zuhause: Auch Essig und diverse Brände.

Anfahrt: B 42, 1. Ausfahrt Oestrich-Winkel nach Hallgarten; der Eberbacher Hof liegt gegenüber der Kirche, 4 Parkplätze vorm Haus, aber großer Parkplatz vor dem Dorf. Nächster Bahnhof: Hattenheim-Hallgarten (2 km). Der Rheingau-Radweg führt ca. 200 m unterhalb des Hofes vorbei. Mit dem Auto anzufahren: P Kreistanne auf der Berghöhe, der Ihnen Wanderwege um das Gebiet Hallgartener Zange (Berg ca. 550 m über NN) erschließt.

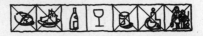

Der Eberbacher Hof zu Hallgarten

Wer weiß schon, das „Hargadun" der Ursprungsnamen für Hallgarten ist? 1112 übergab Abt Zeizolf von Mainz ein Gut dieses Namens an Ruthhard von Winkel, schon vier Jahre später gehörte das Gut zu den Ländereien des neu gegründeten Klosters Eberbach.

Keller und Grundmauern der Gebäude des „Meierhofs" der Eberbacher Mönche sind auch heute noch fast unverändert vorhanden, von hier aus entwickelte sich der Weinort Hallgarten mit seinen heute ca. 2000 Einwohnern.

Im 30-jährigen Krieg wurden der Ort und der „Meierhof" fast völlig zerstört, um 1670 baute man den Hof im Barockstil auf den alten Grundmauern wieder auf.

1806 nach der Säkularisierung des Klosters kam der Hof in private Hand und wurde als Gastwirtschaft genutzt.

1922 war der Hof heruntergekommen und stand zum Verkauf. Der Schlossermeister und Winzer Josef Kempnich, Erfinder der „Hallgartener Schere", einer Garten- und Rebschere, erwarb das Anwesen; seit dieser Zeit ist der „Meierhof" im Besitz der Familie.

1955 nennt sein Sohn, Josef Kempnich jun., das Weingut wieder Eberbacher Hof, seit 1976 hat Helmut Rappenecker, sein Schwiegersohn, die Leitung und freut sich auf Ihren Besuch in dem historischen Haus.

TANNENHOF
LONI & HANS STETTLER
EBERBACHER STR. 2
65375 OESTRICH-WINKEL -
   HALLGARTEN
TEL. 06723-2164

öffnen donnerstags bis samstags ab 16 Uhr,
sonn- und feiertags ab 14 Uhr

Schon seit dem Jahre 1700 widmet sich Familie Stettler dem Weinbau, die Weinstube wird erst seit 1984 betrieben. Im Sommer im schönen Innenhof mit Baumbestand, im Winter in der antiken Weinstube mit Kachelofen können Sie von den verschiedenen Weißweinen (bis zur Auslese) und dem trockenen Spätburgunder (auch als Weißherbst) verkosten, das Glas vom Weißen ab 1,60 €. Wöchentlich wechselt das Angebot der Küche, Gerichte wie Wildsülze, Schnitzel und Bratwurst oder Spießbraten stehen auf der Karte, den Handkäse nicht zu vergessen. Im Herbst gibt es auch Federweißen. Das Hallgartener Weinfest: Anfang August. **Übernachtung**: Hotel Zum Rebhang, Tel. – 2166. Platzreservierung. Gesellschaften: bis 60 Personen.
Anfahrt: B 42, Ausfahrt Oestrich-Winkel nach Hallgarten. Zum Bahnhof sind es ca. 2 km.

Getestet: Deutschlands Gastro- und Weinszene

Der Gourmetführer

GAULT MILLAU Deutschland 2009
Der Reiseführer für Genießer
916 Seiten
€ 30,00 [D]   CHF 49,90
ISBN 978-3-88472-918-2
Auslieferung: November 2008

Das Standardwerk zum deutschen Wein

GAULT MILLAU
WeinGuide Deutschland 2009
832 Seiten
€ 29,00 [D]   CHF 49,90
ISBN 978-3-88472-912-0
Auslieferung: November 2008

CHRISTIAN VERLAG

info@christian-verlag.de · www.christian-verlag.de

BRIGITTE u. DR. MATTHIAS CORVERS
RHEINGAUSTR. 129
65375 OESTRICH-WINKEL-
  MITTELHEIM
TEL. 06723 -2614
FAX   -2404
www.corvers-kauter.de

öffnen vom 21. August bis 26. Oktober
und von April bis Juli

mittwochs, donnerstags und freitags ab 17 Uhr,
am Wochenende und feiertags ab 15 Uhr

Rebflächen in Rüdesheim, Johannisberg, Mittelheim, Oestrich, Winkel und Assmannshausen mit unterschiedlichen Böden garantieren individuelle Weine. „Sommerlaune" garantiert dieselbe, Preis für das Glas: ab 2,70 €. Doch reicht die Palette der ausgeschenkten Weine bis zur edelsüßen Riesling-Auslese und TBA, auch Sekt, Spätburgunder und weiß gekelterter Spätburgunder gehören zum Angebot. Edel wie die Weine sind die Speisen: Sauerkrautstrudel mit Blutwurst, Käsespezialitäten, zur Spargelzeit Spargel-Quiche… Platzreservierung. Voraussichtlich in der 3. Juliwoche „Jazz im Weingut" während der Oestrich-Winkler Jazzwoche. Die Vinothek zur Straußenzeit bis ca. 20.30 Uhr geöffnet, ansonsten nach Anmeldung. Während der Wiesbadener Weinwoche Anf. Aug. finden Sie das Weingut mit einem Stand. Für zuhause: Hefe, Likör, Branntwein, Sekt u. „Satyr", gelesen bei -9°C. Zahlreiche Veranstaltungen (Internet).

Anfahrt: B 42, Ausfahrt Winkel, 1. Straße rechts, nach ca. 1 km auf der rechten Seite. Parkplatz an der Basilika. Zum Bahnhof 300 m, der Bus von Wiesbaden hält vorm Haus.

GUTSAUSSCHANK VOLKER MACK
GÄNSBAUMSTR. 10
65375 OESTRICH-WINKEL-
MITTELHEIM
TEL.+ FAX 06723-1334

öffnet Anfang Mai bis Ende Juli/Anfang August
und am 1. und 2. Adventswochenende
donnerstags bis samstags ab 17, sonn- u. feiertags ab 15.30 Uhr

Riesling gibt es schon ab 1,50 € von trocken bis mild zu verkosten, der Spätburgunder ist trocken oder mild und kommt für 1,90 € ins Glas. Preislich dazwischen liegt der Rotberger, halbtrocken und mild. Neben Winzerweck und -platte, Hand- oder Spundekäs' oder gar Schlemmertoast gibt es jede Woche noch ein besonderes Gericht. Bei schönem Wetter lädt der romantische Innenhof zum Verweilen; im Schankraum haben 40 Weinfreunde Platz. Platzreservierung. Wanderer, die auf der Rieslingroute unterwegs sind, finden hier einen schönen Rastplatz.

Anfahrt: Auf der B 42, Ausfahrt Mittelheim; das Weingut liegt oberhalb der Bahnlinie. Oder mit der Bahn bis Mittelheim, dann weiter mit dem Bus, ☉ „Scharfes Eck" bzw. „Grüner Baum", von da noch 400 m.

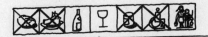

WEINGUT JAKOB CHRIST
D. und R. HAAS
GRABENSTR. 17
65385 RÜDESHEIM
TEL. 06722 -2572
FAX   -2586

öffnen in der Adventszeit täglich,
über Fastnacht bis Ende März, Ende April bis Mitte Mai
und Mitte Juni bis Ende August
täglich ab 16 Uhr, im Sommer donnerstags u. freitags Ruhetage

Hier sitzt man urgemütlich zwischen überwiegend einheimischen Gästen im alten Kelterhaus oder in den Sommermonaten unter einem Schatten spendenden Rebendach. Da schmecken die regionalen Leckereien und raffinierten Käseideen vom Handkäs-Salat bis zu Ziegenkäsevariationen ganz besonders. Riesling gibt es ab 2,30 €, Spätburgunder Weißherbst ab 2,40 € und Rotwein ab 3,20 €. Platzreservierung ist möglich und meist auch nötig. Gesellschaften außerhalb der Öffnungszeit: 25 bis 40 Personen. Nach Vereinbarung Weinproben, Weinbergswanderung und/oder Kellerbesichtigung. Mitte August feiert Rüdesheim Weinfest.
Auskünfte (auch Übernachtung): Verkehrsamt, Tel. 06722-2962.

Anfahrt: In Rüdesheim Richtung Niederwalddenkmal, dann in die Grabenstraße, dort auf der linken Seite. Vom Bahnhof sind es ca. 10 Minuten Fußweg.

STRAUSSWIRTSCHAFT FRANZ KUNGER
ACHIM KUNGER
KELLERSTR. 14

65385 RÜDESHEIM

TEL. 06722-3113
FAX   -48988

öffnet von Ende Oktober bis Februar
donnerstags bis sonntags von 16 bis 23 Uhr,

Hier kann man von Riesling, Spätburgunder und Spätburgunder Weißherbst verkosten, die Weine kosten ab 2,- bzw. 2,50 €. Weiße und rote Winzersekte (brut und extra trocken) ergänzen das Repertoire. Die Wildschweinsülze stammt von Tieren aus den Rheingauer Wäldern. Auch Handkäs' mit Musik, Hausmacher Wurst, Spundekäs' mit Roggenbrötchen, Winzerweck und Rindermettwurst werden zum Wein geboten. Gesellschaften: Ab 20 bis 40 Personen. Platzreservierung. **Übernachtungsmöglichkeiten** sowie genaue Daten von Veranstaltungen erfahren Sie beim Verkehrsamt Rüdesheim, Tel. -2962.

Anfahrt: Zehn Minuten von Bahn und Schiff entfernt. Wer mit dem Auto kommt, parkt auf dem städtischen Parkplatz in 50 Metern Entfernung.

GUTSSCHÄNKE IM ROSENGÄSSCHEN
FAMILIE LILL
65385 RÜDESHEIM
TEL. 06722 -3296
FAX   -47701

öffnet noch bis Anfang Oktober,
Federweißenwoche Ende Oktober bis Anfang November,
Schlemmerwochen um den 1. Mai und wieder Anfang Juni
täglich von 15 bis 1 Uhr

Mitten in der Altstadt von Rüdesheim lädt Familie Lill in den mit Oleander geschmückten idyllischen Hof zum ruhigen Verweilen bei Schoppen und Vesper. Ausgeschenkt werden Riesling und Spätburgunder, alles Qualitätsweine bis hin zu Spätlesen, das Glas ab 2,- bzw. 2,60 €. Im Herbst gibt's Federweißen, der Traubensaft ist Eigenerzeugnis. Handkäs mit Musik, Rindermett u. Räucherfischteller werden serviert, Schinken-Sahne-Schmaus, der Käsetopf „Rosengässchen" und Klosterkochkäse passen zum Wein. Ist kein Wetter für den Garten, dann finden Sie auch ein gemütliches Plätzchen im Kelterhaus und am Kamin. Platzreservierung möglich. Gesellschaften während der Öffnungszeit: Bis 20 Personen. Das Rüdesheimer Weinfest ist am 3. WoE im August. **Übernachtung:** 30,- bis 37,50 € pro Person inkl. Frühstück im DZ im Weingut. Für zuhause: Weinhefe, Weinbrand, Sekt und Traubensaft.

Anfahrt: In der Altstadt neben der Pfarrkirche St. Jacobus, Parkplätze im Hof. Zum Bahnhof sind's 500 m, stündlich Anschluss. Örtliches Taxi: Tel. –2877.

GUTSAUSSCHANK PHILIPP
HERBERT PHILIPP
STEINGASSE 13
65385 RÜDESHEIM
TEL. 06722 -3220 u. 48611
FAX -3220

öffnet von Mitte April bis Oktober
sowie am Weihnachtsmarkt der Nationen
täglich ab 13 Uhr

'Weingenuss im idyllischen Winzerhof' verspricht der Winzer seinen Gästen und verwöhnt sie mit Qualitätsweinen von Riesling, Rivaner oder Spätburgunder (WW ab 1,90 €). Seit 1905 wird hier eigener Wein ausgeschenkt. Typische Vesperspezialitäten wie Limburger Käs', Spundekäs, Winzerteller, Hausmacher Wurst, Schinkenplatte, warme Fleischwurst, Winzerweck, Küfertoast sowie der beliebte "Philipp-Fladen" (belegtes Winzerfladenbrot) werden von der Winzerfamilie als kräftige Unterlage angeboten. Zur Seilbahn, die zum Niederwalddenkmal führt, sind es nur 2 Min., die Drosselgasse ist die Parallelstraße zur Steingasse.

Anfahrt: In der Altstadt von Rüdesheim, zum Bahnhof oder der Fähre nach Bingen sind es 8 gemütliche Gehminuten. Parken am Parkplatz Brömserburg u.a.

WEINGUT JOHANNES PRASSER
GESCHWISTER PRASSER
OBERSTR. 58

65385 RÜDESHEIM

TEL 06722 -3471
FAX -910010
www.Prasserwein.de

öffnet 3 Wochen im Oktober (je nach Lesetermin)
und ca. 15. März bis 1. Mai

täglich ab 17 Uhr, sonntags ab 16 Uhr,
Ruhetage: im Oktober samstags, im Frühjahr donnerstags

Die Palette der Weine reicht bei Winzer Prasser bis zur Trockenbeerenauslese, auch Winzersekt und Traubensaft sind im Ausschank. Im Oktober gibt es Federweißen. Riesling, Ehrenfelser und Spätburgunder gibt's vom Fass (weiß ab 2,- €), dazu empfiehlt der Wirt Speck und Eier, Handkäse mit Musik, Hausmacher Wurst oder Käsetopf. Das ausgebaute Kelterhaus bietet Ihnen Platz, bei schönem Wetter stehen Tische im Hof. Das Weingut ist im 4-wöchigen Wechsel am Weinstand ‚Marktplatz' vertreten.

Anfahrt: Von Wiesbaden am Rhein entlang. Besucherleitsystem Rüdesheim am Rhein: Der Beschilderung grün 232 folgen. Das Auto lässt man am besten auf dem öffentlichen Parkplatz „Drosselgasse". Vom Bahnhof sind es nur 10 Minuten zu Fuß.

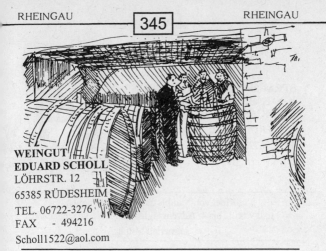

WEINGUT EDUARD SCHOLL
LÖHRSTR. 12
65385 RÜDESHEIM
TEL. 06722-3276
FAX - 494216
Scholl1522@aol.com

öffnet Ende Oktober bis Ende November,
4 Wochen zum Weihnachtsmarkt (Nov./Dez.)
und März bis Anfang Juni tägl. ab 16 Uhr, montags Ruhetag

---

40 Sitzplätze drinnen, 40 Sitzplätze im z.T. überdachten Innenhof – so viele Weinfreunde vergnügen sich hier bei Riesling (Staatsehrenpreis 2004) oder Spätburgunder. Preise: 1,80 bzw. 2,30 €. Weißherbst gibt es für 2,10 €. Der Traubensaft ist Eigenerzeugnis. Zum Vespern werden Winzerweck spezial, hausgemachte Wildsülze, Schafs- und Ziegenkäse, Tomatenbrot und Kartoffelsuppe serviert. Platzreserv. Gesellsch. gj. ab 20 bis 50 Pers. Rüdesheimer Winzerfest ist immer am 3. Augustwoe.
Übernachtung: Hotel Felsenkeller gegenüber.
Anfahrt: Mitten in Alt-Rüdesheim; zu Bahn und Bus ca. 7 Minuten, zum Taxistand 5 Minuten. Parkplätze am Ringmauerparkplatz, dann 3 Minuten zum Weingut.

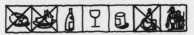

STRAUSSWIRTSCHAFT SCHÖN
JOH. BAPTIST SCHÖN
STEINGASSE 14/ECKE OBERSTR.
65385 RÜDESHEIM
TEL. 06722-47254

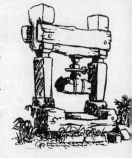

öffnet von Mai bis zur Weinlese täglich
und vom 1. bis 4. Advent täglich zum Weihnachtsmarkt
immer ab Mittag

Nachweislich beschäftigt sich Familie Schön seit 260 Jahren mit dem Weinbau, wahrscheinlich aber noch viel länger. Vielleicht ist Ihnen der Winzer durch seine Auftritte in „Hessen à la carte", „Kein schöner Land" und anderen Fernsehsendungen bekannt. Live zu erleben ist er, wenn die Straußwirtschaft geöffnet ist. Dann kredenzt er Ihnen Riesling vom Fass für 1,60 € und Weißen Burgunder von Weinbergen, in denen noch nie mit Herbiziden gespritzt wurde. Wie anno dazumal kann mitgebrachte Vesper zum Wein verzehrt werden, doch gibt es auch Hausmacher Wurst, Schinken oder Käse zum Bestellen. Der mit Reben bewachsene Innenhof der Straußwirtschaft ist teilüberdacht. Platzreservierung.

Anfahrt: B 42 nach Rüdesheim (Rheinstraße), rechts in die Niederstraße, dann rechts Oberstraße. Gegenüber vom Musikkabinett. Zum Bahnhof 3 Minuten; RMV-Θ Brömserburg.

GUTSAUSSCHANK BAUER
CARL HEINZ BAUER
LORCHER STR. 56
65385 RÜDESHEIM-
 ASSMANNSHAUSEN
TEL. 06722 -2469
FAX -500933
GUTSAUSSCHANK 015116626061
WEINSTAND 01714143328
www.weingut-cthbauer.de

Gutsausschank: bis Mitte Dez. **nur** So+F ab 16 Uhr
Weinstand am Rhein: April bis 31. Okt. Di-Fr ab 16 Uhr,
Sa, So + F ab 10.30 Uhr
bei schlechtem Wetter Änderungen vorbehalten

Das Weingut besteht seit über 100 Jahren und wird jetzt von der 3. Generation bewirtschaftet. Es gibt Riesling und Spätburgunder im Ausschank, alles Qualitätsweine bis hin zu Spätlesen, weiß ab 1,50 €, rot ab 2,- €. Auch Weißherbst halbtrocken und mild werden ausgeschenkt. Bei schönem Wetter wird auf der von einer 100jährigen Kastanie überschatteten Terrasse serviert. Dabei können Sie u.a. unter Hausmacher Wurst, Wildsülze, Gulaschsuppe oder Schweinshaxe wählen. Platzreservierung f. größere Gruppen. Gesellschaften von 20 bis 50 Pers. übers ganze Jahr. **Weinprobe** mit **Kellerbesichtigung** (7,- € p.P.). ab 20 Personen. Preise von GA und Weinstand sind ziemlich gleich.

Anfahrt: Von Wiesbaden oder Koblenz auf der B 42. Nördliche Einfahrt von Assmannshausen, dann beschildert. Im nördlichen Teil von Assmannshausen. Parkplätze sind vorhanden. Der Bahnhof ist ca. 1 km entfernt, zu Bus und Schiff sind es 500 bis 700 m.

**WEINGUT
ROBERT KÖNIG**
LANDHAUS KENNER

65395 RÜDESHEIM-
  ASSMANNSHAUSEN

TEL. 06722 -1064
FAX   -48656
www.weingut-robert-koenig.de

V D P

öffnet zu den Schlemmerwochen Ende April/Anfang Mai,
an allen Maiwochenenden
und bei den „offenen Kellern" im September

montags bis samstags von 8 bis 17 Uhr

Schon seit 1704 ist die Beschäftigung mit Weinbau in der Familie König verbürgt. Auf 8 ha sind Riesling und Spätburgunder gepflanzt. Das Weingut ist einer der größten Rotweinerzeuger im Rheingau. Die Weine werden im Holzfass ausgebaut, Qualitäten bis zu Auslesen werden erzeugt. Für ein Glas Riesling und Weißherbst zahlen Sie 2,50 €, Spätburgunder wird ab 3,- € eingeschenkt. Die Küche serviert Ihnen kalte und warme regionale Gerichte. Wo sonst der Sekt degorgiert wird, sitzen zur Ausschankzeit 50 Weinfreunde gemütlich beisammen, im Gutshof haben weitere 200 Gäste Platz.

Anfahrt: B 42, in Rüdesheim rechts ab Richtung Aulhausen-Presberg. Auf der Höhe nach Assmannshsn./Aulhsn. abfahren. Vom Ortsschild Aulhausen die 4. Straße rechts. 500 m außerhalb; Abfahrt Mühlberg-Sportplatz in Aulhausen. Oder mit dem Rad auf der Riesling-Wanderroute.

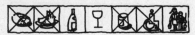

GUTSAUSSCHANK
"ZUR LINDE"
MONIKA ALTENKIRCH
HAUPTSTR. 45
65385 RÜDESHEIM-
AULHAUSEN
TEL. 06722 -2219
FAX   -943855

geöffnet montags bis freitags ab 17 Uhr,
Sonnenterrasse von Mai bis Oktober, sonntags ab 16 Uhr
donnerstags Ruhetag

Das Angebot der Weine (WW ab 1,70 €) reicht vom Qualitätswein bis zu Spät- und Auslese sowie Riesling- und Spätburgundersekt. Für die Herstellung der Weißweine werden Rieslingtrauben, für Rot- und Weißherbstwein nur Spätburgundertrauben verarbeitet. Auf der reichhaltigen Speisekarte finden Sie hausgemachte Suppen, frische Salate und herzhafte Schnitzel- und Rumpsteakgerichte. Zur **Schlemmerwoche** (Anfang Mai) bietet der Winzer Spargelspezialitäten. Rustikale oder auch feine Buffets, Weinproben sowie eine geführte Wanderung durch die Weinlagen von Assmannshäuser Höllenberg bis hin zum Rüdesheimer Roseneck sind bei Anfrage bis 50 Pers. möglich.
Übernachtung: kann vermittelt werden. An den Weinfesttagen in Limburg (Ende Juli) und Rüdesheimer Weinfest (Mitte August) können die Weine des Hauses ebenfalls verkostet werden.
Anfahrt: BAB 66 von Ffm. über Wiesbaden, Ausfahrt Erbach auf der B 42 bis Rüdesheim. Dort Richtung Niederwalddenkmal nach Aulhausen in die Ortsmitte, Parken im Hof. Für Wanderer auch gut über den Rheinsteg zu erreichen.

WEINGUT THILO STRIETH
FRED STRIETH
HAUPTSTR. 42
65385 RÜDESHEIM-
   AULHAUSEN
TEL. 06722 -4646
FAX   -2186
weingut-strieth@t-online.de

> öffnet vom 1. Mai bis 1. Oktober
> donnerstags und freitags ab 17 Uhr,
> samstags, sonn- und feiertags ab 15 Uhr

In der Scheune und an schönen Tagen vor allem im Weingarten sitzen hier die Weinfreunde bei Riesling und Spätburgunder, auf den das Weingut besonders spezialisiert ist. Preise ab 1,80 bzw. 2,50 €, Rosé gibt es ab 2,- €. Der Spätburgunder wird im Holzfaß trocken ausgebaut. Von Spundekäs' über Bauernschinken und Geflügelbruststreifen auf buntem Salat mit Balsamico-Walnuß-Dressing zu Lachs an Rösti oder gratiniertem Schweinesteak mit Kartoffelgratin gibt es einiges für Ihren Appetit. Käsevariationen oder Rote Grütze mit Vanillesoße oder –eis sind ein leckerer Abschluß. Platzreservierung. Gesellschaften während der Öffnungszeit ab 8 bis 20, sonst bis 40 Personen. **Übernachtung:** Im zum Weingut gehörenden Hotel (25 DZ, Preis 27,- € pro Person).
Anfahrt: B 42, dann in Rüdesheim Richtung Aulhausen. In der Ortsmitte, eigene Parkplätze. Nächster Bahnhof: Rüdesheim oder Assmannshausen (je ca. 2 km).

GUTSAUSSCHANK WASSERMANN
HELGA WASSERMANN
AM FICHTENKOPF 39
65385 RÜDESHEIM-
    AULHAUSEN
TEL. 06722-1555
FAX   -941223
weingut.wassermann@t-online.de

öffnet vom 28. August bis 21. Dezember
und 8. Januar bis Ende Juli

donnerstags, freitags, samstags ab 16 Uhr,
sonn- und feiertags ab 11 Uhr

Riesling, Weiß- und Spätburgunder – das sind die Rebsorten, die Sie hier in allen Qualitätsstufen verkosten können. Preise zwischen 1,50 € und 2,20 € Die Küche bietet dazu regionale Speisen mit wöchentlich wechselnden Zusatzgerichten. Sonn- und feiertags gibt es besondere Empfehlungen wie z.B. Wildgerichte. Platzreservierung. Gesellschaften zur Öffnungszeit: 10 bis 50, sonst 20 bis 60 Pers. Bei warmem Wetter mehr als 20 Plätze im Freien. Vom 2. bis 5. Oktober wird zum **Oktoberfest** mit bayrischen Spezialitäten und Festbier geladen. Das Rüdesheimer Weinfest ist im August.

Anfahrt: B 42 von Wiesbaden Rtg. Rüdesheim, dann Richtung Niederwalddenkmal, Abfahrt Aulhausen. 1. Straße rechts. Eigener Parkplatz. Oder von Rüdesheim mit dem Linienbus, Θ ganz nah. Taxi: -2877. Neu ist der Rufbus.

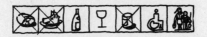

GUTSAUSSCHANK
WEINGUT MAGDALENENHOF
JOHANNES. u. DAGMAR BLAES
MARIENTHALERSTR. 90
65385 RÜDESHEIM-
   EIBINGEN
TEL. 06722-906900
FAX   -906903
www.madgalenenhof.de

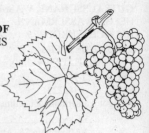

öffnet ganzjährig
mittwochs bis samstags ab 17 Uhr,
sonn- und feiertags ab 12 Uhr

Schnitzel in vielerlei Variationen, Zanderfilet mit Wildreis oder Forellenfilet, Grillbraten oder Sommersalat, das sind nur einige der Speisen, die Ihnen hier zu den typischen Rheingauer Rebsorten Riesling und Spätburgunder serviert werden. Das Glas Riesling gibt es ab 2,- €; Spätburgunder ab 2,50 €, auch als Rosé ist er zu verkosten. Im Gutsausschank ist Platz für 120 Weinfreunde, der Garten bietet weiteren 150 Gästen Raum. Platzreservierung. Gesellschaften an Öffnungstagen: Bis 70, sonst ab 40 bis 100 Per. **Übernachtung**: 7 DZ, je 80 €. Geführte Weinwanderungen ab 40 TN. Das Rüdesheimer Weinfest erwartet Sie am 3. Wochenende im August.

Anfahrt: Am Ortsrand von Eibingen, außerhalb gelegen. Eigene Parkplätze. Wohnmobilplätze.

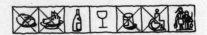

EIBINGER ZEHNTHOF
PATRICK KETZER
EIBINGER OBERSTR. 15
65385 RÜDESHEIM-EIBINGEN
TEL. 06722 -2755
FAX   -941190
www.eibinger-zehnthof.de

öffnet dienstags bis samstags ab 16 Uhr,
sonntags ab 11 Uhr durchgehend

Der Zehnthof wurde 1506 erbaut, in dem sich heute das Weingut und der Gutsausschank befinden. Die rustikal eingerichteten Gasträume, Wintergarten und Terrasse bieten bis 130 Personen Platz. Weinproben und Feiern im alten Gewölbekeller bis 70 Personen. Es werden Rheingauer Riesling u. Spätburgunder von 2,- € bis 2,50 €, zudem Sekt und Weinbrand, aus dem Weingut angeboten. Die regionale Küche bietet von der einfachen Vesper bis zu verschiedenen Menüs, Buffets und einer monatlich wechselnden Speisekarte an. Reservierungen zum Mittagstisch, Kaffee oder Abendessen auch außerhalb der Öffnungszeiten.

Anfahrt: B 42, Europadreieck Richtung Eibingen, 10 Parkplätze in der Neustraße 1. Die Bushaltestelle ist 800 m entfernt, stündlich Busse; zum Bahnhof sind es 1,5 km.

WEINGUT VOLLMER
G. VOLLMER
MARIENTHALER STR. 22
65385 RÜDESHEIM-
    EIBINGEN
TEL. 06722 -2573
Fax   -500734
www.vollmer-wein.de

öffnet vom 30 August bis 2. November
täglich von 16:30 bis 23 Uhr, sonntags ab 16 Uhr
dienstags Ruhetag

In dieser **echten Straußwirtschaft** kostet das Glas vom Riesling ab 1,90 €, Weißherbst gibt es für 2,10 € und Spätburgunder für 2,50 €, alle Weine aus betont reduktivem Ausbau. An Speisen sind Spundekäs' und Winzerweck oder Tafelspitz mit Grüner Soße zu empfehlen. Spielt Petrus mit, gibt es auch Plätze im Garten. Gesellschaften: Ab 10 bis 40 Personen. Das Weinmuseum in der Brömserburg gibt Ihnen interessante Informationen rund um den Wein.

Anfahrt: Auf der B 42, in Eibingen im Ortskern. Parken am Kirchplatz. Der Bahnhof ist 20 Minuten, die Bushaltestelle 5 Minuten entfernt. Stündlich Anschluss.

**STRAUSSWIRTSCHAFT
PETER VOLLMER**
ANGERSTR. 13
65385 RÜDESHEIM-
   EIBINGEN
TEL. 06722-3317

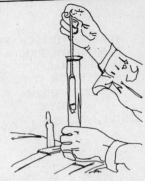

öffnet Anfang November bis Mitte Dezember
und Anfang März bis Mitte Mai

täglich, sonn- und feiertags ab 16 Uhr
montags Ruhetag

Knapp einen Hektar bewirtschaftet Winzer Vollmer, die Ergebnisse von Riesling und Spätburgunder können Sie in der Straußwirtschaft verkosten. Weißwein gibt es ab 1,50 €, für Rotwein und Weißherbst zahlen Sie ab 2,50 €. Auch Prädikatsweine sind zu probieren. Passend zum Riesling ist auch der Handkäse in diesen eingelegt. **Übernachtung**: Gasthof Krancher in der Eibinger Oberstraße 4, Tel. -2762. Platzreservierung. Gesellschaften zur Straußwirtschaftszeit: Bis 40 Personen.

Anfahrt: B 42; in Eibingen Richtung Hildegardis-Kloster. Nächster Bahnhof: Rüdesheim. Örtliches Taxi -2700.

**STRAUSSWIRTSCHAFT
FAMILIE OHAREK**
DANIEL OHAREK
SUDETENSTR. 12
65385 RÜDESHEIM-
  WINDECK
TEL. 06722-2268

öffnet Anfang April bis ca. Mitte Mai
täglich von 16 bis 24 Uhr, am Wochenende ab 15 Uhr,
montags und dienstags Ruhetage

Nach Rüdesheim, 'der goldenen Mitte des Rheins', zieht es viele Besucher, gibt es doch hier ein großes Angebot zur Freizeit-Gestaltung. Nicht nur die Drosselgasse oder das Niederwalddenkmal (mit Sessellift), auch Rundfahrten mit dem Winzerexpress, die Brömserburg, Siegfrieds mechanisches Musikkabinett in der Burg, das Oldtimer-Museum, Schiffahrten und ... irgendwann erschöpft dann endlich ein Besuch in einer Straußwirtschaft. Im Ortsteil Windeck finden Sie Familie Oharek, hier werden Riesling (trocken und halbtrocken) und Portugieser (auch als Weißherbst) ausgeschenkt. Die Küche bietet einfache Gerichte zum Wein: Hand- und Spundekäs', Eisbein und Hausmacher Wurst oder Windecker Spitzbub' und Schoppenpetzer. Bewirtet wird im Kelterhaus.

Anfahrt: Von Rüdesheim Richtung Eibingen nach Windeck.

DER WEINGARTEN J. B. BECKER
HANS-JOSEF BECKER
RHEINSTR. 5
65396 WALLUF-
   NIEDERWALLUF
TEL. 06123 -72523
FAX   -75335

öffnet den **Weingarten** von Mai bis Oktober
täglich ab 17 Uhr, WoE u. feiertags ab 15 Uhr,
das **Glashaus** von Dezember bis April
sonntags 15 bis 23 Uhr, Mo, Di, Mi 17.30 bis 23 Uhr

Ofenfrische Laugenbrezel und ‚Rauchende', das sind geräucherte Würstchen, bietet Familie Becker zum Wein; wer anderes mag, bringt seinen Picknickkorb mit – denn das ist hier (wie früher allgemein üblich) erlaubt. Der Weingarten liegt direkt am Rhein (140 Plätze), in das beheizte Glashaus gehen noch mal 80 Personen. Vor über 100 Jahren gründete Jean Baptist Becker das Weingut, schon 1905 pflanzte er als Erster im Rheingau Spätburgunder. Von diesem (auch als Weißherbst) und natürlich Riesling können Sie verkosten. Platzreservierung. Gesellschaften. Ende Juni lädt Niederwalluf zur Kerb, Ende August ist Weindorf.
Übernachtung: Zum Neuen Schwan -71077-78, Hotel Schwan -72410 u.a. Zum Mitnehmen: 42 %er Spätburgunder Alter Weinbrand X.O.

Anfahrt: B 42 Richtung Rüdesheim, in Walluf an der 1. Ampel links (Johannisbrunnenstr.) bis zum Segelclub, rechts (Rheinallee), am Ende rechts Richtung Kirche sofort links in die Rheinstraße. Mit dem Rad von Schierstein am Damm, von Eltville auf dem Leinpfad.

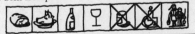

BONNETS WEINCABINET
W. BONNET
ALTE HAUPTSTR. 32
65396 WALLUF-
    NIEDERWALLUF
TEL. 06123-75292
FAX   -75471

öffnet täglich ab 14.30 Uhr,
samstags u. sonntags ab 12 Uhr
montags Ruhetag

Im Ausschank gibt es hier neben den Jungweinen auch ältere Rieslinge zu verkosten, Riesling und Grauer Burgunder sind von trocken bis lieblich zu haben. Für Freunde von Rotweinen gibt es Spätburgunder (auch als Weißherbst) und Portugieser Weißherbst. Preis dafür ab 2,- €, Weißwein wird schon ab 1,50 € eingeschenkt. Im Herbst gibt's Federweißen. An warmen Tagen werden Schweinelende mit Champignons, Rumpsteak oder Schnitzel auch draußen serviert. In den antik gestalteten Räumen des Weincabinets ist Platz für ca. 70 Gäste. Platzreservierung. Wer edel speisen will, besucht das Speiserestaurant "Alt Walluf", das ebenfalls Bonnets gehört.

Anfahrt: Die alte Hauptstraße in Niederwalluf ist eine Parallelstraße zum Rhein. Zum Bahnhof sind es 5 Minuten, der Bus hält eine Minute entfernt.

BUG'S GUTSSCHÄNKE
LISA und CLAUS BUG
MÜHLSTR. 3
65396 WALLUF-
       NIEDERWALLUF
TEL. 06123 -72308
FAX   -73217
clausbug@t-online.de

öffnet täglich von 16 bis 23 Uhr,
donnerstags und freitags von 17 bis 23.30 Uhr,
sonn- und montags Ruhetage

Umweltschonend, ohne Gifte und begrünt, werden hier vorwiegend trockene Weine erzeugt, nicht mehr als ca. 55 bis 60 hl/ha. Über 40 Jahre hat die Gutsschänke nun schon auf dem Buckel und ist damit eine der ältesten im Rheingau. Im Sommer die Weinlaube, im Winter das Kaminzimmer – beide stehen für Ihr Wohlbefinden zur Verfügung – und natürlich auch Riesling und Spätburgunder tragen dazu bei. Der Winzersekt ist extra brut, die Weine frisch u. fruchtig, zur Herbstzeit wird Federweißer ausgeschenkt. Der Kartoffelsalat ist täglich frisch bereitet, Bergkäse kommt auf dem Lauchbett daher. Spezialität sind kleine warme Speisen wie Ziegenkäse mit Thymian und Knoblauch, Schnitzelchen mit Blattsalat. Üerhaupt der Käse: 5 französische Sorten, Raclette, warmer Münsterkäse. Platzreserv. Gesellsch: 60-80 Pers. **Übernachtung**: Hotel Ruppert, Zum neuen Schwan, Zum weißen Mohren. Vinothek mit Weinen, Likören, Bränden, Marmeladen, Gelees, Weihnachtsplätzchen, Deko-Artikel und Kränzen je nach Jahreszeit. Sonntags versch. Märkte (Jahreszeit).

Anfahrt: Die Mühlstraße ist parallel zur Hauptstraße. Mit dem Fahrrad: Auf dem Leinpfad. Zum Bus sind es 2 Minuten, zum Zug nur 1 Minute.

BUG–MÜHLE
I. GASCHE geb. Bug/R. STAMM
MÜHLSTR. 18
65396 WALLUF-
   NIEDERWALLUF
TEL. 06123-75372

öffnet ganzjährig
täglich ab 13 Uhr, sonn- und feiertags ab 11 Uhr

Hier gibt es Riesling, Rotling, ab 2008 einen Spätburgunder-Jungfernwein und einen tollen Ehrenfelser. Zur Herbstzeit Federweißen, Trauben- und Apfelsaft. Je nachdem, welche der beiden Schwestern Ihr Gastgeber ist, gibt's Hand- und Weinkäs', belegte Stangen, Mühlenweck mit Schmalz oder Süßes, Kaffee und Kuchen... 40 Gäste haben in der (beheizten) Remise Platz, auch am Mühlrad am Wallufbach, unter dem schattenspendenden Nussbaum oder unterm Zelt wird bewirtet. An Musikinstrumenten gibt es eine kleine Elektroorgel, Gitarre, Ziehharmonika und Rasseln für begeisterte Musiker. Außerdem: ausgefallene Kunst im Ausschankraum. Gesellsch. ab 10 Pers. Reservierungen bitte einhalten! Zu allen Wallufer Festtagen ist diese **echte Straußwirtschaft** geöffnet. Weinprobe jederzeit möglich, ohne Kaufzwang.

Anfahrt: BAB 66, Ausf. Walluf-Gewerbegebiet. An der Walluf im Paradiesthal. Am Kreisel in den Erikaweg, dann Steinritzweg, der stößt direkt auf die Bug-Mühle. Kiesparkplatz vorhanden, Räder stehen im Hof. Oder die alte B 42 (Rheingaustraße) Richtung Rathaus. Der Bus (170) hält täglich direkt am Hof, sonst 5 Min. entfernt (Turnhalle), stdl. Verbindung, mit Stadtkarte frei. Der Stadtbus Rtg. Schlangenbad fährt über Walluf.

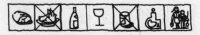

GUTSSCHÄNKE KIEFER
KIRCHGASSE 1
65396 WALLUF-
　　NIEDERWALLUF
TEL. 06123-73900
FAX　　 -989838

öffnet Januar bis Mai und September bis Dezember
täglich von 16 bis 23.30 Uhr, sonntags ab 15 Uhr
dienstags und mittwochs Ruhetage

Vorwiegend Riesling gibt es hier in dem alten Fachwerkhaus zu verkosten, vom Landwein bis zur Spätlese, von trocken bis mild. Für Roséfreunde wird ein htr. Spätburgunder Weißherbst eingeschenkt. 0,2 l vom Weißwein kosten ab 1,50 €, Weißherbst ab 1,90 € und Rotwein ab 2,40 €. Im Herbst wird auch Federweißer eingeschenkt. Auf den Tisch kommt kalte Vesper wie Hand- und Spundekäs', belegte Brote oder Riesling-Knorze und kleine, warme, deftige Speisen. Gesellschaften: 20 bis 40 Personen.

Anfahrt: In Niederwalluf bis zur Ortsmitte Richtung katholische Kirche. Die Bushaltestelle ist direkt vorm Haus.

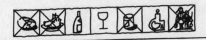

GUTSSCHÄNKE ZEHNTHOF
HANS-EUGEN KLEE
KIRCHGASSE 7

65396 WALLUF-
    NIEDERWALLUF

TEL. 06123-72593

> öffnet Ende Mai bis Mitte September (nur im Freien)
> und Anfang November bis Ende Februar
> (über Weihnachten 3 Wochen geschlossen)
> täglich ab 15 Uhr, donnerstags und sonntags Ruhetage

Zu belegtem Winzerweck, Spundekäs oder Nudelsalat schmecken hier Riesling und Spätburgunder Weißherbst. Das preiswerteste Glas vom Riesling gibt's für 1,80 €, doch gibt es auch Spätlesen, dann aber teurer. Der Weißherbst ist halbtrocken, die Rieslinge sind von trocken bis lieblich zu verkosten. Dies alles ist an warmen Tagen auch unterm freien Himmel mit verschiedenen Salaten und kalten, deftigen Speisen zu genießen.

Anfahrt: In Niederwalluf an der zweiten Ampel links in Kirchgasse einbiegen, 3 Minuten vom Rhein entfernt an der katholischen Pfarrkirche gelegen, Parkmöglichkeiten auf eigenem Gelände. Stündliche Busverbindung nach Wiesbaden, sonntags alle 2 Stunden. Haltestelle 2 Min. entfernt.

GUTSSCHÄNKE-WEINGUT MEHL
HASELNUSSGASSE 6
65396 WALLUF-
   NIEDERWALLUF
TEL. 06123 -73274
FAX   -75626
www.weingut-mehl.de

öffnet von September bis Mitte Juni
täglich ab 16 Uhr, donnerstags und freitags ab 17 Uhr
sonn- und montags Ruhetage

Jetzt widmet sich die vierte Generation der Mehls dem Weinbau. Die typischen Rheingauer Weinsorten werden in umweltschonendem Weinbau erzeugt. Es gibt Riesling ab 1,80 € und Spätburgunder (auch als Weißherbst) zu verkosten (2,80 bzw. 2,20 €). Ende Oktober wird Federweißer ausgeschenkt. Neben Winzertoast ist Rieslingsuppe die Spezialität des Hauses. Bewirtet wird im rustikalen Keller. Außerhalb der Öffnungszeiten Gesellschaften ab 15 bis 40 Personen. **Übernachtung**: Ruppert und Weißer Mohr. Weinfest feiert der Ort Anfang August.

Anfahrt: Ca. 3 km von der Autobahn in der Ortsmitte von Niederwalluf. Parkplätze vorm Haus. Zum Bus 50 m, zum Bahnhof 300 m. ½ stündlich Anschluss.

**WEINGUT KLERNER
ANITA ULLRICH**
WGT. KLERNER ERBEN
UNTERE MARTINSHALLER STR.
65396 WALLUF-
   NIEDERWALLUF
TEL. 06123-71218

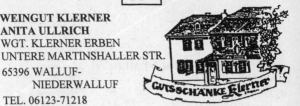

öffnet ganzjährig

dienstags, mittwochs, samstags, sonn- und feiertags
von 15 bis 23 Uhr

Walluf ist die älteste Weinbaugemeinde des Rheingaus, seit über 1200 Jahren wird Wein angebaut. Das Weingut Klerner Erben gibt es seit 125 Jahren, schon 1925 wurde eine Straußwirtschaft eröffnet. Seit 1982 ist es eine Gutsschänke. Riesling und Spätburgunder (auch als Weißherbst) gibt es vom Fass (WW ab 1,70 €, RW ab 2,30 €), auch Flaschenweine bis zur Beerenauslese sind zu bestellen. Zur Herbstzeit wird Federweißer ausgeschenkt. Der Traubensaft ist Eigenerzeugnis. Spezialität des Hauses: Der Floriansweck; doch auch auf die hausgemachten Suppen freuen sich die Gäste. Bewirtet wird in der alten Scheune und an warmen Tagen im Hof. Platzreservierung. Der Weinprobierstand am Segelhafen ist von Ostern bis Ende September geöffnet. Wallufer Kerb ist Ende Juni, Weindorf Anfang August. Für zuhause: Flaschenweinverkauf ganzjährig und Sekt.

Anfahrt: In Walluf zur Ortsmitte, dann links zum Rhein. An der kath. Kirche. Zum Bahnhof 7, zum Bus 5 Minuten.

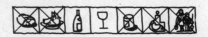

STRAUSSWIRTSCHAFT
FELIX ARNET
PETER ARNET
MÜHLSTR. 94
65396 WALLUF-
OBERWALLUF
TEL. + FAX 06123-75562

öffnet vom 11. November bis Mitte März
und vom 24. April bis 3. Mai
täglich von 16 bis 23 Uhr, montags Ruhetag

Seit 20 Jahren schon lädt Familie Arnet in ihre Straußwirtschaft. Riesling gibt es von trocken bis lieblich, das 0,2 l-Glas ab 1,70 €, Spätburgunder wird auch als Weißherbst kredenzt. Überwiegend sind die Weine im Holzfass ausgebaut, darunter auch Beerenauslesen. Der Traubensaft ist aus eigenem Anbau. Die Küche bietet vorwiegend kalte Vesper wie belegte Brote, Eisbein in Sülze, Wildsülze und Winzerweck, Mohnstangen und Handkäse. Erfreulich, dass viele der Speisen als halbe Portionen zu bekommen sind. Der Freitag bietet als Spezialität eingelegte Heringe mit Pellkartoffeln. Gesellschaften: Ab 20 bis 40 Personen. Und für zuhause neben Wein auch Trauben- und Weinbergspfirsichlikör und Weinhefebrand.

Anfahrt: BAB 66, Ausfahrt Walluf-Bad Schwalbach. Abfahrt Oberwalluf, erste Straße links. Parkplätze im Hof und auf der Straße. Zum Bahnhof sind es 20 Minuten, zum Bus L 147 ca. 10 Minuten. Auch mit dem Fahrrad aus allen Himmelsrichtungen gut zu erreichen.

ARNET-MÜHLE
WILHELM ARNET
MÜHLSTR. 96

65396 WALLUF-
OBERWALLUF

TEL.+FAX 06123-7272
www.arnet-muehle.de

öffnet November bis Februar und März bis September
freitags, samstags, sonntags von 16 bis 24 Uhr

Die Arnet-Mühle ist eine der ältesten am Wallufbach, schon seit 1632 ist sie im Besitz der Familie. Seit 1852 wird hier Weinbau betrieben, alle Weine stammen aus Spitzenlagen von Walluf, Eltville und Martinsthal. Ab 2,- € können Sie vom Weißwein verkosten, sowie von rot und rosé. Im Holzfass ausgebaut, werden Ihnen Weine bis zur Auslese kredenzt. Handgerüttelten Sekt gibt es von Riesling und Burgunder. Im alten, idyllischen Innenhof, in dem im Sommer bei entsprechendem Wetter auch gegrillt wird, und drinnen werden Ihnen Rheingauer Spezialitäten und andere kulinarische Köstlickeiten serviert. Platzreservierung. Gesellschaften: 20 bis 40 Personen. Mehrmals im Jahr Jazz oder andere Musikkonzerte.

Anfahrt: Über B 42 oder B 260. Oder mit dem Rad am Rhein entlang bis Niederwalluf, dann ca. 10 Minuten. Platz für Wohnmobile.

GUTSAUSSCHANK UND VINOTEK
WEINGUT WILHELM MARKLOFF
SCHULSTR. 11
65396 WALLUF-OBERWALLUF
TEL. 06123 -72325
FAX   -605599
www.weingut-markloff.de

öffnet täglich von 17 und sonntags von 15.30 bis 23 Uhr
(während der Weihnachts- und Sommerferien geschlossen)

1982 wurde die Tradition des Gutsausschanks wieder aufgenommen, die nach einem Großfeuer 1902 eingestellt worden war. Vom Riesling können Sie von trocken bis lieblich ab 1,70 € pro Glas kosten, Rotwein und Weißherbst gibt es für 2,20 bzw. 2,- €. Spezialisiert hat sich das Weingut auf den Ausbau von trockenem Spätburgunder. Zur Herbstzeit wird auch Federweißer ausgeschenkt, der Traubensaft ist von der Kernertraube. Schnitzel wird mit Salatteller oder Sahnemeerrettich auf den Tisch gebracht, Krustenbrötchen und Mohnstange gibt es mit Wurst, Käse oder Schinken. Je nach Saison wechseln die angebotenen Speisen. Platzreservierung. Gesellschaften: ab 40 bis 90 Personen. Für zuhause auch Liköre und Schnäpse aus der Vinotek (geöffnet dienstags bis samstags von 15 bis 18 Uhr).

Anfahrt: BAB 66 bis Abfahrt B 260 Oberwalluf, dann der Beschilderung folgen. Bus von Wiesbaden oder Eltville Linie 170. Parkplatz für 20 PKWs und für Wohnmobile.

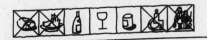

WEINGUT
FRIEDEL RUSSLER
MARKTSTR. 47
65396 WALLUF-
   OBERWALLUF
TEL. 06123 -71892
FAX   -71335
www.weingut-friedel-russler.de

öffnet während der Schlemmerwoche Ende April bis Anfang Mai
und
zu den „Offenen Weinkellern" Ende August bis Anf. September
täglich ab 16 Uhr,
samstags und sonntags ab 15 Uhr

Bei Russlers werden die beiden typischen Rheingauer Sorten Riesling und Spätburgunder ausgeschenkt. Der Rotwein wird im traditionellen Maischegärungsverfahren hergestellt, der hauseigene Riesling- und Spätburgundersekt als traditionelle Flaschengärung. Der Traubensaft ist ebenfalls aus eigenem Anbau. Die Riesling-Bratwurst passt auch zum Spätburgunder, bei Winzerweck oder Spundekäs' stellt sich die Frage erst gar nicht. Zusätzlich zur gemütlichen Probierstube wird im Zelt oder bei schönem Wetter im Hof bewirtet. Am 1. Mai erklingt dabei auch Jazz ab 11 Uhr. Gesellschaften: Ab 15 bis 40 Personen. Weindorf in Walluf: Anfang August, da hat auch Familie Russler auf dem La-Londe-Platz am Rhein einen Stand.

Anfahrt: BAB 66, Ausfahrt Walluf-Bad Schwalbach, dann Ausfahrt Oberwalluf, der Straße folgen. Nächster Bahnhof: Niederwalluf. Zur Bushaltestelle sind es ca. 500 m.

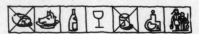

GUTSAUSSCHANK
WEINHOF AUF DER HUB
GEORG SCHERER
AUF DER HUB 1
65396 WALLUF-
OBERWALLUF
TEL. 06123-71310
FAX   -703031

> öffnet mittwochs bis freitags ab 17 Uhr,
> samstags, sonn- und feiertags ab 16 Uhr

Drinnen und bei schönem Wetter im Gartenlokal werden Sie hier zu den Rheingauer Rebsorten Riesling (ab 1,60 €) und Spätburgunder (2,- €) empfangen. Auch Weißherbst gehört zum Angebot. Speisen gibt es warm und kalt in großer Auswahl. Seit 1799 gibt es das Weingut Scherer, bis heute wurde es in ununterbrochener Linie vom Vater auf den Sohn vererbt. Platzreservierung. Gesellschaften: Bis 50 Personen. Zum Weindorf lädt Walluf am 1. Wochenende im August.

Anfahrt: BAB 66, Ausfahrt Walluf-Bad Schwalbach, dann Ausfahrt Oberwalluf. Bis Ortsmitte (Volksbank), dann rechts in die Schulstraße, 2. Straße links. Am Rand der Weinberge, Parken im Hof und auf dem neuen großen Parkplatz (auch Wohnmobile). Bushaltestelle ca. 600 m vom Weingut.

IDSTEIN-SCHNEIDER
FAMILIE SCHNEIDER
PARADIESSTR. 3
65396 WALLUF-
   OBERWALLUF
TEL. 06123-72993

öffnet vom 21. Januar bis März/April

täglich ab 16 Uhr,

montags, dienstags, samstags Ruhetage

Im Ausschank sind Riesling, Grau- und Spätburgunder (auch als Rosé), die Rotweine gibt es nur trocken und halbtrocken. Zu selbst eingelegten Heringen serviert man Ihnen Quellmänner, dies wird traditionsgemäß an Aschermittwoch geboten. An anderen Tagen gibt es Spießbraten, Leberpreßsack und Rheingauer Wurstsalat. Am 2. Wochenende im September feiert Oberwalluf Kerb, eine gute Gelegenheit, Ihren Weinvorrat bei Schneiders, die über 20 Jahre die Straußwirtschaft betreiben, aufzufüllen.
Übernachtung: „Ruppert-Hotel" in Niederwalluf oder „Weißer Mohr".

Anfahrt: BAB 66, von Wiesbaden Abfahrt Martinsthal, dann 2. Abfahrt nach Oberwalluf. Parken im Hof. Oder mit dem Rad am Rhein entlang, dann von Niederwalluf durch das Paradies bis zur Paradiesstraße, am Ende der Straße das vorletzte Haus links. Oder mit dem Bus bis Post Oberwalluf, dann über den Bachweg 2 Minuten zu Fuß.

KNOPPS-ALM
HELGA OTT
GEORGENBORNER STR. 30
65201 WIESBADEN-
FRAUENSTEIN
TEL. 0611-422957

öffnet Anfang März bis Ende Oktober
täglich von 15 bis 23 Uhr,
montags Ruhetag

Wiesbaden mit Kurhaus und Stadtschloß ist schon eine Besichtigung wert. Die zahlreichen Bauten aus der Gründerzeit sind gut erhalten. Und wen es nicht ins Spielcasino drängt, der erholt sich besser bei einem Glas Riesling oder Spätburgunder oder auch Spätburgunder Weißherbst bei Familie Ott. Vier Generationen widmeten sich hier schon dem Weinbau. Bis hin zu Spätlesen ist zu verkosten. Der Traubensaft ist Eigenerzeugnis. Drinnen in der Gaststätte und draußen auf der Terrasse und im Garten haben je 80 Gäste Platz. Reservierung ist möglich. Gesellschaften: Während der Öffnungszeit ab 20 bis 35 Personen, sonst ab 40 bis 80. Und für zuhause: Pflaumenwein sowie Kartoffeln.

Anfahrt: BAB 66, Ausfahrt Frauenstein. Oder von Wiesbaden (Bhf.) mit dem Bus, alle 20 Minuten Anschluß.

ZUM KAPELLCHEN
UDO OTT
GOROTHER HOF
QUELLBORNSTR. 95
65201 WIESBADEN-
   FRAUENSTEIN
TEL. 0611-41189912
FAX   -424778

Weingut
UDO OTT
Grorother Hof

öffnet von März bis Ende Oktober
täglich von 16 bis 23 Uhr, sonn- und feiertags ab 15 Uhr
montags und dienstags (auch an Feiertagen) Ruhetage

Ob von Frauensteiner Herrnberg, Homberg oder Schiersteiner Hölle – das Glas von Riesling, Grau-, Weiß- oder Spätburgunder und Dornfelder wird Ihnen munden. Ab 2,20 € kann vom Weißen verkostet werden, die roten Sorten beginnen mit 2,50, der Weißherbst beginnt mit 2,40 €. In Gutsausschank, Garten und auf der Terrasse werden Ihnen Rheingauer Rieslingsuppe, Gutsschänkensalat mit Putenstreifen und marktfrischen Salaten, geräuchertes Wispertal-Forellenfilet, Wiener Schnitzel oder Rumpsteak serviert. Platzreservierung. Gesellschaften: nach Vereinbarung (GA und Plätze im Freien je 60). Für zuhause: Auch Obst und Gelee.

Anfahrt: BAB 66, Ausfahrt Frauenstein, Rtg. Frauenstein, nach dem Kreisel gleich auf der rechten Seite, 2. Einfahrtmöglichkeit. Parken im Hof. Oder mit L 24. ⊖ 500 m entfernt. Nächster Bahnhof: Walluf. Taxi: Tel. 0611-444444 o.a.

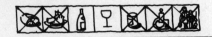

WINZERGENOSSENSCHAFT FRAUENSTEIN eG

**WEINSTAND
WINZERGENOSSENSCHAFT
FRAUENSTEIN**
QUELLBORNSTR. 99

65201 WIESBADEN-
    FRAUENSTEIN

TEL. 0611-429823
FAX   -4280490

öffnet vom 24. August bis 19. Oktober
und vom 9. Mai bis 5. Juli

sonn- und feiertags jeweils ab 15 Uhr

Beim Rieslingtest in der „Weinwelt" blieb die WG Frauenstein nicht unerwähnt und auch der Gault Millau fand an einer Spätlese und einem Kabinett Gefallen. Wenn das nicht Grund genug ist, den Frauensteiner Weinstand bei schönem Wetter zu besuchen. Ab 1,80 € lässt sich Riesling und Grauburgunder verkosten, Spätburgunder gibt es ab 2,- €. Ca. 20 Sitzplätze haben Sie hier im Freien, zum Wein schmecken kleine Speisen wie belegte Laugenstange mit Schinken oder Käse. Am letzten Wochenende im Juli feiert Frauenstein Weinfest. Weinlehrpfad und Europaweinberg laden zum Wandern ein.

Anfahrt: BAB 66, Ausfahrt Frauenstein, am Ortsausgang Richtung BAB 66. **P** am Weinstand. Mit öffentlichem Verkehrsmittel bis Endstation, dann ca. 500 m.

GUTSAUSSCHANK MEILINGER
UTE MEILINGER
FREUDENBERGSTR. 10

65201 WIESBADEN-
   SCHIERSTEIN

TEL. 0611 -21955
FAX -29406
www.weingut-meilinger.de

öffnet Mitte August bis zum 3. WoE im September
mittwochs bis samstags ab 17, sonntags ab 16 Uhr
und vom 4. Februar bis 11. April
mittwochs bis samstags ab 17 Uhr,

Seit 1984 kann man hier schon einkehren, erst war's eine Straußwirtschaft, seit 1992 ist es ein Gutsausschank. Auf 8,5 ha wachsen überwiegend Riesling und Spätburgunder. Eingeschenkt werden die beiden Sorten vom Qualitätswein bis zur Spätlese und von trocken bis mild. Der Weiße kostet ab 1,70 €, Rotwein ab 2,20 €. Auch der Traubensaft ist Eigenerzeugnis. An schönen, warmen Tagen werden Sie auch in Hof und Scheune mit selbstgemachtem Spundekäs, Wildsülze oder gebackenem Schinken bewirtet. Platzreservierung um 17 Uhr, Gesellschaften außerhalb der Öffnungszeit 20 bis 55 Personen. Das Schiersteiner Weinfest wird am 3. Wochenende im Mai am Hafenrondell gefeiert.

Anfahrt: Von Wiesbaden über Saarstraße, Stielstraße zur Freudenberger Straße unterhalb der Bahnschranke. Oder mit dem Bus L 5 bis Θ Rathaus. Dann 2 Minuten zu Fuß.

WEINGUT-STRAUSSWIRTSCHAFT
RINDSFÜSSER

ERIKA u. WILFRIED RINDSFÜSSER
MALTESERSTR. 9
56332 ALKEN
TEL.+ FAX 02605-2815
www.rindsfuesser.de

> öffnen noch bis 12. Oktober, vom 9. April bis 1. Juni
> und wieder ab 8. August bis 11. Oktober
> täglich von 16 bis 24 Uhr,
> sonn- und feiertags von 10 bis 13 Uhr u. 16 bis 24 Uhr

Das Bruchsteinhaus ist über 100 Jahre alt, es wurde vom Urgroßvater erbaut. Heute werden Sie hier zu Weiß- und Rotwein empfangen, bei schönem Wetter im überdachten Hof und auf der Terrasse. Trockene Weine sind die Spezialität des Weinguts, die 1,5 ha Rebfläche sind zu 80 % mit weißen Reben bepflanzt. Das preiswerteste 0,2 l-Glas ist ab 1,50 € zu verkosten. Neben diversen Suppen bietet die Küche kalte Vesper wie Hausmacher Wurst, Schinken und Käse, aber auch geräucherte Forellen.
Übernachtung: Verkehrsbüro, Tel. -790 oder www.Alken.de.
Wer wandern will: Das Alkener Bachtal mit Seitentälern bietet 40 km Wanderwege.
Anfahrt: B 49 Koblenz-Alken-Cochem; BAB 61, Ausfahrt Alken. Stdl. Busse von und nach Koblenz, 200 m zur Θ. Parkplätze am Moselvorplatz, dann noch 50 m zur Straußwirtschaft.

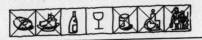

BARNI'S STRAUSSWIRTSCHAFT
WEINBAU
MICHAEL WEGRZYNOWSKI
OBERSTR. 59
56332 ALKEN
TEL. 02605-4865
FAX   -847032

öffnet Anfang Mai bis Mitte Juni
und Anfang August bis Anfang Oktober
täglich von 16 bis 24 Uhr, samstags ab 15 Uhr,
sonn- u. feiertags 11-13 u. 16-24 Uhr, montags Ruhetag

Den Riesling gibt es trocken bis lieblich, einfache QbAs und Spätlesen. Auch Rotwein wird angebaut und es wird Sekt angeboten. Der **Zwiebelkuchen** zum Federweißen ist hausgemacht, ebenso die Rieslingsuppe. Eisbein in Aspik, Schinken, Schwartemagen oder Winzerbrot, das beinahe von allem etwas bietet, machen auch den hungrigen Wanderer satt. Denn Wanderwege gibt es hier reichlich, zur Burg Thurant sind es 20 Minuten Fußweg. Getrunken und gevespert wird hier im ausgebauten Stall und bei schönem Wetter im Hof. Platzreservierung ist möglich. Alken lädt am 3. Wochenende im August und am 1. Oktoberwochenende zum Feiern ein.
Anfahrt: B 49 von Koblenz Richtung Cochem bis Alken. Die Straußwirtschaft ist im Ort, zwei Häuser neben der Kirche. Zum Bus sind es 500 m.

**GUTSAUSSCHANK
WGT. OTTO GÖRGEN**
MATTHIAS GÖRGEN
BACHSTR. 49
56814 BEILSTEIN
TEL. 02673-1809
FAX   -900038
www.weingut-goergen.de

öffnet noch bis zum 2. Nov. täglich,
vom 10. April bis 28. Juni an WoE u. feiertags
und ab 4. Juli bis 30. Sept. täglich von 14 bis 19 Uhr

Schon mehr als 300 Jahre wird in der Familie Görgen Weinbau betrieben, das DLG-empfohlene Weingut ist in Briedern, der Gutsausschank im Nachbarort Beilstein. Im Ausschank gibt es vor allem Rieslinge von trocken bis mild, viele mit Auszeichnungen. 0,2 l der Schoppenweine werden ab 2,- € ausgeschenkt, die Rotweine ab 2,50 €. Traubensaft in rot und weiß sind Eigenerzeugnisse. Den kleinen Hunger können Sie hier mit Griebenschmalzbrot stillen, ein ganzer ofenfrischer Speckflammkuchen (3,50 €) reicht für Zwei. Gesellschaften in dem **Nichtraucherlokal**: gj. zw. 10 und 50 Pers. nach Abspr. Weinwanderung mit Gruppen. Herbstfest in Beilstein: 6./7. Sept., Briedern feiert Mitte August. **Übernachtung**: FeWo bis 6 Pers. ab 40,- €. Viele Wanderwege z.B. Calmont-Klettersteig und Apolloweg.

Anfahrt: Von Cochem über die Brücke L 98 12 km moselaufwärts nach Beilstein. Im Ort Bachstr. hoch Rtg. Burg Metternich, auf der rechten Seite. Parkplätze am Moselufer. Oder Bahn bis Cochem, dann Linienbus ca. 5 x tgl., ⊖ 100 m. In Briedern Platz für bis zu 20 Wohnmobile.

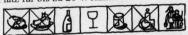

**STRAUSSWIRTSCHAFT
IM WEINKELLER**
MATTHIAS OTTO
BRUNNENSTR. 86

56814 BREMM

TEL. 02675 -911478 priv.
              -1231 Strw.
weingutotto@t-online.de

öffnet noch bis 1. November

täglich ab 17 Uhr,
samstags ab 14 Uhr

„Wir haben guten Wein, Sie guten Geschmack", ist hier das Motto. Bei Riesling vom „steilsten Weinberg Europas", dem Bremmer Calmont, Elbling, Müller-Thurgau und trockenem Rotwein können Sie sich von der Qualität der Weine überzeugen. Preise für WW: ab 1,90, für RW ab 2,70 €. Zur Straußenzeit wird der Weinkeller umgestaltet, hier schmecken Winzerplatte, Schinken- und Käseteller, selbst gemachtes Schmalz und im Herbst Zwiebelkuchen zu Wein und Federweißem. An sonnigen Tagen wird vor dem Haus bewirtet. **Übernachtung**: FeWo zu 29,- €. Bremmer Wein- und Heimatfest ist am 1. Sonntag im Sept. Für zuhause: Auch Marmeladen und Liköre. Für Wanderer: Der Bremmer Calmont mit Klettersteig. Er bietet eine anspruchsvolle Wanderung durch den steilsten Weinberg Europas. Auf Wunsch geführte Wanderungen mit dem Winzer.

Anfahrt: BAB 61, Ausfahrt Kaisersesch Richtung Cochem, dann Richtung Trier (B 49). Oberhalb von Bremm im Weinberg. Parkplätze (auch Wohnmobile) vor dem Weinkeller.

BRAUTROCKKELLER
F. J. ANKER
BAHNHOFSTR. 14
56859 BULLAY
TEL. 06542-2848
FAX   -901381
www.weingut-anker.de

öffnet noch bis 31. Oktober
und ca. 10. Mai bis 7. Juni
täglich ab 17 Uhr, Sa/So + F ab 11 Uhr

In dieser **echten Straußwirtschaft** werden Ihnen vorwiegend Riesling, Rivaner und Kerner geboten, doch sind auch drei Rotweine (Spätburgunder, Regent), ein Rosé und ein Weißherbst im Angebot. Der Weißwein beginnt mit 1,80 € fürs Glas. Im Keller und in der Weinlaube haben je 40 Weinfreunde Platz und können sich bei Schinken, Wurst, Käse, Winzersteak und Winzerbraten verwöhnen lassen. Leichte Musik begleitet den Straußenbesuch. Gesellschaften: 6-40 Personen. **Übernachtung**: FeWo f. 2 Pers. ab 36,- €. Das Bullayer Herbstfest ist am 2. Wochenende im September. Für zuhause: Auch Schnäpse.

Anfahrt: Die Bahnhofstraße ist die Durchfahrtsstraße. Die Straußwirtschaft liegt fast in der Ortsmitte. Parken vorm Haus.

**BERGWEINSTUBE
ONKEL TOM'S HÜTTE**
FRIEDHELM LENZ
56859 BULLAY
TEL. 06542-2467
FAX 06542-961595
www.weingut-friedhelm-lenz.de

öffnet ca. 1. Juli bis 31. Oktober
täglich von 11.30 bis 22 Uhr, montags Ruhetag

Ca. 1,5 km von Bullay entfernt, hoch über den Weinbergen am Waldrand gelegen, ist das Weingut mit Straußwirtschaft zu finden. In der Hütte oder auf der sonnigen Terrasse werden Ihnen Riesling, Rivaner, Müller-Thurgau und Grauburgunder von trocken bis mild zum Preis ab 2,- € geboten, Spätburgunder und Dornfelder gibt es trocken und mild, auch ein trockener Weißherbst ist zu probieren (2,50 €). Der weiße Traubensaft ist Eigenerzeugnis. Die Speisekarte bietet kräftige Brotzeiten: Schinken-, Käse- und Wurstplatten, Sülzebrot oder Onkel Toms üppig belegte Vesperplatte, die für mindestens zwei Personen bestimmt ist. Gesellschaften: Bis 40 Personen außerhalb der Öffnungszeit. **Übernachtung:** 2 DZ und eine FeWo.

Anfahrt: BAB 48, Ausfahrt Kaisersesch oder BAB 61, Rheinböllen. Der Bahnhof von Bullay ist ca. 2 km vom Weingut entfernt. Platz für Wohnmobile.

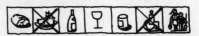

WEINSTUBE PARGEN
WEINGUT STURM-PARGEN
RUDOLF PARGEN
BAHNHOFSTR. 13
56859 BULLAY
TEL. 06542 -21244
FAX   -21995
www.sturm-pargen.de

öffnet, wenn Gäste anklopfen, August bis Oktober und Mai bis Juni täglich

Für Freunde von Riesling, Rivaner und Weißem Burgunder ist hier gut sein, gibt es doch 24 Weißweine ab 1,80 € zu verkosten, vorwiegend mild, bis hin zu Auslesen. Auch Dornfelder für 2,30 € wird kredenzt. Zur Lese gibt's Federweißen mit Zwiebelkuchen, der Traubensaft ist Eigenerzeugnis. Aus der Winzerküche kommen feine Köstlichkeiten (Bärlauch-Kräuter-Quark) ebenso wie deftige Speisen (Wingerts-Süppchen) auf den Tisch. Die Weinstube ist mit Fassböden und –dauben gestaltet, an warmen Tagen wird in der mit Weinreben und Blumen begrünten Hofeinfahrt und in der Weinlaube bewirtet. Reservierung. Gesellschaften: Ab 20, außerhalb der Öffnungszeit ab 30 bis 60 Pers. **Übernachtung:** FeWo f. 4 Pers. Kirmes ist am 1. Maiwochenende, Mitte Juli ist Magdalenen-Kirmes und das Herbstfest mit Feuerwerk ist Anf. Sept. Jungweinpräsentation immer an Fronleichnam. Für zuhause: Flaschen mit individuellen Etiketten, Geschenk-Gutscheine. Wanderprospekte im Weingut. Weinbergswanderungen.
Anfahrt: Von Cochem kommend in Neef oder Bullay über die Brücke. Im Ortskern, Parkplätze vorm Haus. Bahn (ICE-Station) und Bus ca. 250 m entfernt, stdl. Anschluss. Abholung möglich.

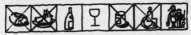

UNTERMOSEL | 404 | UNTERMOSEL

**WEINGUT
AMLINGER ERBEN**
FAMILIE SCHARDT
FÄHRSTR. 6
56859 BULLAY
TEL. 06542 -2387
FAX   -22133
www.weingut-amlinger-erben.de

öffnet von Ostern bis Allerheiligen
täglich ab 16 Uhr
dienstags Ruhetag

Alter Familientradition folgend werden die Weine im moseltypischen Fuderfass (Eichenholzfass mit 1.000 l) ausgebaut. Spezialisiert ist das Weingut auf Riesling, der Anteil dieser Rebe liegt bei 85 %. Davon und von Rivaner, Weißburgunder, Kerner u. Spätburgunder (auch als Weißherbst) lässt es sich hier bis zu Spät- u. Auslesen verkosten. Ab der 2. Woche im September wird Federweißer ausgeschenkt, der Traubensaft ist Eigenerzeugnis. An kalten Tagen im Keller, sonst auf der Terrasse, werden Winzerteller und -steaks, Gulaschsuppe, Spundekäs', Flammkuchen, geräucherte Forelle und Speck-Kartoffelsalat serviert. Platzreserv. Gesellsch.: Bis 60 Personen. Feste in Bullay: Maikirmes am 1. WoE im Mai, Patronatskirmes am 3. WoE im Juli und Herbstfest am 2. WoE im September. **Übernachtung:** Tourist-Info. Tel. –21141. Ausflüge: Zur Marienburg oder Burg Arras. Für zuhause: Liköre, Schnäpse, Senf, Weingelee u.v.m.

Anfahrt: BAB 48, Ausfahrt Kaisersesch, dann über Cochem nach Bullay. Am Moselufer gelegen. Wohnmobilstellplatz. Bis zu 15 davon können auf einer nahegelegenen Wiese stehen. Örtliches Taxi, Tel.–4444. Zum Bus sind's 500 m.

ZUM WEINGUTSMUSEUM
ANDREAS u. WINFRIED STEIN
RAVENÉSTR. 13
56812 COCHEM
TEL. 02671-1484
FAX   -1883
www.moselweingut-stein.de

öffnen vom 1. Mai bis 31. Oktober
täglich von 9 bis 18 Uhr

Im Kreuzgewölbekeller ist ein Weinmuseum, dies zu besichtigen, gehört zum Besuch des gutseigenen Ausschanks. Vom Landwein bis zur Trockenbeerenauslese gilt es hier zu verkosten, vorwiegend Weißweine von Riesling, Kerner, Chardonnay, Weißburgunder und Müller-Thurgau (ab 1,80 €). Dornfelder gibt es auch als Rosé. Schnitzel, Steaks und Spießbraten werden bei schönem Wetter auch im Hof serviert (15 Pers.). Gesellschaften: zur Öffnungszeit ab 5, sonst 10 bis 50 Personen. **Übernachtung**: Zimmer (25,- € p.P.) und FeWo (ab 44,- € pro Tag). Erlebnisweinproben, Filmvortrag. Cochem bietet ein reichhaltiges Tourismusangebot. Für zuhause: Auch Weingelee, Honig, Tafeltrauben, Dekorationsartikel.

Anfahrt: In Cochem vor der alten Moselbrücke links, nach 100 m auf der linken Seite (Hof mit antikem Säulenpavillon). Zum Bahnhof 400 m, zum Bus 50 m.

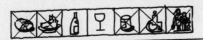

ALTE WINZERSTUBE
KARL-JOSEF HAUPTS
NIKOLAUSSTR. 7
56814 EDIGER-ELLER
TEL.   02675-1592
FAX   -911177
kjhaupts@web.de

öffnet von Himmelfahrt bis Fronleichnam
und Anfang August bis Mitte November
täglich von 18 bis 23 Uhr, samstags bis 24 Uhr

Winzerfamilie Haupts lädt Sie ins Fachwerkhaus in die **echte Straußwirtschaft**. Vor allem Riesling wird hier ausgeschenkt, von trocken bis mild, Preise 1,50 € für 0,2 l. Auch Rivaner ist zu verkosten und für Rotweinfreunde je ein Spätburgunder und ein Weißherbst (1,80 €). Apfel- und Traubensaft sind Eigenerzeugnisse, im Herbst gibt's Federweißen. Die gemischte Hausplatte bietet neben Wurst, Käse und Schinken auch Kartoffelsalat, der auch beim Schweinesteak als Beilage dient. Platzreservierung. Gesellschaften außerhalb der Öffnungszeit: Ab 10 bis 50 Personen. **Übernachtung:** Gegenüber bei den Eltern ab 18,- €/Person. Weinfeste: Am 2. Wochenende im August und September und über Pfingsten. Weinbergsführungen für Gruppen.
Anfahrt: Ediger-Eller liegt direkt an der B 49. In der Dorfmitte von der Hauptstraße in die Nikolausstraße einbiegen. Die Bahnstation Eller ist 1 km entfernt.

RATHAUS-STÜBCHEN
A. THEISEN-HUNDERTMARK
MOSELWEINSTR. 15
56814 EDIGER-ELLER
TEL. 02675 -911207
FAX   -911208
www.weingut-theisen.de

öffnet Ostern bis Ende Oktober
täglich ab 11 Uhr, dienstags Ruhetag

Auf der rebenbewachsenen Terrasse und in der mediterran gestalteten Weinstube können Sie bei erlesenen Weißweinen (Spezialitäten Riesling u. Chardonnay) und Rotweinen (4 Sorten im Anbau) sowie moseltypischen Speisen und Wildgerichten aus eigener Jagd die Seele baumeln lassen. Das Wild wird selbst geschossen und zerlegt. Die Weinstube bietet innen 20, auf der Terrasse 32 Weinfreunden Platz. Platzreservierung. Gesellschaften. **Übernachtung**: Im Weingut in Nehren, Weingartenstr. 21. Sie hat 4 DZ + 1 komfortable Fewo für 2-6 Personen.

Anfahrt: Die Weinstube liegt direkt an der B 49 mit schönem Blick auf die Mosel. Parkplätze vor dem Haus.

GUTSSCHÄNKE ZENZ
RALF und MONIKA ZENZ
HOCHSTR. 29
56814 EDIGER-ELLER
TEL. 02675 -384
FAX   -1624
www.gutshof-zenz.de

öffnen von Ostern bis Ende Oktober
täglich ab 16 Uhr, samstags, sonn- und feiertags ab 12 Uhr,
montags und mittwochs Ruhetag

Ob im Gewölbekeller oder im Weingarten – die junge Winzerfamilie möchte Ihnen den Aufenthalt in der im historischen Ortskern direkt an den Weinbergen gelegenen Straußwirtschaft so schön wie möglich machen. Riesling und Blauer Spätburgunder sind die beiden Hauptsorten, überwiegend an Steilhängen gewachsen können Sie bis zur Beerenauslese verkosten. Dienstags ist Grillabend, an anderen Tagen kommen Kasseler oder Winzerbratwurst mit Kartoffelsalat, gebackener Camembert, Weinsülze mit Bratkartoffeln oder Trestergulasch auf den Teller. Aber auch Salate, Schnitzelgerichte und Rumpsteak. Spezialität des Hauses: eine herzhafte Hackfleisch-Käsesuppe. Platzreservierung. Gesellschaften: Ab 2 bis 60 Personen. Straßenweinfest ist Anfang September, über Pfingsten und am 2. WoE im August wird ebenfalls gefeiert. **Übernachtung**: FeWos für 2 bis 6 Personen (ab 40,- €). Kulinarische Weinproben, Besichtigung von Betrieb, Weinberg und Edelobstbrennerei. Für zuhause: Auch Gelee.

Anfahrt: BAB 48 bis Kaisersesch, dann über Cochem. 1 km vom Bahnhof entfernt. Platz für Wohnmobile.

**SCHINNENS SCHEUNE
STRAUSSWIRTSCHAFT-
WEINGUT
FRANZ-PAUL SCHINNEN**
UCKERTSTR. 1
56814 EDIGER-ELLER
TEL 02675 -331
FAX -911568
www.weingutschinnen.de

öffnet während der Saison durchgehend
täglich von 10 bis 23 Uhr

Schon ab 1,50 € können Sie hier in der umgebauten Scheune von Riesling und Müller-Thurgau verkosten, trockenen Spätburgunder, Regent Rosé gibt es ab 2,- €, Bei den Weißweinen reicht das Angebot über alle Qualitätsstufen. Der Traubensaft ist Eigenerzeugnis, zur Lese gibt es Federweißen. Vegetarisch sind die Spätzle aus dem Ofen und der bunte Salatteller aus dem Hausgarten; das Winzersteak ruht in Rieslingsauce, die Katersuppe besteht aus Sauerkraut mit Leberwurst. Die Herbstwochenenden sind musikalisch untermalt. Kellerführungen nach Absprache. Eigene **Übernachtungsmöglichkeiten**. Anfang September ist Straßenweinfest in Ediger, im Oktober lädt Sie Eller zu „Wein & Mehr" in die Keller. Für zuhause: Gelee und Liköre.

Anfahrt: Zwischen Cochem und Zell. (BB-Anschluss). In Eller am Urbanusbrunnen. Stündlich Busverbindung. Stellplatz für Wohnmobile.

STRAUSSWIRTSCHAFT IM „ALTEN ZEHNTHAUS"
MARGARETENHOF
WEINGUT LOTHAR SCHINNEN
BACHSTR. 17 und 19
56814 EDIGER-ELLER

TEL. 02675 -357
FAX   -1798
www.schinnen.de

öffnet vom 10. Mai bis 10. Juni
und Ende Juli bis Ende Oktober
mittwochs bis sonntags ab 18.30 Uhr (bei Vereinb. auch früher)

Die Straußwirtschaft ist im alten Gewölbekeller des ehemaligen Zehnthauses aus dem 13. Jh., eingerichtet ist sie mit Tischen und Bänken, die aus dem Holz eines Hauses von 1604 getischlert wurden. Hier werden sortentypische Weiß-, Rot- und Roséweine aller Geschmacksrichtungen und Qualitätsstufen bis hin zu Auslesen ausgeschenkt. Das Weingut gehört zu den ersten, die an der Mosel Spätburgunder und Dornfelder anbauten, heute sind es 25 % der Anbaufläche. Der Traubensaft ist Eigenerzeugnis, ab September gibt's Federweißen. Die Küche bietet Käsevariationen, Schinkenbrot und Winzervesper. Weinproben im urigen Gewölbekeller: Bis 55 Personen (mit Betriebsführung, evtl. Weinbergsführung). Öffnet zum **Straßenfest** „Wein & Mehr" am 1. WoE im Oktober. **Übernachtung**: 2 FeWo in den alten Mauern des Zehnthauses. Tipp für Kletterer: Der Calmont-Klettersteig, Einstieg 300 m vom Weingut. Für zuhause: Auch Weine, Sonderfüllungen, Liköre, Trester, Hefe.

Anfahrt: B 49, mitten im Ortsteil Eller. Parken in Garage und vorm Haus. Zum Bus 50 m, zum Bahnhof 500 m.

**FERIENWEINGUT
VILLA HAUSMANN
WEINSTUBE-WEINHOF**
STEFANIE HAUSMANN-THEISEN
56821 ELLENZ-POLTERSDORF
TEL. 02673-1710
FAX   -1596
www.weingut-hausmann.de

öffnet von Ostern bis Mitte November, tägl. ab 18 Uhr,
mittwochs Ruhetag

Die Weinstube, ausgezeichnet mit dem Qualitätssiegel Rheinland-Pfalz, gibt es über 20 Jahre. Für die Mosel typisch, wird hier vorwiegend Riesling ausgeschenkt, von trocken bis lieblich, vom QbA bis zur Auslese, ab 2,20 €. Auch Rot- und Roséwein wird angeboten. Bei Riesling-Sahne-Süppchen, Weinsülze und Carpaccio vom Handkäse schmeckt Ihnen der Wein im **Gastfreundlichen Winzerhof 2005** besonders gut. Speisen von 3,50 bis 10,50 €. Täglich gibt es ein warmes Tagesgericht, der Winzerteller wird mit Hefeschnaps serviert. Bei schönem Wetter ist auch im grünen Weinhof Platzreservierung möglich. Gesellschaften: Bis 26 Pers. in der Weinstube, bis 60 im historischen Kreuzgewölbekeller. **Übernachtung**: ****6 DZ und 4 Appartements, 2 davon als Fewo buchbar. Am 3. WoE im September feiert Ellenz Weinfest. Für zuhause: Auch Likör, Sekt, Marmeladen, Honig, Traubenkernprodukte, Verzehr-Übernachtungsscheine.

Anfahrt: Auf der B 49. Das Weingut liegt in einer ruhigen Seitenstraße in Ellenz. Parkplätze am Haus. Zum Bahnhof Cochem 10 km; im Ort auch Taxis; zum Bus 300 m.

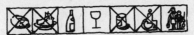

WINZERSTÜBCHEN
PETER und ANITA
DIETERICHS
GOLDBÄUMCHENSTR. 11-13
56821 ELLENZ-
　　　POLTERSDORF
TEL. 02673 -1694
FAX　　　-900016

> öffnet Anfang Juli bis Ende Oktober
> täglich ab 18 Uhr, dienstags Ruhetag

Hier werden Riesling, Spätburgunder/Dornfelder und Spätburgunder Weißherbst aller Geschmacksrichtungen ausgeschenkt. Auch Auslesen bietet das Weingut. Der Traubensaft ist Eigenerzeugnis. Als kräftige Unterlage empfiehlt die Wirtin Winzerteller für zwei Personen (8,70 €) oder andere kalte Vesper. Außenbewirtung. Platzreservierung. Gesellschaften: 2 bis 40 Personen. **Übernachtung**: Im Hause. Weinfest ist in Poltersdorf am letzten Juli-Wochenende, Straßenfest am letzten Wochenende im September. Für zuhause: Auch Liköre und Marmeladen.

Anfahrt: Von Cochem 12 km Richtung Trier. Parkmöglichkeiten vorm Haus. Nächster Bahnhof: Cochem, dann mit dem Bus. Zur Θ sind es ca. 0,5 km.

WEINSTUBE DAX
PETER und ANDREA DAX
MOSELSTR. 35
56814 ERNST
TEL. 02671 -3144
FAX   -1877
www.weingut-dax.de

öffnet noch bis 31. Oktober, vom 21. Mai bis 13. Juni
und ab Ende Juli
täglich ab 18 Uhr

Seit 8 Generationen betreibt Familie Dax Weinbau. Junge, spritzige Rieslinge sowie Dornfelder und Blauer Spätburgunder sind die Spezialität des Weinguts. Davon und von Rivaner, Kerner und Bacchus gilt es, im 0,3 l Steinkrügle zu verkosten. Zur Lese gibt es Federweißen, roter und weißer Traubensaft sind Eigenerzeugnisse. In der Weinstube mit Weinmuseum (man sitzt in Opas und Omas Betten) wird wie im romantischen Innenhof auf liebevolle Details geachtet. Hier schmecken Käse, Lachs, Forelle, aber auch Hausmacher Wurst. **„Wohnen im Landhaus"**, 2004 wurde das Gästehaus komplett mit allem Komfort renoviert. Übernachtung mit Frühstück ab 23 €. Aus dem Winzerlädchen: Riesling-Sekt, Rosecco, Liköre, Winzerkaffee, Riesling-Senf, Traubenkernöl, Balsamico und Gelees. Weinfest feiert Ernst am vorletzten Wochenende im August. Familie Dax ist Mitglied der AG Straußwirtschaften.

Anfahrt: BAB 48, Kaisersesch, über Cochem Richtung Zell (4 km). Zentral am Festplatz Moselufer.

WEINGUT WERNER GÖBEL

STRAUSSWIRTSCHAFT ULRICH und VERENA GÖBEL
BERGSTR. 6   56814 ERNST
TEL. 02671 -7365   FAX   -4737
www.ferienweingut-goebel.de

öffnen noch bis Ende Oktober,
vorauss. Christi Himmelfahrt bis Pfingsten und wieder Ende Juli
täglich ab 18 Uhr

Seit Generationen ist man in der Familie Göbel dem Weinbau verschrieben, von 3,5 ha Rebfläche bewirtschaftet sie 1 ha im Steilhang (Mitglied der Straußwirtschaften AG). Hier reifen Weine bis zum Eiswein. In der Straußwirtschaft und auf der gemütlichen Weinterrasse werden Riesling, Rivaner, Kerner, Spätburgunder (auch als Rosé) und Dornfelder ausgeschenkt, der Traubensaft ist Eigenerzeugnis. Zur Lese gibt's Federweißen mit Zwiebelkuchen. Für hungrige Weinfreunde bietet die Küche Deftiges. Gesellschaften: Außerhalb der Öffnungszeit bis 40 Personen, auch mit Wanderung. Weinfest feiert Ernst am 3. WoE im August. Zu allen Zeiten bietet der Ort ein buntes Programm mit Gäste-, Schiffs- und Radwanderungen usw. **Übernachtung:** Gästezimmer im Weingut, FeWo im neu erbauten Gästehaus. Für zuhause: Auch Winzer-Sekt, Vinosecco, Likör ...

Anfahrt: BAB 48, Ausfahrt Kaisersesch, bis Cochem, dann Richtung Zell. Das Weingut liegt etwas versteckt ruhig an den Weinbergen. Fragen Sie nach Uli und Verena!

STRAUSSWIRTSCHAFT
JOHANN HOMMES
MOSELSTR. 41

56814 ERNST

TEL. 02671 -7339
FAX   -7468
www.weingut-hommes.de

öffnet über Ostern und vom 1. Mai WoE bis 1. November
täglich ganztags im Hof, im Keller mit Kreuzgewölbe ab 18 Uhr

Bei Familie Hommes sitzen Sie an schönen Tagen im Grünen - der Innenhof ist mit Weinreben, Oleander, Rosen und Feigen bewachsen - oder, wenn's abends kühler wird, im Kreuzgewölbekeller eines typisch moselländischen Bruchsteinhauses von 1882. Vom Qualitäts- bis zum Eiswein wird ausgeschenkt, Sorten sind Riesling, Elbling, Dornfelder und Spätburgunder (auch Rosé). Der Traubensaft ist Eigenerzeugnis. Aus der Küche werden Küferbrot (Toast mit Schinken und Käse überbacken), Riesling-Käse-Suppe, verschiedene Käsespezialitäten und Zwiebelkuchen zum Wein serviert. Platzreservierung. Gesellschaften: Bis 60 Personen. Örtl. Weinfest: Am 3. WoE im August. **Übernachtung:** Ferienwohnung vorhanden. Für zuhause: Auch Sekt, Hefe und Trester, Liköre, Weinbrand und Weingelee.

Anfahrt: Im Ort an der B 49 in der Nähe der Kirche. Der Radweg führt am Haus vorbei. Busanschluß zum Bahnhof Cochem (4 km).

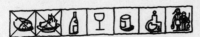

**WINZERWIRTSCHAFT
WEINGUT BRÖHL**
HEIKE DIPPEL
MOSELSTR. 47
56332 HATZENPORT
TEL. 02605 -2605
FAX   -84666

öffnet vom 1. Mai bis 31. Oktober
freitags ab 17 Uhr, am Wochenende und feiertags ab 14 Uhr,

Ab 1,70 € gibt es hier zahlreiche Rieslinge zu verkosten, auch Rotwein wird ausgeschenkt (2,60 €). Wer sich nicht gleich entscheiden kann: Das Probebrett mit jeweils 5 Weinen hilft bei der Entscheidungsfindung. Vom Apfelwein gibt es den Liter für 5,90 €. Die sehr abwechslungsreiche Küche bietet wöchentlich wechselnd u.a. Spargelrahmsuppe, Bauchsteak mit Knofi oder Paprika, rohen oder gekochten Schinken 'Dufti-Kuss' oder ‚Fettbömbchen'. Der Winzerkäse ist mit Knoblauch verfeinert. Bei schönem Wetter ist dies alles unterm blauen Himmel zu genießen. Platzreservierung. Gesellschaften: Ab 20 bis 40 Personen. **Übernachtung:** Im Gästehaus des seit 1731 bestehenden Weinguts.

Anfahrt: Das Weingut liegt in Hatzenport direkt an der B 416 an der Abbiegung Mayen/Münstermaifeld und Burg Eltz. Nächster Bahnhof: Hatzenport. Zur Haltestelle sind es 200 m. Hauseigene Parkplätze.

**HOFAUSSCHANK
IM WINZERHOF GIETZEN**
MOSELSTR. 52
56332 HATZENPORT
TEL. 02605 -952371
FAX   -952372
www.winzerhof-gietzen.de

öffnet von Ostern bis 31. Oktober
freitags ab 18 Uhr, am Wochenende ab 14 Uhr

Der mit wildem Wein und Glyzinien umrankte Winzerhof lädt zum Entspannen und Wohlfühlen ein. Das „Alte Kelterhaus" und die Cella Rustica sind bei schlechtem Wetter die Alternative. Ausgeschenkt werden Riesling (die Karaffe ab 2,80 €) und Rotwein (die Karaffe ab 3,20 €). Die Küche bietet Riesling-Kräutersuppe, kalte Vesper oder Räucherlachs auf Kartoffeltalern, gartenfrischen Kräuterquark oder herzhaften Weinkäse mit Riesling-Vinaigrette. Gesellschaften: Bis 45 Personen. **Hoffest mit Konzert**: 9.-10. August; zur Kulturreihe lädt Hatzenport im Mai und Juni, am letzten Juliwochenende ist Weinfest. **Übernachtung:** Im Gästehaus· des Weinguts (auch FeWo). Für zuhause aus dem Weinladen „Cellarium": Winzersekt, Weinbergspfirsichlikör u. –marmelade, Trester, Hefe, Konfitüren und Präsente rund um den Wein. Weinproben, -seminare, -wanderungen.

Anfahrt: In Hatzenport·direkt an der Mosel, großer Parkplatz. Zum Bahnhof 150 m. Stündlich Züge Richtung Cochem und Koblenz. Gepäckservice.

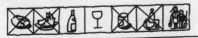

BRUNNENHOF
WINZER BERNARD IBALD
MOSELSTR. 44
56332 HATZENPORT
TEL. 02605 -952485
FAX   -952487
www.brunnenhof-hatzenport.de

öffnet von Mai bis September
freitags und samstags ab 14 Uhr, sonn- und feiertags ab 10 Uhr

Bis 1985 war dies noch ein Bauernhof, zwei Jahre später wurde hier im ehemaligen Kuhstall die Weinstube eingerichtet. Riesling Hochgewächse sind die Spezialität des Hauses, die Endlagerung der Weine ist im Holzfass. Ab 1,90 € lassen sich hier Rieslinge von trocken bis mild verkosten, ein trockener Spätburgunder steht ebenfalls bereit. Der weiße Traubensaft ist Eigenerzeugnis. Bei Sonnenschein schmecken bis zu 100 Weinfreunden Winzerteller, 2 Forellenfilets für 6,- € und Hausmacher- und Käsebrot (je 5,50 €) auch im idyllischen Innenhof. Spundekäs' und Kräuterquark gibt's nur an Festtagen. Platzreservierung. Gesellschaften während der Öffnungszeit: Bis 100, sonst zu Weinproben (auch mit Dia-Vorträgen) bis 35 Personen. Zum **Weinfest** mit Unterhaltung werden Sie am 25. Juli erwartet. **Übernachtung:** 3 Gästezimmer und 2 FeWo. Für Wanderer: Der Schoppenstecher-Rundwanderweg von Koblenz bis Treis-Karden (100 km Gesamtlänge) über Burg Eltz. Oder zur Burg Pyrmont. Oder zum Laacher See mit Vulkanmuseum ....Für zuhause: Weingelee, Geschenkkörbe, Honig.

Anfahrt: Direkt an der B 416 mit Blick zur Mosel. Zur Bahn sind's 100 m, stündlich Verbindung. Stellplatz für 1 Wohnmobil.

GUTSSCHÄNKE
WÜRZLAYHOF
THOMAS u. HEIKE
NICKENIG
IM OBERDORF 21
56332 LEHMEN
TEL. 02607-242
FAX   -974543
www.wuerzlayhof.de

öffnet freitags und samstags ab 17 Uhr,
sonn- und feiertags ab 15 Uhr
(Januar und Februar geschlossen)

Seit 1580 widmet sich Familie Nickenig dem Weinbau an den Steillagen der Untermosel, der Gutsausschank wurde 1996 eröffnet. Vom Qualitätswein bis zum Eiswein reicht das Angebot. Riesling, Müller-Thurgau, Kerner, Chardonnay und Dornfelder sind zu verkosten; der besondere Stolz des Winzers ist sein Spätburgunder. Preise für 0,2 l: WW ab 1,80, RW 2,20, Rosé 1,90 €. Traubensaft ist von Müller-Thurgau-Trauben, zur Herbstzeit gibt es Federweißen. Die Küche bietet herzhafte Gerichte mit Zutaten aus der heimischen Landwirtschaft. Der Weingarten bietet 30 Gästen Platz, der Innenraum geht über zwei Ebenen (80 Pl.). Platzreservierung. Gruppen jederzeit nach Vereinbarung. Für zuhause: Trauben- und Weinbergs-Pfirsichlikör, Hefeschnaps. Weinfest: Am letzten WoE im Juni.

Anfahrt: BAB 48 u. BAB 61 zur B 416 Rtg. Cochem, auf der linken Moselseite, 17 km von Koblenz entfernt. Das Weingut liegt in einer Sackgasse mit eigenen Parkplätzen vorm Haus (auch für Wohnmobile), direkt am Untermosel-Radweg. Fahrradständer. Vom Bahnhof sind es 500 m.

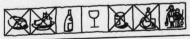

ZUM RIESLING-TREFF
ANNE u. FR. JOSEF ZENZEN
AM BÜHL 9
56820 MESENICH
TEL. 02673 -4450
FAX   -4321

öffnen im Mai und vom 15. Juli bis 15. Oktober
täglich von 15 bis **20 Uhr**

Riesling und Weißburgunder gibt es ab 1,50 € zu verkosten, genauso wie für Spätburgunder und Dornfelder. Gegen den Durst an heißen Tagen gibt es ein Riesen-Radler-Schorle im Steinkrug. Zahlreiche Rieslinge bis zum Eiswein stehen auf der Weinkarte; 1,- € Aufschlag auf den Listenpreis - und die Flasche Ihrer Wahl steht vor Ihnen. Im Herbst gibt's Federweißen mit Zwiebelkuchen. Gern serviert man Ihnen eingelegte Oliven und Käse, doch bringen Sie Ihren Picknickkorb mit, ist das in Ordnung. Gesellschaften: Bis 30 Personen. Am 1. WoE im August und am 2. im September feiert Mesenich Straßenweinfest. **Übernachtung**: da hilft Familie Zenzen. Beim Besuch des Riesling-Treffs vergessen Sie nicht, die Fuchsienterrasse zu bestaunen, sie ist der Wirtin ganzer Stolz. Auch eine Töpferei ist zu besichtigen.

Anfahrt: Der romantische Weinort Mesenich mit alten Fachwerkhäusern u. engen Gässchen liegt zwischen Zell und Cochem. Nächste Bahnhöfe: Cochem und Bullay. Wohnmobilstellplätze.

**GUTSSCHENKE
ZUM SCHLEUSENBLICK
WEIN- SEKTGUT**
HANS KNIPP
PETERSBERGSTR. 58

56858 NEEF

TEL. 06542-2709
FAX   -21990
www.weingut-knipp.de

öffnet vom 1. Mai bis 1. November

täglich ab 10 Uhr, mittwochs Ruhetag

Am Ortsrand von Neef, direkt an der Mosel, liegt die Gutsschenke und das Weingut Familie Knipp. Literwein gibt es von Riesling, Elbling und Rivaner (ab 1,60 €), Rotwein gibt es von Spätburgunder, Dornfelder, Cabernet-Mitos und Domina ab 2,- €. Eigene Sektherstellung (Sekt handgerüttelt). Der Traubensaft ist aus eigenem Anbau, im Sept./Okt. ist Federweißer- und Zwiebelkuchen-Zeit. In der Gutsschenke mit 70 Plätzen schmecken Schnitzel, Rindersteak, Fisch und Vesperplatten zum Wein, bei schönem Wetter finden 40 Gäste in der der Pergola Platz. Gesellschaften: ab 10 bis 70 Personen. **Übernachtung**: 4 Doppel- und 1 Einzelzimmer (30,- bis 40,- €). Weinfest ist am 3. Wochenende im August, Straßenfest am 4. Wochenende im September.

Anfahrt: BAB 48, Ausfahrt Kaisersesch oder BAB 61, Ausfahrt Rheinböllen. Nach Cochem 22, nach Zell 10 km. Große Parkfläche. Stellplatz für Wohnmobile.

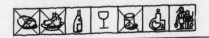

ZUM FRAUENBERG
RÜDIGER NELIUS
MOSELUFERSTR. 8
56858 NEEF
TEL.+ FAX 06542-21833
goebeltom@aol.com

öffnet vom 1. bis 31. Mai u. 1. August bis 31. Oktober
täglich ab 11 Uhr

Gut ist, man hat sich schon mal eine Bleibe im idyllischen Moselort Neef mit seinen Fachwerkhäusern und verwinkelten Gassen besorgt, denn hier sind es allein dreißig Weißweine, von trocken bis mild, die Sie ab 1,50 das Glas verkosten können. Vorwiegend sind es Rieslinge, doch ist auch Müller-Thurgau dabei. Wen's nach Rotwein gelüstet, kann zwischen einem trockenen und einem halbtrockenen Spätburgunder wählen. Traubensaft ist aus eigenem Anbau, zur Herbstzeit wird Federweißer ausgeschenkt. Als kräftige Unterlage paßt dazu der Winzerteller für Zwei. An Feiertagen wird auch Forelle geboten. Bewirtet wird an schönen Tagen auf der Terrasse mit Moselblick, ansonsten haben 35 Weinfreunde im Keller Platz. Reservierung. Gesellschaften: Bis 35 Pers. Beim Straßenweinfest Ende September finden Sie Winzer Nelius mit einem Stand vertreten, Weinfest ist immer Mitte/Ende August. Weinwanderungen nach Anmeldung. Zu besichtigen: Das Ofen- und Puppenmuseum mit ca. 350 Puppen, 120 Teddybären und ca. 60 Gußeisenöfen.

Anfahrt: Neef liegt zw. Cochem und Zell. Die Straußwirtschaft ist in Neef 30 m vor der Brückenauffahrt. Zum Bahnhof 300 m. Ein Stellplatz für Wohnmobile.

STRAUSSWIRTSCHAFT
LOTHAR KÜNSTER
MOSELSTR. 19
56332 NIEDERFELL

TEL. 02607 -6524
FAX   -972423
winzerhof-kuenster.de

öffnet Ende Mai bis Ende September
donnerstags bis sonntags ab 17 Uhr

Aus naturnahem Anbau und Ausbau im Holzfass werden Ihnen leichte, frische Rieslinge und Spätburgunder bis hin zu Auslesen aus Steillagen eingeschenkt. Im Herbst gibt's Federweißen. Dazu besonders empfehlenswert: Das Raubritterbrot von Bruder Thomas Künster, besonders üppig belegt und garniert, „ein Augen-Gaumenschmaus". Aus den Innenräumen mit 4-Burgen-Mosel-Blick zieht man bei warmem Wetter in den ruhigen Hof, bei Bedarf wird auch der Keller geöffnet. Weinproben auch außerhalb der Öffnungszeit: 10 bis 50 Personen. FeWo oder Zimmer im Haus („Ferien auf dem Bauern-Winzerhof"). Liegewiese an der Mosel. Das **Winzerhoffest** ist bei Künsters am 3. Wochenende im Juli.

Anfahrt: 17 km von Koblenz B 49; BAB 48, Ausfahrt Kobern-Gondorf Richtung Cochem oder BAB 61, Ausfahrt Dieblich, B 49 Cochem. Stündlich Bahnverbindung von Koblenz nach Kobern-Gondorf (2 km).

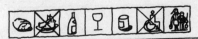

**STRAUSSWIRTSCHAFT
SCHWEISTHAL**
BIRGIT SCHWEISTHAL
MOSELSTR. 22
56332 OBERFELL
TEL. 02605-3371
www.weingut-schweisthal.de

öffnet von Pfingsten bis Ende Oktober
tägl. ab 17, sonn- und feiertags ab 15 Uhr, montags RT
und im November von freitags bis sonntags

Ob trocken, halbtrocken oder mild, je nach Wunsch bekommen Sie Ihren gewünschten Wein in einem 0,2 l-Glas kredenzt. Rieslinge sind die Spezialität des Winzers, Sie können davon bis zu Auslesen in der Straußwirtschaft verkosten. Seit 2007 gibt es einen Rosé feinherb, außerdem Mosel - Sekt aus eigenem Anbau. Der ausgeschenkte Traubensaft ist Eigenerzeugnis. Die Winzerküche bietet Suppen (darunter Riesling-Käse-Suppe), Eierschmier, geräuchertes Forellenfilet, große und kleine Salatteller und Winzerplatte. Bei sommerlichen Temperaturen lockt die Weinlaube direkt am Weinberg. Platzreservierung. Für Wanderer: Seit 2005 Themenwanderung „Zeitreise" (Gesch. d. Kelten im Moseltal) oder Teile des 100 km langen Schoppenstecher-Wegs. Weinfest in Oberfell ist am 1. Wochenende im September.

Anfahrt: Die Straußwirtschaft liegt an der B 49 direkt an der Mosel. Parkplätze im Hof. Oder mit der Bahn bis Koblenz, dann mit dem Bus.

ALOIS SCHNEIDERS
WEINGUT JOSEFSHOF
BAHNHOFSTR. 3
56829 POMMERN
TEL. 02672 -2550
FAX   -2825
www.schneiders-josefshof.de

öffnet noch bis Mitte Oktober,
ab 1. Mai bis Ende Juni und ab Mitte August (bitte vorher tel.)
freitags ab 16 Uhr, sonn- und feiertags ab 14 Uhr

Die Weinstube ist in der ehemaligen Scheune, an kalten Tagen wird hier geheizt. Doch ist es warm, lockt der gemütliche Innenhof zum Verweilen. Riesling und Elbling werden in der Karaffe kredenzt, ab 2,30 € können Sie vom milden, halbtrockenen und trockenen Wein verkosten. Trocken ausgebaute Weine sind die Spezialität des Weinguts. Der Traubensaft ist Eigenerzeugnis. Die Winzerküche bietet Riesling-Käse-Suppe, geräucherte Forellenfilets und Käsevariationen. Platzreservierung. Gesellschaften: Bis 35 Personen. Der Termin für das **Hoffest** steht noch nicht fest, bitte ab Frühjahr nachfragen. Pommern feiert immer am 1. Wochenende im August Kirmes. Für zuhause: Riesling-Sekt, diverse Brände, Weingelee, Likör und Konfitüre von roten Weinbergspfirsichen.

Anfahrt: Direkt am Bahnhof, stündlich Züge Richtung Cochem und Koblenz. Parkplätze in der Bahnhofstraße. Fahrräder können im Innenhof abgestellt werden.

**STRAUSSWIRTSCHAFT
AM KIRCHTURM
WEINGUT
JAKOB ZENZEN ERBEN**
WALTER ZENZEN
ZEHNTHOFSTR. 2
56829 POMMERN
TEL.+ FAX 02672-7407
www.moselstrausswirtschaften.de

öffnet von Himmelfahrt bis Fronleichnam
und vom 15. Juli bis 15. Oktober
täglich ab 16 Uhr

In dieser **echte Straußwirtschaft** wird ausschließlich Riesling ausgeschenkt, es gibt ihn von trocken bis mild (ab 1,50 €) vom einfachen Qualitätswein bis zur Auslese. Nach fachkundiger Kellerbehandlung und traditionellem Ausbau in Holzfässern verspricht der Winzer beste Qualität. Zur Herbstzeit wird Federweißer eingeschenkt, der Traubensaft ist Eigenerzeugnis. Bewirtet wird in der Scheune und im Hof unter Weinlaub mit Schnittchen von Käse, Wurst, Schinken oder Schmalz. Das Haus hat einen romantischen Kreuzgewölbekeller, im Hof sind in dem seit 1872 bestehenden Weingut alte Winzerwerkzeuge und Winzermaschinen zu bestaunen. Gesellschaften: Bis 50 Personen.
Übernachtung: FeWo und Gästezimmer.

Anfahrt: Pommern liegt an der B 49. Die Straußwirtschaft ist gegenüber der St. Stefanus-Kirche. Mosel-Parkplatz auch für Wohnmobile.

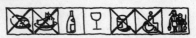

LAYSTÜBCHEN GESTADE 1 TEL.+ FAX 02673-4698	**WILFRIED BOOS** 56820 SENHEIM weingutboos@aol.com

öffnet an den Feiertagen im Mai
und vom 1. Juli bis 15. Oktober
täglich nach Bedarf, montags Ruhetag

Ob im ausgebauten Keller oder draußen unter Weintrauben, das Glas Wein wird nicht lange auf sich warten lassen. Die Weiß- und Rotweine sind von lieblich über halbtrocken bis trocken zu probieren, Preise: Ab 1,70 € bis 2,50 €. Der Traubensaft ist Eigenerzeugnis. Zum Wein gibt es Kleinigkeiten wie Käse- und Schinkenbrot, Käsehäppchen oder –platte oder ein Schmalzbrot. Gesellschaften: Ab 10 bis 40 Personen. **Übernachtung:** Ab 18,50 € pro Person, FeWo für 2-3 Pers. für 40,- € pro Tag. Herrliche Wander- und Fahrradwege, ein Weinmuseum ist im Ort. Tennis- und Campingplatz, Sportboothafen. Auf der gegenüberliegenden Moselseite gilt es, Römergräber zu besichtigen.

Anfahrt: BAB 48, Ausfahrt Kaisersesch nach Cochem, von da Mosel aufwärts nach Senheim. Oder mit dem Zug bis Cochem, 4 x täglich verkehrt ein Bus, zur Θ 100 m.

CASTORS STRAUSSWIRTSCHAFT
RICHARD CASTOR
HAUPTSTR. 36
56253 TREIS-KARDEN
TEL. 02672 -1666
FAX   -912015
www.castorwein.de

öffnet vom 1. September bis 31. Oktober
und vom 1. Mai bis 30. Juni
freitags, samstags und sonntags ab 17 Uhr

In der **echten** Straußwirtschaft werden Riesling ab 1,60 und Rotwein ab 2,50 € ausgeschenkt. An offenen Flaschenweinen stehen 16 Weißweine und 4 Rotweine bereit. Zur Lese gibt's Federweißen, der Traubensaft ist Eigenerzeugnis. Nur 30 Weinfreunde finden im Fachwerkhaus Platz, doch bietet die Theke Stehplätze. Zum Wein werden Gerichte wie selbstgemachter Gerupfter, Schinkenbrett u. warmes Landbrot mit Griebenschmalz gereicht. Die Treiser Vesperplatte ist für 2 Personen bestimmt und bietet von allem etwas. Platzreserv. Gesellsch.: Ab 3 bis 30 Personen. **Übernachtung:** FeWo (eine Nacht 42,- €, weitere 32,- €) oder Rathausschänke (nebenan), Hotel Reis, Hotel Ostermann. Immer freitags nach Anm. ab 20 Uhr Weinprobe. Zum **Weinfest** lädt man Sie am 2. WoE im September. Zum „Käseseminar im Weingut" erteilt die Winzerin gern Auskunft. Für zuhause: Auch Honig und Brände. Tipp: Wandern durch die Weinberge mit Picknick, Planwagenfahrten mit Essen und Trinken für 12 €.

Anfahrt: In Karden über die Brücke nach Treis hinein. Nach 800 m auf der rechten Seite. Örtliches Taxi: Tel. –1210. 2 Wohnmobilstellplätze.

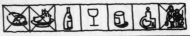

GUTSSCHÄNKE WINGERTSBRÜNNCHEN
RICHARD CASTOR
KIRCHBERGER STR. 39
56253 TREIS-KARDEN
TEL. 02672-1666
FAX   -812015
www.castorwein.de

öffnet ganzjährig
täglich ab 16 Uhr

Direkt gegenüber dem Freibad von Treis finden Sie in den Gutsausschank von Familie Castor. Weinbau wird in der Familie in der 3. Generation betrieben. Die Küche bietet zahlreiche moselländische Gerichte, so z.B. Winzersteak im Weinsud mit Bratkartoffeln und Röstzwiebeln oder Lachsfilet mit Blattspinat in Knoblauch-Sahne-Sauce, doch ist auch die frische Küche mit bunten Salaten vertreten. Winzersekt und Rieslingweine, Müller-Thurgau und Spätburgunder Weißherbst runden das Essen ab, besonders Fisch und selbstgemachter 'Gerupfter' sind dazu zu empfehlen. Auch das 3. 'K' zum Wohlbefinden (Küche-Keller-Kultur) wird hier nicht vernachlässigt: Bilderausstellungen, Lesungen, Klavierabende – dies alles wird rund ums Jahr geboten, je nach Wetterlage drinnen oder auf der Terrasse oder im Innenhof. Platzreservierung. Gesellschaften: ab 3 Personen. Weinprobe jeden Fr 20 Uhr. **Übernachtung**: Fewo. Am 2. WoE im September lädt der Ort zum Weinfest. Honigverkauf.

Anfahrt: Treis-Karden liegt an der B 49.

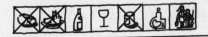

WEINGUT KNAUP

TINO und ELLEN KNAUP
AM RATHAUS 6
56253 TREIS-KARDEN
TEL. 02672 -2446
FAX   -1621
www.weingut-otto-knaup.de

öffnen von März bis Dezember
mittwochs bis sonntags von 18 bis 1 oder 2 Uhr

Spezialisiert ist der einzige Meisterbetrieb im Ort auf Riesling, den es liebl., htr. u. tr. (auch als Hochgewächs u. Spätlese) zu verkosten gilt (ab 1,60 €). Spätburgunder gibt es auch als Rosé, alle Weine werden im Holzfass ausgebaut. Bewirtet wird in der neuen Weinstube mit alten Möbeln und auf der, wenn nötig beheizten, Terrasse mit Schröterbrot, hausgem. Schmalz, deftigem Blutwurstgeröstel, Küfertoast, Rückensteak mit Spiegelei, Hausmacher Kartoffelsuppe und selbst gemachten Käsespezialitäten und Flammkuchen. An Festtagen überrascht Sie die Wirtin mit einem moseltypischen Gericht. Sie führt Sie fachkundig durch die Weinberge (mit deftiger Mahlzeit und Weinprobe). Der Sohn zeigt Dias mit Pflanzen und Tieren, die in den Trockenmauern leben, dazu gibt's eine fachkundige Weinprobe. Platzreserv. Gesellsch.: 10 bis 120 Pers. (auch m. Buffet) **Übernachtung:** 5 ****DZ ab 42,- €. Planwagenfahrten durch den Weinberg bis 80 Pers. m. Spießbraten/Kartoffelsalat und Wein, soviel Sie möchten (15,- €). Das örtl. Weinfest ist am 2. Sept.woe (Fr – Mo). Für zuhause: Weingelee, Traubenkernöl, Weinessig rot und weiß.

Anfahrt: In Karden über die Brücke nach Treis, neben dem Rathaus. Gäste können in Karden vom Bahnhof geholt werden.
1 Wohnmobil-Stellplatz.

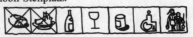

STRAUSSWIRTSCHAFT HORCH-GÖBEL
FÄHRSTR. 32
56333 WINNINGEN
TEL. 02606 -1543
FAX -2901
www.horch-goebel.de

öffnen vom 25. August bis 20. Oktober und 1. Mai bis 30. Juni
dienstags, freitags und samstags ab 17 Uhr
sonn- u. feiertags ab 15 Uhr, Mo, Di und Mi Ruhetage

Weinbau betreibt man in der Familie seit 8 Generationen, doch entstammt ihr auch der berühmte Autokonstrukteur August Horch. Im idyllischen Winzerhof und in der Winzerstube mit je 40 Plätzen werden Qualitätsweine bis zur Auslese eingeschenkt, 10 offene Weißweine von trocken bis mild können probiert werden. Preise zw. 2,- und 3,- €. Zwei trockene Rotweine von Regent und Spätburgunder sind auch zu verkosten (3,- €). Traubensaft und Sekt sind Eigenerzeugnisse, im Herbst gibt's Federweißen. Kartoffelsuppe nach Omas Art, Kartoffeltopf in Rahmsoße, Salatteller oder Schweinebraten mit selbstgemachter Remoulade – alles ist frisch mit Zutaten aus der Region zubereitet. Zusätzlich wechselnde Gerichte wie Reibekuchen mit Lachs, Kaiserfleisch im Blätterteig... Platzreservierung (nicht sonn- u. feiertags). Gesellschaften zur Öffnungszeit: 10 bis 25 Personen werktags, sonst nach Vereinbarung. Weinwanderungen, kul. Weinproben, Winterveranstaltungen. Für zuhause: Auch Weingelee, Liköre, Destillate, Sekt, Riesling-Traubensaft.

Anfahrt: Von Koblenz auf der B 416 oder BAB 61, Abf. Koblenz-Metternich. Ortsmitte. **P** am Rand von Winningen. Oder mit der Bahn, stündlich Anschluss, 10 Minuten vom Bahnhof.

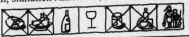

GUTSSCHÄNKE KNEBEL
FRED KNEBEL
AUGUST-HORCH-STR. 9
56333 WINNINGEN
TEL. 02606-672
FAX   - 825
www.weingut-fredknebel.de

öffnet vom 1. März bis 21. Dezember
freitags, samstags, sonn- und feiertags von 15 bis 23 Uhr

Das Weingut Knebel ist auf Rieslinge aus Terrassenlagen spezialisiert, diese gibt es von trocken bis lieblich, vom QbA-Wein bis zur Trockenbeerenauslese. Auch der Traubensaft ist aus eigenem Anbau. Im Herbst gibt's Federweißen. Bewirtet wird in Gaststätte und Innenhof, für Raucher hält man einen Stehtisch im Hof bereit. Nach Anmeldung gibt es Traktorfahrten, Kellerproben und Brennereibesichtigung, deren Erzeugnisse sind natürlich auch zu kaufen. **Übernachtung**: FeWo für 2-6 Personen ab 42,- € bis 94,- €.

Anfahrt: In der Innenstadt von Winningen, unweit vom Bahnhof. Parkplätze vorhanden. Stündlich Züge, 10 min. zu Fuß.

DIE GUTSSCHÄNKE SCHAAF
STEFAN POHL
FÄHRSTR. 6
56333 WINNINGEN
TEL. 02606-597
FAX   -897
www.gutsschaenke.com

öffnet von März bis Dezember
dienstags bis samstags ab 17 Uhr,
sonn- und feiertags ab 12 Uhr

Im alten Ortskern von Winningen steht das Winzerhaus aus dem 17. Jahrhundert. Hier erwarten den Weinfreund fünf gemütliche Gaststuben mit 120 Sitzplätzen. Außer eigenen Weinen werden Ihnen ausgewählte Gewächse anderer Weingüter aus Terrassenlagen kredenzt (WW ab 3,90, RW ab 4,10 €). Als Mitglied der AG „Winzer und Köche der Terrassenmosel" bietet auch die Küche Besonderes: Dinkelauflauf mit frischen Champignons, Bandnudeln mit Basilikumpesto, marinierten Schafskäse und Ratatouille, selbst gemachte Lammbratwurst oder geräucherten Bio-Lachs auf Reibekuchen. Das ‚Schwarze Brett' weist auf zusätzliche regionale Speisen hin. An warmen Tagen lockt der idyllische Innenhof mit überdachten Lauben. Platzreservierung. Gesellschaften: Bis 120 Personen (außerhalb der Öffnungszeit n. Abspr.)

Anfahrt: Von Koblenz Richtung Cochem. Winningen liegt an der B 416. Parken unter dem Viadukt oder an der Bundesstraße. Stdl. Bahnanschluss. Örtl. Taxi: -2153.

RATSSCHÄNKE
VINOTHEK-PENSION
UTE und PETER DAY
WEIN- u. SEKTGUT
MARKTSTR. 6
56856 ZELL

TEL. 06542 -4581
FAX   -61112
www.weingut-day.de

öffnet ca. 20. Juli bis 1. November
und von Ostern täglich ab 17 Uhr

Eine der wohl ältesten Schankstuben in Zell, hier hat die Zeller Schwarze Katz ihren Ursprung. Das Weingut hat sich auf Riesling und Sekte spezialisiert, bis hin zu Beerenauslesen und Eiswein wird Ihnen kredenzt. Weiß-, Rotwein und Rosé sind ab 2,50 € zu verkosten. Ab September gibt's Federweißen. Tresterfleisch, Zeller Appelfleisch, Schinkenteller und deftige Winzervesper verzehren Sie zum Wein. Gesellschaften: 4 bis 38 Personen. **Übernachtung**: DZ, Übern. + Frühstück pro Person 25 - 30 € und FeWo 50,- bis 70,- €.

Anfahrt: In Zell in der Ortsmitte an Rathaus und Marktplatz. Parken am Moselufer. Zur Haltestelle sind's zwei Minuten.

BEIM WEINBAUERN
PAUL RAINER HAAS
WEINGUT HAAS-LENZ
BALDUINSTR. 23
56856 ZELL

TEL. 06542 -4420
FAX   -5161
www.haas-lenz.de

öffnet Juli bis Oktober und an Ostern und Pfingsten
täglich von 10 bis 22 Uhr

Mitten in Zell und doch mit Moselblick erwartet Sie Winzer Haas zu Riesling, Weißburgunder, Dornfelder und Spätburgunder (auch als Rosé). Preise für Weißwein und Rosé ab 1,50 €, Rotwein ab 2,- €. Zum Federweißen gibt's Zwiebelkuchen, außerdem werden Käse, Schinken und Hausmacher Wurst serviert. Nicht nur, daß der Wein in traditionellen Holzfässern reift – Sie können den fertigen Wein hier an Holzfaßtischen genießen. Platzreservierung. Gesellschaften: Ab 10 Personen. Die **Pension Winzerhaus** im Stadtteil Kaimt (Tel. -4420; Fax -5161) gehört zum Weingut. Das Weinfest von Zell ist am letzten Wochenende im Juni. Für zuhause: Auch Trester, Hefebrand, Weintraubenlikör, roter Weinbergspfirsichlikör.

Anfahrt: In Zell an der Moselpromenade. Zum Bahnhof 5 km. Stündlich Busverbindung.

RIESLINGWEINGUT
KARL FRIEDRICH DILLINGER
GRAACHERSTR. 32 A
54470 BERNKASTEL-KUES
TEL. 06531 -7800
FAX   -94943
www.dillinger-ferienwohnungen.de

öffnet von Mai bis Anfang Oktober
mit Pausen je nach Arbeit im Weinberg
täglich ab 15 Uhr,
am Wochenende und feiertags ab 11 Uhr, mittwochs Ruhetag

Mitten in der Fußgängerzone von Bernkastel, umgeben von alten Fachwerkhäusern, liegt das Weingut von Winzer Dillinger. Weinbau betreibt die Familie schon seit ca. 360 Jahre. In die **echte Straußwirtschaft** lädt man seit 1985. Riesling ist die dominierende Sorte, in allen Geschmacksrichtungen und allen Qualitätsstufen (1/4 l ab 2,30 €, RW ab 3,30 €). Der Rieslingsekt ist aus eigenem Wein. Zur Herbstzeit gibt's Federweißen und Zwiebelkuchen. Die Küche bietet Käse- und Schinkenbrot, Weinkäse mit Zwiebel und Kümmel, Riesling-Käsesuppe, Wurstsalat und deftige Winzervesper. Als Sitzgelegenheiten bieten sich die überdachte, romantische Weinlaube, der Freisitz im Gutshof, die Weinstube mit Flair oder das Kelterhaus an. Platzreserv. Gesellsch. während der Straußenzeit und auf Anfrage. Weinfest an der Mittelmosel ist Anfang Sept., die St. Michaels-Kirmes Anf. Okt. **Übernachtung:** 3 FeWo. Attraktionen: Wein- und Heimatmuseum, Mosel-Maare-Radweg, Schiffsfahrten, Wanderungen rund um Bernkastel.

Anfahrt: Am Bärenbrunnen in Bernkastel, Parkplätze am Moselufer (3 bis 5 Minuten). Weinkunden können im Hof parken. Die ⊖ der Moselbahn ist ca. 5 Min. entfernt, nächster Bhf.: Wittlich.

WEINGUT WILHELM KEITH
STEFAN CASPARI
GOLDBACHSTR. 45a

54470 BERNKASTEL-KUES/
    ANDEL

TEL. 06531 -3558
FAX   -971759
www.weingut-keith.de

öffnet noch bis Anfang Oktober,
20. April bis 15. Juni (Happy Mosel) und wieder ab 5. Aug.
täglich ab 14 Uhr, sonntags ab 11

Im Weingut Keith (der Name ist schottischen Ursprungs) werden Besucher in dem 1897 erbauten Fachwerkgebäude begrüßt, das früher als Scheune und Kelterhaus diente. 1990 wurde die "aahl Scheier" umgebaut. Bewirtet werden die Gäste in der gemütlichen Probierstube mit Bruchsteinwänden oder bei warmer Witterung auf der Terrasse mit Blick auf Mosel, Rebhänge und Burg. Riesling- und Kerner aller Qualitätsstufen (ab 1,50 €/0,2 l) können verkostet werden, Rotwein gibt es ab 2,- €. Im Herbst gibt es zum Federweißen Zwiebelkuchen. Die Küche bietet Vesperteller mit Schinken und/oder Käse, überbackene Toasts und Zwiebel-Feta aus dem Backofen. Bei Vorb. warme Gerichte wie Kartoffel-Lauch-Suppe oder gefüllter Kloß. Außer Wein können hier auch Rieslingsekt und verschiedene Destillate aus eigenem Obst probiert werden. „Happy Mosel" ist eine Radveranstaltung, die Durchgangsstraße zw. Schweich und Cochem re/li der Mosel gehört über Ostern den Fahrrädern und Inlinern.

Anfahrt: Andel liegt 3 km von Bernkastel-Kues moselaufwärts Richtung Mülheim direkt an der B 53. Direkter Anschluss zum Moselradweg, die Moselbahn hält 100 m vom Haus entfernt.

**WEINGUT
FRANZ FRIEDRICH-KERN**
FAMILIE FRIEDRICH
HAUPTSTR. 98
54470 BERNKASTEL-WEHLEN
TEL. 06531 -3156
FAX   -7706
www.friedrich-kern.de

öffnet Mitte Juli bis Mitte Oktober und
vom 1.bis 31. Mai (mit Sektbrunch am Pfingstsonntag)
täglich ab 11 Uhr, mittwochs Ruhetag

Trockene und edelsüße Rieslinge sind das Markenzeichen dieses mit vielen Preisen bedachten Weinguts (u.a. im Gault Millau). 1993 wurde Christoph J. Friedrich „bester Jungwinzer" Deutschlands, Weinbau betreibt die Familie seit 1753. Ab 2,- € gilt es in dieser **echten Straußwirtschaft**, Riesling, Rivaner und Rotwein zu verkosten, auch Beerenauslesen u. Eiswein gehören zum Angebot. Im Herbst gibt's zum Federweißen Zwiebelkuchen, der Traubensaft ist Eigenerzeugnis. Die Küche bietet neben Hausmacher Wurst auch Forellen und Käse aus der Region. Bewirtet wird in der gemütlichen Weinstube und an warmen Tagen im historischen Gutsinnenhof. Platzreservierung. Zum **Herbstfest** erwartet Sie das Weingut vom 19. bis 21. Sept. Zu Christi Himmelfahrt ist der „Tag der offenen Weinkeller", das Weinfest der Mittelmosel ist am 1. Wochenende im September. Zimmervermittlung, Tel. -3391. Für zuhause: Traubensaft, Essig, Weingelee, Gutsbrände. Aktivitäten: Kulinarische Weinproben, Weinseminare. Tipp: Eine Wanderung durch die weltbekannte Steillage „Wehlener Sonnenuhr".

Anfahrt: In der Ortsmitte. **P** auf dem Hof, auch für Wohnmobile.

**WEINGUT und WEINSTUBE
KARL O. POHL GbR**
UFERALLEE 4 A
54470 BERNKASTEL-KUES-
WEHLEN
TEL. 06531 -8372
FAX   -1792
www.weinpohl.de

öffnet an Ostern und ab Mai bis Oktober
täglich ab 17 Uhr, sonntags ab 11 Uhr u. nach Vereinbarung
montags- und dienstags Ruhetage

Ausschließlich Rieslingweine werden bei Familie Pohl ausgeschenkt, Sekte werden nach dem traditionellen Flaschengärverfahren hergestellt. Das preiswerteste Glas Riesling gibt es für 2,- €, doch reichen die Qualitätsstufen bis hin zur Beerenauslese. Die Weinstube liegt direkt am Moselufer gegenüber der weltbekannten Wehlener Sonnenuhr. Für den großen und kleinen Hunger werden mosselländische Spezialitäten gereicht. Platzreservierung. Gesellschaften: bis 70 Personen Zu Himmelfahrt sind in Wehlen der Keller geöffnet, im Juni wird der neue Jahrgang präsentiert, im September feiert das Gut sein **Weinfest**.

Anfahrt: Auf der B 53, in Bernkastel nach Kues, von da nach Wehlen. Der Fahrradweg führt direkt am Haus vorbei, die Schiffsanlegestelle ist nur 50 m entfernt. 2 Plätze für Wohnmobile für eine Nacht.

WEINGUT RAINER HEIL
MOSELWEINSTR. 79
54472 BRAUNEBERG

TEL. 06534 -439
FAX   -1472
www.weingut-rainer-heil.de

öffnet Mitte Juli bis Anfang November
täglich von 10 bis 23 Uhr

Mindestens 100 Weine hat Winzer Heil im Ausschank; wer alle probieren will, mietet sich am besten gleich ein **Gästezimmer** im Haus Waltraud, geleitet von Frau Heil (4 DZ, 4 App.). Im Holzfass ausgebaut, erwarten Sie edle Weine vom QbA bis zu Eiswein und Beerenauslesen. Preis ab 1,50 € für Weißwein, rot und rosé kosten 2,50 €. Federweißer wird vom 10. Sept. bis 10. November ausgeschenkt, dazu gibt's Zwiebelkuchen. Der Traubensaft ist Eigenerzeugnis. Zum Vespern werden Brote mit Hausmacher Wurst oder Schinken geboten. An schönen Tagen wird im Innenhof und auf der Gartenterrasse bewirtet mit Blick auf den Juffer; das Steak gleichen Namens gibt's auf Vorbestellung. Gesellschaften: 4 bis 80 Personen. Straßenfest feiert der Ort vom 26. bis 28. Sept. 2008, das eigene **Hoffest** ist vom 11. bis 14. Juni 2009, das örtliche Wein- und Heimatfest Mitte Juli. Für zuhause: Trauben- und Pfirsichlikör, Trester- und Hefebrand, Sekt aus Ausleseweinen.

Anfahrt: BAB 48, Ausfahrt Wittlich; in der Ortsmitte, an der Moselseite Parkplätze. 6 x tgl. Busanbindung, Θ vorm Haus. Der Moselradweg führt am Haus vorbei.

Weingut Karp-Schreiber

VINABOLO
SIBYLLE KARP
MOSELWEINSTR. 186
54472 BRAUNEBERG

TEL. 06534 -236
FAX   -790
www.karp-schreiber.de

öffnet im September, Oktober, Mai und August
täglich von 11 bis 22 Uhr

Seit 1664 ist Weinbau in der Familie verbürgt. Das Riesling-Weingut ist mit zahlreichen Preisen bedacht und ist Mitglied beim Bernkasteler Ring. Im Sommer stehen Garten, Terrasse und Weinlaube den Gästen offen, drinnen können 20 Weinfreunde Platz nehmen. Den Schoppenwein für 2,- € gibt es von trocken bis mild, doch sind hier alle Qualitätsstufen bis hin zur Beerenauslese zu verkosten. Im Herbst gibt's zum Federweißen Zwiebelkuchen. Die kleine, aber feine Karte variiert in Sommer und Herbst, Wildkräuterquark und Spargelquiche im Juni, Schinken- und Käseplatte zu jeder Zeit. Gesellschaften ganzjährig bis 20 Personen. **Übernachtung**: 1 Appartment. Wein- und Straßenfest feiert Brauneberg am letzten Wochenende im September. Für zuhause: Auch Gelees und Essig.

Anfahrt: BAB 1, Ausfahrt Wittlich, Richtung Bernkastel, dann Richtung Trier. Von Bernkastel kommend am Ortseingang.

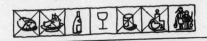

STRAUSSWIRTSCHAFT MARCO DAUN
MOSELSTR. 64
56843 BURG

TEL. 06541 -9273
FAX   -9286
weingut.m.daun@t-online.de

öffnet Ostern bis 1. November
täglich ab 15 Uhr

Bei der Führung durch den alten Gewölbekeller stimmt man sich schon ein auf Müller-Thurgau, Riesling, Domina und Spätburgunder, den es auch als Weißherbst gibt. Preis pro Glas für Weißwein ab 2,- €, Rosé und Rotwein 2,50 €. Zur Lese gibt es Federweißen, der Traubensaft von Müller-Thurgau-Reben ist Eigenerzeugnis. Neben Vesperplatte und Hausmacher Wurst kommen aus der Küche auch Eintopf, Winzertoasts, Flammkuchen, gefüllte Omeletts und Speckpfannkuchen auf den Tisch. Bewirtet wird auch in der gemütlichen, überdachten Weinlaube. Platzreservierung. Gesellschaften: 10 bis 50 Personen. Am 3. WoE im Sept. feiert Burg „Straßenfest", am 1. Mai lädt die Feuerwehr zum Beisammensein. Pfingsten und am 4. WoE im August sind Weinfeste. **Übernachtung**: 4 DZ. Für zuhause: Auch Liköre und Branntwein.

Anfahrt: BAB 48, Ausfahrt Daun/Mehren. Rtg. Zell, dann B 53. Von Traben-Trarbach kommend am Ortseingang links. Parkplätze am Haus. Nächster Bahnhof: Reil, stdl. Busanschluß.

**STRAUSSWIRTSCHAFT
RÖMERHOF**
MECHTHILD NUMMER
RÖMERSTR. 10
54340 DETZEM
TEL. 06507 -3518
FAX   -802924
www.roemerhof-detzem.de

öffnet noch bis 30. September, vom 1. Mai bis 30. Juni
und wieder ab 1. August
täglich von 12 bis 22 Uhr,
am Wochenende und feiertags ab 11 Uhr

Je ein trockener und ein milder Weißwein sowie drei halbtrockene Weißweine gibt es im Ausschank, Rebsorten sind Rivaner, Kerner, Riesling und Dornfelder, Preis ab 1,50 €. Der Traubensaft ist Eigenerzeugnis. In der Weinstube haben 20 Weinfreunde Platz, auf der Terrasse sind's bei schönem Wetter 35 weitere Sitzgelegenheiten. Zum Wein werden Hausmacher Wurst und diverse belegte Brote gereicht, besondere Spezialität: Eine Riesling-Lauch-Suppe. Zum Riesling-Weinfest erwartet Sie Detzem am ersten Wochenende im August. **Übernachtung:** Zwei Ferienwohnungen (je 34,- €).

Anfahrt: Von Trier 25 km moselabwärts auf der B 53. Am Ortsrand (etwa 150 m von der Moselschleuse entfernt) gelegen, Parkplätze am Weingut, auch für Wohnmobile. Zum Bus 300 m, 6 x täglich Verbindung. Nächste Bahnhöfe: Trier oder Schweich.

WEINGUT-STRAUSSWIRTSCHAFT
ADOLF JUNG
HEINO KALBFUSS
AN DER KRONE 4
56850 ENKIRCH

TEL. 06541 -6373 oder 4535
FAX -6372
www.weingut-adolf-jung.de

öffnet vom 12. September bis 1. November
freitags und samstags ab 18 Uhr

Seit über 500 Jahren wird in dieser Winzerfamilie Weinbau betrieben, die Straußwirtschaft (eine der ältesten an der Mosel) ist in einem ehemaligen „Tante-Emma-Laden". Trockene und halbtrockene Weißweine sind das Markenzeichen dieses Weinguts. Weißwein gibt es ab 1,80 € zu verkosten, doch sind auch Spätlesen und Auslesen im Angebot. Ganz neu ist der Spätburgunder. Zur Lese gibt es Federweißen. Spezialität aus der Küche: Enkircher Speckkuchen. Platzreservierung. Gesellschaften: Ab 6 bis 40 Personen. Herbstfest der Weingüter ist vom 12. bis 14. und 19. bis 21. September. **Übernachtung**: 2 eigene FeWo oder Zimmer über das Verkehrsamt (-9265). Für Wanderer: Mehr als 10 markierte Wanderwege erwarten Sie hier. Für zuhause: Schnäpse und Sekt.

Anfahrt: BAB 61, Ausfahrt Rheinböllen, oder Emmelsheim BAB1/48, Wittlich. In Enkirch beim Edeka-Laden steil nach oben. Weingut und Straußwirtschaft sind in der Nähe der alten Schule.

Straußwirtschaft „Zum Rebstock"

WAGNER-ABRATH

WEINGUT in D-56850 ENKIRCH/Mosel
Am Steffensberg 25 - Tel. (0 65 41) 62 24

ABRATH ANNO 1350

öffnet von Mai bis November
täglich von 17 bis 22 Uhr,
am Wochenende und feiertags ab 11 Uhr

Das Familienwappen verweist auf das Jahr 1350, Weinbau betreibt die Winzerfamilie schon über 200 Jahre, das Winzerhaus mit der Straußwirtschaft ist über 120 Jahre alt. Bewirtet wird in der alt eingerichteten Weinstube und im zum Schieferbruchsteinhaus gehörenden Hof. Ab 1,50 € werden von Riesling, Müller-Thurgau und Kerner ausgeschenkt, alle im Holzfaß ausgebaut. Auch Raritäten aus den 60er, 70er und 80er Jahren sind hier noch zu finden. Ab September gibt's Federweißen. Zum Wein kommen Schinken-, Käse- und Hausmacher-Teller auf den Tisch. Platzreservierung. Gesellschaften: 5 bis 20, außerhalb der Öffnungszeit bis 40 Personen. **Übernachtung**: Gästezimmer. Für zuhause: Auch Obstbrände und Tresterschnäpse.

Anfahrt: BAB 61, Ausfahrten Emmelshausen oder Rheinböllen. Zu Füßen der Weinberge am Steffensberg. Parkplatz am Weingut. Nächster Bahnhof: Traben-Trarbach.

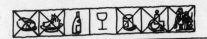

WEINGUT-STRAUSSWIRTSCHAFT
EWALD und LYDIA WILLWERT
AM KAUTENBACH 19

54340 ENSCH

TEL. 06507 -3515
FAX   -4303
www.weingut-willwert.de

Ewald Willwert

öffnet Mai - Juni
und August - Oktober
täglich von 11 bis 21 Uhr, montags Ruhetag

Dreizehn Sorten Riesling aus umweltschonenden Anbau stehen hier zur Verkostung bereit, 2005 mit dem 2. Staatsehrenpreis bedacht, werden Ihnen die milden oder trockenen Weine munden. Dem Trend folgend, dass immer mehr Rotwein getrunken wird, gibt es auch einen trockenen Burgunder und einen halbtrockenen Dornfelder, Preis bei den Weinen zwischen 1,80 und 2,50 €. Im September und Oktober gibt es Federweißen mit Zwiebelkuchen, der Traubensaft ist Eigenerzeugnis. Bewirtet wird in der Weinstube mit 32 Plätzen, auf der Terrasse, auf der 8 Gäste Platz finden und im Garten. Spezialitäten des Hauses ist Winzersteak mit Salat und Brot für 7,50 €, auch schmecken Schinkenbrot und Winzervesper. Gesellschaften bis 30 Personen. Kulinarische Weinproben. **Übernachtung**: Im Gästehaus (DZ ab 50,- €).

Anfahrt: BAB 1, Ausfahrt Schweich. Am Ortsrand in den Weinbergen. Oder mit der Moselbahn von Trier oder Bernkastel. ☎ 200 m.

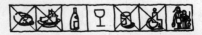

KARINS GUTSWEINSTUBE
WGT. H.-J. SCHWAAB
AM MOSELUFER 20
54492 ERDEN
TEL. 06532 -3452
FAX   -1052
www.weingut-schwaab.de

öffnet von Ostern bis Ende Oktober
täglich ab 12 Uhr, mittwochs Ruhetag

1972 wurde das Weingut Schwaab-Scherr auf 3 Familien aufgeteilt, bei einem der Erben können Sie in die **Gutsweinstube** am Moselufer einkehren. 20 Weißweine (ab 1,70 €) werden ausgeschenkt, alles Qualitätsweine bis hin zu Auslesen. Rotweinfreunden wird Dornfelder und Spätburgunder kredenzt. Der Weinausbau ist größtenteils in Holzfässern. Ab Ende August gibt's Federweißen. Auch der eigene Traubensaft schmeckt zu Winzersteak mit Bratkartoffeln, geräucherter Forelle und selbstgebackenem Traubenkernmehlbrot. Im Frühjahr gibt's frischen Spargel auch im Freien. Reserv. Gesellsch.: Bis 75 Personen (Weinstube u. alter Gewölbekeller), 35 draußen in der Weinlaube. Weinprobiertag am 28.12. von 12 – 20 Uhr. Örtliche Feste: Brunnenfest 23./24. Mai, Weinkirmes 26. bis 28. Juli u. das Wein- u. Straßenfest vom 3. bis 5. 10. (Schwaabs haben geöffnet). **Übern.:** FeWo (ab 35,- €) DZ (ab 40,- €). Für zuhause: Essig, Gelee, Traubenkernöl, Liköre, Hefe, Trester, Sekt.

Anfahrt: BAB1 Ausf. Wittlich-Mitte, dann B 50 über Zeltingen-Rachtig nach Erden. Parkplatz vor der Straußwirtschaft. Der Radweg auf der rechten Moselseite führt am Haus vorbei. Nächster Bahnhof: Wittlich. Wohnmobilstellplatz.

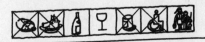

**STRAUSSWIRTSCHAFT
JOSEF BERNARD**
HAUPTSTR. 101
54470 GRAACH
TEL. 06531 -2183
FAX -2090
www.bernard-kieren.de

öffnet Anfang Juli bis 31. Oktober
täglich ab 14.30 Uhr

Zur Straußenzeit werden Kelterhaus und Hof den Weinfreunden geöffnet. Weinbau wird hier seit 4 Generationen betrieben, mit zahlreichen Preisen geehrt, darunter Bundesehrenpreis 2004, Staatsehrenpreise und vom DLG zu den 100 besten Weingütern gekürt, der Kenner freut sich auf ein gutes Glas. Vom Qualitätswein (ab 2,- €) bis zur Beerenauslese kann hier vorwiegend Riesling verkostet werden, z.T. im Holzfass ausgebaut. Auch Rivaner und Spätburgunder stehen auf der Karte. Im Herbst gibt's Federweißen, der Traubensaft ist Eigenerzeugnis. Zum Vespern stehen Hausmacher Wurst, Winzerplatte, Gulaschsuppe, Zwiebelkuchen und Spundekäs' bereit. Gesellschaften: Bis 40 Personen. **Übernachtung**: 5 DZ (38,-bis 45,- €). Zu **eigenen Weinfesten** erwartet man Sie zum Pfingstwochenende und Fronleichnam bis Sonntag. Das Graacher Weinfest ist am 3. Wochenende im September.

Anfahrt: Von Bernkastel nach Graach, 2. Einfahrt, 50 m in den Ort.

449

**WINZERWIRTSCHAFT
PHILIPPS-ECKSTEIN**
PANORAMASTR. 11
54470 GRAACH-SCHÄFEREI
TEL. 06531 -6542
FAX   -4593
www.weingut-philipps-eckstein.de

öffnet täglich von 10.30 bis 22.30 Uhr
von November bis Ostern geschlossen

Schon für den Blick auf die Mosel lohnt der Ausflug hierher. Im „Haus des besten Schoppen" (seit 1999 und mit Auszeichnungen wie Staats- und Bundesehrenpreis, Gault Millau und Feinschmecker, DLG-Winner 2007) gibt es Rieslinge ab 2,20 € zu verkosten, von trocken bis lieblich, aus Steillagen. Feinfruchtig erreichen sie Qualitäten bis hin zu Eiswein und Beerenauslesen. Ein trockener Spätburgunder steht für Rotweinfreunde ebenfalls bereit, der Traubensaft ist ebenfalls aus eigenem Anbau. Zu Winzersteak, Eisbein, Hausmacher Blut- und Leberwurst und diversen belegten Broten wird zur Herbstzeit auch Federweißer ausgeschenkt. An Weinbergen gelegen, haben auf der Terrasse ca. 50 Gäste Platz, in der Weinstube ungefähr die Hälfte. Platzreservierung. Gesellschaften: bis 50 Personen. Am 3. WoE im September lädt Graach zur Weinkirmes, das **Gästehaus im Weingut** nimmt Sie gern auf. Für zuhause: Likör, Schnäpse, Wein-Gelee…

Anfahrt: BAB 48, Ausfahrt Wittlich, Rtg. Bernkastel, Zeltingen nach Graach. Im Ort links in den Ortsteil Schäferei, 2. Haus links. (Ausgezeichnet von der DLG und Urlaub auf Bauern- und Winzerhöfen).

FRÖHLICHES WEINFASS
WALTER JÜNGLING
HAUPTSTR. 1
54344 KENN
TEL. 06502 -8435
FAX   -20979
www.weingut-juengling.de

öffnet freitags von 17.30 bis 22 Uhr,
samstags bis 24 Uhr und nach Vereinbarung
sonntags Ruhetag
im Januar und Februar geschlossen

Nur 8 km vor den Toren Triers gelegen, erwartet Sie Familie Jüngling in Kenn im 'Fröhlichen Weinfass'. Vorwiegend Rieslinge aus Steillagen (ab 2,- €) werden Ihnen kredenzt. Bis hin zum Eiswein reicht das Angebot. Rot- und Roséweine gibt es in allen Geschmacksvarianten. Zum Essen wird eine einfallsreiche Winzerküche geboten. An warmen Tagen lockt der Weingarten zum Verweilen, die Weinstube nimmt Sie das ganze Jahr über auf. Zur Herbstzeit gibt es Federweißen, Trauben- und Apfelsaft sind aus eigenem Obst. Platzreservierung. Gesellschaften: ab 8 bis 120 Personen. Seit 1818 gehört das Weingut der Familie, der Winzer verspricht 'erlebnisreiche Weinproben' in diesen Räumlichkeiten. Weinfeste werden für Gruppen organisiert. Am 3. Juli-WoE feiert Kenn. Für zuhause: Liköre, Sekt, Schnäpse, Äpfel. **Übernachtungsmöglichkeit**: 32 Betten***, auch Fewo.

Anfahrt: Über die BAB 1/602 Richtung Trier, Abfahrt Kenn. Zentral im alten Ortskern gelegen, genügend Parkplätze vorm Haus. Die Moselbahn verkehrt ca. stündlich, die Haltestelle ist ungefähr 100 m vom Haus.

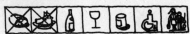

**WEINSTUBE
SANKT MICHAEL**
JOACHIM ESSELN
MOSELSTR. 10
54518 KESTEN
TEL. 06535-1259
FAX   -949732
www.esseln.de

öffnet vom 1. Mai bis 31. Oktober
täglich ab 13 Uhr, dienstags Ruhetag

Das alte Moselschieferhaus war einst das Kelterhaus, hier und in der Weinlaube mit Moselblick werden Sie mit Riesling, Rivaner, Bacchus und Kerner empfangen, das Glas ab 1,70 €. Für Rotweinfreunde gibt es in dieser Weinstube Dornfelder und Spätburgunder und einen Rotling. Der weiße Traubensaft ist Eigenerzeugnis, ab Ende September gibt's Federweißen mit Zwiebelkuchen, den es ganzjährig gibt. Winzersteak wird mit Bratkartoffeln und Salat serviert, die Vesperplatte kann mit Schinken, Käse oder Blut- und Leberwurst bestellt werden. Platzreservierung. Gesellschaften: Bis 20 Personen. Für zuhause: Liköre und Schnäpse. Ausflüge: Per Schiff nach Bernkastel-Kues oder Trier, kombinierte Schiff- und Fußwanderung, z.B. nach Piesport (6,5 km) oder auf dem 2,5 km langen Weinlehrpfad.
Übernachtung: Kann vermittelt werden.
Anfahrt: BAB 48/1, Ausfahrt Wittlich. In Kesten in der Parallelstraße zur Mosel. Nächster Bahnhof: Wittlich-Wengerohr (ca. 10 km). Zum Bus sind's 200 m, zur Schiffsanlegestelle 300 m. Seit Mai 2004 gibt es am Moselufer einen Wohnmobilstellplatz.

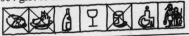

**WEINGUT-EDELOBSTBRENNEREI
KARL-JOSEF POHL**
MARLENE POHL
AM EHRENMAL 14
54538 KINHEIM
TEL. 06532 -2251
FAX   -4307
www.weingutpohl.de

öffnet noch bis 31. Oktober und vom 1. bis 31. Mai
täglich (ohne Ruhetag)

Direkt am Weinberg gelegen, am Ortsrand von Kinheim, finden Sie die Straußwirtschaft von Pohls. Von der Terrasse blicken Sie auf die Mosel. Ausgeschenkt werden Riesling und Müller-Thurgau, Rotwein und Rosé ab 1,80 €. Im Herbst gibt's Federweißen. Bewirtet werden Sie mit kaltem Vesper, auf Wunsch kann auch ein Grillabend mit Salatbuffet organisiert werden. Gesellschaften: Bis 50 Personen. Die leckeren Likörchen und Schnäpse (auch für zuhause) erfreuen besonders den Gast, der gleich im Haus **Zimmer** gemietet hat. Weinfest ist am 2. WoE im September, Straßenfest am letzten Sonntag im August.

Anfahrt: B 53, den Berg hinauf Richtung Ehrenmal. Zum Moselbahnbus 300 m (alle 2 Std.), nächster Bahnhof: Wittlich. Gäste können abgeholt werden. Der Radweg führt am Haus vorbei. Unterhalb des Hauses am Moselufer Wohnmobilstellplätze der Gemeinde.

STRAUSSWIRTSCHAFT
ZUR ALTEN SALMBRÜCKE
WALTER THUL
HAUPTSTR. 3
54340 KLÜSSERATH
TEL. 06507 -4633
FAX   -938457
weingutthul@yahoo.de

öffnet Mai, August, September und Oktober
täglich von 13 bis 24 Uhr,
samstags bis 1 Uhr nachts

Nur eine dreiviertel Stunde von Luxemburg und je eine Stunde von Belgien und Frankreich entfernt finden Sie die Straußwirtschaft „Zur alten Salmbrücke". Riesling und Kerner gibt es von trocken bis mild bis hin zu Auslesen, auch Spätburgunder ist darunter. Zum Federweißen wird Zwiebelkuchen serviert. An warmen Tagen schmecken Rührei, belegte Brote, „Strammer Max" oder Schwenkbraten auch im Freien. Gesellschaften: Bis 50 Personen. Immer am 2. Wochenende im August lädt Familie Thul zum **Weinfest**, ganz Klüsserath feiert am letzten Wochenende im August. **Übernachtung:** 1 FeWo und Zimmer im Gästehaus.

Anfahrt: Auf der B 53; zentrale Lage direkt an der Salm, Parkmöglichkeiten vor dem Haus. Busverbindung nach Trier und Bernkastel morgens alle 1-2 Stunden, mittags alle 3 Stunden.

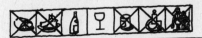

WEINGUT BETH
JOERG und SHARON BETH
ROBERT-SCHUMAN-STR. 47
54536 KRÖV
TEL. 06541 -3783
FAX   -3773

öffnet vom 1. Juli bis 31. Oktober und an Himmelfahrt
täglich ab 18 Uhr, mittwochs Ruhetag

Seit 400 Jahren lebt Familie Beth für den Weinbau, die Straußwirtschaft gibt es seit 20 Jahren. Das Weingut ist spezialisiert auf Rieslinge (mehrere prämiierte Weine), das preiswerteste 0,2 l-Glas gibt es für 1,80 €, doch werden auch Beerenauslesen und Eiswein geboten. Der trockene Spätburgunder ist als Viertele für 3,20 € zu verkosten, Rosé gibt es für 2,30 €. Im Herbst gibt es zum Federweißen Zwiebelkuchen, immer gibt es kleine Gerichte aus der Winzerküche, wie z.B. Käse, Schinken, Griebenschmalz und Obatzta. An kalten Tagen wird der Kamin in der Scheune beheizt, an warmen Tagen dagegen sitzen Sie im Freien. Platzreservierung. Gesellschaften bis 40 Personen.
Übernachtung: Im Weingut.

Anfahrt: Im Ortszentrum, 3 Minuten vom Moselufer.

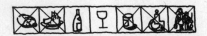

„DUCK-DICH"-WEINKELLER"
MANFRED CHRISTOFFEL
ROBERT-SCHUMAN-STR. 58
54536 KRÖV
TEL. 06541 -6990
FAX   -812460
www.weingut-christoffel.de

öffnet Anfang Juli bis Ende Oktober
und 3 Tage ab Himmelfahrt
täglich ab dem frühen Abend

Ab 1,50 € werden Sie hier vor allem mit Riesling (70 % der Rebfläche), aber auch mit Müller-Thurgau und Kerner verwöhnt, Dornfelder und Spätburgunder für 2,50 €. Neu ist der Eiswein. Im Herbst gibt's zum Federweißen Zwiebelkuchen, auch eigener Traubensaft wird eingeschenkt. Dazu schmecken dann Schinken- und Käseplatten, Wursteller und geräucherte Forellenfilets. Bewirtet wird in der Straußwirtschaft und im alten Gewölbekeller, der auch vier Monate als Ausstellungsraum für die Aquarelle eines einheimischen Künstlers fungiert. An warmen Sonnentagen haben auch 15 Weinfreunde auf der Terrasse Platz. Gesellschaften für Weinproben: Bis 40 Personen. **Übernachtung:** Eine FeWo mit Terrasse und einige DZ im Weingut. Für zuhause neben Wein auch Sekt brut und trocken, Liköre, Hefe, Trester, Obstbrände. Sehenswertes in Kröv: Fachwerkhäuser und ein Puppenmuseum, dazu Sportmöglichkeiten wie Schwimmen und Tennis oder eine Wanderung auf dem Weinlehrpfad.

Anfahrt: In Kröv in der Ortsmitte, Parkplätze im Hof oder auf dem nahegelegenen Parkplatz. Nächster Bahnhof: Traben-Trarbach.

WEINGUT DREIGIEBELHAUS
KILIAN KLEIN jun.
KAROLINGERSTR. 1
54536 KRÖV
TEL. 06541 -2345 + 9378
FAX   -818656
www.weingut-dreigiebelhaus.de

öffnet Ostern bis zum 1. Wochenende im November
täglich ab 11 Uhr, dienstags Ruhetag

Das Dreigiebelhaus, eines der schönsten Fachwerkhäuser an der Mosel, öffnet zur Straußenzeit seine Türen. Bewirtet wird in Garten, Hof und Keller, vorwiegend Rieslinge gilt es zu verkosten. Vor allem ältere Weine sind das Markenzeichen dieses Weinguts. Im Herbst gibt's Federweißen, der Traubensaft ist Eugenerzeugnis. Das Steinofenbrot wird mit Rebenholz gebacken, belegt mit Schinken und Käse ist es die passende Speise zum Wein. Platzreservierung. Gesellschaften bis 50 Personen. **Übernachtung**: 2 FeWo und DZ in der Kellerei, die zum Weingut gehört.

Anfahrt: B 53, in der Ortsmitte von Kröv. Der Bus hält vorm Haus. Nächster Bahnhof: Traben-Trarbach. Für Räder Abstellmöglichkeiten in Hof und Garten. Räderverleih über das Verkehrsbüro, Tel. -9486.

STRAUSSWIRTSCHAFT
ZUR HEXENSCHEUNE
ALOIS und MICHAELA LUFT
WGT. JUNGBLUTH-TROSSEN
ROBERT-SCHUMAN-STR. 80
54536 KRÖV

TEL. 06541 -5831
FAX -810531   www.weingut-jungbluth-trossen.de

öffnen Ostern, Himmelfahrt, Pfingsten und
vom 1. Mai bis Ende Oktober

täglich ab 18 Uhr, am Wochenende und feiertags ab 12 Uhr

Dieses Weingut ist auf Riesling spezialisiert, doch gibt es auch Rotwein von trocken bis mild und halbtrockenen Rosé. Aus den bekannten Lagen ‚Nacktarsch' und ‚Kirchlay' gibt es 16 Rieslinge glasweise bis hin zur Auslese zu verkosten. (Preis ab 1,50 € 0,2 l) Der Traubensaft ist Eigenerzeugnis. Rotweinfreunde werden mit Dornfelder oder Spätburgunder glücklich. Interessant wie die Weinkarte ist die Speisekarte: Ofenfrischer Flammkuchen, Salatvariationen, Suppen, Käse… Zu Himmelfahrt bei den „Tagen der offenen Weinkeller" gibt es Extra-Speisen. Bewirtet wird im alten Winzerhaus und im Hof, im Herbst auch mit Federweißem. Platzreservierung. Gesellsch.: Ab 15 bis 50 Pers. Am 1. WoE im Oktober Weinkirmes, am 1. WoE im Juli Internationales Trachtentreffen. Straßenfest in der Robert-Schuman-Str. am 2. WoE im August.

Anfahrt: Die Straußwirtschaft liegt im Herzen von Kröv, großer Parkplatz gegenüber. Nächster Bahnhof: Traben-Trarbach, dann mit der „Moselbahn". Oder mit dem Rad auf dem Moselradweg.

**GUTSWEINSCHÄNKE
FAMILIE MÜLLERS**
ROBERT-SCHUMAN-STR. 59
54536 KRÖV
TEL. 06541-5365
FAX   -6520
www.gutsweinschaenke-muellers.de

öffnet täglich von 10 bis 24 Uhr
November bis Ostern geschlossen

Die Gutsweinschänke ist im Keller, doch wird an warmen Tagen auch die Freiterrasse genutzt. Ab 2,30 € können Sie vom Riesling kosten, er ist – wie der Spätburgunder und Dornfelder (ab 3,- €) - von trocken bis lieblich ausgebaut. Als Rosé (ab 2,80 €) gibt es ihn lieblich. Vom einfachen Qualitätswein bis hin zu Auslesen reicht die Palette der angebotenen Weine. Der Traubensaft ist aus eigenem Anbau, zur Herbstzeit wird Federweißer ausgeschenkt, dazu gibt es Gerichte der gutbürgerlichen Küche und mosselländische Spezialitäten. Christi Himmelfahrt ist **Tag der offenen Kellertür**, da sind Sie herzlich zum Mitfeiern eingeladen. **Übernachtung**: Hauseigene Pension. Platzreservierung. Gesellschaften bis 80 Personen. Anfang August:„Spaß auf der Gass", das etwas andere Straßenfest. Für zuhause: Hefe, Trester, Liköre.

Anfahrt: In Kröv in der Ortsmitte, Parkplätze am Haus.

WINZERSCHENKE
OPAS SAFTLADEN
E. u. G. MÜLLERS-STEIN
REISS-STR. 8
54536 KRÖV
TEL.+ FAX 06541 - 4268
(Weingut)
www.weingut-muellers-stein.de

öffnet von Ostern bis 1. November
täglich ab 18.30 Uhr

Hier erwartet den Besucher ein umfangreiches Angebot an Rot- und Weißweinen. Gern berät Sie der Winzer in „Opas Saftladen", einer gemütlichen Kellerschenke, bei der Wahl der Weine und informiert mit Details rund um den Wein. Während Sie sich schon mal am Kaminfeuer bei einem Glas Spätburgunder aufwärmen, bereitet die Wirtin zünftige Gerichte wie hausgemachte Suppen, geräucherte Forelle, Schinkenbrett, Blut- und Leberwurstbrote oder die Käseplatte mit frischen Kräutern, für die der Opa zuständig ist. Ob Kerbel, Petersilie, Melisse, Basilikum oder Weinraute – sie stammen alle aus Omas Kräutergarten und kommen frisch auf den Tisch.

Anfahrt: Auf der B 53; zentral im Ort in der Nähe der Raiffeisenbank; gute Parkmöglichkeiten.

STRAUSSWIRTSCHAFT
GERD und HILDEGARD
CHRISTOFFEL

BRUNNENSTR. 12

54536 KRÖV-
    KÖVENIG

TEL. 06541 -9393 u. 01726806213
FAX   -5656
www.weingut-christoffel.com

> öffnen noch bis Ende Oktober,
> Anfang Mai und ab August
> täglich von 10 bis 23 Uhr

Weißweine gibt es von trocken bis lieblich (Sorten Riesling und Müller-Thurgau), die roten Sorten Dornfelder und Portugieser sind trocken und halbtrocken, Spätburgunder gibt es als Weißherbst. (WW ab 1,25, RW ab 1,40 €) Zur Herbstzeit gibt es Federweißen, der Traubensaft ist Eigenerzeugnis. Auf der Terrasse und drinnen in der Scheune werden Ihnen dazu Schinken- und Käseteller serviert. Warm kommt der Winzergulasch auf den Tisch. Auf Vorbestellung Speisen nach Absprache. Platzreservierung. Gesellschaften: 10 bis 60 Personen. Jeden Mi + Sa ab 14,30 Uhr Weinprobe. **Übernachtung**: Eigene Gästezimmer. Und für zuhause: Liköre und Schnäpse.

Anfahrt: BAB 48, Ausfahrt Wittlich oder BAB 61, Rheinböllen nach Kövenig. In der Ortsmitte, Parken am Haus (auch Busse). Die Straußwirtschaft liegt am Hauptradweg von Traben-Trarbach Richtung Kövenig. Zur Bahn sind es 50 m, stündlich Anschlüsse. Platz für Wohnmobil.

STRAUSSWIRTSCHAFT
WEINGUT BERWEILER-MERGES
FAMILIE BERWEILER
EUCHARIUSSTR. 35
54340 LEIWEN
TEL. 06507 -3285
FAX   -80175
www.weingutberweiler.de

öffnet vom 1. Juli bis 31. Oktober
täglich ab 17 Uhr, samstags und sonntags ab 16 Uhr,
montags Ruhetag

Tochter Sandra ist die 1. Vorsitzende der Jungwinzer Leiwen und wird das Weingut übernehmen, Weinbau betreibt die Familie jetzt in der 3. Generation. Rieslingweine aller Geschmacksrichtungen sind die Spezialität des Hauses, vom QbA bis zum Eiswein können sie verkostet werden. Rotweinfreunde erfreuen sich am trockenen Spätburgunder oder Rosé, alle ab 2,80 € Im Oktober gibt es Federweißen, der Traubensaft ist Eigenerzeugnis. Kartoffelsuppe und Grillschinken schmecken ebenso zum Wein wie Winzerteller mit Hausmacher Wurst oder Schmalzbrot. Bewirtet wird drinnen auf 40 Plätzen, im Garten sind es 20. Platzreservierung. Gesellschaften: Ab 10 bis 50 Pers. übers Jahr, zur Öffnungszeit nach Absprache. Zum **Hoffest** erwartet man Sie am 1. WoE im Oktober mit Tanzmusik und moselländischen Speisen. Das Leiwener Weinfest ist am 3. WoE im August, Weinlesefest am 1. WoE im September. **Übernachtung**: 2 DZ Du/WC/21,- € p.P. Auf Wunsch Weinbergswanderungen, Kellerbesichtigung.

Anfahrt: Von Köln/Koblenz BAB 1/48 Rtg. Trier, Ausfahrt Leiwen. Nächster Bahnhof: Trier.

JUNKS WEINSCHEUNE
WINZERMEISTER
HERBERT JUNK-HOFFMANN
BAHNHOFSTR. 5
54340 LEIWEN
TEL. 06507 -3200
FAX   -8284
weingutjunk@aol.com

öffnet vom 1. März bis 15. November täglich von 9 bis 22 Uhr
oder nach Vereinbarung

Seit über 300 Jahren wird in dieser Familie Weinbau betrieben, die Spezialität des Winzermeisters sind edelsüße Weine. In der **echten Straußwirtschaft** (der ersten im Ort) werden Sie mit Riesling, Ortega, Kerner und Müller-Thurgau verwöhnt (ab 2 €), unter 51 Weißweinen können Sie wählen. Auch Spätburgunder (auch als Rosé) u. Weißherbst gibt es. Der Traubensaft ist Eigenerzeugnis, dieser und ab 1. September der Federweiße schmecken auch zu Zwiebelkuchen, Winzersteak mit Kartoffelsalat und Schinken- oder Käseteller. An Feiertagen wird auf Best. Wildgulasch mit fr. Pfifferlingen geboten. Gesellsch.: Ab 4 bis 100 Personen. Der Winzer verspricht exkl. Weinproben. **Übernachtung:** Hotelanlage für Gesellsch. bis 100 Pers. Weinseminar am WoE mit Vesper, Probe, Übernachtung etc. 143,- €. Feste: Am 1. WoE im Sept. Straßenfest zur Weinlese. Für zuhause: Sekt, Brände, Liköre, Weinessig, Traubenkernöl, prämierte Weinbrände, Spätburgunder und Dornfelder.

Anfahrt: Zentral in Leiwen neben Hotel Herres. Der Moselbahnbus verkehrt stündlich. 2 Min. zur Θ. 6 Wohnmobilplätze in schöner Lage. Hochwasserfrei, mit Strom- und Wasseranschluss.

**WEIN- und SEKTGUT
DAHMEN – KUHNEN**
H.-J. DAHMEN
BERGSTR. 2
54338 LONGEN
TEL. 06502 -994055
FAX   -994054
rosch.hermann@t-online.de

öffnet vom 1. Mai bis 31. Oktober
täglich ab 15 Uhr,
am Wochenende und feiertags ab 11 Uhr

Seit 1725 wird in der Familie Dahmen Weinbau betrieben, seit einiger Zeit lädt sie Sie in die Straußwirtschaft vor dem Brunnenplatz. An warmen Tagen auch auf der Terrasse, werden Ihnen traditionell im Holzfass ausgebaute Rieslinge und Spätburgunder (auch als Rosé) kredenzt, das Glas vom Weißwein ab 1,80 €, für Rotwein zahlen Sie 2,50 €. Sekt und Traubensaft gehören ebenfalls zum Angebot. Im Herbst gibt's zum Federweißen Zwiebelkuchen. Die Vesperkarte bietet Lachs und geräucherte Forellenfilets, Brote mit Grillschinken und Schinken und Käse. Platzreservierung. Gesellschaften: 6 bis 50 Personen. **Hoffest** im Mai. **Übernachtung**: 1 FeWo. Ausflugsziel: Die alte Quelle „Höpperbur". Für zuhause: Auch Edelbrände aus der eigenen Brennerei, handgerüttelter Sekt.

Anfahrt: BAB 1, Ausfahrt Schweich, dann B 53 Richtung Bernkastel. In der Ortsmitte von Longen links hoch (beschildert). Gegenüber vom Brunnenplatz und der Kapelle. Stündlich Verbindung mit den Moselbahnbussen. Nächster Bahnhof: Trier.

**WEINKULTURGUT
SABINE u. MARKUS LONGEN**
KIRCHENWEG 9
54340 LONGUICH
TEL. 06502 -8345
FAX   -95166
www.longen-schloeder.de

öffnen Anfang April bis Mitte Dezember
täglich von 11 bis 23 Uhr, dienstags Ruhetag

Auf dem malerischen WeinKulturgut Longen-Schlöder genießt man WeinKultur mit allen Sinnen. Umgeben von Rebflächen hat die Winzerfamilie eine Symbiose aus kulturellen und kulinarischen Elementen geschaffen. Dabei setzen sie auf Sortenvielfalt in hoher Qualität, guten Kontakt zu den Gästen und Kunden und vor allem auf ihren eigenen Stil. In Vinothek und Vineria kann man alle Weine der Rebsorten Riesling, Weißburgunder, Chardonnay, Sauvignon Blanc, Spätburgunder, Domina, Merlot und Cabernet Sauvignon verkosten. Dazu werden saisonal wechselnde Gerichte serviert. Veranstaltungen wie Chansonabend, Wein & Schokolade oder das traditionelle **Hoffest** mit Live-Musik am 1. WoE im Sept. An warmen Tagen Außenbewirtung. Platzreservierung. Gesellschaften: 10 bis 100 Pers. **Übernachtung**: Info -1716. Versandshop über Internet.

Anfahrt: BAB 1/48 Ausfahrt Longuich. Nächster Bhf.: Trier. Bis 8 Plätze für Wohnmobile mit Strom, Wasser, Dusche und WC.

WEIN IM TURM
JOSEF SCHMITT
WEINSTR. 23
54340 LONGUICH
TEL. 06502 -5595
FAX   -5572
www.weingut-js.de

öffnet von Mitte März bis Ende Oktober
täglich ab 16, sonntags ab 12 Uhr
und im Dezember nur Fr, Sa und So

Über ein Vierteljahrtausend ist das Weingut in Familienbesitz, erzeugt werden trockene und milde Riesling- und Rivanerweine und für Rotweinliebhaber ein trockener Spätburgunder. Ob als Eiswein oder Winzersekt, der Riesling ist die Spezialität des Weinguts. Zur Lese Federweißer und ansonsten Traubensaft werden ebenfalls ausgeschenkt. Cillis Wildsülze und Wildschweinsteak bieten eine leckere Ergänzung zu den regionalen Gerichten. Das Wild stammt aus eigener Jagd, Schinken und Wurst sind selbst geräuchert. Auch Themenbuffets und Brunch werden angeboten. An warmen Tagen wird im Weinturm, im Garten und auf der neuen Weinterrasse bewirtet. Platzreservierung. Gesellschaften: 10 bis 70 Personen. Zum **„Straußenfest"** sind Sie am 2. Wochenende im Oktober geladen, **Hoffest** ist am 2. WoE im Juli. **Übernachtung:** großzügige, gemütliche 5*** DZ, mit DU/WC/TV/Fön. Unter dem Motto „Unterhaltung und Essen" gibt es einen Veranstaltungskalender fürs ganze Jahr, **Anfahrt:** BAB 1, Ausfahrt Longuich. Am Ortsrand gelegen, eigene Parkplätze. Nächster Bahnhof: Trier, Verbindung alle 2 Std., 300 m zur Θ. Oder mit dem Rad auf dem Moselradweg nach Longuich, dann zur Ortsmitte.

WEINGUT NIK. THUL-HOFF
SEKTHAUS MARKUS THUL
MAXIMINSTR. 5
54340 LONGUICH
TEL. 06502 -8302
FAX   -934924
www.weingut-thul.de

öffnet von Mai bis Ende Oktober
nur nach Vereinbarung

Weinbau lässt sich in diesem Familienbetrieb bis 1835 zurückverfolgen, vorwiegend Riesling wird angebaut. Ab 1,50 € gilt es, ihn von trocken bis mild zu verkosten; Spätburgunder, Dornfelder (beide trocken) und Spätburgunder Weißherbst stehen ebenfalls bereit. Wer Rivaner, Weißburgunder oder Chardonnay bevorzugt (auch als Sekt) – auch die sind im Angebot. Der Traubensaft ist Eigenerzeugnis, zur Lese gibt es Federweißen. In der Probierstube können 35 Weinfreunde beisammen sitzen, Garten-terrasse und Weinlaube bieten weitere je 15 Plätze. Platzreserv. für größere Gruppen. Gesellsch.: Zur Öffnungszeit 8 bis 25, sonst bis 35 Pers. Zu Pfingsten (Sa-Mo) ist **Hoffest** mit regionalen Speisen – passend zu Wein und Sekt, Laurentius-Weinkirmes ist am WoE um den 10. August. **Übernachtung**: DZ ab 46,- €.3 Sterne.

Anfahrt: BAB 1 bis Dreieck Moseltal, Ausfahrt Longuich. Im Ort in der Nähe der Kirche, Parkplätze im Hof. Oder von Trier mit dem Moselbahnbus, 5 x tgl. Anschluß. Θ 200 m. Taxi: -6800.

WEINGUT
BENEDIKT KIEBEL

HAUPTSTR. 69
TEL. 06532 -2018
www.weingut-kiebel.de

54492 LÖSNICH
FAX   -2006

geöffnet von Ostern bis November

Dieses innovative und moderne Weingut liegt im Herzen der Mittelmosel und wird bereits in der 4. Generation geführt. Im Gutsausschank können Sie in gemütlicher Atmosphäre auserlesene Wein- und Sektspezialitäten genießen. Egal ob prickelnde Riesling-Sekte, feurige Rotweine, trockene, fruchtige oder fruchtsüße Weißweine – jeder Gaumen wird hier verwöhnt. Stets ist man bemüht, Fragen rund um das Thema Wein zu beantworten und Wünsche zu erfüllen. In der Herbstzeit werden frischer Federweißer und hausgemachter Zwiebelkuchen angeboten. Auch für das leibliche Wohl ist mit Gerichten aus der Winzerküche bestens gesorgt (z.B. "Eifeler Ziegenkäse" gebacken in Sesam mit Tomaten u. Basilikum, verschiedene Winzerplatten etc.). **Übernachtungen** in dem liebevoll eingerichteten Gästehaus sind ganzjährig nach Reservierung möglich (Radfahrer sind herzlich willkommen). Die jährlichen Weinfeste werden an Pfingsten und im September gefeiert.

Anfahrt: BAB 48, Ausfahrt Wittlich-West, Richtung Zeltingen nach Lösnich in die Ortsmitte. Eigene Parkplätze. Nächster Bahnhof: Wittlich.

WEINGUT LUDWIG SCHMITT
LUDWIG und RIA SCHMITT
MOSELSTR. 27
54484 MARING-NOVIAND
TEL. 06535 -563
FAX   -7122
www.ferienweingut-schmitt.de

öffnen im Juni und von August bis Oktober

tägl. ab 18 Uhr, samstags, sonn- u. feiertags ab 16 Uhr
mittwochs Ruhetag

In diesem alten Familienweingut mit Mauerwerk aus Schieferbruchstein wird Ihnen vor allem vom Riesling (trocken bis mild) eingeschenkt. Auch Spätburgunder und Dornfelder, eigener Traubensaft und Federweißer gehören zum Angebot, bei schönem Wetter ist dies alles auch im großen Innenhof zu verkosten. Ofenfrisch ist der Zwiebelkuchen im Herbst. Zum Wein gibt's Champignon-Toast oder Hacksteak mit Brot; Kartoffelauflauf oder Gräwes oder auf Rebholz gegrillter Schwenkbraten kommen nur nach Vorbestellung auf den Teller. Platzreservierung. Gesellschaften: 10 bis 40 Personen. **Übernachtung**: in *** Zimmern (3 DZ) auf Anfrage. **Hoffest** ist an Pfingsten freitags - montags. Für zuhause: Auch Weingelee.

Anfahrt: An der Hauptstraße im OT Maring. **P** am Haus. 3 Wohnmobilstellplätze m. Strom/Wasser/Du. Radfahrer: In Lieser vom Moselradweg nach Maring-Noviand (ca. 1,5 km). Neu: Der Maare-Mosel-Radweg (150 m entfernt). Zum Bahnhof Wittlich 11 km, mit RMV-Bus nach Maring, zur Θ 30 m.

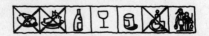

**CLASSISCHES WEINGUT
HANS und GERTRUD HOFFRANZEN**
SCHULSTR. 22
54346 MEHRING
TEL. 06502 -8441
FAX   -980574
www.weingut-hoffranzen.de

öffnet ganzjährig
nach Anmeldung

Dieses Weingut hat sich ganz dem „classischen" Ausbau der alten Rebsorte Riesling verschrieben, die Ihnen vom Sekt bis hin zur Trockenbeerenauslese sowie Marc vom Riesling zum Verkosten angeboten werden. Ergänzt werden die Weine von Spezialitäten und kleinen Leckereien der regionalen Küche. Bewirtet wird im Sommer auch im Garten. Im Herbst gibt's Federweißen. Der Traubensaft ist Eigenerzeugnis. Gesellschaften: Bis 50 Personen. Fachkundig begleitet man Sie beim Besuch der Römervilla und der Begehung des Weinlehrpfads, auch eine Führung durch das 400 Jahre alte Kellergewölbe fehlt nicht. **Übernachtung:** in excl. Zimmern im Weingut. **Hoffest** ist an Pfingsten. Aus der Vinothek: Sekt, Essig, Öl, Destillate und Geschenkartikel rund um den Wein.

Anfahrt: BAB 1, Ausfahrt Schweich Richtung Bernkastel. Die 1. Straße links ins Zentrum.

IM ALTEN KELLER
FAM. KLAUS SCHMITT
BRÜCKENSTR. 5
54346 MEHRING
TEL. 06502 -8764
FAX   -995601

öffnet von Juni bis Oktober
und nach Voranmeldung

Im „Alten Keller" und bei schönem Wetter im Hof des Weinguts werden weiß, rot und rosé eingeschenkt, Rebsorten Riesling und Spätburgunder. Und ob Sie trocken oder lieblich bevorzugen, es gibt für jeden Geschmack etwas. Im Herbst gibt's Federweißen, der Traubensaft ist Eigenerzeugnis. Neben belegten Broten, die Frau Schmitt jederzeit bereitet, gibt es andere kalte Speisen und vor allem samstags wird im September und Oktober mit Schwenkbraten und Zwiebelkuchen **Weinfest** gefeiert. Platzreservierung drinnen und draußen. Gesellschaften: 40 bis 150 Personen. **Übernachtung:** Im Weingut.

Anfahrt: Von der B 53 Richtung Bernkastel-Kues, Ausfahrt Mehring. Parkmöglichkeiten im Hof oder vorm Haus. Nächster Bahnhof ist Trier, stündlich Busanschluss.

**GUTSSTUBE
MICHAEL DIXIUS**
IN LÖRSCH 23
54346 MEHRING-LÖRSCH
TEL. 06502-2254
FAX   -5185
www.weingut-dixius.de

öffnet März bis April und Nov.-Dez.
freitags bis sonntags + F und
Mai bis Oktober schon mittwochs-sonntags + F
immer ab 16 Uhr

Hier gibt es Riesling und Rivaner in allen Geschmacksrichtungen, Spätburgunder und Sekt gehören ebenfalls zum Angebot. Winzer-, Pfirsich- und Schlehenlikör sowie Weinhefebrand sind aus der eigenen Brennerei. Spezialität unter den Bränden ist der Marc vom Riesling. Die umfangreiche gebietstypische Küche bietet Rindfleisch mit Remouladensoße, Schmalzschmier, Winzerspieße und Bratkartoffeln in der Gutsstube und auf der Terrasse. Platzreservierung. **Übernachtung**: gepflegte Zimmer mit Moselblick. Am 1. Wochenende im September ist Weinfest in Lörsch.

Anfahrt: Lörsch ist ein kleiner Ort vor Mehring: Das Weingut liegt idyllisch neben einer Kapelle. Stündlich Busse von Trier.

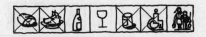

JUPP'S WEINSTUBE
GÜNTER und ZITA THIELEN
WGT. THIELEN-SCHUNK & SOHN
IN DER KORDEL 12
54518 MINHEIM
TEL. 06507 -6190
FAX   -702872
www.weingut-thielen-schunk.de

öffnen im Mai und ab August bis Ende Oktober
täglich von 10 bis 23 Uhr

Der Winzerhof ist ein qualitätsgeprüfter Betrieb (****), drei Generationen leben hier mit wunderbarer Aussicht in einer der schönsten Moselschleifen miteinander. „Wein-Gemütlichkeit-Gesellligkeit" verspricht die Winzerfamilie und möchte Sie vom Weinliebhaber zum Weinkenner machen. Es gibt eine große Auswahl an Weinen: Riesling, Kerner, Müller-Thurgau, Ortega, Rivaner und auch Rotwein. Traubensaft, Weingelee, Brände, Liköre, Traubenkernöl und Essig runden das Programm ab. Zur Stärkung werden Schinken-, Käse- oder Hausmacher Brotzeiten gereicht. Im Herbst gibt's natürlich Federweißen und Zwiebelkuchen. **Übernachtung:** Exklusive Gästezimmer und ein Ferienhaus. Spezialarrangements, Angebote wie Oldtimer-Traktor-Fahrten u.a.

Anfahrt: B 53, zwischen Wintrich und Piesport über die Brücke. Gäste werden gern vom Bahnhof Wittlich abgeholt. Wohnmobilstellplatz im Ort und 1 Platz bei Promobil.

**GUTSAUSSCHANK
IM ALTEN KELTERHAUS**
HERBERT THIELEN
WEINGUT THIELEN-FEILEN
MOSELWEINSTR. 11
54518 MINHEIM
TEL.+ FAX 06507-2972
www.weingut-thielen-feilen.de

öffnet noch bis Mitte Oktober,
Anfang bis Ende Mai und wieder ab August
täglich von 11.30 bis 23 Uhr

Das gemütliche alte Kelterhaus und der z.T. überdachte Innenhof mit Moselblick laden zum Verweilen. „Klasse statt Masse" ist die Devise der Winzerfamilie, bei dem Genuss von Riesling bis zur Beerenauslese, Müller-Thurgau und Dornfelder (auch als Weißherbst) lassen Sie sich von der Qualität überzeugen. Der Traubensaft ist Eigenerzeugnis, im Herbst gibt's Federweißen mit Zwiebelkuchen. Immer werden Winzer-Vesper und –Toast geboten, an Festtagen steht auch auf Rebholz gegrillter Schwenkbraten mit Kartoffelgratin auf dem Programm. Gesellschaften: Bis 30 Personen. **Übernachtung**: Gästezimmer und FeWo. Weinlesestraßenfest ist alljährlich am 3. WoE im September. Für zuhause aus dem 1992 in „Der Feinschmecker" als eine der besten Adressen an der Mosel erwähnten Betrieb: Auch Weingelee, Liköre, diverse Destillate.

Anfahrt: Von Bernkastel auf der linken Moselseite Rtg. Trier. Direkt an der Hauptstraße, Parkplatz, auch für drei Wohnmobile.

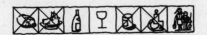

BOTTLER'S STRAUSSWIRTSCHAFT
HERMANN und GERLINDE BOTTLER
HAUPTSTR. 11
54486 MÜLHEIM
TEL. 06534 -324
FAX   -18395
www.wein-gaestehaus-bottler.de

öffnet von Anfang Juli bis Ende Oktober
täglich ab 19 Uhr, mittwochs Ruhetag

Bei Winzer Bottler werden Ihnen Riesling, Kerner und Müller-Thurgau ab 2,- € geboten, Qualitäten bis hin zur Auslese und von trocken bis lieblich. Rotwein wird ab 2,50 € ausgeschenkt. Im Herbst gibt's Federweißen mit frisch gebackenem Zwiebelkuchen. Neben den üblichen Vespergerichten wird zum Wochenende der für die Mosel typische Riesling-Schwenkbraten vom Holzkohlengrill angeboten. Gesellschaften: Ab 6 bis 30 Personen. Zum eigenen **Hoffest** lädt die Winzerfamilie am letzten Wochenende im September, der „Mülheimer Markt" ist immer am ersten Mittwoch im August. **Übernachtung**: Gästezimmer und Ferienwohnungen im Winzerhaus.

Anfahrt: Aus Köln BAB 48, Ausfahrt Wittlich; aus Trier BAB 1, Ausfahrt Salmtal; aus Richtung Mainz-Ludwigshafen über die BAB 6, Ausfahrt Rheinböllen.

**GUTSAUSSCHANK
MAUCH-MICHELS**
CH. U. W. MAUCH
MÜHLENWEG 4
54486 MÜLHEIM
TEL. 06534 -1266
FAX   -933278
www.weingut-mauch-michels.de

öffnet vom 1. Mai bis 1. November täglich ab 16 Uhr
und vom 1. November bis 30. April nur am Wochenende

Über 200 Jahre wird in dieser Familie Weinbau betrieben. Die preiswertesten Weine sind ein milder Brauneberger Kurfürstenlay und ein trockener Mülheimer Sonnenlay, beide sind im 0,2 l-Glas für 1,50 € zu verkosten. Doch bietet die umfangreiche Weinkarte auch Prädikatsweine bis hin zu Auslesen und Eiswein. Als Roten gibt es Dornfelder. Der weiße Traubensaft ist Eigenerzeugnis. Im Herbst wird Federweißer ausgeschenkt. Drinnen in der Weinstube und draußen im Garten werden zum Wein geräuchertes Forellenfilet und als Spezialität Wildschweinbraten serviert. Platzreservierung. Gesellsch. bis 30 Personen. **Übernachtung**: neue Gästezimmer. Am 3. Wochenende im September und zu Himmelfahrt lädt das Weingut zum **eigenen Weinfest**. Der Mülheimer Markt mit Vergnügungspark und Krammarkt ist immer in der 1. Augustwoche (Di-Do).

Anfahrt: Mülheim liegt nur 6 km moselaufwärts von Bernkastel-Kues. Nächster Bahnhof: Wittlich. Alle 2 Stunden mit öffentlichem Verkehrsmittel zu erreichen. Zur Θ 500 m. 3 Wohnmobilstellplätze.

WEBERS STRAUSSWIRTSCHAFT
PETER ZIMMERMANN
POSTSTR. 16
54486 MÜLHEIM/MOSEL
TEL. 06534 -8019
FAX   -933151
www.mosel-wein.info

öffnet noch bis Ende Oktober, dann wieder Ende Juni
täglich von 18 bis 1 Uhr nachts, sonn- und feiertags ab 17 Uhr

Weinbau wird bei Familie Zimmermann schon in der 5. Generation betrieben, die Straußwirtschaft, in der gesungen und vor allem gelacht werden darf, gibt es seit 18 Jahren. Hier gibt es ausschließlich Rieslinge zu verkosten, diese aber bis zur Auslese, das Glas der im Eichenholzfass ausgebauten Weine ist ab 1,10 € zu verkosten. Der Kuhstall wurde zur Probierstube umgebaut, hier - und an warmen Tagen im Freien - werden Ihnen zum Wein Bauernschinken aus eigener Räucherei, Rührei von glücklichen Hühnern, Hausmacher Wurst und Spundekäse serviert. Platzreservierung. Gesellschaften: 6 bis 40 Personen. **Übernachtung:** 1 FeWo. Das **eigene Weinfest** ist am 15./16. August, die „Tage der offenen Keller" sind von Himmelfahrt bis zum folgenden Sonntag. Für zuhause: Schnäpse und Riesling-Sekt, der auch in der Straußwirtschaft gekostet werden kann.

Anfahrt: BAB 48, Ausfahrt Wittlich, von der Hunsrückhöhenstraße Ausfahrt Hinzerath. Das Weingut ist in der Ortsmitte, Parkplätze beim Haus. die Bushaltestelle ist 200 m entfernt.

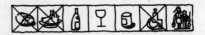

MITTELMOSEL | 477 | MITTELMOSEL

LANDSCHEUNE JÜNGLING
RUDOLF JÜNGLING
KATHARINENUFER 9 u. 11
54347 NEUMAGEN-DHRON
TEL. 06507-701555
FAX   -701556
www.weingutjuengling.de

JÜNGLING

öffnet vom 21. April bis 31. Mai und
15. August bis 2. November
(Juni, Juli auf Anfrage)
freitags, samstags und sonntags von 11 bis 22 Uhr

Neumagen ist einer der ältesten Weinorte Deutschlands. Auf dem Römerlehrpfad können Sie die Spuren (auch mit Führung) verfolgen. Davor oder danach empfiehlt sich die Einkehr bei Winzer Jüngling. Drinnen in der Weinstube (25 Pl.) mit offenem Kamin oder im Hof (40 Pl.) werden Ihnen vor allem Rieslinge vom Qualitätswein bis zur Beerenauslese kredenzt, 3 Rotweine und ein Rotling stehen ebenfalls bereit. Der Traubensaft ist Eigenerzeugnis. Die Küche bietet Winzervesper, hausgemachte Suppen, regionale Käse, Obatzten und saisonale Fitneßküche.
Übernachtung: 1 Fewo bis 3 Pers. (36,- €/Nacht) oder Hotel zum Anker, Hotel Reichsgraf von Kesselstadt. Zu Pfingsten Jungweinprobe. Für zuhause aus dem gutseigenen Weinfachgeschäft (tägl. geöffnet): Essig, Öle, Liköre, Senf, Schnaps, Gelee, regionale Literatur, Präsente…
Anfahrt: B 53 Rtg. Neumagen-Dhron, am Ortseingang, Brücke links, sofort rechts. 1. Weingut auf der linken Seite. P im Hof o. auf dem öffentl. Parkplatz nebenan. Zur Θ der Moselbahn 30 m.

WARSBERGER WEINHOF
KLAUS u. SYLVIA KREBS
RÖMERSTR. 98
54347 NEUMAGEN-DHRON
TEL. 06507 -9258-0
FAX   -925820
www.warsberger-weinhof.de

öffnen vom 15. Mai bis 15. Juni, im Juli
und August bis 31. Oktober
täglich von 10 bis 23 Uhr

Seit 1840 ist der Gutshof im Besitz der Winzerfamilie, erbaut wurde er 1732 von den Grafen von Warsberg. Die Weinstube ist mit alten Fotos von Neumagen geschmückt, der historische Innenhof mit Brunnen lädt zum Verweilen. Bis hin zu Auslesen gibt es Riesling, gereift ist der Wein im 300jährigen Gewölbekeller in Eichenholzfässern. Müller-Thurgau, Traubensaft und Sekt sind ebenfalls zu kosten, auf Wunsch kann das Sektgewölbe besichtigt werden. Zum Wein gibt es gerupften Winzerkäse, Schmalzbrote und Wingertsvesper „mit Pfiff". Platzreservierung. Gesellschaften: 10 bis 20 Personen außerhalb der Öffnungszeit. Weinblütenfest: 3. WoE im Juni, Straßenfest 4. WoE im Sept.
Übernachtung: Im Gästehaus. Infos zu Wanderungen, -karten etc. liegen dort aus. Für zuhause: Weingelee, Trauben- u. Pfirsichlikör, Kräuterbitter „Mein Hausfreund".

Anfahrt: BAB 48, Ausfahrt Salmtal. Im Ortskern am Römerweinschiff/Peterskapelle. Eigener Parkplatz. Radfahrer: Nicht dem Moselradweg, sondern der Römerstraße folgen (am Ortseingang von Trier kommend ist ein Hinweisschild). Nächster Bhf.: Wittlich.

WEINGUT KONSTANTINHÖHE
VINOPOLIS
FAMILIE SCHWARZ
HINTERBURG 9
54347 NEUMAGEN-DHRON
TEL. 06507 -9389710 od. -703288
FAX   -2649
www.konstantin-weine.de

öffnet vom 1. Mai bis 30. Juni und vom 1. Sept. bis 31. Okt.
dienstags bis donnerstags von 11 bis 14 und ab 19 Uhr,
freitags, samstags, sonn- und feiertags ab 11 Uhr

Das Weingut ist nach Kaiser Konstantin benannt, der hier, oberhalb von Neumagen, eine Sommerresidenz hatte. Familie Schwarz betreibt Weinbau seit dem 16. Jh., 1970 wurde das Weingut neu errichtet. Hohe Qualitäten sind das Ziel der Winzerfamilie, zahlreiche Auszeichnungen zeugen vom Erfolg. Ab 1,80 € werden von Riesling, Kerner und Rivaner ausgeschenkt, auch Rotwein ist im Sortiment. Saft gibt es von eigenem Obst, zur Herbstzeit wird Federweißer ausgeschenkt. Auf den Tisch kommen Winzerteller, Käse- und Wurstteller, Schinken und Käse am Stück. Drinnen gibt es 30 Plätze, 30 weitere Weinfreunde sitzen bei schönem Wetter im Hof. Gesellschaften gj. ab 2 bis 50 Personen. **Übernachtung**: Im Gästehaus. Wer mit dem Winzer „auf den Spuren der Römer" wandeln will, fordert den Prospekt an. Feste im Ort: Mitte Juni Weinblütenfest, am vorletzten Wochenende im September Straßenfest.

Anfahrt: BAB 48, Ausfahrt Salmtal, Richtung Piesport nach Neumagen. Der Aussiedlerhof liegt oberhalb des Ortes. Nächste Bahnhöfe: Trier oder Wittlich. Zum Bus 2 km.

WEINHAUS MARMANN
ZUM ROSENBERG 32
54518 OSANN-MONZEL
TEL. 06535 -533
FAX   -93127
www.weinhaus-marmann.de

öffnet vom 1. Juli bis 31. Oktober
täglich ab 18.30 Uhr, mittwochs Ruhetag

Am Südhang inmitten der Osanner Weinberge liegt dieses Weingut. Im Keller und im Hof (30 bzw. 10 Plätze) werden Riesling, Kerner und Rivaner ab 1,30 € ausgeschenkt, von trocken bis mild; auch eigener Traubensaft hilft gegen den Durst. Zur Lese gibt es Federweißen. Die Küche bietet u.a. Vesperteller und Winzersteak mit Salat. Gesellschaften: Bis 30 Personen (nach Absprache auch mit Menü). **Übernachtung**: FeWo (auch für Kurzurlauber) ab 34,- €. Weinkirmes feiert der Ort immer Ende Juni.

Anfahrt: BAB 1, Ausfahrt Wittlich, B 50 Richtung Bernkastel. Durch Wengerohr und Platten. In Osann die 1. Straße links einbiegen. Parkplätze (auch für Wohnmobile) vorm Haus. Oder mit dem Rad auf dem Mosel-Radweg.

**STRAUSSWIRTSCHAFT
ARNOLD PAULY**
IM LEHEN 1
54518 OSANN-MONZEL

TEL. 06535 -556
FAX   -846
www.ferienweingut-pauly.de

öffnet Mitte Mai bis Mitte Juni
und Mitte August bis Mitte Oktober
von Montag bis Sonntag ganztägig

Auf über 200 Jahre Weinbautradition kann Familie Pauly zurückblicken. Riesling, Müller-Thurgau und Spätburgunder reifen in Holzfässern, auch Eiswein ist unter den Weinen. Ab 1,60 € können Sie vom Weißwein verkosten, Spätburgunder gibt es ab 2,30 €, beide trocken und halbtrocken. Der Traubensaft ist Eigenerzeugnis. Im Herbst wird Federweißer ausgeschenkt, dazu gibt's Zwiebelkuchen. An warmen Tagen Bewirtung im Innenhof. Gulaschsuppe, Winzer- und Hawaii-Toast oder Käse- und Schinkenplatten werden zum Wein gereicht, bei Vorbestellung gibt's Winzersteak mit Kartoffelauflauf. Platzreservierung bei größeren Gruppen. Gesellschaften: Bis 50 Pers. **Wein- und Hoffest:** Anfang Mai. **Übernachtung**: Gästezimmer und FeWo. Auch Verkauf von Tresterschnaps, Traubenlikör, rotem und weißen Weingelee, Weinbergspfirsichlikör.

Anfahrt: BAB 48, Ausfahrt Wittlich, Richtung Bernkastel, in Platten rechts nach Mülheim. In Osann die letzte Straße links. Parkplätze (auch für Wohnmobile) im Hof.

WEIN und URLAUB

Lothar Kettern

MÜSTERTER STR. 14
TEL. 06507-2813
www.weingut-kettern.de

54498 PIESPORT
FAX 06507-6672

öffnet Mai bis Oktober
nach Bedarf: wenn Sie anklopfen

„Wein und Urlaub" ist das Motto im Hause Kettern, und welch gelungene Verbindung das ist, lässt sich hier nachprüfen. Riesling und Rivaner gibt es in allen Qualitätsstufen (ab 1,80 €), der Spätburgunder kostet 2,80 €. Rotling, Traubensaft und im Herbst Federweißer werden ebenfalls ausgeschenkt. Die große Sonnenterrasse in den Weinbergen bietet 60 Weinfreunden Platz, drinnen sind's 26 Plätze. Zum Vespern werden belegte Brote gereicht, doch zu den „Tagen der offenen Weinkeller" (Himmelfahrt) und zum **Hoffest** Mitte August zeigt die Küche, was sie kann: Lendensteak mit Kräuterbutter oder für Fischfreunde Lachsfiletsteak, auch der hausgebackene Kuchen fehlt nicht. Platzreservierung. Gesellschaften außerhalb der Öffnungszeit: Ab 6 bis 30 Personen. **Übernachtung**: 4 DZ. Für zuhause: Auch Sekt, Traubensaft und Trauben-Trester.

Anfahrt: BAB 48, Ausfahrt Salmtal. Im Ort in einer Nebenstraße. Parkplätze (auch Wohnmobile) im Hof. Am Moselradweg ist ein Hinweisschild. Nächster Bahnhof: Wittlich, dann mit dem Bus (Θ 50 m). Sehenswert: Die römische Kelteranlage im Ort.

MOSELGARTEN
ERICH LEHNERT
MÜSTERTER HOF
WEINGUT LEHNERT-VEIT
IN DER DUR 10
54498 PIESPORT

TEL. 06507 -2123
FAX   -7145

öffnet vom 1. Juni bis 30. September
täglich von 12 bis 23 Uhr, samstags bis 24 Uhr,
Sonntagabend geschlossen

Die Weinstube im alten Gebäude gibt den Blick auf die Mosel frei, an warmen Tagen verlockt der große Moselgarten zum Aufenthalt. Das Weingut ist Mitglied im Bernkasteler Ring, der Gault Millau empfiehlt die Weine. Weiße Schoppenweine (0,2 l) gibt es ab 1,90 €, der trockene Spätburgunder (auch als Weißherbst) kostet 3,10 €. Trockene Weine sind die Spezialität des Weinguts, bis zum Eiswein kann verkostet werden. Ab September gibt's Federweißen, der Traubensaft ist Eigenerzeugnis. Flammkuchen wird mit Schinken, Zwiebel und Rahm belegt, die Kartoffelsuppe mit Sahne serviert. Schafskäsevariationen passen zum mediterranen Flair. Platzreservierung. Gesellschaften: 20 bis 60 Personen. Mitte August ist das **eigene Weinfest**.

Übernachtung: 4 DZ (20,-/24,- € pro Person). Für zuhause: Auch Liköre, Essig, Weingelee, Traubenkernöl.

Anfahrt: BAB 48, Ausfahrt Salmtal. In Piesport in der Moselschleife direkt am Fluss, Parkplätze auf dem Hof. Der Moseleinpfad führt am Grundstück vorbei. Nächster Bahnhof: Wittlich. Der Moselbahnbus fährt alle 2 Stunden, ☉ 400 m.

ALTER WINZERHOF
PETER VEIT
LANDKAPITEL 6
54498 PIESPORT
TEL. 06507 -2661
FAX   -703725
peter.veit@gmx.de

öffnet vom 1. Juli bis 15. November
täglich von 10 bis 22 Uhr

Die Ausschankstube dieser **echten Straußwirtschaft** liegt zwischen zwei Gewölbekellern, klar, dass da eine Besichtigung eingeschlossen ist. Hier und bei schönem Wetter auf der Terrasse werden Sie mit Riesling, Kerner, Rivaner, Dornfelder und Spätburgunder verwöhnt. Preis für den ¼ l: ab 2,30 €. (Jährlich Spätlesen in Steilstlage). Zur Lese gibt es Federweißen/-roten mit Zwiebelkuchen, der Traubensaft ist Eigenerzeugnis. Winzer-Brotzeiten mit Hausmacher Wurst dazu auch Sülze mit Zwiebeln, Käse, Bockwurst, Gulaschsuppe und Schwenkbraten bietet die Küche. Platzreservierung. Gesellschaften während der Öffnungszeit: Ab 10 bis 25 Personen. **Übernachtung:** 3 DZ (ab 40,- €, bei längerem Aufenthalt günstiger/33,- € EZ, Liegewiese). Kelterfest ist in Piesport am 1. WoE im Oktober. Für zuhause: Präsentflaschen mit 1,5 l mit handgeschriebenem Etikett. Für Burgenfreunde: Burg Eltz, Burg Pyrmont oder die Marienburg bei Bullay.

Anfahrt: Im historischen Zentrum von Alt-Piesport nahe der Kirche. Nächster Bhf: Wittlich, von da Bus Richtung Thalfang, Θ 20 m vom Haus entfernt. Taxi, Tel. –2402 oder 01716225962. Zur Schiffsanlegestelle 50 m. Wohnmobilplatz bei der Kirche.

**GUTSAUSSCHANK
SPÄTER-VEIT**
HEINZ und SILVIA WELTER
BRÜCKENSTR. 13
54498 PIESPORT
TEL. 06507 -5442
FAX   -6760

öffnen noch bis 15. Oktober,
zu den „Tagen der offenen Weinkeller" im Mai,
und ab Mitte Juni
täglich von 11 bis 23 Uhr

Ab Mitte September gibt es Federweißen, zu allen Zeiten können Sie von Riesling und Spätburgunder rosé verkosten, beides gibt es ab 2,50 €. Der Traubensaft ist Eigenerzeugnis. Zusätzlich zur Speisekarte gibt es feiertags, freitags und am Wochenende geräucherte Forellen. Schattig sitzen Sie auf der Terrasse unter Bäumen, die Panoramaterrasse an der Mosel bietet den Ausblick auf Alt-Piesport, und erlaubt das Wetter nicht den Aufenthalt im Freien, gibt's den Probierraum. Platzreserv. Gesellschaften: Bis 40 Personen. Zum **Weinfest** erwartet Sie die Winzerfamilie am 3. Wochenende im August. In bekannten Weinführern (Gault Millau, Eichelman, Feinschmecker ect.) beschrieben.

Anfahrt: Auf der rechten Moselseite an der Brücke. Parkplätze im Hof. Für ganz müde Radfahrer: Die Panoramaterrasse ist unmittelbar am Moselradweg. Alle 2 Stunden geht der Moselbahnbus, ⊖ 300 m.

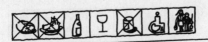

STRAUSSWIRTSCHAFT WERNER NEUKIRCH
HOFSTR. 15
54518 PLATTEN
TEL 06535-375
info@weingut-neukirch.de

öffnet von Juli bis Oktober
und von Himmelfahrt bis Sonntag (offene Weinkeller)
täglich ab 14 Uhr, montags Ruhetag

Am neuen Maare-Mosel-Radweg, an der Dorfschleife Platten, idyllisch am rauschenden Lieserbach gelegen, nahe der Ortsmitte, finden Sie die Straußwirtschaft mit dem großen, gemütlichen Innenhof, der an sonnigen Tagen bewirtet ist. Neben Riesling und Kerner können Sie hier auch von Rotweinen, Rosé und Rotling und eigenem Traubensaft probieren. Die Weine sind trocken, halbtrocken und mild ausgebaut, das Glas ab 1,30 €. Riesling gibt es bis zum Eiswein. Zum Federweißen gibt es hausgebackenen Zwiebelkuchen. Aus der Winzerküche kommen original Plattener Teufelsbraten, Schlachtplatte, selbstger. Schinken, Forellenfilets mit Sahne-Meerettich und Fitness-Teller. In der Weinstube haben 60 Weinfreunde Platz. **Übernachtung**: 1 DZ. Weinkirmes feiert Platten am 3. WoE im Juli.

Anfahrt: BAB 48, Ausfahrt Wittlich. Richtung Bernkastel-Kues bis zur Ortsmitte (Dorfplatz), dann rechts über die Bieberbachbrücke. 50 m vom Ortskern entfernt. Eigene Parkplätze (auch f. Wohnmobile). Nächster Bahnhof: Wittlich-Wengerohr.

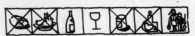

WEINSTUBE SCHÖMANN
ALFRED SCHÖMANN
HAUPTSTR. 4
54340 PÖLICH
TEL. 06507 -4236 u. -3193
FAX   -9389661
www.kanzlerhof.de

öffnet August bis Oktober
täglich außer montags ab 16 Uhr
und Ostern bis Juni an den Wochenenden ab 17 Uhr

Riesling gibt es hier vom QbA bis zur Auslese, von trocken bis lieblich, der Preis pro Glas ab 2,- €. Rotweinfreunde bekommen trockenen Spätburgunder (ebenfalls 2,- €), z.T. im Eichenholzfass ausgebaut. Vorweg ein Gläschen vom Riesling-Winzersekt und dann sitzt man bei gebackenen oder sauer eingelegten Moselfischen, Hausmacher Wurst, Hausteller oder Winzersteak gemütlich beisammen, bei schönem Wetter auch im Freien. Platzreservierung. Gesellschaften nach Vereinbarung. Das Weingut Kanzlerhof-Schömann ist Mitglied im Bernkasteler Ring; im „Feinschmecker" u. „Gault Millau" ist es erwähnt. Zum **eigenen Weinfest** lädt man Sie am 2. WoE im August. **Übernachtung:** Im Winzerhaus. Für zuhause neben edlem Wein und Sekt auch Schnäpse.

Anfahrt: BAB 1, Ausfahrten Mehring, Föhren oder Schweich. Vom Hauptbahnhof Trier fahren mehrmals täglich Busse nach Pölich.

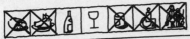

WEINSCHIFFCHEN
HERBERT DAHM
KIRCHSTR. 30
Wgt.: Hauptstr. 78
56862 PÜNDERICH
TEL. 06542 -2564
          01776267313
FAX   -1339
www.weingut-dahm.de

öffnet an Pfingsten
und von Juli bis Oktober
täglich ab 19 Uhr bis nachts

Das „Weinschiffchen" ist in einem unter Denkmalschutz stehenden, weinumrankten Fachwerkhaus aus dem 16. Jahrhundert, vorgestellt in der Fernsehreihe „Straußwirtschaften in Rheinland-Pfalz". In der **echten Straußwirtschaft** wird eine große Auswahl an Rieslingen geboten. Mit Weinen, überwiegend an Steillagen gewachsen, erreichte das Weingut viele Preise, zuletzt Silber bei ‚Vinalies Internationales' der ‚Union de Œnologues de France' in Paris. Zu solch edlen Weinen wird Schinken zum Schnippeln, Käse zum Hobeln und Schmalz zum Streichen serviert. Gesellschaften: Zur Öffnungszeit bis 40, sonst bis 50 Personen – auch mit „Beschwipstem Schnitzel". **Übernachtung:** 3 ****Ferienwohnungen/2 Personen ab 40,- €.

Anfahrt: BAB 48, Ausfahrt Wittlich. Im Ortskern in Moselnähe am Clemensplatz. Parken am Haus. Kinderspielplatz; der Fahrradweg führt in Sichtweite vorbei. Schiffsanlegestelle vorm Haus, vom Bus sind's 60 m.

**WEINGUT-
STRAUSSWIRTSCHAFT A. DAHM**
MICHAEL DAHM
BAHNHOFSTR. 4
56862 PÜNDERICH
TEL. 06542 -2805
FAX   -1609
www.alfred-dahm.de

vom 1. Juli bis 31. Oktober
täglich ab 16 Uhr, an Wochenenden und feiertags ab 12 Uhr,
mittwochs Ruhetag

Das 1901 erbaute Fachwerkhaus befindet sich direkt neben der Schule. Während der Straußwirtschaftszeit werden Sie im rustikalen Keller von Familie Dahm bewirtet, bei warmem Wetter auch im überdachten Hof. Weiß- und Rotweine gibt es von trocken bis mild sowie in allen Qualitätsstufen. Das 0,2 l-Glas von Bacchus, Kerner oder Riesling gibt es ab 1,40 €. Die 5 verschiedenen Rotweine werden ab 2,10 € für das Viertel angeboten. Für die kleinen Gäste gibt es eigenen Traubensaft. Anfang Sept. Federweißer und –roter mit frischem Zwiebelkuchen. Die Küche verwöhnt sie mit Speisen wie Winzervesper, Fleischkäse mit Bratkartoffeln und warmen und kalten Gerichten. **Übernachtung**: Im Winzerhaus. Feste in Pünderich: In Mai und September Straßenfest, im August Weinkirmes.

Anfahrt: In Pünderich neben der Schule; eigene Parkplätze. Oder mit der Bahn bis Bullay, dann Bus (ca. stdl.). Zur ☉ 200 m. Auf Wunsch werden Gäste vom Bahnhof abgeholt.

**STRAUSSWIRTSCHAFT
THOMAS BARZEN**
MOSELSTR. 21
56861 REIL
TEL. 06542 -21854
FAX   -1566
www.weinhaus-karina.de

öffnet Anfang Mai bis Ende Juni
und Anfang August bis Ende Oktober
täglich von 11 bis 23 Uhr

Seit dem 15. Jahrhundert widmet man sich bei Familie Barzen dem Weinbau. Im Weinkeller von 1231 reifen edle Weine und Brände in Holzfässern. Es gibt eine große Auswahl an Riesling, Rivaner, Bacchus, Kerner (bis hin zum Eiswein) und Dornfelder, der auch als Weißherbst angeboten wird. Eine Raritätenkarte gibt es ebenfalls. Zur Lese wird Federweißer mit Zwiebelkuchen serviert. Die Küche verwöhnt Sie mit mosselländischen Gerichten oder einer Winzertorte. Bewirtet wird auf der Terrasse mit Panoramablick auf die Mosel und im Gewölbekeller von 1861.
Übernachtung: In Zimmern (SAT-TV, DU+WC) mit teilweise Balkon (23,-/25,- €) und FeWo. Neu: Planwagenfahrten mit dem Winzer.

Anfahrt: Reil liegt zwischen Zell und Traben-Trarbach. Mit der Bahn von Koblenz bis Bullay, dort in den Zug (stündlich). Zur Straußwirtschaft sind's 5 Minuten. Direkt am Moselufer gelegen, der Radweg führt am Haus vorbei; Wohnmobilplatz im Ort.

**WINZERSTUBE WEINGUT
SCHUH-SAUSEN**
DORFSTR. 12-14
56861 REIL
TEL. 06542 -21903
FAX   -901194
mobil 01721573807
www.weingut-schuh-sausen.de

preiswert schlafen-trinken-essen beim Winzer

öffnet von April bis Oktober (im Juli 2 Wochen geschlossen)
öffnet immer bei Bedarf, einfach nebenan klingeln

In dieser Weinstube werden nur eigene Rot- und Weißweine ausgeschenkt. Für Kinder gibt es roten und weißen Traubensaft. Leckereien aus der Winzerküche werden zum Wein gereicht.
Übernachtung: 1 FeWo (2 Personen ab 38,- €, jede weitere Person 7,- €) und DZ (ab 42,- € für 2 Pers.) mit Winzerfrühstück. Wanderer und Radfahrer sind herzlich willkommen. Ende August: Straßen- und Weinfest in der Dorfstraße. Für Interessierte gibt's einen Weinlehrpfad. Weinwanderungen nach Absprache. Ausflüge mit Bus, Zug und Schiff im Ort buchbar.
Anfahrt: Zu Wasser und zu Lande. In der Ortsmitte von Reil an der Dorfstraße. Nur 2 Minuten vom Moselufer entfernt. Parkplätze sind vorhanden.

MITTELMOSEL 492

**GUTSWEINSTUBE
PROBSTHOF-COLONIAL**
ELISABETH u. MANFRED SCHMITZ
HAUPTSTR. 6
54340 RIOL
TEL. 06502 -8593
FAX   -20761
www.weingut-probsthof.de

öffnet nach telefonischer Anmeldung

Riesling vom Fass wird bereits für 1,- € ausgeschenkt. Dazu steht noch eine große Auswahl an Flaschenweinen von Riesling, Rivaner, Dornfelder, Spätburgunder und Gutssekten bereit, trocken und halbtrocken, umweltschonend und ertragreduzierend angebaut. Der „Colonialteller" bietet einheimische Spezialitäten. An warmen Tagen wird auch im Freien bewirtet. Gesellschaften: Ab 10 bis 60 Personen. Für zuhause: Sekt und Brände. Weinfest in Riol: Ende Juni; alle drei Jahre lädt auch Familie Schmitz zum Weinfest. Das Weingut ist Mitglied bei Mosel 2000. Wanderungen in alten Rebenterrassen möglich.

Anfahrt: BAB 48/1, Autobahndreieck Moseltal, Abfahrt Longuich-Fell. Geradeaus auf der Landstraße nach Riol, dort die 1. Ortseinfahrt in die Ortsmitte. 40 Parkplätze auf dem Hof. Oder stündlich mit dem Bus von Trier, die Haltestelle ist 100 m entfernt. Der DB-Bahnhof Trier ist 12 km entfernt.

WEINGUT WEICH
BERNHARD WEICH
BAHNHOFSTR. 17
54340 RIOL
TEL. 06502 -2648
FAX   -2619
www.weingut-weich.de

Weinbau seit 1650

öffnet von Mai bis Oktober
montags bis mittwochs ab 11 Uhr,
donnerstags bis samstags ab 17 Uhr, sonntags Ruhetag

Familie Weich ist dem Weinbau seit 1650 verbunden. Der junge Weinbau-Ingenieur hat höchste Auszeichnungen bei nationalen und internationalen Verkostungen für seine Rieslinge erhalten. Von diesen und Rivaner, Kerner, Dornfelder, Spätburgunder und Merlot gilt es, in der **echten Straußwirtschaft** zu probieren. Den weißen QbA-Wein gibt es ab 2,40 €, doch stehen auch Prädikatsweine bis zur TBA, Winzersekt und Edelbrände auf dem Programm. Ab Sept. gibt's Federweißen, der weiße Traubensaft ist Eigenerzeugnis. Neben kleiner Vesper wie belegten Broten werden z.B. Zwiebelkuchen, Spezialitäten aus der Winzerküche und an Festtagen saisonale Gerichte geboten. Reserv., Gesellsch.: 12-60 Pers. Beim Wein & Gourmet-Festival Ende März/Anf. Apr. u. in der Weihnachtszeit verwöhnen Weichs Ihre Gäste mit Menüs u. gr. Weinprobe. **Hoffest** ist Pfingsten. **Übernachtung**: EZ ab 32,-€; DZ 42,-€. Für zuhause: Sekt, Edelbrände, Trester, Hefe (auch Barrique), Traubenkernöl u. -gelee und Obst.

Anfahrt: Autobahndreieck Moseltal Abfahrt Fell-Longuich, 2 km geradeaus, 1. Einfahrt Riol (rechts), nach 150 m liegt das Weingut auf der linken Seite. Platz für 6 Wohnmobile. Oder Moselbahnbus bis ⊖ Bahnhofstr., dann 150 m Richtung Mosel.

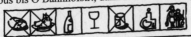

STRAUSSWIRTSCHAFT
WEINGUT ZUM LINDENHOF
MANFRED LINDEN
HAUPTSTR. 25
54340 THÖRNICH
TEL. 06507 -3187
FAX   -4386
linden.weingut@t-online.de

öffnen von 1. Mai bis 31. Oktober
donnerstags bis sonntags und feiertags ab 12 Uhr

In der Straußwirtschaft „Zum Lindenhof" gibt es den Viertelliter Weißwein ab 1,60 € zu probieren, Rotwein wird ab 2,- € ausgeschenkt. An weißen Rebsorten werden Riesling, Müller-Thurgau, Bacchus und Kerner geboten. Die Qualitäten reichen bis zur Auslese. Wer gern Saft trinkt, wird mit Traubensaft aus eigener Herstellung verwöhnt. Zur Traubenlese gibt es Federweißen im Ausschank. Dazu werden Schinken-, Käse- und Schmalzbrote gereicht. Gesellschaften: Ab 8 bis 60 Personen. **Übernachtung**: DZ. Am 2. Wochenende im September lädt Familie Linden zum **Hoffest** ein.

Anfahrt: BAB 1/48, Ausfahrt 128 (Föhren), von da ins Moseltal. Am Ortsausgang Richtung Detzem gelegen. Parkplätze vorhanden.

**GUTSWEINSCHENKE
K.-JÜRGEN u. CORNELIA THUL**
IM BUNGERT 6
54340 THÖRNICH
TEL. 06507 -3752
FAX   -99119
www.wein-thul.de

öffnen von Mai bis Ende Oktober
täglich ab 12 Uhr,
am Wochenende und feiertags ab 14 Uhr, mittwochs RT

An Weißweinen werden Riesling, Rivaner und Weißer Burgunder geboten, alle trocken. Blauen Spätburgunder gibt es auch als Weißherbst. Bei naturnaher Bewirtschaftung werden Qualitäten bis zu Auslesen erzeugt. Eigene Säfte sind Apfel- und Traubensaft. Im Herbst gibt's Federweißen. Drinnen und draußen (bis 80 Plätze) schmecken saisonale Speisen wie Zwiebel- und Flammkuchen, Fischgerichte, Geschnetzeltes mit Rieslingrahmsoße, Rindfleischsalat, Winzersteak mit Bratkartoffeln oder geräuchertes Forellenfilet. Gesellschaften: Ab 6 bis 50 Personen. Das **eigene Weinfest** mit Musik ist am 2. Wochenende im September. **Übernachtung**: FeWo oder Gästezimmer mit Du/WC.

Anfahrt: BAB 1, Ausfahrt 128 Föhren, Hetzerath. Beim Gemeindeplatz, 1. Straße links. Parken direkt vorm Haus, auch 2 Wohnmobilstellplätze. Zum Bus 50 m.

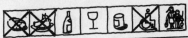

GUTSSCHENKE-WEINGUT
KARL CASPARI
WEIHERSTR. 18
56841 TRABEN-TRARBACH
TEL. 06541 -810300
FAX   -8139345
www.weingut-caspari.de

öffnet von Ostern bis 31. Oktober
montags bis mittwochs ab 17 Uhr,
donnerstags bis samstags ab 11 Uhr, sonntags Ruhetag

An Steillagen gewachsen und im Holzfass ausgebaut, wird das Glas Weißwein ab 1,80 € geboten. In dem seit 4 Generationen bestehenden Weingut werden vor allem Rieslinge eingeschenkt, von trocken bis lieblich, vom einfachen QbA bis Auslese. Doch wird auch Dornfelder (auch als Rosé) kredenzt, auf der Innenhofterrasse oder in Scheune und Natursteinhaus zu genießen (drinnen und draußen je 60 Plätze). Das Winzerhaus ist denkmalgeschützt, die Führung durch den Felsenkeller nicht zu versäumen, geht er doch in einer Länge von 100 m bis unter die evang. Kirche. Traubensaft und Federweißer sind ebenfalls zu kosten. Spezialität des Hauses: Saumagen, dazu noch original Tresterfleisch (Hausspezialität). Platzreservierung. Weinfest im Ort: Am 2. WoE im Juli. **Übernachtung**: 7 FeWo ab 32,- €/Tag. Vorschlag für einen Ausflug: Wanderweg nach Bernkastel-Kues (ca. 5 km), dann mit dem Schiff 1,5 Std. zurück. Für zuhause: Auch Essig und Gelee.

Anfahrt: BAB 48, Ausfahrt Wittlich oder von Mainz B 50. Im Zentrum von Trarbach Nähe Rathaus. Parkplätze im Hof. Vom Bahnhof 1 km.

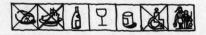

**GUTSWEINSCHÄNKE
MARIKA'S STÜBCHEN**
MARIKA SCHMIDT
BRENNEREI
FÄHRSTR. 2
56841 TRABEN-TRARBACH-
    WOLF
TEL. 06541 -4434
FAX   -811927
www.marikas-stuebchen.de

öffnet die letzte Woche im April bis zur letzten Oktoberwoche

tägl. von 11 bis 22 Uhr, dienstags ab 17 Uhr, montags RT

Außer Riesling werden hier Müller-Thurgau und Kerner geboten, als Rotwein gibt es Dornfelder. Preis für Weißwein ab 2,20 €, Rotwein ab 2,50 €. Doch steht Riesling weiterhin im Vordergrund, bis zur Beerenauslese geht die Qualität. Ab September wird Federweißer ausgeschenkt, der Traubensaft ist Eigenerzeugnis. Spezialität des Hauses: Wolfer Tresterfleisch, nach altem Familienrezept in der hauseigenen Destille gegart. Hausmacher Platten, Schnitzel, Steaks, Salatteller oder Schweinsfilet – die Auswahl ist recht groß. Die Terrasse mit 50 Sitzplätzen garantiert Moselblick, drinnen sind's noch mal 22 Plätze. Gesellschaften zur Öffnungszeit: 5 bis 20, sonst 20 bis 40 Personen. **Übernachtung**: Fewo mit herrlichem Moselblick. **Grillabend:** jeden Fr., Sa. und So. ab 17 Uhr. Straßenfest feiert Wolf am 3. WoE im September.

Anfahrt: 3 km von Traben-Trarbach. An der Mosel in der Nähe des Campingplatzes Wolf. Parken am Moselufer. Der Moselradweg führt am Haus vorbei. Zum Campingplatz 50 m oder in der Nähe der Gutsweinstube.

ALTE ABTEI
WALTER BRITZ
IM HOF 3
54349 TRITTENHEIM
TEL. 06507-2538

öffnet vom 1. Juli bis 31. Oktober
täglich von 12 bis 24 Uhr

Riesling, Kerner, Müller-Thurgau in allen Geschmacksrichtungen (ab 1,50 €), bis hin zu Beerenauslesen werden Ihnen im Gewölbekeller der Straußwirtschaft oder auf der Sonnenterrasse eingeschenkt; ebenso Traubensaft und im Herbst Federweißer. Schinken- oder Käsebrot und Winzervesper gibt's dazu und bei Vorbestellung auch Winzersteak und Spießbraten. Platzreservierung. Gesellschaften: Ab 10 bis 50 Personen auch außerhalb der Öffnungszeit. Für zuhause: Auch Trauben- und Weingelee.
Übernachtung: Eigene Gästezimmer. Am 2. Wochenende im August: Laurentiusweinkirmes.

Anfahrt: B 53 zwischen Trier und Bernkastel. Parkplätze ums Haus. Zum Bus 200 m.

**STRAUSSWIRTSCHAFT
IM ALTEN GEWÖLBEKELLER**
KURT u. MARLENE LOOSEN
ALTENBERGSTR./ECKE BERGSTR.

54539 ÜRZIG

TEL.+ FAX 06532-4565

öffnen über Pfingsten

und von August bis Anfang November

täglich von 19.30 bis 24 Uhr

Hier gibt es ausschließlich Riesling. An Steillagen gewachsen und im Holzfass ausgebaut, ist er ab 1,80 € zu verkosten, mild oder trocken, vom QbA bis zur Beerenauslese. Im Herbst gibt es zum Federweißen Zwiebelkuchen, immer werden Hausmacher Wurst, Käse und Schmalzbrot gereicht. Bewirtet wird – wie der Name sagt – im alten Gewölbekeller. Platzreservierung. Gesellschaften: Bis 30 Personen. Straßenfest in Ürzig ist Ende September. **Übernachtung**: Im eigenen Weingut „Haus Margarethenhöhe" in der Bergstraße 23.

Anfahrt: In der Ortsmitte von Ürzig mit schönem Blick ins Moseltal. Gäste können von den Bahnhöfen Wittlich oder Ürzig abgeholt werden.

WOLFGANG und MARTINA MIES
WÜRZGARTENSTR. 27
54539 ÜRZIG
TEL. 06532-2662

öffnen im Mai und von August bis Ende Oktober
täglich von 18 bis 23 Uhr

Hier gibt's das Glas vom Weißwein ab 1,50 €, der Federweißer – gern mit Zwiebelkuchen genossen – kostet 1,- € (wie auch der Traubensaft). Die Rebsorten sind Riesling, Bacchus und Kerner, auch Beerenauslesen und Eiswein werden erzeugt. Einfache Vesper wie Wurst-, Käse- oder Schinkenbrot oder Strammer Max werden zum Wein serviert. Für Suppenfreunde gibt's die hausgemachte Gulaschsuppe von Frau Mies. Platzreservierung. Weinfeste in Ürzig: Am 2. Wochenende im August und am 3. im September. **Übernachtung**: FeWo (2-4 Pers., 20,-/40,- €) und DZ.

Anfahrt: BAB 48, Ausfahrt Wittlich, dann B 49 Richtung Koblenz. Ürzig liegt an der B 53. Gäste können vom Bahnhof Ürzig abgeholt werden. Stellplatz für Wohnmobile.

WEINGUT
URZECHA HOF
GEORG SCHMITZ
MOSELUFER 32
54539 ÜRZIG
TEL. 06532 -2458
FAX -1776
Handy: 01735788958
www.urzecha-hof.de

öffnet vom 1. Juli bis 31. Oktober
täglich ab 19.00, samstags, sonn- und feiertags ab 16 Uhr,
dienstags Ruhetag

Seit 1999 gibt es die Straußwirtschaft am Moselufer. Hier können Sie Riesling und Rivaner ab 1,80 € aus Steillagen genießen. Das Angebot beginnt mit Qualitätsweinen und reicht bis zu edelsüßen Auslesen. Trockene und halbtrockene Rieslingweine, im Eichenfass ausgebaut, sind die Spezialität des Weinguts. Im Herbst gibt's Federweißen mit Zwiebelkuchen, der Traubensaft ist Eigenerzeugnis. Bewirtet wird im Keller des Hauses mit Hausmacher Blut- und Leberwurst, Käsewürfeln und Käseschnittchen, geräuchertem und gekochtem Schinken. Zum Wein- und Heimatfest erwartet Sie Ürzig am 2. WoE im August, das Straßenfest ist immer am 4. WoE im September. **Übernachtung:** Im Weingut Urzecha Hof (von ursacum=Ürzig) in der Scheuertrift 5 eine FeWo., am Moselufer eine weitere FeWo für jeweils 4-5 Pers. (hier ggf. mit Frühstück, ab 50,- € /Tag). Für zuhause: Traubenhefebrand mit in der Flasche gewachsener Traube (sehr selten!)

Anfahrt: B 53 bis Ürzig, an der Tankstelle rechts, 4. Haus. **P** an der Moselpromenade oder für Wohnmobile 2 Plätze bei der Scheuertrift 5. Zum Bus sind's 50 m, zum Bahnhof 3 km.

WEINGUT CLEMENS
MAREN CLEMENS
KURFÜRSTENSTR. 11
54487 WINTRICH
TEL. 06534-692
weingutclemens@aol.com

öffnet von Juli bis Oktober
täglich ab 18 Uhr, samstags und feiertags ab 17 Uhr

In diesem Weingut stoßen Sie auf ein reichhaltiges Angebot an Weißweinen von Elbling, Rivaner und vor allem Riesling. Bis hin zur Beerenauslese ist alles vorhanden. Im Herbst gibt's Federweißen, der Traubensaft ist Eigenerzeugnis. Bewirtet wird drinnen und auf der Terrasse. Platzreservierung: Nur bei Festen erforderlich. Gesellschaften: 15 bis 40 Personen gj. Zum **Hoffest** erwartet man Sie am letzten Wochenende im Juni. Aktivitäten: Weinerlebnisbegleitung und Moseltrophy.

Anfahrt: Von Brauneberg kommend am Ortsrand. Wohnmobilisten bitte anmelden (10 Plätze), Platz mit Strom/Wasser je 7,- €, ohne 5,- €.

MOSEL 503 MITTELMOSEL

WEINGUT MATTHIASHOF
STEFAN und MARTINA GORGES
BERGSTR. 12 und 13
54487 WINTRICH
TEL. 06534-93250   FAX –93251
www.matthiashof.de

öffnen noch bis Ende Oktober,
von 20. Mai bis 12. Juni und von 26.Juli bis Ende Okt.
täglich ab 18 Uhr

Seit 1987 gibt es die Straußwirtschaft, die Weinstube mit Terrasse bietet drinnen 40 und draußen 20 Weinfreunden Platz. Vom Qualitätswein bis zur Beerenauslese gibt es Weißweine von Riesling, Rivaner, Kerner und Huxelrebe (ab 1,50 €), Dornfelder, Regent u. Spätburgunder sind tr. und htr., letzteren gibt es auch als Rosé (2,- bzw. 1,80 €). Im Herbst wird Federweißer mit Zwiebelkuchen serviert, auch eigener Traubensaft steht bereit. Winzersteak wird mit Kräuterbutter oder Bratkartoffeln auf den Tisch gebracht, von der Matthiashof-Platte lassen Sie sich überraschen. Weinproben mit Wanderung zum Großen Herrgott. Zu den ‚**Tagen der offenen Weinkeller**' über Pfingsten wird Moseltypisches gereicht. Gesellsch.: Ab 15 bis 40 Pers. Sie finden den Winzer auch auf den Weinfesten von Düren, Dresden und Flensburg. Feste in Wintrich: Happy Mosel Anfang Juni, Weinkirmes Anfang August und **Hoffest** Ende Juli. **Übernachtung:** Für 22,-/18,50 € pro Person im eigenen Gästehaus. Fahrradverleih. Für zuhause: Weingelee, Brände.

Anfahrt: Zentral im Ortskern von Wintrich, **P** im Hof. Nächster Bahnhof: Wittlich, Gäste können abgeholt werden. Platz für Wohnmobile.

**WEINGUT ****FERIENHAUS
JÖRG und CHRISTA
GORGES-MÜLLER**
WEINGASSE 9
54487 WINTRICH
TEL. 06534 -8299 oder 8623
FAX   -949666
www.weingut-gorges-mueller.de

öffnen über Pfingsten (Tage der offenen Weinkeller)
täglich von 12 bis 23 Uhr, samstags bis 24 Uhr,

Wer zum **Kellerfest** vom 18. bis 21. Sept. anreist, wird im Weingut in **Burgen** empfangen (Am Frohnbach 11), im Mai wird in Wintrich gemütlich beisammen gesessen. Schon ab 1,- € gibt es beim Fest Riesling und Müller-Thurgau vom Fass, Qualitätsweine sind in großer Auswahl vorhanden, auch Trockenbeerauslese und Eiswein sind zu verkosten (ab 2,50 € Weißwein, Rotwein ab 4,40 €). Für Sommerabende empfiehlt die Winzerfamilie gut gekühlten Rotling aus Dornfelder und Müller-Thurgau. Die Weine werden in Eichenholzfässern ausgebaut. Der Traubensaft ist von Müller-Thurgau-Reben. Schwenkbraten und Rieslingfleisch kommen auf den Teller, der Weinkäse erfährt besondere Behandlung. An warmen Tagen werden die Schirme im Hof aufgespannt. Platzreserv., Gesellsch.: Ab 2 bis 55 Personen. **Übernachtung:** 2 DZ und ein ****Ferienhaus „zum Ausspannen u. Energietanken od. Aktiv-Urlaub". Für zuhause: Auch Perlwein, Sekt, Schnäpse. **Anfahrt**: von Wittlich Rtg. Mülheim, im Ort links auf der 353 Rtg. Trier, bis Braneberg, dann Rtg. Burgen. 3 Plätze m. Strom/Wasser/WC für Wohnmobile. Gäste werden auf Wunsch vom Bhf. Wittlich abgeholt.

WEINGUT GEIERSLAY
RUDOLF KILBURG
MOSELWEINSTR. 1
54487 WINTRICH
TEL. 06534 -18211
FAX   -18212
www.weingut-geierslay.de

öffnet Mitte/Ende Mai bis Ende Oktober
täglich ab 14 Uhr, sonn- und feiertags ab 10 Uhr

In dauerbegrünten Weinbergen mit wenig Düngung und geringem Anschnitt wachsen die Reben von Winzer Kilburg. Neben Riesling, Kerner und Müller-Thurgau sind es Weiß- und Grauburgunder, Dornfelder und Spätburgunder, die es hier zu verkosten gibt. Das Glas vom Rotwein gibt es ab 2,20 €, Weißwein kostet ab 2,- €. Roséfreunde bekommen einen Rotling. Die Qualitäten reichen bis zur Beerenauslese. Im Herbst wird Federweißer ausgeschenkt, der Traubensaft ist Eigenerzeugnis. Schinkenplatte gibt es mit Spiegelei garniert. An Festtagen werden Rauchsteaks mit Gräwes serviert. Bei schönem Wetter wird auch in dem überdachten Weingarten bewirtet. Gesellschaften ganzjährig 10 - 50 Personen. **„Geierslayer Weinherbst"** immer am 3. WoE im Sept. **Übernachtung**: 2 Fewo, 40 €/Tag. Für zuhause: Auch Liköre, Brände, Sekte und Perlwein.
Anfahrt: Außerhalb von Wintrich in Richtung Piesport direkt unter dem „Großen Herrgott". Bushaltestelle und Anlegesteg für Sportboote direkt am Haus.

**FERIENWEINGUT
MOSELBLICK
NORBERT LINDEN**
MOSELWEINSTR. 7
54487 WINTRICH
TEL.+ FAX 06534-8696
www.ferienweingut
-linden-pelzer.de

öffnet ganzjährig
täglich ab 11 Uhr

Das Weingut wird schon seit vielen Generationen betrieben. In der Probierstube oder auf der großen Sonnen- und Moselterrasse können Sie bei den Weißweinen (ab 2,95 €) unter drei, bei den Rotweinen (ab 3,20 €) unter zwei Weinen wählen, alle halbtrocken. Spezialisiert ist das Weingut auf Rieslinge aus Steillagen, vom Landwein bis zur Auslese wird erzeugt, Rotweine gibt es von trocken bis lieblich. Der Traubensaft ist Eigenerzeugnis. Im Herbst gibt's Federweißen. Kalte und warme Speisen werden ab 1,80 € serviert, darunter Hausmacher Wurst, Käse- und Schinkenplatte oder Winzersteak. Gesellschaften nach Absprache. **Übernachtung**: 8 DZ und 1 FeWo. Feste im Ort: Am 1. Mai, Anfang Juni, Anfang August und Anfang September. Für zuhause: Trester-Feinbrand, Traubentrester, Obstler, Liköre, Sekt.

Anfahrt: Am Ortsrand von W. gelegen mit Moselblick. **P** (auch Wohnmobile) am Haus. Nächster Bahnhof: Wittlich. Gäste können abgeholt werden. Entfernung zur Bushaltestelle 100 m.

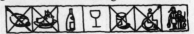

ZUR QUINTESSENZ
Dipl.Ing. THOMAS QUINT
SCHULSTR. 1
54487 WINTRICH

TEL. 06534 -93150
FAX   -93152
www.weingut-quint.de

öffnet September/Oktober
täglich von 18 bis 23 Uhr

Saisonbeginn ist zu Pfingsten bei den **Tagen der offenen Weinkeller**, 3. Juliwoche **Hoffest** und ab September ist dann Straußenzeit. Zur Herbstzeit gibt es Federweißen und immer von Riesling, Rivaner, Kerner, Chardonnay, Weiß-, Grau- und Spätburgunder, Merlot, Cabernet Mitos und Dornfelder zu verkosten, das preiswerteste Glas vom Weißwein für 1,80 € für 1/4 l. Der Traubensaft ist aus eigenem Lesegut. Es werden Zwiebelkuchen, Schwenksteak, überbackener Ziegenkäse und Vesperplatte serviert. Gesellschaften: Bis 50 Personen. Örtliche Feste: Weinblütenwanderung Mitte Juni und Weinfest am 2. Wochenende im September. Für zuhause: Marc vom Riesling, Williams, Mirabelle, Alter Weinbrand XO, Weinbergspfirsichlikör, Perlwein, Sekt und Winzerkaffee.

Anfahrt: Ca. 300 m nach Ortseingang aus Richtung Bernkastel. Parkplätze am Haus. Nächster Bahnhof: Wittlich, 5 x täglich Busanschluß, zur ⊖ sind es 50 m.

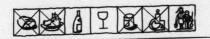

STRAUSSWIRTSCHAFT
RADLERTREFF ZUM BRUNNEN
ALFONS und HEIDI SCHAEFER
KURFÜRSTENSTR. 23
54487 WINTRICH
TEL. 06534 -8872
FAX -9405033
schaefer-ali@t-online.de

öffnen vom 1. Juli bis 31. Oktober
täglich mit dem ersten Gast bis 24 Uhr

Wenn diese Straußwirtschaft auch „Radlertreff" heißt, so sind her Wanderer und Autofahrer doch gleichermaßen willkommen. Riesling und Rivaner werden ausgeschenkt; auch Kerner, Optima und Ortega sind zu verkosten. Nach einer anstrengenden Radtour ist ein großer Schluck vom eigenen Traubensaft gerade recht. Im Herbst wird Federweißer ausgeschenkt, dazu gibt's Zwiebelkuchen. Winzerteller, Winzerschmaus und Vegetarisches werden serviert. Spezialität ist das Käsefondue. Gesellschaften: Bis 50 Personen (auch Busse). Der Garten bietet noch mal 30 Gästen Platz. **Übernachtung**: 2 ***Appartments und 2 ****FeWo. Feste: Mitte Juni Weinblütenwanderung, am 1. Wochenende im August Weinkirmes, am 2. Wochenende im September Wein- und Heimatfest. Für zuhause auch: Traubensaft, Perlwein, Sekt Schnäpse, Liköre.

Anfahrt: Am Ortsrand neben dem Campingplatz in Wintrich. Parkplätze unter der Traubenpergola am Weingut. Radfahrer folgen den Schildern „Radlertreff". Nächster Bahnhof: Wittlich. Platz für Wohnmobile.

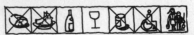

CHRISTOPH SCHNEIDER
IM WINKEL 1
54487 WINTRICH
TEL. 06534 -363
FAX   -18107

öffnet vom 15. Mai bis 15. Juni und 1. August bis 31. Okt.
täglich ab 18 Uhr, sonntags ab 10.30 Uhr

Weinanbau wird bei Familie Schneider schon seit dem 18. Jh. betrieben, der Weinversand existiert seit 1921. 75 % der Trauben sind aus Steillagen, Ergebnis sind Weine bis zur TBA, über 50 verschiedene Sorten. Vor allem Riesling gilt es hier zu verkosten, doch stehen auch Rivaner, Kerner und Ortega auf der Karte. Neu sind Weißer Burgunder und Chardonnay. Rotweinfreunde werden mit trockenem und lieblichen Spätburgunder beglückt. Auch Rotling u. Spätb. Weißherbst htr. werden eingeschenkt. Nicht nur der Wein, auch eigener Traubensaft schmeckt zu Schwenkbraten oder Gulasch von Wild aus eigenem Gehege. Wer etwas ganz Besonderes will, wählt zu edlem Wein Wachteleier in pikanter Soße. Bewirtet wird im Hof und in der neuerbauten Scheune. Platzreservierung. Gesellschaften zur Öffnungszeit: 15 bis 100, sonst 30 bis 50 Personen. Für zuhause: Auch Sekt, Liköre, Brände, Wachteleier und Wildgulasch.

Anfahrt: In der Ortsmitte, doch ruhig gelegen. Parken im Hof. Zum Bus sind's 300 m.

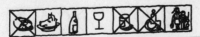

WEINSTUBE WENDLAND
MARGIT WENDLAND
ROSENSTR. 12
54487 WINTRICH
TEL. 06534 -8796
FAX   -18341
www.wendland-wintrich.de

öffnet vom 1. Mai bis 31. Oktober
täglich von 18 bis 23 Uhr,
samstags ab 16 Uhr, sonn- und feiertags ab 15 Uhr

Weinbau wird bei Wendlands seit mindestens 5 Generationen betrieben. Von Riesling, Müller-Thurgau und Kerner gibt es schon ab 1,50 €. Die Qualität reicht bis zu Auslesen, alle aus umweltschonendem Anbau. Auch RW ist zu verkosten (2,50 €). Im Herbst wird Federweißer ausgeschenkt, der weiße Traubensaft ist Eigenerzeugnis. Dazu werden (bei schönem Wetter auch im Freien) Schinken-, Wurst- und Käsebrote gereicht. Platzreserv. Gesellsch.: Bis 30 Personen. Weinseminare, Weinproben, Weinbergsführungen. **Übernachtung:** Eigenes Hotel/Pension** 11 DZ. Für zuhause: Sekt, Liköre, Schnäpse.

Anfahrt: BAB 61, Ausfahrt Rheinböllen, B 50 (neu) nach Bernkastel, B53 Richtung Trier. In Wintrich die erste Straße links einbiegen. Der Hof bietet auch Parkplätze für Busse und Wohnmobile. Ca. alle 2 Stunden verkehrt die Moselbahn (Bus), die Θ ist 150 m vom Haus entfernt.

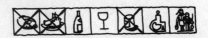

STRAUSSWIRTSCHAFT
FAM. WEINGUT EDMUND BECKER
MARIENSTR. 27
54492 ZELTINGEN-RACHTIG
   OT RACHTIG
TEL. 06532 -2701
FAX   -953192
www.weingut-edmund-becker.de

öffnet Anfang September bis Anfang November
täglich ab 11 Uhr (auch am Wochenende)

Schon über 250 Jahre widmet sich Familie Becker dem Weinbau und bietet Ihnen bald 40 Weine zum Verkosten. Sie will damit nicht nur ein Getränk, sondern eine „Beziehung" liefern. Und bei einer launigen Weinprobe macht Sie der dichtende Winzer mit der moselfränkischen Mundart vertraut. Ausgeschenkt wird vom Qualitäts- bis Eiswein, Rebsorten: Riesling, Kerner und Müller-Thurgau, den es auch als Traubensaft gibt, Preise ab 1,60 € Zur Lese wird Federweißer ausgeschenkt. Als Vesper werden Eisbein in Aspik, Winzervesper, Käse- und Schinken- oder Blut- und Leberwurstteller geboten, auf Vorbest. auch Winzersteaks und Spießbraten. 36 Gäste haben in der Weinstube Platz. Reservierung; Gesellsch. außerhalb der Öffnungszeit: ab 10 bis 40 Personen. **Übernachten**: VA, Tel.-2404 oder über Beckers. Feste: „Rachtiger Weinkirmes" am 3. WoE im Juli, „Weinhöfefest" zu Himmelfahrt und Ende August das „Weinstraßenfest", lt. Winzer Becker das erste dieser Art an der Mosel (seit 1980). Wochenendprogramme rund um den Wein.

Anfahrt: In Rachtig - Ortsmitte, 150 m von der Kirche entfernt. Vom Bahnhof Wittlich sind es ca. 8 km, zum Bus 200m.

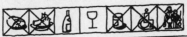

**WEINHOF
MICHAEL MORBACH**
PASTOR-GLESIUS-STR. 16
54492 ZELTINGEN-<u>RACHTIG</u>
TEL. 06532 -3191
FAX -93286
www.weinhof-morbach.com

öffnet vom 6. Juni bis 31. Juli und
13. August bis 17. Oktober
täglich ab 11 Uhr

Harmonisch ausgebaute Weine sind das Ziel von Winzer Morbach, bis hin zur Auslese können Sie von seinen Eigenerzeugnissen in der Straußwirtschaft verkosten. Sorten: Riesling, Müller-Thurgau und Blauer Spätburgunder, den Spätburgunder gibt es auch als Rosé. Der Traubensaft ist ebenfalls Eigenerzeugnis. Bewirtet wird im alten Winzerhaus und im großen Bauerngarten mit Bratkartoffeln mit Sülze und Winzervesper (je 35 Plätze). Gesellschaften bis 70 Personen. Zu den „Tagen der offenen Weinkeller" (Himmelfahrt) ist ebenfalls geöffnet. Weinfest feiert Rachtig am 1. Wochenende im Juli.
Übernachtung: eigene Zimmer. Diavorträge, kulinarische Weinproben, geführte Wanderungen.
Anfahrt: In Rachtig in Moselnähe direkt am Radweg. Parken vor dem Garten. Zu Bus und Schiff ist's nah.

STEFANS WEINSTUBE
WEINGARTENSTR. 110
TEL. + FAX 06532-2745

STEFAN HAUBS-EHSES
54492 ZELTINGEN-RACHTIG

öffnet vom 1. Juli bis 31. Oktober
täglich ab 10 Uhr,
sonn- und feiertags ab 11.30

80 % der Anbaufläche sind dem Riesling, 20 % dem Rivaner vorbehalten, vom Landwein bis zur Beerenauslese ist zu verkosten. Im Herbst gibt's zum Federweißen Zwiebelkuchen, der Traubensaft ist Eigenerzeugnis. Die Speisekarte verzeichnet einfache Gerichte wie Käse- und Schinkenplatte, Bratkartoffeln mit Sülze oder Winzersuppe. An sonnigen Tagen lädt der reichlich begrünte Hof zum Verweilen, bei kühlem Wetter gibt es Platz in der Weinstube. Platzreservierung. Gesellschaften: 10 bis 30 Personen, gern auch zum mosselländischen Grillabend. **Übernachtung**: 2 DZ. Wanderer erwartet ein gut ausgebautes Wegenetz, ein Weinlehrpfad ist vorhanden. Das Verkehrsamt organisiert Ausflüge. **Weinfest** beim Winzer ist Pfingstfreitag bis Pfingstmontag, das Weinfest der Gemeinde ist Anfang August.

Anfahrt: BAB 1/48, Ausfahrt Wittlich Rtg. Bernkastel-Kues, in Zeltingen über die Mosel. Die Brückenstraße hoch, oben rechts, das 3. Haus links. Garage und Parkplatz. Zum Bus 100 m.

MITTELMOSEL　514　MITTELMOSEL

LEO'S STRAUSSWIRTSCHAFT
F. LEO KAPPES
WGT. LEO KAPPES-SCHEER
WEINGARTENSTR. 58
54492 ZELTINGEN-RACHTIG
TEL. 06532 -3994
FAX   -1796
weingut-leos.de

öffnet von Mitte August bis 2. November,
donnerstags bis sonntags ab 18 Uhr
und im Mai alle Tage ab 18 Uhr
Weinverkauf- und probe täglich

Aus den Lagen Himmelreich, Schloßberg und der Steillage Sonnenuhr können Riesling, Rivaner, Kerner, Weißburgunder und verschiedene rote Sorten, ebenso wie Sekt u. „Leosecco" verkostet werden. Preis: 0,2 l für WW 2,- €, RW 3,- €. Die Küche bietet Suppen, gefüllte Klöße, Kräuterbraten, kalte Vesper und Saisonales. An warmen Tagen finden 20 Weinfreunde im Freien Platz. Platzreservierung. Gesellschaften: Bis 35 Personen. Zum „Wilden Herbst" mit Traubenlese, Keltern und Menu erwartet man Sie am 18.10.; zur XV. Gourmet & Weintour (Termin anfragen), jeweils mit Voranmeldung und zum **Hoffest** an Pfingsten (Fr.-Mo). Weinstand beim Straßenfest in Zeltingen 12. bis 14. Sept. Weinstand beim Weihnachtsmarkt am 1. und 2. Adventswochenende. **Übernachtung:** wird vermittelt. Für zuhause: Roter Weinbergspfirsichlikör, Traubenlikör, div. Brände, Rieslingssekt, Leosecco, Traubenkernöl.

Anfahrt: Aus Wengerohr am Kreisverkehr in Zeltingen die 3. Ausfahrt Zeltinger Brücke, geradeaus Brückenstraße, rechts Weingartenstraße, dann auf der linken Seite. Zum Bus 300 m.

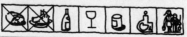

Bei GABY
GABY WERLAND
STATIONENWEG 1
54492 ZELTINGEN-RACHTIG
TEL. 06532 -2573
FAX   -1564

öffnen von Juli bis Ende Oktober
täglich ab 11 Uhr

Das seit mehreren Generationen bestehende Weingut liegt über Zeltingen inmitten der Weinlage „Zeltinger Himmelreich". Ausgeschenkt werden Riesling (von trocken bis mild), Dornfelder und trockener Spätburgunder, ausgebaut in Eichenholzfässern. Beim Riesling gibt es Beerenauslesen und Eiswein. Zur Lese wird Federweißer eingeschenkt. Schinken-, Käse- und Hausmacherplatte, Gehacktes aus der „Bix" und im Herbst Zwiebelkuchen bietet die Küche. Bewirtet wird im von Weinbergen umgebenen Fachwerkhäuschen oder draußen (überdacht) mit Blick auf die Mosel. Platzreservierung. Gesellschaften: Bis 50 Personen. **Übernachtung**: 3 DZ (pro Person 20,-/22,- €). Für zuhause: Trester, Hefebrand, Liköre, Secco. Planwagenfahrten auf Anmeldung. Straßenfest ist im September, Weintage am 1. Mai und an Pfingsten feiert Zeltingen die „Tage der offenen Weinkeller".

Anfahrt: BAB 1, Ausfahrt Wittlich-Wengerohr, Richtung Platten, in Zeltingen über die Brücke, geradeaus bis zum Ende der Straße, rechts Richtung Kirche zum Weingut in den Weinbergen. 2 Wohnmobilplätze.

OBERMOSEL | 516

WEINSTUBE APEL
GABRIELE APEL
WEINSTR. 26
54453 NITTEL
TEL. 06584 -314
FAX   -1263
www.apel-weingut.de

öffnet von März bis Dezember
täglich ab 12 Uhr

Burgunder-Weine sind die Spezialität des Weinguts, und so lassen sich hier Weiß-, Grau- und Spätburgunder verkosten, dazu noch Elbling, Rivaner, Auxerois und Chardonnay, auch Elbling-Rosé ist im Ausschank, alles Qualitätsweine, Preise ab 2,50 € f. WW, RW ab 3,- €. Der Rotwein ist im Barrique ausgebaut. Im Oktober gibt's Federweißen, der Traubensaft ist Eigenerzeugnis. Die Speisekarte bietet neben Lauchcremesuppe, eingelegtem Schafskäse und Burgunderplatte Elblingsülze mit Bratkartoffeln und Winzersteak mit Kartoffelsalat. Saisonale Speisen wie Spargel oder Fisch bereichern das große Angebot. An warmen Tagen wird auf der Gartenterrasse bewirtet. Platzreservierung. Gesellschaften zur Öffnungszeit: Ab 6, sonst ab 10 - 40 Personen. Im April ist **Weinprobetag mit Musik und Kultur** und leckeren Speisen. **Übernachtung:** 15 DZ + 5 FeWo (ab 60,- €). Ausflüge: Nach Saarburg in die Glockengießerei, zur römischen Taverne in Tawern und ... Für zuhause: Auch Essig, Öl, Trüffel, Likör, Trester, Weinbrand.

Anfahrt: Von der BAB 1 auf die BAB 64 bis Abfahrt Grevenmacher, dann über die Moselbrücke über Wellen nach Nittel. In der Ortsmitte, eigener Parkplatz. Stdl. Bahn nach Trier, ⊖ 400 m. Mehrere Wohnmobilstellplätze.

GUTSSCHÄNKE & GÄSTEHAUS FRIEDEN-BERG
HORST FRIEDEN
WEINSTR. 19
54453 NITTEL
TEL. 06584 -99070
FAX   -99072
www.frieden-berg.de

öffnet Ostern – Oktober freitags, samstags, montags ab 17 Uhr und November-Dezember freitags und samstags ab 18 Uhr,
sonntags geschlossen

Elbling wird heute nur noch an der Obermosel auf knapp 1000 ha angebaut, in weiß und rot ist er im Weingut Frieden-Berg zu verkosten. Ein großer Teil der Reben reift zu Sekt und ist ebenfalls zu verkosten. In der Weinstube im ehemaligen Kuhstall und im Sommer auf der Weinterrasse unterm großen Nussbaum werden Sie mit 13 Weißweinen, einem Dornfelder und einem Rosé vom Elbling verwöhnt, auch Traubensaft und im Herbst Federweißer gehören zum Angebot. Elblingsülze wird mit Weißweinessig und Traubenkernöl serviert, Salm von der Tageskarte serviert man an Elblingsoße. Spare Ribs, Rumpsteak, Bauernsteak, eingelegter Schafskäse ... die Speisekarte bietet viel. An Festtagen (Reservierung mögl.) werden Themenmenüs kreiert. Gesellschaften: Bis 80 Personen. Weinwanderungen mit kul. Weinpr. **Übern.:** 3 Fe-Wo, 1 App. und 2 Gästez. ab 30,- € pro Person). „Tag der offenen Keller" ist in Nittel am 1. WoE im Mai, Weinkirmes am 3. WoE im Aug. Für zuhause: Edelbrände, Traubenkernöl, Weinessig ...

Anfahrt: Ortskern. Tagsüber stdl. Bahnanschluss. Zur Θ 300 m.

**WINZERHOF GREIF
HERBERT GREIF**
KIRCHENWEG 11 A
54453 NITTEL
TEL. 06584 -91440
FAX   -914413
www.winzerhof-greif.de

öffnet Mitte April bis Ende Oktober
montags bis freitags ab 17 Uhr,
samstags, sonn- und feiertags ab 12 Uhr

Ab 2,- € für 0,2 l können hier 12 Weißweine (Elbling, Rivaner, Ortega, Grau- und Weißburgunder und Kerner) von trocken bis lieblich verkostet werden. Der Spätburgunder ist trocken, der Traubensaft Eigenerzeugnis. Sülze mit Bratkartoffeln, pikantes Winzergrillsteak oder bunter Salat schmecken zum Wein. Spezialität: Abends Flammkuchen oder Pizza. Platzreservierung erbeten. Gesellsch.: Schon ab 2 bis 50 Personen. **Übernachtung:** 4 FeWo für 2 bis 6 Personen. Gut, wenn man eine dieser Wohnungen zu Himmelfahrt hat, steigt da doch das **Hoffest mit** abends **Live-Musik** bei Greifs. Am ersten Maiwochenende sind die „Tage der offenen Weinkeller", Weinkirmes ist am 3. Wochenende im August. Für zuhause: Traubensaft, Schnaps, Liköre, Weingelee.

Anfahrt: Von Trier auf der B 419 Richtung Metz. Der Winzerhof liegt in der Ortsmitte in der Nähe der Kirche. Zugverbindung stündlich, der Bahnhof ist 300 m entfernt.

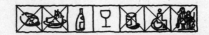

**STRAUSSWIRTSCHAFT
GÜNTER WIETOR**
WEINBERGSTR. 16
54453 NITTEL
TEL.+ FAX 06584-594

öffnet Ende Oktober bis Mitte Dezember
und Anfang April bis Ende Juni
samstags ab 19 Uhr, sonntags ab 16 Uhr

Vom Qualitätswein bis zur Beerenauslese reicht die Palette der angebotenen Weine aus der Lage „Nitteler Leiterchen" (da gibt's einen Weinlehrpfad), wobei dem für die Obermosel typischen Elbling das besondere Interesse des Winzers gilt. Weißweinsorten: Rivaner, Kerner, Grauer Burgunder und Riesling. Neu sind Rotweine auch aus dem Barrique, Rebsorten: Blauer Spätburgunder, Dornfelder und Domina. Preis: WW ab 1,30 €, RW ab 2,20 €, WH ab 1,40 €. Im November wird auch Federweißer ausgeschenkt. In der **echten Straußwirtschaft** im Stolzenwingert, unterm Felsen mit Blick zur Mosel, werden Sie an warmen Tagen gerne auf der Terrasse bewirtet. Als Vesper gibt es Winzerplatte, Käse- und Schinkenbrett, Hobelkäse und überbackenen Brie. Gesellschaften: Ab 10 bis 40 Personen. Weinkirmes feiert Nittel immer am 3. WoE im August. **Hoffeste** werden am letzten WoE im Oktober und an Pfingsten gefeiert. Für zuhause: Sekt, Liköre, Edelbrände aus eigener Destille.

Anfahrt: Von Trier auf der B 419, dann Umgehungsstraße Richtung Saarburg. Platz für 3 Wohnmobile.

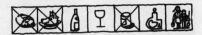

**WEINGUT-GÄSTEHAUS
ALOIS und SILVIA BOESEN**
AUERSTR. 2
54439 PALZEM
TEL. 06583 -453
FAX   -1654
www.weingut-boesen.de

öffnet vom 19. Juli bis 26. Oktober
samstags ab 18 Uhr, sonntags ab 15 Uhr

Das Weingut gehört zum „Verein der Freunde des Elblings", und diese alte Rebsorte können Sie hier auch verkosten. Auch Rivaner, Grauer Burgunder, Bacchus, Ortega und Weißburgunder als Weißweine sowie Dornfelder, Regent und Blauer Spätburgunder als Rotweine werden eingeschenkt. Preis WW ab 1,30 €, RW ab 1,60 €; Apfel- und Traubensaft ab 1,30 €. Im Herbst gibt's Federweißen und Zwiebelkuchen. Aus der Küche kommt Leckeres, das die Winzerin selbst zubereitet. Bewirtet wird in der Weinstube, im Kaminzimmer und in der romantischen Weinlaube. Reservierung empfehlenswert, Platzreservierungen für Gesellsch. bis 50 Personen. Zweimal im Jahr wird groß gefeiert: am 3. WoE im Mai (**Kellertage**) und beim **Hoffest** am 3. WoE im Juli mit kulinarischen Spezialitäten, Live Musik und Springburg für die „Kleinen".

Anfahrt: Von Trier B 419 Richtung Metz. Am Ortseingang, 2. Abfahrt rechts. 5 Minuten vom Bahnhof.

**STRAUSSWIRTSCHAFT
MANFRED NEUSIUS**
ZUM MOSELUFER 2
54439 PALZEM-
 WEHR
TEL. 06583 -425
FAX   -991075
manfred-neusius@t-online.de

öffnet Anfang August bis Mitte/Ende Oktober
samstags und sonntags ab 14 Uhr

Allein acht Weißweine sind im Ausschank, von trocken bis mild, Rebsorten u.a.: Elbling, Rivaner, Ortega, Kerner und Grauburgunder, vom Spätburgunder gibt es auch Rosé. Der für die Obermosel typische Elbling ist die Spezialität des über 100 Jahre alten Weinguts, ihn gibt es auch als Sekt brut. Im Herbst gibt's Federweißen, der Traubensaft ist Eigenerzeugnis. Die Küche bietet Schinken- und Käseplatte, Elblingsteak und Salatvariationen; der besondere Stolz der Winzerin ist die Elbling-Champignoncremesuppe. Bewirtet werden Sie in dieser **echten Straußwirtschaft** in der Weinstube mit Moselblick und auf der Terrasse oder unter der Pergola beim Weinberg. Reservierung. Gesellschaften: 10 bis 50 Personen. Die „Kellertage" sind jeweils am 2. Wochenende im Mai, Federweißenfest am 3. WoE im Oktober. Weinbergsführungen. Ausflüge: Schloß Thorn, Trier, Frankreich und Luxemburg. Für zuhause: Gelee.

Anfahrt: Von Trier Richtung Frankreich, von Nennig Richtung Trier. An der B 419 in Palzem, OT Wehr. In der Ortsmitte am Moselradweg. Fast stündlich Bahnverbindung von Trier. Zum Bahnhof sind's 200 m. Ein Wohnmobilstellplatz.

**WEINBAU
MANFRED WELTER**
WARSBERGER STR. 47
54457 WINCHERINGEN
TEL. 06583-495

öffnet Ende Mai bis Mitte Oktober
samstags, sonn- und feiertags von 14 bis 22 Uhr

Weißwein von Elbling, Müller-Thurgau und Kerner, Spätburgunder und Sekt vom Elbling – dies alles läßt sich bei Winzer Welter verkosten, der 0,25 l-Krug vom weißen Qualitätswein ab 1,80 €. Blauer Spätburgunder kostet 2,20 €. Wer hier speisen will, sollte sich vorher anmelden. Der Weinkeller liegt mitten in den Weinbergen mit Aussicht ins Moseltal und auf Luxemburg, ein idealer Grillplatz für Gruppen ab 30 Personen. (Bitte mit Anmeldung, sowohl für's Grillen als auch zu Weinproben mit/ohne Speisen für Gesellschaften). Gesellschaften außerhalb der Öffnungszeit: Ab 5 bis 50 Personen, bei Öffnung nur bis 30 Gäste. Zum **eigenen Weinfest** lädt das Weingut am letzten WoE im Mai. Für zuhause: Auch Elbling-Weinbrand und Weinhefe.

Anfahrt: Von Trier über die B 419 Richtung Metz (ca. 30 km), beim Grenzübergang Wormeldingen/Luxemburg links abbiegen, 1 km Richtung Wincheringen; der Weinkeller liegt in den Weinbergen; oberhalb eigener Parkplatz (auch für Wohnmobile). Nächster Bahnhof: Wincheringen.

JUPP'S WEINSCHEUNE
CHRISTIAN BRITTEN
SAARBURGERSTR. 26
54441 AYL-BIEBELHAUSEN
TEL. 06581-2196
FAX   -988617
weingutbritten@freenet.de

öffnet vom 3. Oktober bis 16. November und
Mitte April bis Ende Mai

freitags und samstags ab 18 Uhr, sonn- u. feiertags ab 15 Uhr

Schon 1052 wird Ayl als „eile" urkundlich erwähnt, im Jahr 1289 verzeichnet die Chronik ein sehr gutes Weinjahr. In der Scheune von Winzer Britten werden Sie mit Riesling Kabinett empfangen, Preis ab 2,90 €, doch reichen die Qualitäten bis zur Auslese. Auch Burgunderweine gibt es zu verkosten, der Preis dafür 3,20 €. Während der Lese gibt es Federweißen mit Zwiebelkuchen. Wer Hunger hat, bekommt 8 „Flietscher" zu 4,80 € (Hähnchenflügel). Auch Salat mit Putenstreifen und Käse von heimischen Bauern kommt auf den Tisch. An warmen Tagen Außenbewirtung. Platzreservierung. Gesellschaften: 25 bis 50 Personen. Das **Federweißenfest** ist der Start in die herbstliche Straußensaison (28.9.-3.10.). Für zuhause: Auch Liköre und Schnäpse.

Anfahrt: Ayl-Biebelhausen liegt an der B 51 zwischen Trier und Saarburg. Die „Weinscheune" liegt mitten im Ort. Wohnmobilstellplatz.

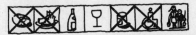

ZUR FASSDAUBE
LUDWIN SCHMITT
BROTSTR. 4
54329 KONZ-OBEREMMEL
TEL. 06501 -99790
FAX   -99791
www.weingut-schmitt.de

öffnet vom 5. September bis 2. November
und von 24. April bis 21. Juni
freitags und samstags ab 17 Uhr, sonn- und feiertags ab 16 Uhr

24 fruchtig-spritzige Weine könnten hier verkostet werden, davon sind alle Weine im Ausschank. Der preiswerteste Weißwein kostet 1,80 €, Spätburgunder gibt es für 2,50 €. Die Prädikate reichen bis zu Eiswein. Der Traubensaft ist Eigenerzeugnis, zur Lese gibt es Federweißen mit Zwiebelkuchen. Winzersteak und Schlemmer-Schmier, Schinkenteller, Sülze und Flammkuchen bietet Familie Schmitt zum Wein. Platzreservierung. Gesellschaften: Ab 2 bis 50 Personen während der Öffnungszeiten, sonst ab 10 Personen. Zum **Federweißenfest im Hof** lädt man Sie in diese **echte Straußwirtschaft** am 13./ 14. September, das örtliche Weinfest ist immer am 2. WoE im August. **Übernachtung:** 2 FeWo ab 45,- € / 2 Personen. Für zuhause: Trauben- und Weinbergspfirsichlikör, Gelee, Traubensaft, dekorative Flaschen.

Anfahrt: Von Trier über Konz. Mit dem Rad sind es 8 km von Konz (Saar-Radweg), von Wiltingen ca. 3 km, dort sind die nächsten Bahnhöfe. 3 - 4 Busverbindungen täglich.

WEINHAUS NEUERBURG
WOLFGANG NEUERBURG
BAHNHOFSTR. 2
54317 KASEL/RUWER
TEL. 0651 -9950088
FAX   -9950086
www.weinhaus-neuerburg.de

> öffnet dienstags bis sonntags ab 11 Uhr,
> Küche bis 22 Uhr durchgehend geöffnet
> montags Ruhetag

Im ehemaligen Kelterhaus und auf der Terrasse gibt es ausschließlich Riesling zu verkosten, diesen allerdings für jede Geschmacksrichtung und in allen Qualitätsstufen bis hin zum Eiswein. Den weißen ab 1,30 €, den roten ab 1,50 €. Sülze mit Bratkartoffeln, bunter Salatteller mit Hähnchenbrust oder Mozzarella mit Tomaten bietet die Küche. Platzreservierung. Gesellschaften: 5 bis 20 Personen. Geschenkideen rund um den Riesling wie: Wein- und Sektgelee, Traubenkernöl, Essig, Liköre und Schnäpse. **Übernachtung**: Kann vermittelt werden.

Anfahrt: Über die B 52, Abfahrt Mertesdorf und über L 149. Ausreichend Parkmöglichkeiten. Mit dem Rad: Auch auf der L 149. Oder von Trier Bus L 30 bis Kasel, Gemeindeplatz.

WEINGUT LONGEN
JOSEF MATTHIAS und RENATE
L O N G E N
MERTESDORFER STR. 14
54292 TRIER-EITELSBACH
TEL. 0651-52564

öffnet noch bis 5. Oktober,
vom 2. bis 31. Mai und wieder ab 1. August
samstags ab 18 Uhr, sonn- u. feiertags ab 16 Uhr

Im Ausschank bietet dieser Familienbetrieb, der schon seit 6 Generationen dem Weinbau verbunden ist, je zwei Rieslinge trocken, halbtrocken und mild, Preis für 0,1 l ab 1,20 €, doch kann von den 30 Sorten des Hauses, darunter Eiswein und Beerenauslese, jederzeit probiert werden. Zur Herbstzeit wird Federweißer mit Zwiebelkuchen serviert, Apfel- und Traubensaft sind Eigenerzeugnis. Zu allen Zeiten werden Ihnen in dieser **echten Straußwirtschaft** der Stadt Trier in der Probierstube deftige Winzer-Vesper, Bratkartoffeln mit Hausmacher, Würstchen mit hausgemachtem Kartoffelsalat und Tagesmenus der Saison geboten. Gesellsch.: Bis 35 Pers. übers ganze Jahr. Anfang August erwartet Sie Familie Longen zum **Hoffest**. Wer Lust hat, kann mit Longens auf Weinwanderung gehen oder an einer Weinprobe im Weinberg teilnehmen.

Anfahrt: BAB 602, Ausfahrt Moseltaldreieck, Richtung Trier, Abfahrt Kenn, Richtung Ruwer. In Mertesdorf am Hotel Weis vorbei, in Eitelsbach neben dem Spielplatz. Parkplätze direkt beim Weingut. Bus 30/86 von Trier, alle 30 Minuten, ⊖ 50 m.

WEINGUT WERNER BALES
WEINBERGSWEG 9
54320 WALDRACH
TEL. 06500-1651
weingut.w-bales@web.de

öffnet zum **Hoffest** am 1. Wochenende im Oktober
Fr, Sa, So ab 18 Uhr
und von Himmelfahrt bis Sonntag (Tage der Weinkeller)
täglich ab 12 Uhr

Nur sieben Tage insgesamt sind bei Winzer Bales die Tore geöffnet. Ausgeschenkt wird ausschließlich Riesling, dieser aber von trocken bis mild und vom Qualitätswein bis zur Auslese, das 0,1 l-Glas ab 80 Cent. Auch Traubensaft wird eingeschenkt. Brote mit rohem oder gekochtem Schinken, Käsebrote, Hausmacher Wurst, Salatteller und Grillschinken mit Kartoffelsalat kommen auf den Tisch. Gesellschaften: ab 15 bis 40 Personen. Ausflugsziele: Die 5 km entfernte Riveristalsperre oder die römische Wasserleitung, die von hier nach Trier führte. Der Weinlehrpfad führt am Haus von Winzerfamilie Bales vorbei.

Anfahrt: BAB 48, Ausfahrt Schweich oder BAB 1, Ausfahrt Reinsfeld. Am Ortsanfang, direkt am Weinberg. Platz für Wohnmobile. Oder von Trier mit L 30 (jede ½ Stunde), Θ ca. 150 m. Nächster Bahnhof: Trier.

STRAUSSWIRTSCHAFT
KLAUS DAWEN
THOMMERSTR. 1
54320 WALDRACH
TEL. 06500 -8472
FAX   -8457
Mobil 01702170584
www.weingut-dawen-weibler.de.

öffnet September und Oktober, an Fastnacht
und vom 13. April bis 24. Mai
Fr - Sa ab 18 Uhr, So +F ab 15 Uhr
und zur Wein- und Laurentiuskirmes vom 8 bis 10. August 09
Sa u. Mo ab 17, So ab 12.30 Uhr
oder nach telefonischer Vereinbarung

So stellt sich das Weingut vor: „Wir, die Familie Dawen, sind seit 1902 in Waldrach ansässig, das heißt, seit nunmehr vier Generationen halten wir dem Weinbau die Treue." In den Waldracher Steillagen gereift, werden Rieslinge, Kerner, Spätburgunder Rosé, Rotwein und Rieslingsekte erzeugt. Alle diese Weine können sie in der Straußwirtschaft verkosten. Neben den Weinen serviert man Ihnen eine leckere Steakpfanne, rustikalen Ruwertal- und Schinkenteller und Hausmacherplatten nicht nur drinnen, sondern auch unter dem großen Nussbaum. Gesellschaften ab 10 bis 45 Personen nach Anmeldung. **Übernachtung:** 2 DZ. Zum **Hoffest** erwartet man Sie am 30. + 31. August 08. Für zuhause: Liköre (z.B. Traubenlikör mit ganzen Trauben), handbeschriebene Flaschen nach Ihren Wünschen, Wein- und Sektgelee sowie Traubensaft. Geführte Wanderungen mit Imbiss.

Anfahrt: Über die B 52 ins Ruwertal. Von Trier stündlich per Bus (Linie 30 und 86), Θ „In der Lay".

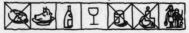

RUWERTAL 529 RUWERTAL

WGT. HEINRICH MERTES
WOLFGANG MERTES
HERMESKEILER STR. 36
54320 WALDRACH/RUWERTAL
TEL. 06500-480
FAX   -9109876
www.mertes-waldrach.de

öffnet zum Weinfest vom 3. bis 5. Oktober,
zu Himmelfahrt bei den Tagen der offenen Weinkeller
und am 3. Wochenende im August zu Ruwertal aktiv
und nach telefonischer Vereinbarung

Im Ausschank sind feinrassige Rieslingweine vom Qualitätswein bis zum Eiswein (mit Auszeichnungen) ab 2,- €, zur Herbstzeit gibt's auch Federweißen. 1988 baute dieses Weingut den ersten Rotwein an der Ruwer an, seitdem gibt es Spätburgunder auch im Barrique gereift und Rosé trocken und halbtrocken zu verkosten (ab 2,- €). Die an Steillagen gereiften Trauben sind auch als Rosé Winzersekt zu probieren. Schinken, Käsebrot, Toast nach Art des Hauses und leckere Gerichte zum Wein werden im Sommer auch auf der Wiese unter Bäumen geboten. Zum **Hoffest** zu Himmelfahrt (bis Sonntag) gibt's Gerichte wie gefüllte Klöße, Lachspastete und hausgem. Suppen. **Übernachtung:** 2 DZ. Kellerbesichtung mit Weinprobe bis 60 Pers. Erzeugerabfüllung seit über 50 Jahren.

Anfahrt: BAB 1/602, Richtung Trier Ausfahrt Kenn. Oder BAB 1, Ausfahrt Reinsfeld über B 52 Richtung Trier, Ausfahrt Ruwertal. Das Weingut liegt an der L 149. Parkplätze auch für Busse am Weingut. Oder 1/2stündl. mit den Bussen 30 + 86 von Trier bis fast vor die Haustür. Nahe Ruwer-Hochwald-Radweg.

WEINGUT GEBR. STEFFES
RAINHARD STEFFES
OBERE KIRCHSTR. 7
54320 WALDRACH
TEL. 06500 -99093
FAX -99094

öffnet Anfang August bis Ende Oktober
u. über Himmelfahrt (offene Weinkeller), sonst nur nach Anm.
täglich ab 18 Uhr, am Wochenende und feiertags ab 15 Uhr

Die Rieslingtraube ist mit ca. 80 % an den Hang- und Steillagen des Ruwertals gepflanzt. Die Vorherrschaft des Rieslings drückt sich in den analytischen Werten aus, er hat 8 bis 9,5 g/l Fruchtsäure, aber nur einen Alkoholgehalt zw. 7,5 und 9,5 g/l. Die Fruchtsäure überlagert den Alkoholgehalt, deshalb ist er nicht süß, sondern mild fruchtig. Sich davon zu überzeugen, lädt Sie Winzer Steffes ein. Auch Weißburgunder, Rivaner, Spätburgunder und Sekt können Sie probieren. Zum Vesper werden Winzerschnitzel und - krusti, Schinken-Käse-Teller und Salatteller nach Saison gereicht. Zur Lese gibt's zum Federweißen Zwiebelkuchen. Mitte August bei Ruwertal Aktiv, zum Tag der offenen Weinkeller und zum Weinfest im Oktober gibt's Extra-Speisen. Ist's schönes Wetter und der Durst entsprechend, empfiehlt sich unterm blauen Himmel ein Glas Viez. Gesellsch.: Bis 40 Personen. **Übernachtung:** 1 Gästezimmer.
Anfahrt: Auf der B 52 von Trier ins Ruwertal. Die ☉ der Busse von Trier (30-35) ist 10 m vom Weingut entfernt.

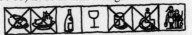

**WEINGUT-GUTSAUSSCHANK
SERMANN-KREUZBERG**
KLAUS SERMANN
SEILBAHNSTR. 22
53505 ALTENAHR
TEL. 02643-7105
FAX   -901646
www.sermann.de

öffnet täglich von 10 bis 18 Uhr, mittwochs Ruhetag

Weinbau wird in dieser Familie seit 1775 betrieben, die 7. Generation kümmert sich um 7 ha Rebfläche. So es der Jahrgang erlaubt, gibt es Qualitäten bis zur Auslese. Ab 2,70 € können Sie von Müller-Thurgau und Riesling verkosten, Früh- und Spätburgunder gibt es ab 3,- €. Die Küche bietet Regionales, gebratenes Weißbrot oder Liebesgrüße aus dem Ahrtal. Käse gibt es quer Beet. Die überdachte Terrasse ist mit Wein berankt, drinnen stehen 4 Tische fürs Verkosten. Gesellschaften werden nach Absprache bewirtet. **Übernachtung**: Je 2 DZ in der Seilbahn- und Weinbergstraße (7105 u. 7812). Für Wanderer: Der Rotweinwanderweg und der Ahr-Uferweg.

Anfahrt: BAB 61, am Kreuz Meckenheim Richtung Altenahr auf der B 257. In der Ortsmitte Richtung Adenau, hinter der Brücke rechts in die Seilbahnstraße. Am Ende der Straße ist ein großer Parkplatz. Vom Bahnhof sind es ca. 5 Minuten zu Fuß, stündliche Anbindung.

**GUTSAUSSCHANK
IM WEINGUT SONNENBERG**
FAM. GÖRRES-LINDEN
HEERSTR. 98
53474 BAD NEUENAHR-
　　　　AHRWEILER
TEL. 02641 -6713
FAX 　　 -201037
www.weingut-sonnenberg.de

öffnet vom 18. September bis 25. Oktober
donnerstags 18 bis 22 Uhr, Fr + Sa schon ab 15 Uhr

Das Weingut Sonnenberg zählt zu den jüngsten im Ahrtal. Doch die vielen Auszeichnungen der Weine zeigen, dass das Weingut längst in den Kreis des „Weinbaus mit Tradition" aufgenommen ist. „Klasse statt Masse" und „vom Holz geküsst und nicht erschlagen" sind die Philosophie von Winzermeister Marc Linden, der seit Sommer 2006 für die Weinerzeugung allein verantwortlich ist. Unterstützt wird er vom Großvater Norbert Görres, der als „Weinpapst" von der Ahr weithin bekannt ist. Trockener Grau-, Weiß-, Früh- und Spätburgunder sind ein „Muss" bei Ihrem Besuch. Die Weinstube bietet 50 Weinfreunden Platz. Das „Burgunderfest", eine Idee der Sonnenberger, feiert Ahrweiler am 4. Wochenende im Juli. (Infos: www.burgunderfest.de oder beim Weingut)

Anfahrt: BAB 61, Abfahrt Bad Neuenahr-Ahrweiler. Vom Bahnhof sind es 3 Minuten. Örtliches Taxi: Tel. –6565.

WEINGUT SILBERBERG
FAM. SCHNEIDER GbR
SILBERGSTR. 14
53474 BAD NEUENAHR-
AHRWEILER
TEL. 02641-35189
weingut-silberberg@t-online.de

öffnet Anfang September bis Ende Oktober
täglich außer montags
und von Ostern bis Pfingsten nur am Wochenende
täglich von 14 bis 20 Uhr, am Wochenende schon ab 12 Uhr

Die Stadtmauer um Ahrweiler ist fast vollständig erhalten, sie stammt aus dem 13./14. Jahrhundert. Älter ist die „Römervilla" am Silberberg mit Museum. Gleich oberhalb liegt das Weingut direkt am Rotweinwanderweg. Die Weine werden traditionell im Eichenholzfaß ausgebaut, Spätburgunder (auch als Weißherbst), Schwarzriesling und Frühburgunder werden hier ab 2,50 € angeboten, der Schoppenwein für 2,- €. Mitte September bis Mitte Oktober gibt's Federweißen mit Zwiebelkuchen. Kartoffelsalat und Kochkäse sind hausgemacht. Vor 10 Jahren wurde neu ausgebaut, der Balkon für ca. 20 Gäste lockt an warmen Herbsttagen. Die 3. Generation widmet sich hier dem Weinbau, Besonderheit des Weinguts: Der Anbau von Schwarzriesling. Platzreservierung. Gesellschaften: Ab 15 bis 50 Personen.
Übernachtung: 2 DZ, 1 EZ. Am 1. u. 2. WoE im September: Winzer- und Altstadtfest inmitten der Fachwerkhäuser. Für zuhause: diverse Liköre, Weinhefe, Ahr-Trester.

Anfahrt: BAB 61, Ausfahrt Bad Neuenahr-Ahrweiler, Richtung Walporzheim, dann gleich oberhalb der Römervilla. Oder mit der Ahrtalbahn bis Θ Ahrweiler Markt, dann ca. 15 Minuten Fußweg.

WEINGUT SCHÄFER
FRANZ SCHÄFER
BODENDORFER STR. 11
53474 BAD NEUENAHR-
EHLINGEN
TEL. 02641-94660
FAX   -946620
www.weinhaus-schaefer.de.vu

öffnet vom 1. März bis Mitte Dezember
täglich ab 14 Uhr, montags und dienstags geschlossen

Ehlingen ist ein romantisches Dörfchen, umgeben von Weinbergen. Wander- und Fahrradwege führen entlang der Ahr bis nach Bad Neuenahr. Das Weingut Schäfer ist auf Rotweine spezialisiert, von trocken bis lieblich sind sie hier zu verkosten, vom Qualitätswein bis zur Auslese. Doch werden auch Riesling und Grauburgunder ausgeschenkt. Im Herbst gibt's Federroten. Bewirtet wird in der Weinstube und im Hof mit belegten Broten, Winzerplatte oder Strammem Max. Immer freitags ab 17 Uhr: Hausgemachte Reibekuchen. Platzreservierung. Gesellschaften zur Öffnungszeit: 50/60 Personen, sonst nach Anfrage. **Übernachtung**: Appartements für 1-2 Personen (ab 49,- €/Tag, incl. Sektfrühstück im Himmelbett 100 €).

Anfahrt: Über Bad Neuenahr. Parkplätze am Haus. Taxi -6767.

**STRAUSSWIRTSCHAFT
GABY KREUZBERG**
WGT. PAUL KREUZBERG
HARDTBERGSTR. 69
53507 DERNAU
TEL. 02643-7851

öffnen 1. Mai bis Ende Juni, sonn- und feiertags ab 11.30 Uhr
September und Oktober, am WoE und feiertags ab 11.30 Uhr

Über 50 Jahre Weinbau - die Straußwirtschaft gibt es seit über 20 Jahren. An steilen Schieferhängen gewachsen, werden Ihnen Portugieser und Spätburgunder von trocken bis mild kredenzt; es gibt auch milden Portugieser Weißherbst und trockenen und milden Kerner. Preise: ab 2,50 € für die Roten, 2,- € für Weißwein. Neben Hausmacher-, Winzer- und Schinkenplatte gibt es Gulaschsuppe zum Wein. Bewirtet wird in Keller und Wohnung, an Sommertagen auch auf der Terrasse. Platzreservierung nur für größere Gruppen. Gesellschaften: bis 70 Personen. Am letzten Wochenende im September findet alljährlich das örtliche Weinfest von Samstag bis Montag statt. Ausflüge: Maria Laach, Nürburgring, das romantische Ahrweiler oder Sie wandern auf dem 35 km langen Rotweinwanderweg.

Anfahrt: BAB 61, Ausfahrt Bad Neuenahr/Ahrweiler, B 257 Rtg. Nürburgring. In Dernau 1. Straße rechts (Esso-Tankstelle), 1. Haus rechts. Parken am Haus. Oder auf dem Radweg Remagen-Adenau, der Weg führt 50 m vom Haus vorbei. Örtl. Taxi -950500.

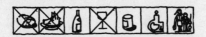

IM BURGGARTEN
IRMA und HERMANN-JOSEF
KREUZBERG
BURGSTR. 6
53507 DERNAU
TEL.+ FAX 02643-7984
www.kreuzberg-burggarten.de

öffnen vom 1. Sept. bis 15. Nov. und Mai bis Mitte Juni
dienstags bis donnerstags von 15 bis 19, freitags 15 bis 22 Uhr,
samstags, sonn- u. feiertags ab 12 Uhr, So+F nur bis 20 Uhr

im November nur Sa/So + F und nach Vereinbarung
(Zeiten wie oben angegeben)

Dernau ist der größte Weinort der Mittelahr mit vielen alten Fachwerkhäusern. In ein 400 Jahre altes lädt Sie Familie Kreuzberg ein. Vom Fass werden je ein trockener und liebl. Müller-Thurgau u. Portugieser ausgeschenkt, Preis pro Glas 3,- €. Auch Spätburgunder und Dornfelder (alle im Eichenholzfass ausgebaut) können verkostet werden, die trockenen Rotweine im gehobenen Qualitätsbereich. Die Weißherbste sind vom Spätburgunder. Zu Federweißem und Federrotem gibt es Zwiebel- und Lauchkuchen, Bockwurst wird mit hausgemachtem Kartoffelsalat serviert, Mozzarella mit Tomaten und frischem Basilikum. Je nach Jahreszeit gibt es Suppen und Dips. Ab und zu wird im 300jährigen Steinofen Brot gebacken. Bei schönem Wetter Bewirtung im Innenhof. Platzreservierung. Gesellschaften zur Öffnungszeit 10 bis 20, sonst 15 bis 40 Pers. Kul. Weinproben. Wanderziel: Der 360 m hohe Krausberg, das Wahrzeichen von Dernau. Weinfest ist am letzten Sonntag im Sept. (Sa-Mo).
Übernachtung: eigenes Gästehaus.
Anfahrt: Stündl. mit Bahn oder Bus, Θ 7 Minuten. Zentral beim Dorfplatz.

KREUZBERG
LUDWIG KREUZBERG
SCHMITTMANNSTR. 30
53507 DERNAU
TEL. 02643-1691
FAX   -3206
www.weingut-kreuzberg.de

öffnet noch bis Ende Oktober,
09 voraussichtlich ab Juli (bitte anrufen)
freitags ab 15 Uhr, samstags ab 12, sonn- u. feiertags ab 10 Uhr

Fast 80 Prozent der 8,2 ha Rebflächen sind mit Spät- und Frühburgunder bepflanzt, die trockenen Rotweine werden in alten und neuen Eichenholzfässern ausgebaut. Weißherbste und Weißweine vom Cabernet sind kalt vergoren, um die Frische zu erhalten. Im Freien (z. T. überdacht und beheizt) werden Ihnen Pasteten aus der „frischen Naturküche" des befreundeten Hauses Dumaine Restaurant „Vieux Sinzig" gereicht, die Portion für 5,50 €. Die kalten Platten von Käse, Wurst und Braten kommen mit Eifeler Graubrot auf den Tisch. In der **echten Straußwirtschaft** gibt es samstags Musik, und wer Glück hat, erwischt einen Tag mit Vater Jupp, der den Betrieb 40 Jahre leitete und mitunter zur Gitarre greift. Platzreservierung. Mitglied bei VDP. Gesellschaften ganzjährig: 10 bis 50 Pers. **Übernachtung**: 5 DZ, 30,- € p.P. Weinfest in Dernau vom 28. Sept. bis 1. Okt.

Anfahrt: In Dernau an der Durchfahrtsstraße an der Brücke. **P** gegenüber. Vom Bahnhof Dernau 500 m.

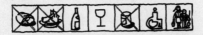

AHR 538 AHR

WEINGUT ERWIN RISKE
VOLKER RISKE
WINGERTSTR. 26-28
53507 DERNAU
TEL. 02643 -8406
FAX   -3531
www.weingut-riske.de

Straußwirtschaft mit Ambiente

öffnet vom 1. September bis Mitte November
und vom 1. Mai bis Mitte Juni

freitags von 15 bis 22 Uhr,
samstags u. feiertags 12-22, sonntags 12 bis 20 Uhr

Im Neubau des Weinguts gibt es neben zwei modernen Ferienwohnungen eine Straußwirtschaft, die im Juli 1998 den 1. Platz beim Wettbewerb 'Die schönsten Straußwirtschaften an Ahr und Rhein' belegte. Hier werden Weinfreunde in der gemütlichen Atmosphäre einer 100-jährigen Gaststubeneinrichtung bewirtet. Vom rubinroten Ahr-Rotwein über Weißherbste und Rosé bis Riesling und Müller-Thurgau ist hier zu verkosten. Da in den Dernauer Weinlagen Wanderrouten beginnen oder enden, paßt es, sich im Weingut Riske mit kräftigen Winzerbrotzeiten zu stärken. Der besondere Tip der Winzerin: Kartoffel-Lauch-Suppe mit Sahnehäubchen. Zur Weinernte wird Zwiebelkuchen mit Federweißem oder rotem Rauscher angeboten. Der Turmgarten inmitten der Weinlandschaft bietet 35 Sitzplätze. In dem Traditionsweinbaubetrieb (aus dem letzten Jahrhundert) ist für Gruppen ab 20 Pers. Platzreservierung möglich, Gesellschaften ab 10 bis 50 Personen werden übers Jahr bewirtet. Für zuhause: Auch Liköre, Essig, Gelee, Spirituosen, verkosten können Sie bei unterhaltsamen Weinproben vor allem die Burgundertraube, trockene Rotweine sind hier die Spezialität.

Anfahrt: Ortsrandlage, in der Nähe der Kirche.

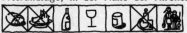

WEINBAU WALTER HOSTERT
THOMAS HOSTERT
BÄRENBACHSTR. 3
53506 RECH

TEL. 02643 -8352
FAX   -3555
www.weinguthostert.de.vu

öffnet vom 1. September bis 31. Dezember
täglich von 12 bis 22 Uhr,
am Wochenende und feiertags von 11.30 bis 23 Uhr

---

85 % der Rebflächen sind bei Familie Hostert mit Portugieser und Spätburgunder bepflanzt; für Weißweinfreunde, die Ahrwein trinken wollen, gibt es Müller-Thurgau und Riesling. Die Rotweine gibt es von trocken bis mild, die Weißherbste sind trocken und halbtrocken. Vom Tafelwein bis zur Auslese ist zu verkosten, Preis für den Rotwein: ab 2,- €. Im September/Oktober wird zum Federweißen Zwiebelkuchen gebacken. Die Vesperplatte mit Schinken, Rotwein-Mettwürstchen, Leberwurst und Käse ist für Zwei bestimmt. Die kleine, gemütliche Weinstube bietet 25 Weinfreunden Platz, an warmen Tagen gibt es weitere 20 Sitze im überdachten Hof. Gesellschaften: 15 bis 20 Personen. **Übernachtung**: 2 DZ. Weinfest in Rech: Immer am 3.Wochenende im September.

Anfahrt: BAB 61, Ausfahrt Bad Neuenahr-Ahrweiler. Richtung Altenahr. In der Ortsmitte in der Nähe der Kirche. Mit dem Rad im Ort über die Steinbrücke bis zur Kirche. 5 Minuten vom Bahnhof, stdl. Anschluß.

WEINGUT ST. NEPOMUK
KONRAD SCHATZ
ROTWEINSTR. 5
53506 RECH
TEL. 02643 -9029079
FAX   -3118
www.stnepomuk-rech.de

WEINHAUS ST. NEPOMUK

öffnet vom 1. Juli bis 30. Oktober
täglich von 11 bis 22 Uhr,
am WoE u. feiertags von 10 bis 24 Uhr, mittwochs Ruhetag

Ob im Gewölbekeller, in den Gasträumen oder auf der Terrasse – hier haben bis zu 250 Weinfreunde Platz. Rotweine gibt es von Spät- und Frühburgunder und Portugieser, auch Weißherbst und Riesling sind zu verkosten. Preis für 0,2 l Weißwein, Rotwein und Rosé ab 3,- €. Die Gewölbeweinkeller sind über 120 Jahre alt, hier reifen die Weine im Holzfass. Spezialität des Weinguts: Frühburgunder. Zur Lese gibt es Federweißen und Federroten. Rostbratwürstchen, Matjesfilets, Hausmacher Wurst und Sülze bietet die Küche. Platzreservierung. Gesellschaften: 30 bis 200 Personen. Dies auch mit Programm wie Weinbergsrundgängen, Rittermenüs, Weinseminare und Rebstockpatenschaften und Radtouren. Selbstverständlich ist die Weinkellerbesichtigung. Weinfest in Rech: 3. Sept.-WoE. **Übernachtung**: 2 DZ. Für zuhause: Auch Federweißen und –roten, Sülze, Wurst.

Anfahrt: Von Ahrweiler auf der B 267 Richtung Altenahr, am Ortsausgang von Rech gelegen. Hauseigener Parkplatz gegenüber (auch für Wohnmobile). 200 m zum Bahnhof, 100 m zum Bus. Direkt am Radweg.

HOF BÄRENBACH
GERHARD SCHREIER
BÄRENBACHSTR. 15
53506 RECH
TEL. 02643 -2072
FAX   -9029014
www.hof-baerenbach.de

öffnet vom 1. September bis Ende Oktober
dienstags, freitags, samstags ab 12, am WoE u. F ab 11 Uhr
und vom 1. Mai bis Ende Juni
samstags ab 12 Uhr, sonn- und feiertags ab 11 Uhr

Das alte Bruchsteinwinzerhaus ist von 1900. Hier, im gepflasterten Hof, geschmückt mit Oleander und Hortensien, werden Sie zu Spätburgunder und Riesling geladen. Beide gibt es von trocken bis mild. Das Weingut ist Mitglied im Verein „Weine der Vereinigten Ahrwinzer". Im Herbst gibt es zum Federweißen selbstgebackenen Zwiebelkuchen, doch nicht nur diesen, sondern auch süße Kuchen backt Frau Schreier. Zu Winzer- und Käseteller und belegten Schnittchen kommt das Brot aus dem Steinofen. Der Hof mit mediterranem Flair ist teilweise überdacht. Gesellschaften während der Öffnungszeit bis 15, sonst 15 bis 25 Personen. Am 3. Wochenende im September feiert Rech Weinfest.

Anfahrt: BAB 61, Ausfahrt Bad Neuenahr-Ahrweiler. In Rech im alten Ortskern. Zum Bahnhof Rech 5 Minuten, stündlich Verbindung nach Remagen.

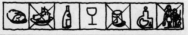

STRAUSSWIRTSCHAFT-
WEINGUT
ADOLF SCHREINER
ROTWEINSTR. 23
53506 RECH
TEL. 02643 -8590
FAX   -1394
www.weingut-adolf-schreiner.de

öffnet vom 1. September bis 2. Advent und vom 1. bis 31. Mai
am Wochenende und feiertags ab 11.30 Uhr

1998 belegte diese Straußwirtschaft den 2. Preis beim Wettbewerb „Schönste Straußwirtschaft an Ahr und Rhein". Das Weingut ist über 100 Jahre alt, die 4. Generation widmet sich nun schon dem Weinbau. Hauptrebsorten sind Spätburgunder, Portugieser und Riesling, ausgeschenkt werden trockener und lieblicher Müller-Thurgau und Portugieser. Preise: Ab 1,80 bzw. 2,- €. Die Weine reifen in Eichenholzfässern. Zur Herbstzeit wird Federweißer eingeschenkt, dazu gibt's hausgebackenen Zwiebelkuchen. Die Ahrtaler Kräutersuppe wie auch der Käse sind mit Riesling verfeinert. Auch gibt es Braten-, Käse- und Hausmacher Schnittchen. Bewirtet wird in der Wein- und Probierstube (zusammen 60 Plätze) und im z. T. überdachten Hof. Gesellschaften während der Öffnungszeit: 10 bis 35 Personen. Weinfest in Rech: 3. WoE im Sept. Für zuhause: Neben ahrtypischen Weinkreationen auch Weinliköre und Weingelee.

Anfahrt: BAB 61, Ausfahrt Altenahr-Grafschaft, Richtung Altenahr-Dernau, rechts nach Rech auf der B 267 (ca. 2 km). Das 3. Haus hinter der Bahnüberführung gegenüber der Bäckerei. Vom Bahnhof 200 m. Direkt am Radweg (50 m).

Weingut Josef Becker

HEINZ und HEIDI BECKER
ROTWEINSTR. 40
53506 RECH-AUEL
TEL. 02643 -7007
FAX   -2397

öffnet noch bis November, von Mai bis Juni und wieder ab August

täglich von 13 bis 20.30 Uhr

Weinbau betreibt man bei Beckers seit 1832, mit der Eigenvermarktung begann man schon um 1900. 85 % des 2,6 ha großen Weinguts sind den roten Reben gewidmet; im Holzfaß ausgebaut, werden Qualitätsweine bis hin zu Auslesen erzeugt. Alle Weine sind im Ausschank. Das kleine Glas gibt es für 1,- € zu verkosten, den Pokal ab 2,- €. Kalte Vesper wie Leber- und Blutwurst und Käse und Schinken werden zum Wein gereicht, Preise zwischen 2,80 und 4,30 €. Drinnen im 1934 erbauten Weingut ist Platz für 35 Weinliebhaber, draußen sind es 8 Plätze. Platzreservierung. Gesellschaften ganzjährig ab 10 bis 15 Personen (nicht Weihnachten). Für Wanderer: Der 35 km lange Rotweinwanderweg. Für Radfahrer: 225 km die Ahr-Route vom Rhein bis zur Eifel.

Anfahrt: An der B 267 (Rotweinstraße). Von Dernau kommend das 2. Haus links. Eigener Parkplatz (auch Wohnmobile) schräg gegenüber. Zum Bus 100 m, ¾ stdl. Anschluß.

NAMENSVERZEICHNIS

Abel	29	Auf der Hub	369
Abstinenzler	381	Bachhof	149
Abteihof St. Nicolaus	282	Bäder	228
Ackermann	132	Bales	527
Adam	169	Balz	194
Adler	268	Bamberger	217
Albus	299	Bär	165
Allendorf	322	Barni's Straußw.	398
Allendorff	268	Barth	232
Alte Abtei	498	Barzen	490
Alte Ölmühle	198	Bastian	375
Alte Winzerstube	406	Bauer	347
Altenkirch	307	Becker	95
Altenkirch	349	Becker	109
Alter Winzerhof	484	Becker	154
Altes Kelterhaus	118	Becker	357
Altstadtstube	36	Becker	511
Am alten Rathaus	281	Becker	543
Am Backes	297	Becker-Schittler	202
Am Kirchturm	426	Beim Kutscher	216
Am Kranzberg	157	Beim Weinbauern	435
Am Römer	141	Beiser	190
Am Rothenberg	152	Bendel	67
Am Selzbogen	130	Bengel	11
Am Weiher	169	Bernard	151
Andergasser Stubb	31	Bernard	448
Andreashof	154	Bernardshof	151
Anker	401	Bernhard	37
Ankes Weinstube	131	Bernhard	197
Anselmann	48	Bernhart	183
Anselmann	49	Bernhart	184
Apel	516	Berweiler	461
Appel	242	Beth	454
Arnet	365	Bettenheimer	137
Arnet-Mühle	366	Bibo	297
Arnold	59	Bibo	298
Arnsteiner Hof	396	Binz	152

NAMENSVERZEICHNIS

Binzel	130	Castor	429
Binzel + Mohr	176	Charly's Kelterhaus	247
Birkenhof	212	Christ	340
Blaes	352	Christmann	79
Blödel	105	Christmann-Faller	224
Blodt	110	Christoffel	455
Blümel	168	Christoffel	460
Blumenröder	212	Class. Wgt. Hoffranzen	469
Boesen	520		
Boller-Klonek	185	Clemens	502
Bolz	61	Corvers	338
Bonnet	358	Dahm	488
Boos	121	Dahm	489
Boos	427	Dahmen-Kuhnen	463
Bottler	474	Daniel	286
Brautrockkeller	401	Dätwyl	196
Breidscheid	136	Daun	442
Breitenbach	323	Dawen	528
Breuer	307	Dax	413
Britten	523	Day	434
Britz	498	Deibert	205
Brunk	285	Deimel	33
Brunken	52	Dengler	114
Brunnenhof	62	Derscheid	216
Bug	333	Dettweiler	196
Bug	334	Dickenscheid	115
Bug	359	Die ländliche Weinstube	393
Bug-Mühle	360		
Buhl	156	Die Wei-Stubb	171
Bungert	93	Diefenhardt	258
Bunk-Hirschmann	290	Diel	89
Bur	298	Dienst	291
Burkl	317	Dieterichs	412
Büttel	177	Dietz	140
Caspari	437	Dillinger	436
Caspari	496	Dingeldey	1
Castor	428	Dippel	416

NAMENSVERZEICHNIS

Dixius	471
Do Nin	142
Doll	42
Dom-Cabinett	276
Dorotheenhof	291
Dreikönigshof	94
Drück	88
Duck-Dich-Keller	455
Dyck	41
Eberbacher Hof	336
Eberle-Runkel	86
Eckes	233
Eckes	236
Eckes	237
Ehrlich	16
Eibinger Zehnthof	353
Eichenhof	61
Eiserhof	324
Emmerich	4
Emrich	90
Engelmann	259
Engels-Weiler GbR	379
Erbacher Hof	211
Ernst	68
Eser	325
Esseln	451
Euler	204
Eymann	14
Eysell-Herke	326
Fassbinder-Barbeler	260
Federhen	378
Feldmann	206
Felsenkeller	382
Felsenstübchen	230
Feser	167
Fisch-Deibert	205
Fischer	78
Fleischbein	45
Flick	269
Franke	2
Franzen	155
Freimuth	287
Freistaat-Flaschenhals	314
Frey	6
Frey	127
Frieden	517
Friedrich	438
Fröhliches Weinfaß	450
Gander	39
Gärtner	5
Gasche, geb. Bug	360
Gattung	207
Gaul	134
Gebhard	223
Gebhardt	261
Geiger	46
Georgshof	322
Gerhard	251
Germersheimer	308
Gernert	80
Gerolstein	388
Geromont	323
Gießen	9
Gietzen	417
Glockenspiel	160
Göbel	414
Goldatzel	279
Görgen	399
Gorges	503
Gorges-Müller	504
Gorother Hof	372
Görres-Linden	532
Göttelmann-Blessing	221

NAMENSVERZEICHNIS

Greif	518
Gres	87
Groß	279
Grossarth	225
Gruber	96
Grüner Baum	375
Grünewald	91
Grünewald	92
Günther	107
Gutsausschank im Baiken	264
Gutsschänke Zenz	408
Haae-Lenz	435
Haas	340
Haas	435
Haase	241
Hafen	26
Hamm	327
Hammen	141
Hanka	280
Härtel	24
Härter	230
Hattemer	116
Haub	142
Haubs-Ehses	513
Haupts	406
Hauser	24
Hausmann-Theisen	411
Haxthäuser Hof	164
Hees	186
Heidrich	376
Heidrich	377
Heil	226
Heil	440
Heintz	72
Heise	157
Held	131
Hemb	113
Henninger	17
Herrmann	229
Herty	53
Hess	122
Hildegardishof	91
Hilgert	135
Hirth-Gebhardt	261
Hof Bärenbach	541
Hof Rheinblick	285
Höfer	210
Hofer-Holzky	145
Höffling	380
Hoffmann	62
Hoffmann	392
Hoffranzen	469
Holzky	145
Hommes	415
Horch-Göbel	431
Horn	155
Hostert	539
Hubach	12
Hund	83
Huth	181
Ibald	418
Idstein-Schneider	370
Im alten Dorf	394
Im alten Gewölbekeller	499
Im alten Keller	470
Im alten Kelterhaus	473
Im alten Kornspeicher	119
Im alten Weinkeller	135
Im alten Zehnthaus	410
Im Baiken	264
Im Burggarten	536
Im Burggraben	255

NAMENSVERZEICHNIS

Im Meßwingert	262	Kerz	100
Im Rosengäßchen	342	Kerzel	143
Im Weinkeller	400	Keßler	262
Ingensand & Müller	27	Kettern	482
Jaeger	219	Ketzer	353
Janson	191	Kiebel	467
Janß	128	Kiefer	69
Jesuiter Hof	387	Kiefer	81
Johanneshof	271	Kiefer	361
Johannisberger Hof	283	Kienle	45
Johannisstiftshof	102	Kilburg	505
Jörg	299	Kirch	101
Jülg	76	Klee	362
Jung	58	Klein	158
Jung	243	Klein	218
Jung	244	Klein	231
Jung & Sohn	58	Klein	263
Jüngling	450	Klein	265
Jüngling	477	Klein	281
Junk-Hoffmann	462	Klein	456
Jupp's Weinscheune	523	Kleines Landhaus Wendel	63
Jupp's Weinstube	472		
Kabinett	79	Kleines Rheinhessen	179
Kahl	296	Klerner Erben	364
Kalbfuß	444	Klöckner	213
Kanzlerhof	487	Klosterhof	103
Kappes	514	Klostermühle	306
Karina	490	Knaup	430
Karins Gutsweinstube	447	Knebel	432
Karp	441	Knewitz	125
Karst	18	Knipp	421
Kaufmann	60	Knopps-Alm	371
Keith Erben	437	Koch	57
Keller	34	Koch	245
Kern	97	Köhr	35
Kern	98	Köngeter	192
Kerz	99	König	315

NAMENSVERZEICHNIS

König	348	Linde	349
Kopp	252	Linden	494
Korz	203	Linden	506
Kost	56	Lindenhof	293
Krebs	478	Litty	38
Kreis	335	Longen	464
Kreuzberg	535	Longen	526
Kreuzberg	536	Loos	385
Kreuzberg	537	Loosen	499
Krick	94	Lorch	153
Krieger	74	Luft	457
Kröhl	173	Mack	339
Kroneberger-Schäfer	301	Magdalenenhof	168
Kronenberger	117	Magdalenenhof	352
Kühn	328	Manz GbR	36
Kuhn & Söhne	64	Marikas Stübchen	497
Kuhstall	8	Markloff	367
Kunger	341	Marmann	480
Künster	423	Martin	246
Kuntz	15	Massengeil-Beck	391
Kunz	329	Mauch	475
Kunz	330	Mayer	85
Lambrich	393	Mehl	363
Lambrich	394	Mehling-Otte	10
Lamm-Jung	243	Meilinger	374
Lamour	25	Mengel-Eppelmann	187
Landhaus Kenner	348	Mertes	529
Lang	7	Merz	227
Lauf	239	Messmer	159
Laystübchen	427	Meurer	209
Leber	102	Mieck	214
Leber	147	Mies	500
Lehnert	483	Mißkam	22
Lenz	402	Mitter-Velten	292
Leos Strw.	514	Moebus	178
Lich	118	Möhn	150
Lill	342	Mohr	182

NAMENSVERZEICHNIS

Mohr Erben	309	Ohler	28
Moll	82	Ohm	253
Molz	170	Onkel Tom's Hütte	402
Morbach	512	Opas Saftladen	459
Moselgarten	483	Ostermühle	286
Müller	30	Ott	371
Müller	54	Ott	372
Müller	276	Otte	10
Müller	300	Ottes	310
Müllers	458	Otto	400
Müllers-Stein	459	Pargen	403
Münz-Albus	302	Paulus	235
Müsel	200	Pauly	481
Naab	189	Perabo	311
Nägler	247	Petri	15
Neher	309	Petry	293
Nelius	422	Pfaffmann	44
Neuerburg	525	Philipp	343
Neukirch	486	Philipps-Eckstein	449
Neusius	521	Philipps-Mühle	395
Nichterlein	75	Pieper	387
Nickenig	381	Pitzer	138
Nickenig	419	Pohl	433
Nicolai	25	Pohl	452
Nies Söhne	316	Pohl GbR	439
Nikolai	248	Poppenschenke	85
Nikolai	249	Prasser	344
Nitschmann-Knewitz	125	Preis	294
Nohbersch Nickela	379	Preiß	123
Nummer	443	Preuhs	289
Ober	288	Probsthof-Colonial	492
Oberholz	13	Prodöhl	318
Oberle	148	Proffert	23
Ockenfels	389	Promillestubb	54
Odernheimer	282	Provis-Anselmann Erben	48
Oehler	171		
Oharek	356	Quint	507

NAMENSVERZEICHNIS

Radlertreff zum Brunnen	508	Scheidemantel	144
		Schenkel	175
Rapp	47	Scherbaum	319
Rappenecker	336	Scherer	369
Rathaus-Stübchen	407	Scherer	396
Ratsschänke	434	Scheu	77
Rebenhof	5	Schilling	320
Rebenhof	30	Schima	129
Rebenhof	126	Schinderhannes Weinstall	127
Reblausstube	128		
Rebstock	67	Schinnen	409
Reichardt	240	Schinnen	410
Renth	174	Schinnens Scheune	409
Reßler	133	Schleif	124
Riebel	103	Schleifmühle	288
Rindsfüßer	397	Schleusenblick	421
Ringhof	148	Schlich	208
Rink	308	Schloßbergstübchen	45
Riske	538	Schloßmühle	210
Rohm-Mayer	254	Schlupfwinkel	89
Römerberg	108	Schmahl	126
Römerhof	115	Schmidt	497
Rösener	8	Schmitt	112
Rosenhof	109	Schmitt	198
Rosenhof	289	Schmitt	222
Rößler	312	Schmitt	465
Russler	266	Schmitt	468
Russler	368	Schmitt	470
Rüwekaut	139	Schmitt	524
Saumagenkeller	16	Schmitz	492
Schaefer	508	Schmitz	501
Schäfer	258	Schnabel	120
Schäfer	301	Schnabel	270
Schäfer	330	Schneider	370
Schäfer	534	Schneider	382
Schardt	404	Schneider	509
Schatz	540	Schneider GbR	533

NAMENSVERZEICHNIS

Schneiderfritz	40	St. Albanshof	99
Schneiders	425	St. Marienhof	114
Schnell	234	St. Martinsklause	213
Schnitzel-Emmy	269	St. Michael	451
Schnorrenberger	193	St. Nepomuk	540
Scholl	345	Stabel	195
Schömann	487	Staiger	161
Schön	346	Stassen	304
Schönberger	302	Stassen	390
Schönhof	26	Statzner	255
Schönleber geb. Allendorf	322	Stauch	19
		Stauder	149
Schornstheimer	104	Stefans Weinstube	513
Schramm	220	Steffes	530
Schreieck	70	Steigerhof	132
Schreier	541	Stein	405
Schreiner	542	Steinberger	238
Schrofler	250	Steinmacher	305
Schuh-Sausen	491	Sterk	119
Schuster	3	Stettler	337
Schwaab	71	Steuer	23
Schwaab	447	Stiegler	283
Schwarz	50	Stock	84
Schwarz	479	Storz	271
Schweisthal	424	Strieth	350
Schweizer	313	Strub	108
Schwibinger	160	Strub	162
Sermann-Kreuzberg	531	Strub	163
Seyberth	179	Struppler	55
Sisterhenn	383	Stübinger	65
Sitzius	215	Stübinger	66
Sohlbach	303	Sulek	314
Sohns	277	Tannenhof	337
Sonnenberg	532	Theisen-Hundertmark	407
Sponheim'scher Keller	239	Theo's GA	319
		Thielen	472
Spreitzer	331	Thielen	473

NAMENSVERZEICHNIS

Thomas	332	Weich	493
Thul	453	Weidenberger Hof	173
Thul	466	Weik	32
Thul	495	Weilbächer	274
Traube	390	Weilbächer	295
Trenz	284	Wein im Turm	465
Ullmer	201	Weinbauer	380
Ullrich	364	Weingarten	207
Unckrich	20	Weingarten	234
Undenheimer Weinstube	189	Weingarten	357
		Weingut Leber	147
Veit	484	Weingut Ringhof	148
Venino	272	Weingutsmuseum	405
Venino	273	Weinpavillon	310
Villa Hausmann	411	Weinprobierstand Hattenheim	256
vinabolo	441		
Vineria	464	Weinschänke i.d. Borngaß	391
vini vita	159		
Vinopolis	479	Weinschenke	29
Vinum	329	Weinscheune	462
Vollmer	354	Weinschiffchen	488
Vollmer	355	Weinsommer	326
Vroni	95	Wein-und Obstbau	174
Wachthäusel	47	Weisenborn	21
Wagner	111	Weiß	31
Wagner	386	Weitzel	139
Wagner	445	Welter	485
Walldorf-Dexheimer	172	Welter	522
Walldorf-Pfaffenhof	172	Wendel	63
Wambolder Hof	183	Wendland	510
Wann	321	Werland	515
Warsberger Weinhof	478	Werner	267
Wassermann	351	Wernher	164
Webers Straußwirtschaft	476	Werthmann	278
		Weyell	106
Wegrzynowski	398	WG Frauenstein	373
Wehrheim	43	Wieghardt	384

NAMENSVERZEICHNIS

Wietor	519	Zum Rebstock	104
Wilker	73	Zum Rebstock	445
Willwert	446	Zum Remis´chen	208
Wilmshof	176	Zum Riesling-Treff	420
Winzerhalle	55	Zum Römerlager	143
Winzerhof Greif	518	Zum Schlösschen	260
Winzerstübchen	412	Zum tiefen Keller	98
Wirth	199	Zum Weinkrug	376
Witte	306	Zum Wibbes	305
Woifässje	201	Zur Alte Mühle	193
Wolf	51	Zur alten Kastanie	177
Wolf	257	Zur alten Salmbrücke	453
Wollstädter	166	Zur Angela	100
Wollstädter	275	Zur Faßdaube	524
Worf	146	Zur guten Stube	101
Würzlayhof	419	Zur Hexenscheune	457
Zahn	242	Zur Küferschenke	88
Zaun	188	Zur Quintessenz	507
Zechpeter	53	Zur Reblaus	39
Zehnthof	362	Zur Sandmühle	192
Zelter Berghaus	27	Zwitscherstubb	22
Zenz	408	Zwitscherstubb	163
Zenzen	420		
Zenzen	426		
Zimmermann	180		
Zimmermann	476		
Zitadelle	82		
Zum alten Kelterhaus	106		
Zum Bethje-Jean	153		
Zum Frauenberg	422		
Zum Kapellchen	372		
Zum Karlshof	138		
Zum Kirchhölzel	65		
Zum Kuhstall	137		
Zum Rebenhof	134		
Zum Reblausstübchen	123		

ORTSVERZEICHNIS

Alken	397-398
Altdorf	38
Altenahr	531
Alzey	84-85
Andel	437
Appenheim	86-87
Assmannshausen	347-348
Auel	543
Aulhausen	349-351
Ayl	523
Bacharach	375-377
Bacharach	378
Bad Bergzabern	39
Bad Dürkheim	6-7
Bad Kreuznach	203-206
Bad Münster am Stein-Ebernburg	207-208
Bad Neuenahr-Ahrweiler	532-534
Bechtheim	88
Beilstein	399
Bensheim	1-3
Bernkastel-Kues	436-439
Biebelhausen	523
Biebelnheim	89
Biebelsheim	90
Billigheim-Ingenheim	40-41
Bingen	91-94
Birkweiler	42-43
Böbingen	44
Bockenheim	8
Bodenheim	95-104
Boppard	379-383
Bosenheim	204
Braubach	384
Brauneberg	440-441
Bremm	400
Bretzenheim	209
Büdesheim	91-92
Bullay	401-404
Burg	442
Burg Layen	210
Burgsponheim	211
Burrweiler	45
Cochem	405
Deidesheim	9-10
Dellhofen	393-394
Dernau	535-538
Detzem	443
Dexheim	105-106
Diedesfeld	26-27
Dierbach	46
Dirmstein	11
Dörrenbach	47
Dörscheid	385
Duchroth	212
Ebersheim	146
Edesheim	48-51
Ediger	406-408
Ediger-Eller	406-410
Ehlingen	534
Ehrenbreitstein	386
Eibingen	352-355
Eich	107
Eitelsbach	526
Ellenz-Poltersdorf	411-412
Eller	409
Eller	410
Eltville	241-267
Engelstadt	108
Enkirch	444-445
Ensch	446
Ensheim	109
Erbach	243-250
Erden	447
Ernst	413-415
Erpolzheim	12
Eschbach	52
Essenheim	110-111
Flemlingen	53
Flörsheim	268-275

ORTSVERZEICHNIS

Flörsheim-Dalsheim	112	Horrweiler	134
Frankweiler	54	Impflingen	60
Frauenstein	371-373	Ingelheim	135-139
Freimersheim	55	Johannisberg	279-284
Freinsheim	13	Kallstadt	16-21
Fürfeld	113	Kapellen-Drusweiler	61-63
Gau-Algesheim	114-119	Kasel	525
Gau-Bickelheim	120	Kempten	93-94
Gau-Odernheim	121	Kenn	450
Geisenheim	276-289	Kesten	451
Genheim	233-234	Kiedrich	297-306
Gensingen	122-124	Kinheim	452
Gimbsheim	125	Kirschroth	214
Gimmeldingen	28	Klingen	59
Gleisweiler	56	Klingenmünster	64
Gönnheim	14	Klüsserath	453
Graach	448-449	Koblenz	386
Gronau	1-3	Köngernheim	140-141
Groß-Umstadt	4	Königswinter	387
Groß-Winternheim	136	Konz	524
Gründelbach	395	Kövenig	460
Guldental	213	Kröv	454-460
Gumbsheim	126	Lambsheim	22-23
Guntersblum	127-128	Langenlonsheim	215
Hackenheim	129	Laubenheim	150
Hahnheim	130-131	Laubenheim	216
Hainfeld	57	Lehmen	419
Hallgarten	333-337	Leinsweiler	65-66
Hambach	29-31	Leiwen	461-462
Harxheim	37	Leutesdorf	388-389
Harxheim	132-133	Longen	463
Hattenheim	251-257	Longuich	464-466
Hatzenport	416-418	Lorch	307-316
Hechtsheim	147-149	Lorchhausen	315-316
Henschhausen	378	Lörsch	471
Herrnsheim	200	Lörzweiler	142-144
Herxheim am Berg	15	Lösnich	467
Heuchelheim-Klingen	58-59	Ludwigshöhe	145
		Maikammer	67-71
Hochheim	290-296	Mainz	146-150

ORTSVERZEICHNIS

Mainz-Kostheim	317-321
Mandel	217
Marienthal	285-289
Maring-Noviand	468
Martinsthal	258-263
Massenheim	296
Meckenheim	24
Mehring	469-471
Merxheim	218
Mesenich	420
Minfeld	72
Minheim	472-473
Mittelheim	338-339
Monzingen	219-220
Mühlhofen	41
Mülheim	474-476
Münster-Sarmsheim	221-222
Mußbach	32
Nackenheim	151-153
Neef	421-422
Neumagen-Dhron	477-479
Neustadt/W.	25-32
Niederfell	423
Niederkirchen bei Deidesheim	33
Nieder-Olm	154-155
Nieder-Saulheim	171-172
Niederwalluf	357-364
Nierstein	156-164
Nittel	516-519
Norheim	223
Oberemmel	524
Oberfell	424
Oberhausen	224
Oberheimbach	390
Oberhofen	73
Ober-Ingelheim	137-139
Obernhof/Lahn	391
Ober-Olm	165-166
Ober-Saulheim	173
Oberwalluf	365-370
Oberwesel	392-394
Ockenheim	167
Odernheim	225
Oestrich-Winkel	322-339
Osann-Monzel	480-481
Osthofen	168
Palzem	520-521
Partenheim	169
Pfaffen-Schwabenheim	170
Piesport	482-485
Planig	205
Platten	486
Pleisweiler-Oberhofen	73
Pölich	487
Poltersdorf	412
Pommern	425-426
Pünderich	488-489
Rachtig	511-512
Rauenthal	264-267
Rech	539-543
Reil	490-491
Rhodt unter Rietburg	74-75
Riol	492
Riol	493
Rommersheim	201
Roxheim	226-227
Rüdesheim	228-229
Rüdesheim	340-356
Ruppertsberg	34-35
Sandhof	107
Saulheim	171-173
Schäferei	449
Schierstein	374
Schloßböckelheim	230
Schwabenheim	174-175
Schweigen-Rechtenbach	76-77

ORTSVERZEICHNIS

Schweighofen	78
Schweppenhausen	231
Selzen	176-177
Senheim	427
Siefersheim	178-180
Sommerloch	232
Sprendlingen	181-182
St. Goar	395
St. Martin	79-82
Stadecken-Elsheim	183-187
Tal	230
Thörnich	494-495
Traben-Trarbach	496-497
Treis-Karden	428-430
Trier	526
Trittenheim	498
Udenheim	188
Undenheim	189
Ürzig	499-501
Vendersheim	190-191
Venningen	83
Wachenheim	36
Wahlheim bei Alzey	192
Waldalgesheim	233-234
Waldhilbersheim	213
Waldlaubersheim	235
Waldrach	527-230
Wallhausen	236-237
Walluf	357-370
Wehlen	438-439
Wehr	521
Weiler bei Bingen	238
Weiler bei Monzingen	239-240
Weinähr	396
Weinheim	85
Welgesheim	193
Westhofen	194-195
Wicker	268-275
Wiesbaden	371-374
Wincheringen	522
Windeck	356
Windenheim	206
Winningen	431-433
Wintersheim	196
Wintrich	502-510
Wolf	497
Wolfsheim	197
Wöllstein	198-199
Worms	200
Wörrstadt	201
Zell	434-435
Zellertal	37
Zeltingen	513-515
Zeltingen-Rachtig	511-515
Zornheim	202
Zwingenberg	5

BESTELLSCHEIN

für

VORBESTELLUNGEN

ABONNEMENTS

Wetterhuhn Verlag

Wetterhuhn Verlag
Reisweg 74
Tel. 07133-206790
info@wetterhuhnverlag.de

Brigitte Jacobi
74348 Lauffen am Neckar
Fax 07133-206791
www.wetterhuhn-verlag.de

BEIM WINZER ZU GAST / WEGE ZUM WEIN

Vorbestellung für 2009

- O Straußenbuch **Ausgabe 2009 (= Band I)**
- O Besenbuch **Ausgabe 2009 (= Band II)**
- O **zusammen zum Vorzugspreis**

Ich möchte **auch weiterhin an jedem 1. September** mit

- O Straußenbuch
- O Besenbuch

zum Vorzugspreis für Abonnenten beliefert werden.

Name_____

Straße_____

PLZ_____Ort_____

Datum_____Unterschrift_____